Rudolf Capell

Norden

Rudolf Capell

Norden

ISBN/EAN: 9783743392748

Hergestellt in Europa, USA, Kanada, Australien, Japan

Cover: Foto ©ninafisch / pixelio.de

Weitere Bücher finden Sie auf **www.hansebooks.com**

Norden /

Oder

Zu Wasser und Lande im Eise
und Snee / mit Verlust Blutes und Gutes
zu Wege gebrachte / und fleissig
beschriebene

Erfahrung und Vorstellung

des Norden /

Auß

Denen / welche zu unterschiede-
nen Zeiten gelebet / viel im Norden versuchet / viel auch umbsonst angefangen und ange-
wandt haben:

Auff guter Freunde Begehren zusammen gebracht
dargereichet / und ferner zu betrachten und
zu vermehren /

von

Rudolff Capel / der H. Schrifft D.
und Historiarum P.P.
außgefärtiget.

Hamburg /
Bey Johann Naumann.
und Stockholm
Bey Gottfried Liebezeit / Im 1678ssten Jahre der Christen.

Gründlicher Bericht.

Aſia und America hangen zuſammen im Norden / und ſeyn Menſchen und Thiere / auß Nord Aſien in Nord Americâ außgebreitet. Dazu durch Grünlandt und das Atlantiſche groſſe Meer.

Spitzbergen das letzte Nordtlandt / welches uns bekandt iſt / erſtrecket ſich biß an den 82ſten Grad.

Neuland oder Nova Semla oder Zembla, erſtreckt ſich biß an den 79ſten Grad.

Die Schiffahrt nach Oſt-Indien / durchs Nord-Oſten und Nord-Weſten / mit groſſen Schiffen / auff einem groſſen weiten und breiten Meer / wird umbſonſt verſuchet.

Das Nordiſche Tattariſche Meer / welches auß vielen Uhrſachen keine groſſe ſwehre Schiffe durchläſt / und an deſſen Strande Wildnüſſen und Barbariſche Tattern anzutreffen ſeyn / iſt nicht bequäm mit groſſen Schiffen zu verſuchen.

Grünlandt ein bißher nur am Uſer erforſches / aber in den inneren Theilē unerforſches weit breit uñ lang / nach dem Nord Poel hin / auch über ein Theil Nord Aſiæ und Nord Americæ ſich erſtreckendes / theils Moosgrünes / theils Eiß- und Schneeweiſſes Landt / an deſſen Uſer das Chriſtenthum bekandt geworden: woſelbſt es auch bewohnet / deſſen innerſter Theil aber ohne Menſchen iſt.

Grundloſes Gedicht.

Streit der kleinen Männlein die nur die Gröſſe eines halben Mannes / und kaum haben / mit den Kranichen.

Das / ſich in das Tattariſche Meer weit erſtreckende Vorgebirge Tabin genandt.

Die Meerenge Anian, vom angrenzende lande Anian alſo genandt / zur Durchfarth bequäm.

Gedichte / welche für warhaffte Geſchichte: und unbefindliche / unverweißliche und ungewiſſe Dinge / welche für befindliche erweißliche und gewiſſe außgegeben werden / ſeyn der warhafften Geſchichte Gifft und Todt.

Der Nordpool / mit ſeinem Magnetfels / Schlund, vier Eylanden und vier Euripis.

Grünlande als ein nicht gar groſſes Eyland beſchrieben und abgemahlet / von den einfältigen Seefahrenden / die nur am Strande geweſen / als eine Inſul / etwa wie Sicilien / betrachtet.

Einhalt dieses Buchs.
Erster Theil.

)(ij zu

gar zu schwer machen/auch Mittel vorschlegt/solche zum guten Ende zu bringen/nebenst einem kurtzen Register der Persohnen/ welche
diese Fahrt durchs Norden/bißher umbsonst versuchet haben. p. 40.

Cap. 5. Die von den Holländern zu vier unterschiedenen mahlen/
nemlich im Jahr der Christen 1594/1595 und 1596. auch 1609. umsonst versuchte Seefahrt/ nach Sina Japan. und Ost Indien/ auß
der Niederländischen Sprache übersetzet.

Kurtz: Erzehlung der ersten A. C. 1594 versuchten Schiffahrt/ der
Holl. und Seeländischen Schiffe ümbs Norden/ Norwegen/
Muscow und Tartarey/ nach Cathaja und China/ auß Gerd de
Veer Journal Calender Denck/oder Tage-Buch gezogen. pag. 46.

Cap. 6. Die andere Fahrt A. C. 1595. gethan. Kurtze Erzehlung der
andern Schiffahrt/ welche durch die Holl. und Seeländische
Schiffe/A. C. 1595. hinter Norwegen/Muscow und Tartarey um/
nach Cathaja und China vorgenommen worden: auch auß Gerdt
de Veer Journal gezogen.   pag. 53.

Cap. 7. Die dritte Fahrt A. C. 1596. verrichtet.   Kurtze Erzehlung der dritten und allerwunderbahrsten und seltzamsten/ ja zuvor
nie erhörten/durch Wilhelm Barentsen/hinter Norwegen/Muß-
cow und Tartarey um/ nach Cathaja und China/ auff Befehl E.
E. Raths der Stadt Amsterdam verrichteten Schiffahrt auß Gerdt
de Veer Journal gezogen.   Diese gantze Reise erstrecket sich auff
18. Monat oder anderthalb Jahr/fängt sich an/A. C. 1596. im Anfang des Mayen/und endiget sich A. C. 1597. den 1. Novembr. p. 63.

Cap. 8. Die vierdte Fahrt A. C. 1609. verrichtet.   Die kurtze Er-
zehlung der vierdten Fahrt/ welche auff Befehl der Ost Indischen
Compagnie A. C. 1609. mit dem Außgange des Mertzens/ Nord-
Osten oder Nord-West durchzukommen/ vornehmlich aber nach
Nord-Westen ist versuchet worden/ durch den Englischen Piloten
Hutson/mit einem Blleboot/welches mit 20. Männern Englischen
und Holländern besetzt war.

Cap. 9. Daß einige mitternächtige Inseln und Völcker/von denen/
so den Weg nach China durchs Norden bißher umsonst gesucht/
durch diese Veranlassung erfunden seyn.   Nova Scmla kürtzlich/
doch umständlich beschrieben.

                                                              Cap.

Cap. 10. Spitzbergen gründlich und umständlich beschrieben / wie es eingeworffen und untergesteckt in Gerdt de Veers Journal / der von Wilhelm Barensen A.E. 1596. gethanen Fahrt ins Norden. p.145.

Cap. 11. Die (irrender Meinung nach) schon erfundene kürtzere Fahrt in OstIndien / durchs NordMeer an der Westlichen oder Americanischen Seite. pag. 149.

Ende des ersten Theils.

Ander Theil.

Fortschreitung zum andern Theil / darin zwar ins gemein vom Norden / absonderlich aber von dem so genandten Grünlande gehandelt wird.

Eingang des andern Theils.

Vom Nordlande und Wasser in gemein : vom Grünlande absonderlicher Bericht /

1. Petri Bertii 1. auß seinem Breviario O. T. 2. auß seinen Tabb. geogr. & hydrogr. contractis.

2. Philippi Cluverii vom Grünlande nachgelassener Bericht auß seiner introductione in Geograph. & hydrograph. vet. & novam.

3. Joh. Bunonis Anmerckung Grünland betreffend / beygefüget der introd. in Geogr. & hydr. vet. & nov. Cluverii. 111. c. 2. § 4. p. 254.

4. Bericht von Grünländischen auch andern Norden betreffenden Land-und Wasser Carten.

5. Simonis Paulli Bericht von Nordischen Charten auß seines orbis terraquei p. 2. n. 2.

6. Sebastiani Münsteri Bericht Grünland betreffend / auß seiner / so genand:en Cosmographey hergenommen.

7. Abrah. Ortelii Bericht von den Nordländern / insonderheit Grünlande / auß der Beschreibung der 8. Taffel seines Theatri orbis terrarum.

8. Michaëlis Coigneti Antwerpischen Mathematici Bericht vom Nordlande und Grünlande / auß dessen epitome orbis terratum Ortelii hergenommen.

9. Gerhardi Mercatoris bericht vom Nordlande und Grünlande auß seinem / so genandten Atlante minore, wie er von Jodoco Hondio verteutschet / und von Joh. Janßen A.C. zu Amsterdam gedruckt ist.

)(iij Jo-

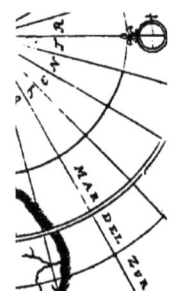

Wünschet von der Ewigen Göttlichen Majestät / allerley liebes und gutes / zeitlich
undewig:

Rudolff Capel/

Der Heil. Schrifft D. und Historiar. P.P.

A   Hoch=

Hochgeehrte und wohlwollende Schwäger/Gönner und Freunde.

I.

ES wird bey den wahren Christen/ eine heilige/ GOtt angenehme/ und der Freude Christi/ Match. XI. 25. Luc. X. 21. nachartende Freude/ hertzinniglich erwecket / die sich auch wol äuffert / doch allemahl mit einer kindlichen Furcht und stille verbunden bleibet/ wenn sie gründlich und umständlich betrachten/ 1. Die Bekäntniß-Worte/wie sie in ihrem/ und der gantzen lieben und wehrten Christenheit Apostolischem Glaubenskennezeichen/nachdencklich lauten: **Ich glaube eine heilige Christliche Kirche/ die Gemeinschafft der Heiligen.** 2. Die Warnungs-Worte / wie sie der Höchst-und ewig gelobte Heyland selbst außgesprochen/ und sein treuer Diener/auff sein Befehl verzeichnet hinterlassen/ Match. VII. 14. **Die pforte ist enge/ und der Weg ist schmal/ der zum Leben führet/ und wenig ist ihr die ihn finden.** [verstehe gegen der gröffen Menge/ die ihn weder recht suchen oder gehen/] Luc. XVIII. 8. **Wenn des Menschen Sohn/** [Christus zu richten] **kommen wird/meynest du/daß Er auch werde Glauben finden auff Erden.** Darumb schaffet daß ihr selig werdet mit Forcht und Zittern. Phil. II. 12. Endlich auch 3. Die Straff-Worte/des eiffernden Heylandes der Welt/ die auch einige Weissagende und Wunderthäter/ Match. VII. 22. 23. verurtheilen/ und insonderheit die/welche der Scheinheiligen Pharisäer Büberey offenbahren: Match. XXIII 15. **Wehe euch Schrifftgelehrten und Pharisäer / ihr Heuchler/** sagt der Heyland/die ihr Land und Wasser umbziehet/daß ihr einen Juden Genossen machet/und wenn ers worden ist / machet ihr auß ihm ein Kind der Höllen/zweyfältig mehr denn ihr seyd. Diese Worte des Sohnes Gottes zeigen an/ der alten Pharisäer Bekehrungsart/ welcher der heutigen/ in der Lehre und im Leben irrenden/und andere verführenden Menschen/unrichtige Bekehrungsart/sehr gleich ist.Diese aber ist und bleibet von Christi/ seiner Jünger/Mundboten/Schüler und Nachfolger Bekehrungsart//gantz gesondert und geschieden/wie man leicht erlernen kan/wenn 1. Der Uhrheber/ 2.Die Werckzeuge/ 3.Der Vorsatz und das Vornehmen. 4.Die Art und Weise. 5.Das Mittel und der Weg/sampt 6. Dein Zweck Ziel und Ende der Bekehrung der Ungläubigen/Unrecht gleubenden/und übel lebenden recht überherziget/ gebührlich betrachtet und schicklich gegen einander gehalten wird. Es hat so wol vor - als zur Zeit der Menschwerdung des Heylandes t er Welt/(wie Er 33. Jahr/

3. Mo.

z. Monat und einige Tage auff Erden/im Jüdischen Lande gelebet/und im 30. Jahre seines Alters/sein öffentliches leinnnürendes Lehr-Ampt angefangen/) das Jüdische Volck/ sich befliffen/ wie schon vormahls zu Davids/ Salomons und andern Zeiten/ auch viel eher/ und so bald die Heydnische Greuel nach der allgemeinen Wasserfluth eingeriffen/die abgöttischen Heyden zu bekehren/ und zu Gliedmaffen der Hebreischen wahren allein seelig machenden Kirche (extra quam nem temporis nulla salus,) zu machen. Unser höchstgelobter Heyland/ straffet dieses Vornehmen nicht/ sondern läst es ihm gefallen und lobet es/ weil es auß reiner Meinung/ auff rechte Art und Weise geschicht/ und zum rechten Ende zielet/ nachdem Exempel unsers Herren JEsu/ seiner Jünger Apostel und anderer Apostolischen Männer. Als dan geschicht ihm/ ein wolgefelliger Dienst/ nach dem Befehl so wol der erften als andern Taffel des Gesetzes daran/ er befiehlet solches und wil es haben und das Werck an ihm selber/ wie es Gott und seinen guten Engeln/ den Außerwehlten im Himmel und den Frommen auff Erden gefällig/ und dabey hochnüglich ift: also ist es auch in der wahren Kirche Gottes/ wie vormahlen/ also noch/ und bis ans Ende der Welt hochnötig. Es straffet aber der Heyland/ den schändlich eingeschlichenen Mißbrauch/ der bösen Pharifeer und ihrer Nachfolger/so viel deren vormahlen gewesen/ und biß ans Ende der Welt sehn werden. Die Pharifeer lockeren die Heyden/ auß ihren abgöttischen Tempeln/ und wiesen sie nach Jerusalems Tempel/darin Gottes wahre Erkäntniß/Bekäntniß und Dienst zu finden war. Hieran thaten sie wol. So bald aber die Heyden dahin gezogen waren/und numehr zu dem schönen Gottesdienste/ des wahren und einigen Gottes luft bekommen/ wurden sie/ durch der Pharifeer Menschensatungen und Heucheley äufferft verderbet. Der Pharifeer Fleiß zeiget der Heyland an mit den Worten/ daß sie Land und Waffer umziehen. Solches war ihnen zu der Zeit vergönnet. Denn nachdem Pompejus Magnus die Juden zinsbahr gemacht und den Römern unterworffen/möchten sie so weit negotiiren/als das Römische Reich sich erstreckte: darumb reiseten sie von Jerusalem frey auß/ in alle Theile des Römischen Reichs/ und breiteten ihre Handlung/ Nehrung/ Handthierung/Schiffahrt/Gewerbe und Gewerck auß/in alle Länder: deren Einwohner auch wieder zu ihnen gen Jerusalem komen/ welches hernach dem Lauff des Evangelii durch alle Welt/sehr zuträglich war/wie Act.II.5. zu sehen. Diese eifferige Bemühung der Pharifeer/ gab einen groffen Schein/in den Augen der Unverständigen und Einfältigen. Aber/weil der Brunn nicht rein war/taugte die Quelle auch nicht. Ein böser Baum kan nicht gute Früchte bringen. Denn es geschahe nicht auß reiner Intention/ sondern auß Hochmuhe

A 2   und

und Ehrsucht/Ehr- und Geld-Geiz. Sie bekehrten sie nicht/sondern verkehrten sie vielmehr/weil sie ihnen ihre Menschensatzungen und den selbst erwählten und eingebildeten Gottesdienst auffbürdeten/und sie zu Menschensclaven Phantasten und Opinions Geister/nicht zu Diener Gottes und seines Messia machten. Diese ihre/dem äußerlichen Nahmen und Schein nach zum Gott Israelis gebrachte/aber in der That und Warheit davon abgeführte/mehr verkehrte als bekehrte Proselyti und Pharisäische Jünger/wurden/ (gleich den heutigen noviciis Jesuitarum,) bald darauff ärger/ als ihre Meister und Bekehrer selbst. Darumb thut der Heyland hinzu: Wenn ers worden ist/machet ihr auß ihm/ein Kind der Höllen/ zweyfältig mehr denn ihr seyd. Denn es war den Pharisäern umb Vermehrung und Verstärckung ihrer Secte zu thun/nicht umb den Weg der Seligkeit / den sie selbst nicht gingen. Gerade wie die heutigen Jesuiter und andere Ordens Brüder im Pabsthum/äußerst dahin streben/einen Papisten zu machen/und jeder absonderlich/(denn sie haben ein interesse génerale & speciale) damit er seinen Orden / Sodalität und Fraternität verstärcken/und viel Jesuiter/Franciscaner/Dominicaner/u. s. w. machen möge. Weil nun bey den Pharisäern der Vorsatz nichts taugte/taugte der Nachsatz auch nicht: weil der Grund nicht rein und gut war/könte das auß diesem Grunde auffgeführtes Gebäude/nicht bestehen. Land und Wasser umziehen/ die Ungläubigen zu bekehren / wenn es Apostolisch und Paulisch/nicht aber Pharisäisch und Jesuitisch zugehet/lässet ihm der Heyland gefallen/wenn es anders nicht geschehen kan/ als durch so große und schwehre Mühe/Arbeit und Sorge / und die wahre Bekehrung löbet und befiehlet Er. Proselytum facere, non est opus suo genere malum, sed laude dignum. Sed proselytos pessimos facere, & ad gehennam ducere, malum opus est, schreibet D. Gerhard. h. l. Daß ihr einen Judengenossen [proselytum] machet/ sagt der Heyland. Es war sonst nicht so schwehr/die blinde Heyden/von den stummen Götzen/die mit Händen gemacht waren/abzuführen: aber die Pharisäer thaten große Arbeit/ehe sie einen herzu brachten. Zu Salamons Zeiten wurden 153600. Proselyti oder bekehrte Heyden gezehlet / 2. Paral. II. 17. Die Pharisäer aber richteten wenig auß/und wenn sie etwas außgerichtet/ verdurben sie es kurtz darauff/und machten auß einem bösen Heyden/einen ärgern Juden/ Heuchler/Betrieger und Atheisten. Es kan auch seyn/daß die Pharisäer/zu der Zeit/wie der Heyland auff Erden gewandelt/diese Bekehrung [Verkehrung] der Heyden/eiffrigst getrieben haben/auß Haß und Mißgunst / gegen Johannem den Täuffer und den Heyland der Welt/durch deren Lehre und Anhang/ ihnen und ihrem Orden/ihrer Meynung nach/etwas abging. Es wurden aber
solche

solche Heyden/vor und nach der Bekehrung/ unterwiesen und unterrichtet/. darauff auff- und angenommen/GOtt/dem HErrn Meßia/und seinem gläubigen
Häufflein zugeführet/ einverleibet und initiiret: 1. Durch die Beschneidung.
2. Durch die Abwaschung/und 3. Durch die Opffer: wie auß dem Talmud und
Rambam könte angeführet werden. Seldenus hat auch umständlich davon
geschrieben. Wenn ein Heyde ein Jude ward/müste er der Jüdischen Kirche ein-
gepropffet werden/wo er männliches Geschlechtes war/durch die Beschneidung/
Abwaschung und Opfferung: wo er weibliches/durch Abwaschung und Opfe-
rung. Die Beschneidung ist/ wie im A. T. gegründet und befohlen / also darauß bekandt. Die Gewohnheit aber zu tauchen / zu tauffen/einzutauchen und
abzuwaschen/nehmen sie auß Exod. XIX. 10. 14. woselbst GOtt Mose befiehlet: Gehe hin zum Volck/und heilige sie heute und morgen/daß sie
ihre Kleider waschen. Da sie/durch das waschen der Kleider die Persohnen/
die die Kleider angelegt hatten/verstehen. Vom Opffer verstehen sie die Worte
Exod. XXIV. 4. Mose machte sich des Morgens frühe auff/ und
bauete einen Altar/unten am Berge/und sandte hin Jüngelinge/
auß den Kindern Israel / daß sie Brand Opffer darauff opffer-
ten/und Danck Opffer dem HErrn/von Farren. Und das hieß einen
Judengenossen machen /. ihrer Meynung nach. Es ward aber von den
Pharisern/als abgesagten Feinden des HErrn Meßiæ/die theils die erschreck-
liche Sünde in und wider den heiligen Geist begingen / zum wenigsten selbst
in opere operato ersoffen/und in der rechten wahren Theologiâ, noch schlechter
als Nicodemus/beschlagen waren: ihnen nicht angezeiget/was der alte und neue
Mensch: wie alle Opffer auff Meßiam zielten und deuteten: u. w. (wie D. Fran-
zius, in Scholâ sacrific. patriarch. V. T. erwiesen) welches die Krafft/ der Kern
und Grund der rechten und reinen Lehre war. Denn es war bey den Pharisern
gnung/wenn nur mit dem Munde/die übliche Bekänntniß-Formul hergesagt/und
diese drey Wercke/äusserlich verrichtet wurden. Was noch an/und vor ihm
selber gut war/ward von den Pharisern/(deren Lehre in Traditionen /. Ceremonien und Complementen bestund/) verdorben/wie die gute Salben/von den Fliegen besudelt werden: und höreten sie nicht auff ihren Mäusedreck unter den Pfeffer zu streuen/ Darumb thut der Heyland hinzu: Wenn er ex gentili prosély-
us geworden ist/machet ihr ein Kind der Höllen auß ihm/ zweyfältig mehr denn ihr seyd. Ihr Pharisêer/ machet mit allen euren Fleiß/
auß ihm/einen im Grunde verderbten höllischen und teufflischen Menschen/ ihr
bläuet ihm mehr Opiniones Vanitäten und Menschensatzungen ein/legt und
bürdet ihm mehr von euren Groß- und Elter-Vätern/die euch gleich waren/her-

stam-

ſtammende Menſchen Geſetze und Satzungen/ auch ſelbſt erwählte Ceremonien und Stücke/eures eingebildeten Gottesdienſtes und menſchlichen Wahns auff/ (darin doch das Reich Gottes/welches in euch iſt/und allein in der Krafft beſtehet/nicht zu finden iſt/) mehr als ihr ſelbſt erwählet habt und thut: und dadurch beſchwehret/ängſtiget und quälet ihr des Bekehrten Gewiſſen/laſſet die Haupt-ſache fahren/und treibet lauter geringe Dinge/und überflüſſige Neben-Puncten. Er ſelbſt/der Proſelytus, wil es euch in Menſchenſatzungen zuvor thun/ und ſuchet eine Ehre darin/wenn er es noch ärger machen kan als ihr.   So treiben es auch/den alten Phariſeern/an Art und Geiſte gleichende Jeſuiten und Mönche. Eraſmus Roterodamus, ad Matth. XXIII. hat hiervon eine nachdenckliche Klage auffgezeichnet. Fit aliquoties, ſchreibt er, ut pro ſcelerato Judæo, ſceleratiorem habeamus Chriſtianum : cujus rei, vel Hiſpania teſtes eſſe poſſunt. Et ſunt, qui novo exemplo, armis Chriſtianos faciant, ſub religionis ampliandæ prætextu, ſuis opibus, ſuæque ditioni conſulentes. Nihil agetur his rebus, niſi negotium; animo purè Chriſtiano ſuſcipiatur. Huic confine eſt, quod Monachorum nonnulli faciunt, qui partim aſtu, partim ſtudio pietatis, ſed abſque judicio, quos poſſunt, ad ſuum quisque vitæ inſtitutum, pelliciunt, præſertim quos augurentur, ſibi futuros uſui; ac miris technis, rudi ſimpliciá; inſidiantur ætati, quæ nondnm novit; neqi ſe, neqi veram religionem. [monachorum profeſſionem, ſimulatam pietatem, humanas traditiones, & tria,in quæ jurant vota: pauperitatis, obedientiæ & humilitatis. Id, n. per religionem h. l. Eraſmus Roter. intelligit.] Die Worte Eraſmi Roter. vel Hiſpania teſtes eſſe poſſunt. werden von Hieronymo Oſorio Algarb. Epiſc. de Rebus Immanuelis Luſit. Regis, lib. 1. fol.13. b. ed.Colon. A. 1497. erkläret/welcher davon ſub A. 1497. kan geleſen werden. Zweyfältig mehr denn ihr ſeyd/ſagt der Heyland. Das gantze Werck der Phariſeer/war auff Schein/Heucheley/Menſchen Gunſt/Ehre und Wolgefallen gerichtet/ und unangenehm vor Gott/wie ſchön es auch vor der Welt/und in den Augen der Einfältigen gläntze.Denn weil die Phariſeer ſelbſt nichts taugte/war es ſo unmöglich/ daß ſie andere recht bekehren könten/ſo unmöglich es iſt/daß ein weiſſes Tuch/mit ſchwartzer Dinte könne außgewaſchen und gereiniget werden/damit es weiß werden/oder bleiben möge. Darumb machten ſie auß loſen Heyden/noch einmahl ſo loſe Juden/Knechte die doppelte Strafche leiden werden/Kinder des Satans/ Schüler/die ſich befliſſen/ihren Lehrmeiſtern/in Menſchen Satzungen/Wahn/ Heucheley/Falſchheit und Boßheit/es zuvor zu thun. Welches zu erläutern/kan angezogen werden /. was der Chriſtliche Alt-Vater und Blut-Zeuge Chriſti/ Juſtinus Philoſophus uns berichtet/daß zu ſeiner Lebens Zeit/circa a. 200. Johr-
nach

Matth. XXIII. 15.

Verſu 13. dixit Servator, *illos claudere regnum cælorum.* Objicî poterat , clam vel palam, Aperiunt gentibus, ergò non claudunt ? Reſpondet hoc v. 15. Servator , hoc ipſo Dei vindictam magis provocant : & quomodo id fiat , declarat.

Cicumire mare & terram : proverbialis eſt locutio , ſollicitum inquirendi laborem ſignificans. *Facitis proſelytum,* ut factum depravetis. Pertrahitis ethnicum in veſtram religionem , ut illum quaſi creaturam veſtram oſtentetis. Neqʒ. n. Deo, ſed vobis & ſectæ veſtræ Phariſaicæ , diſcipulos & aſſeclas conciliare ſtudetis. Non reprehendit diligentiam , ſed mentem & conſilium eorum, neque rem, ſed modum & intentionem Phariſaicam.

Proſelytum juſtitiæ non portæ intelligit. De *proſelytis juſtitiæ* in Talmud dicitur: Iſraelitæ non ingrediuntur in foedus, niſi tribus rebus : *circumciſione , baptiſmo , & placamento oblationis : ætiam proſelytæ ſimiliter.*

Facitis unum proſelytum. Idque rarius, & *vix unum vel alterum.* προσήλυῖ@., quaſi προσελθὼν , eſt advena , qui acceſſerat ad religionem Judaicam , adventitius ad religionem. Eſt autem προσήλυῖ@. h. l. & in Actis, is , qui ortu gentilis per circumciſionem ſe legi Moſis obſtrinxit , qui in plæriſque rebus ' jura Judæorum indigenarum habebat. Talis proſelyti dicebantur *hoſdites juſtitia ſive faderis ,* de quibus hic ſermo eſt. Erant autem toti legi Judaicæ deſtricti , & omnibus Judæorum privilegis donati. *Proſelyti portæ,* dicebantur apud Hebræos, qui relicto idolorum cultu, uni Deo, & communibus humani generis legibus , ſe addixerant. Dicebantur a. *proſelyti portæ ,* quia conceſſum erat eis, nter Judæos vivere, cum diſtinctione tamen, à *proſelytis juſtitiæ.* Cum his talibus, Judæi poſtea commercium habere noluerunt. Actor X. 29. 29. 34. 35. 81. 2. 3. 18.

Facitis eum filium gehennæ , id. eſt, inferno debitum ſive devotum, dignum ſupplico æterno, deſtinatum exitio & damnatum.

Dupla

Duplo magis,quam vos estis, id est,multò magis, multò superstitio. siores , multo confidentiores , malè illum instituendo , in do- ctrinâ & vitâ. Neq; n.animos eorum , solidâ pietate imbuitis, sed externos tantum mores formatis, non tam in Evangelio & mandatis Dei moralibus & maximis , quam in ceremoniis & ri- tibus propriis , quos etiam plures proselytis, quam Judæis im- ponitis. Exemplo quoque conversis nocetis, quia, non nisi fu- catæ sanctimonæ, revera autem, malæ vitæ exemplum,prose- lytis præbetis. Hinc proselytus, vel apostatam egit, & deser- torem Dei ,vel malam Magistrorum vitam,non modò imitaba- tur , sed & superabat , ut fieri solet. Quia non consistunt exem- pla , ubi incipiunt, sed magno cum fœnore corrumpunt ho- mines, *magnis cum subeunt animos auctoribus*, præsertim si vitium fallit,*specie virtutis & umbrâ. Cum sit triste habitu, vultuque & veste severum*, qualis est ambitio & avaritia , induta sanctimo- niæ personam. Adeò *dociles , imitandis turpibus ac pravis, omnes sumus.* Ita comparati sunt homines, ut vitia potius, quam vir- tutes imitentur. Hoc Christi dictum, comprobavit sequenti- um temporum experientia. Hi blasphemabant nomen Christi, ut se Magistris suis probarent. Act.XV.50. Non ergò tantâ se- dulitate usi sunt, convertentes Pharisæi, quod proselyti illis curæ essent, sed ut inde lucrum captarent. Prædam nacti, non erant ulterius,de proselytis solliciti, cogitantes: pereant illi in ignoran- tiâ , superstitione, impietate, modo permaneant in Judaismo, ejusque externa professione , & onere quoq; ut nos,eorum con- scientiis & crumenis dominemur. Wie solches Polus in Synopsi, Crit.& Interpp.auß vielen zusamen gezogen hat.Man lese dabey was Walæus in Annot.in N.T. ad h.l. auß dem Seldeno angemercket.

II. Die/welche heutiges Tages/unter den Lutheranern/den Christlichen und löb- lichen Vorsatz haben/behalten un möglichst zu Wercke richten/die Ungläubige/A- bergläubige/Falschgläubende/irrende und sich trennende/auch daneben die gottloß lebende/auß den Stricken des Satans / von dem sie gebunden und gefangen ge- halten werden/durch Jesu Gnade/eifferig zu erledigen/zu befreyen/und zu wah- re Christen im Glauben/Leben und Sterben/ zu machen: damit sie bey/in und mit Christo ewig leben mögen/werden von einigen Welt-Geistern/ Kindern die- ser Welt/und fleischlich gesinneten Menschen/offt für Thoren gehalten: lassen sich aber solches nicht irren/mit Paulo I. Cor. III. 18. IV. 10. sagend : Wir sind

Narren

Marien umb Christi Willen in dieser Welt.   Bey dessen Erscheinung/wird
sichs finden/wenn die wesentliche ewige Weißheit/ Gottes Sohn/. was Weißheit und Thorheit gewesen/entschätzen wird.   Denn die solche Bekehrung treiben und befordern/glauben und wissen/daß unbekehrte Menschen/ so ferne sie
fortfahren und endlich verharren/ewig verdammt und verlohren seyn: und darumb thun sie/in der kurtzen übrigen Zeit der Gnaden ihr bestes/versichert:daß sie
GOtt ein angenehmes und von Christo befohlenes Werck verrichten/das ihnen
am Tage des grossen allgemeinen Gerichts/ welches über Engel und Menschen
ergehen wird/vor Gottes Angesichte/eine Ehre und Freude seyn werde: weil eine
Seele/die GOtt erschaffen/und Christus erlöset hat/mehr gilt in Gottes Augen/
als aller Welt/ Gold und Silber/Hoheit/Pracht/Macht und Herrligkeit. Dabey stehen ihnen immer vor Augen/nachfolgende Stücke. 1. Quod Christiana
fides,possit & debeat persvaderi. 2. Quod Christianus Magistratus, ad me-
dia salutis : conciones,disputationes,colloquia & scripta, impellere possit &
debeat infideles. 3. Daß es dennoch schwer mit der rechten wahren reinen Bekehrung zugehe/wenn dieselbe negst fleissigem Gebeth, via ordinariâ , per collo-
quia & mutua scripta,vorgenommen wird. Denn was die extraordinari-
am conversionem Pauli belanget/davon ist jetzo die Rede nicht. Was den Ernst
und die Strenge des höchstlöblichen Käysers Carl des Grossen betrifft/ die Er
bey den abgöttischen Teutschen gebrauchen müssen/die keine rationes admittiren
wolten/sondern die Warheit von sich stiessen/verliessen und verfolgeten/die Mittel in den Wind schlugen/die Lehrer und Käyserliche Amptleute verfolgeten und
tödteten/ und sich gegen ihren rechtmässigen löblichen Käyser und Herrn/33. Jahr
lang/empöreten: davon kan zur andern Zeit gehandelt werden. Darumb 4. die/
welche solches hohes und schweres Werck recht antreten/eine reine treue Mey-
nung/und einfältig klugen guten Vorsatz haben und behalten/ eifferig zu GOtt
seufftzen/und mit Thränen und winseln beten/wünschen/hoffen und harren müs-
sen/dabey fleissig und sorgfältig seyn/ernstlich und weißlich zu Wercke gehen/
und ob es mit denen die sich zur Bekehrung anschicken/ Ernst oder Heuchely
sey/so viel menschlich und müglich/ prüfen/untersuchen und erforschen. Darauff 5. keine gute Gelegenheit versäumen/(kam GOtt ist unwiederbahr:in/Wer-
cke der Bekehrung/) sondern allemahl fertig seyn/Hand und Mund bey aller
occasion, zu Gottes Ehre und der Menschen Bekehrung gebrauchen / und
nichts verabsäumen/die irrenden auß Gottes Worte unterweisen/und allemahl
auff den rechten Grund/kürtzlich und deutlich führen/das übrige aber GOtt be-
fehlen/und Ihn walten lassen. Auch 6. wie allen andern Menschen und Christen/
also insonderheit/ den Bekehrten/und auch den im Unglauben bleibenden/mit al-

len guten Beyspielen und Exempeln/Christlicher Tugenden vorleuchten/Ergernüß/so viel möglich verhüten/ und Freygebigkeit erwecken. Seyn diese nicht schwehre Lasten und mühesahme Bürden/ die ohne Gottes sonderbahrem Beystande/ niemand nur heben/weniger tragen kan. GOtt gebe denen/ die sich dabey bemühen/seinen Segen/und laß ihr Vornehmen und arbeiten/Ihm wolgefallen/ und in Christo JEsu fruchtbahr seyn! Er lasse ihr talent grossen Wucher bringen/Er mehre ihre Jahre und thue ihnen gutes. Er stärcke sie von oben/und streite vor sie/gegen böser geister und böser Menschen/die sich als gottlose/Sünder und Spötter erweisen/List und Macht/Dräuen und Locken/ damit sie getrost seyn/durchdringen/und einen Sieg nach dem andern erhalten mögen ı Amen.

III.   Unser Heyland straffte/wie §. 1. erörtert/ an den Pharisern seiner Zeit eben dasselbe/was von der reinen Evangelischen und Lutherischen Kirche/seinem Häufflein/noch heutiges Tages/mit rechte und auß gutem Grunde/ an den Jesuiten und Mönchen bey der Bekehrung der Ungläubigen gestraffet wird. Diese haben drey/von Menschen erwählte/absonderlich beschwohrne Gelübde/nemlich 1. Des ehelosen Standes/ 2. Der Armuht/ und zum 3. Des [blinden] Gehorsahms: lauffen damit durch die Welt/ die Leute zu Christen [Papisten] zu machen/und wenn das geschehen/werden sie ärger als sie selbst seyn/von ihnen selbst also gemacht un zubereitet. Non ovum ovo magis simile est, quam hi Jesuitæ his Pharisæis. Wir läugnen aber dennoch absolute nicht/daß nicht einige/durch diese Mönche und Jesuiten/wider ihre Intention/als welche die Leute nur zu Sclaven des Pabsthums machen wollen/wie auch die alten Pharisær/nur zum Pharisaismo führeten/ob sie gleich die Sache nicht recht angehen/dennoch bekehret werden: die nemlich getaufft seyn/und in Einfalt bey den zehen Geboten / Apostolischem Glaubens-Bekäntnüß/Gebet Christi u.w. bleiben. Aber leider! die Theile des Lutherischen Catechismi werden ihnen sehr zerstümmelt und verunreiniget vorgebracht/und die heilige Schrifft/darauß sie könten erbauet werden / und den Betrug erlernen/wird ihnen nicht vorgelegt. Daher geschicht es mehrmahlen/ daß diese/dem äusserlichen Schein nach Bekehrte/ als Blinde von Blinden geführet werden/und endlich/ das überhand nehmende Unkraut/ihrer Antichristischen Greuel/den guten Saamen des Wortes Gottes/in ihrem Hertzen ersticke/ oder gar nicht auffgehen lasse: davon zu lesen D. Nicolai de R. C. p. 27. b. §. Hic verò biß non inflectantur. Da denn insonderheit wol zu bemercken ist/ daß die Jesuiten bey solcher ihrer Bekehru /anfänglich Lutherische Principia, ergreiffen und gebrauchen müssen/denn sie ohne solchen capitibus doctrinæ Lutheranæ, in conversione infidelium, nicht fortkommen können/ wie auß des

Japa-

Japonischen Jesuiten Johannis Baptistæ Montii A. C. 1564. geschriebenen Briefe/(welchen D. Nicolai, de R. C. p. 16. b. §. Atq; hic meminerint. angezogen/) wie auch/auß den Epistolis Indicis Jesuitarum, welche der Jesuit Maffejus außgefertiget: auch auß dem Send-Schreiben des Jesuiten Pimentæ, ad Claudium Aquavivam PræpositumGeneralem Jesuitarum zu Rom/ welches A. C. 1600. datiret, und A. 1602. zu Costnitz gedruckt ist: auch auß den 6. Büchern des Jesuiten Josephi à Costa, de procurandâ Indorum salute, wie sie zu Cöln A. C. 1596. gedruckt seyn/ weitleufftig kan erlernet werden: welche alle bey mir verhanden seyn. Daraus zu urtheilen/ wie übel das Jesuitische Argument beschaffen sey/ welches sie hoch halten und gerne forne an setzen/ nemlich: Zu welcher Lehre vor Lutherum/ die Heyden bekehret geworden seyn/ und noch heute bekehret werden/ die ist die rechte Lehre. Zur Päbstlichen Römischen heutigen/seyn die Heyden vor Lutherum bekehret worden/ und werden noch heute da zu bekehre. Derohalben ist die Päbstliche Römische heutige/ die rechte Lehre. Welche elende Schluß-Rede/ bald ihren Abscheid bekommt. So weit die Phariseer des Mose und der Propheten Worte trieben/ erbaueten sie/und befahl der Heyland/ man solte sie hören/ Matth. XXIII. 3. Aber mit ihren falschen Glossen/ rissen sie das erbauete wieder nieder. Wie es die Phariseer damahln gemacht/ so machen es noch heute die Münche/ und Jesuiten. Diese legen den Indianern gutes und böses/ köstliches und schlechtes/ Jer. XV. 19. Pfeffer und Mäusedreck vor. Sie streuen mit einer Hand Weitzen und sprew/ guten Saamen und Unkraut auß. In grossen Versuchungen aber/ oder in der letzten Todes-Noht/ werden dennoch die Seelig/ welche den Grund/JESum Christum behalten/ wenn das Unkraut verzehret wird/ und der Heyland als der einige wahre und ewige Grund bleibet/ nach Pauli Unterweisung/ 1.Cor.III.11.-15. da Lutheri interlinear Erklärung wohl zu beobachten ist. Gleich aber/wie das Unkraut/ offt überhand nimpt/ und die gute Feld-Früchte ersticket/ wie der Sauerteig den Süssenteig versäuret/wie das steinigte Erdreich/das Korn offt nicht hervor kommen läst; also wird durch der Phariseer als blinden Leiter Dienst vormahlen/und noch heutiges Tages/durch der Jesuiten/ Münche und Meßpfaffen Verrichtung an solchen Orten/in vieler Indianer Hertzen (die die Päbstliche Greuel zum Grund annehmen/ dabey verharren/ auch dadurch den Grund der Christlichen Lehre umbreissen/ indeme sie das Christenthum nur für ein Ceremonial-Werck halten/und darüber Christum endlich gar verlieren/) des Göttlichen allein seligmachenden Wortes Krafft/auß dessen anhören/verstehen/ lesen und üben/behalten/treiben/bewahren und fruchtbringen/sie Glauben und Liebe fassen/erhalten und zur Seligkeit gelangen solten: endlich gantz un'gar zerstöhret und

ver-

vernichtet. Die aber deßhalben/am grossen Tage/des allgemeinen Gerichtes/ über Engel und Menschen/Todte und Lebendige/dem gerechten Richter/werden Rechenschaffe geben müssen/und übel bestehen: weil ein Urtheil/ nach Gottes Wort/nicht nach ihrer Phantasi/über sie wird gefället werden. Ich habe es selbst/auß dem Munde einiger/ die ihren Lutherischen Catechismum/ gründlich und wol gefasset hatten/ hernach viel Jahre in Ost-Indien zugebracht haben/ mehr als eine daselbst übliche Sprache und Redens-Art erlernet/ und von vielen/auch vornehmen Indianern sehr beliebt worden seyn: welche mir nach ihrer Wiederkunfft erzehlet haben/daß sie mehrmahlen/treü sie mit einigen/von den Jesuiten und München bekehrten Indianern/ Gespräch gehalten/und von Christo dem Grunde des Glaubens/zu reden angefangen/diese davon wenig gewust/ oder antworten können sondern der befragte Indianer/ hätte zuweilen/ sein Paternoster-Schnürlein auffgehaben/und auff Portugisisch geruffen: Eu sou bom Christiaõ (welches Castilianisch: Yõ bon Christiano heist/) anzeigend: sie wären gute Christen: waren aber in der That und Warheit Menschen/theils in der ignorantz theils in opere operato ersoffen. Die Kirche Gottes/ sowohl des Alten als Neuen Testaments/ hat und weiß nur einen Christum oder Messiam/und hat das wahrhaffte Wort Gottes zum Grunde/und die beyden Sacramenta als Siegel/darauff sie geprüfet und darnach sie geurtheilet wird: nicht böser Geister oder MenschenSatzungen/opiniones/Dünckel und Grillen: sondern Christus uns im Worte offenbahret/ist und bleibet der einige Grund/ ohne welchen niemand je selig geworden/wird/ oder werden wird. Andreas Vega, ein Päbstler/scheuet sich nicht/im Buche de præparatione adultorum ad justificationem, lib. 6. c. 8. zu schreiben: Manifesta ratio svadet, Indos & quoscunque alios similes, ignorare Christi fidem inculpabiliter. Non v. potest esse culpæ obnoxium, quod est inevitabile. Et hoc est, quod de Judæis Christus ajebat, Joh. XV. si non venissem & locutus iis fuissem, peccatum non haberent, nunc autem non habent de suis peccatis excusationem. Uno ein ander Papist Franciscus à Victoria, ein Spanier/machet es nicht besser/wenn er schreibet. Relect. V. de Indis, sect. 8. Indos, priusquam aliquid audivissent de fide Christi, non peccasse, peccato infidelitatis, nec damnari propter ea, quod in Christum non credebant, quem cognoscere non poterant, sed propter alia sua peccata damnari, quia ignorant invincibiliter', & talis ignorantia non est peccatum Wie können die/welche dergleichen Principia haben/und solche Reden führen/die Indianer bekehren. Aber der Jesuit/Josephus à Costa, libro de procurandâ Indorum salute, p. 441. & seqq. ed Colon. A. 1596. ist klüger/und hält ihre und deren Meynung/die ihnen beystimmen / pro opi-
ni-

alione absurdâ, sine Christi notitiâ, fide explicitâ, & iis, quæ scire Christiani constringuntur, Indos potuisse salvari.   Darumb/ er biese Meynung/als
irrig/ daselbst mit mehren widerleget.

Es machen/die Jesuiten und andere Papisten/viel rühmens/ von diesen ihren Indianischen Verrichtungen/von vieler Bekehrung/grossen Wunderwer-
cken auch erschrecklichen Blut-Zeugnissen der ihrigen. In des Jesuiten Maffeji e-
pistolis Indicis, lib. III p. 403. lese ich: Larentius Japonius, Imori, A. C 1564.
hominum 5000. baptizavit.   In des Maffeji Historiâ Indicâ lib. 14. p. 271.
(qui nequiter Lutheranos, quos Lutherianos vocat, nequitiâ accusat, & Japo-
niis similes esse scribit, p. 245. C.) stehet :   In Japoniâ , porta Evangelio ingens, præter spem & exspectationem patuit.   Von den Jesuitischen und insonderheit Francisci Xaverii Wundern/ schreibet Maffejus am jetzt angezogenem
Orte : non levibus signis atq; miraculis, Christianæ fidei veritatem ostendit, morbos depulit, dæmonia exegit, mortuos quin etiam revocâsse perhi-
betur ; [quod tamen ut posteà fatetur ipse , quanquam gravissimorum hominum prece fatigatus, adduci non potuit , wie seine eigene Worte lauten.] Aber
der Heyland binder die Seligkeit nicht an die Wunder ; lehret vielmehr im
Gegentheil/ Matth. VII. 22. 23. daß auch die / die an jenem Tage zu ihm sagen
werden: HErr HErr haben wir nicht in deinem Nahmen Teuf-
fel außgetrieben? haben wir nicht in deinem Nahmen viel Thaten gethan? Zur Antwort bekommen werden: Ich habe euch noch nie
erkandt/ weicher alle von mir ihr Ubelthäter. Er bindet sie auch/ nicht an
die Gabe der Weissagung/es sey denn/daß der/ welcher solche hat/ bey der reinen Eh-
re/lebendigen Glauben und wahren Gottseligkeit/ beständig verharre. Bileam
weissagete/Num. XXIV. Caiphas weissagete/ Joh. XI 51. Die die an
jenem Tage sagen werden: HErr/HErr/haben wir nicht in deinem
Nahmen geweissaget? bekommen zur Antwort: Ich habe euch noch
nie erkandt/ weichet alle von mir ihr Ubelthäter.

Die erbärmliche Hinrichtung / vieler Jesuiten / und anderer Päbstlicher
Ordens-Männer/die man/in den Japonischen / und andern Ost Indianischen
Geschichten findet/ist auch kein Beweißthum/des wahren Christenthums. Denn
ein Christ ist schuldig/wenn es dazu kommen solte / auch mit seinem Blute die
reine Lehre zu bezeugen :. aber es folget nicht ; der seine / ausser Gottes Wort
gefaßte Lehre/mit Verlierung des zeitlichen Lebens bezeuget ist ein Christ / und
wahrer Märtyrer. Causa facit martyrem, heßt es. Aber der Wunderwercke weiter zu gedencken/verneinen wir nicht / daß Gott mehrmahlen warhaffte
Wunder/bey den Ungläubigen/die noch anfänglich zu bekehren/ arm und blöte

seyn/

seyn/als ein Liebhaber ihrer Seligkeit / dennoch gestattt / und geschehen lasset/
es wird aber/ihre falsche Lehre/dadurch nicht gut gemachet / weil die Folgerey
gantz untüchtig ist/wenn man also schleust : Die Lehrer/welche Wunder thun in
ihrer Lehre/haben die rechte Lehre. Die Päbstler in Indien, u.w. Derohal-
ben/u.s.w. Dazu ist oben angezeiget/daß die Jesuiten/bey solcher ihrer Be-
kehrung/Lutherische Principia, Capita und Fundamenta ergreiffen/ darauff sie
alsdenn alles/auch ihre Wunder/bauen. Es kan auch seyn/daß der Satan/sein
Affenspiel/mit ihnen/wenn sie/in ihrer falschen Lehre fortgehen/ treibe : der auch
gar durch die Ægyptische Zauberer Wunder thun können / durch Gottes Zu-
lassen und Verhängniß/2, B. Mos. VII. 11,22. VIII, 7. wiewol er endlich keine Läuß
machen könte. VIII. 18. Man schlage nach D. Balduin. in Casib. consc. p.
589. seqq. 520. und 845. und D. Hopfnerum Saxon. Evang. p. 133,135,136.
137. und 138. Derohalben ich nicht hierin beypflichte dem Englischen Ritter H.
Eduin Santis, der p. 280. geschrieben; daß alle die grosse Wunderthaten/so diese
Väter in Indien thun/erdichtet seyn. Geschehen nicht noch heutiges Tages/
offt viel und grosse Wunder/darauff offt wenig Achtung gegeben wird. Was
einem A. C. 1651. mitten im Sommer / wiederfahren / da der leidige Satan/
an einem Orte/woselbst er bißweilen wütete/und sich hören und sehen/ließ/welches
ihm aber damahlen noch unbekandt war/in einer benachbahrten Stadt/ auff eines hohen Thurns Boden/unter dem Uhrwercke/von oben / auß des Thurns
Spitze/mit erschrecklichen grossen Steinen / und vielem Gepolter / am hellen
Mittage/auff ihn zuwarff/bleibet bey ihm Lebenslang unvergessen. Es hätte
deren ein Stück ihn tödten können / wenn er nicht augenscheinlich wäre errettet worden. Er blieb aber/ durch Jesus Hülffe/mitten unter den Steinen/die
in Stücken brachen/ und umb ihn her/mit grossem Gepolter/liessen/ gantz un-
versehret/bestehen/ weil er den Nahmen Jesu laut und heftig anrieff/wie der/
welcher bey ihm war/ wird bezeugen können : damahlen er auch noch auß einer andern grossen Gefahr/ am selben Orte/ und zur selben Zeit errettet ward/
davon die Umstände er nicht erzehlen will : auch anderer merckwürdigen Be-
gebnissen nicht gedencken:und ich habe dieses zur Ehre Gottes / negst hertzlicher
Dancksagung/für beyder gnädige Errettung/nicht verschweigen wollen. War es
nicht ein Werck des wunderthätigen Gottes / das A. C. 1648. in der finstern
Nacht/ am 15. Febr. umb 3. Uhr/beym Einfall der Catharinen Thurms-Spitze
kein Mensch umbs Leben kam / oder an seiner Gesundheit beschädiget ward in
Hamburg? Da hieß es recht : Angelicæ molem deposuere manus. Was sich
in Hamburg/mit den glüenden Kohlen/die die Hand nicht verletzet/dessen der sie
gehalten/wie auch mit einem grossen eisernen Ringe/ der die Hand dessen der ihn
ge-

gefaſſet/nicht beſchädiget/für ein wahrhafftes Wunder/ A. C. 1666. im Januario zugetragen/wiſſen die/ welche es erfahren und geſehen haben / und noch im
Leben über ſeyn/am beſten/und hat davon H. D. Kortholt ein nützliches Buch
außgefertiget. Thut Gott/ ſolche Wunder/ eines oder des andern/oder etzlicher wenig Menſchen/Leib oder Seele/nach Gelegenheit der Sache/nach dem der ober die/
von böſen Geiſtern in Gefahr gebracht ſeyn/zu erretten: was wird der gütige Liebhaber der elenden Menſchen nicht thun / viel tauſendt Leiber und Seelen/ ja groſſe
Hauffen und gantze Königreiche/die voller ſteckblinder/ im Finſterniß und Schat-
ten des Todes ſitzender Menſchen ſeyn/ die vom Satan hefftig an der Seele und
auch am Leibe (wie davon Lerius in Hiſt. Braſilianâ ein nachdenckliches erzeh-
let/) geplaget werden/ wunderbahr zu erretten/ zu erhalten/ und zur Seligkeit zu
bringen. Darumb man bey ſolcher Gelegenheit/da Gottes Ehre / und der Menſchen Seligkeit/ unter ſolchen Wunderwercke / unumbgänglich erfordert/wenn
die Sache recht angeſtellet wird / daran nicht zu zweiffeln hat/zumahlen davon/die
Hiſtoria converſionis infidelium voll iſt. Es mögen auch wol viel lügenhaffte
Wunder von ihnen erzehlet werden. Denn wie Strabo ſchreibet/ heiſt es offt :
τὰ πόῤῥω δυσέλεγκτον : longinquitas non facilè redargui poteſt. In
die Weite iſt gut liegen ; oder wie die Juden Sprichwortsweiſe reden : qui
vult mentiri, procul faciat teſtes ſuos, wie P. Fagius in Targ. Onkel. c. 49.
anzeucht. Von Japan/China/Tattarien/und den Oſt-Indianiſchen Ländern
und Inſuln/hat man ſelten/und offt ungewiſſe Nachricht : doch pflegt die folgende Zeit der vorhergegangenen Lehrmeiſterinn zu ſeyn. Aber genug hiervon.
Wenn auch die Jeſuiten ſich von den Lutheriſchen Principiis gantz abgege-
ben/und ihren Krahm menſchlicher Satzungen außgeleget haben / iſt es ihnen
mehrmahlen ſchlecht vorgeſchlagen/bey den Indianern/die ſich ſchon zum Chriſtenthum auff gut Lutherſch bekandt / und einen beſſern Geruch auß Gottes
Wort. geholet hatten. Indi Chriſtiani, (ſchreibt Ph. Nicolai de R. Cp. 12.
b. §. Interim.) religionem, quam à Thomâ Apoſtolo, & majoribus acce-
runt, tenaciter conſervant, & libenter, amicitiam cum aliis Chriſtianis, Ar-
meniis praeſertim , colunt : quorum pietatem , repudiato Papae Romani
faſtu, in pretio habent.. Cumô; Hiſpani, littoralia Indiarum emporia, in-
ſulasô; ejus loci plurimas , imperio premant, quibus Pontificis ſui hierar-
chiam, adminiculante Jeſuitarum operâ, additis carcerum & ſuppliciorum
comminationibus, implantare conentur : ab alienavit hæc intemperies,
Chriſtianos Thomæ profeſſionis, ab Hiſpanorum, & Jeſuitarum con-
ſortio. Unde factum, A. C. 1567. cum in urbe Indiarum Cocimo, non
procul à Câlecutio diſſitâ, Armenius quidem Epiſcopus , ſtudioſè Chriſtianos

nos, à putidis pontificæ religionis mercibus, dehortaretur & dehortanti,
Melchior Carnelius Jesuita, larvâ Nicæni Episcopatûs, inani & mendicâ
inflatus, oblatraret: multumque, ceu pravo & schismatico homini,
loquaciter obluctaretur, ut Indi, Armenio faventes, Jesuitam sagittis
peterent, & propemodum necâssent, nisi is, integumenti capitis be-
neficio, jaculum evibratum avertens, ocius sese in fugam conjecisset.
Im Königreiche Fezza in Africa, haben die Einwohner ihren Betrug auch lae-
mercket. In urbe & regno Fessano, (schreibet Peucerus, und auß ihm D.
Nicolai de R. C. p. 24. b.) plus quam 80000 hominum, hæresi Mahumetis
repudiatâ, fidem Christi receperunt. Cum autem viderent, ab Hispanis,
immani & crudeli tyrannide, sinceriores Christianos, furenter affligi, &
atrocissima supplicia, papatui reclamantibus intentari, ad declinandam
impiæ persecutionis rabiem, numero non parvo, in Africam ulteriorem
navigârunt, ut vitæ tutioris sedem quærerent, & pietatis studio liberius
vacarent.   Quamobrem nunc passim in Barbariâ & præsertim regno
Maroccensi, fideles reperiuntur Christicolæ, qui sub Mahumedanotum
Procerum tutelâ, non dubitant, Evangelicæ veritati palam suffragari &
papistis obloqui.   Damit hat es Alfonsus Hojeda und neben ihm Martinus
Ferdinandus ab Inciso ein Päbstlicher Spanischer Theologus, A. C. 1509.
bey den Americanern auch verdorben/ wie Petrus Cieza, t. z. Hist. Peruinæ
cap. 69. und auß ihm Wolfius in L. L. M. M. cent. 16. p. 440. sub A. C.
1540. angezogen.   Christianos homines videtis, pacificos, vestræ salutis
studiosos sagten sie. Die Indianer antworteten : pacis verba audimus, facta non
videmus. Sie führen fort. Baptismum suscipite. Deus unus creator omnium adorandus est.   Sanctissimus Papa Romanus, Vicarius Christi, per uni-
versum orbem, in cujus manu animæ sunt hominum, has terras Regi no-
stro dono dedit, Pontificem & Regem agnoscite, & hic felices & post mor-
tem beati eritis. Minas spirituales & speculares addimus. Die Indianer antworteten : Non abhorremus ab unius Dei mentione.   Nondum sumus
pertæsi religionis nostræ.   Non est certandum de religione, sed sua cuiq;
libera relinquenda.   Papam, quem tantopere prædicatis, vel stultum esse
oportet, qui quæ non habet, tanquam habens largitur : iisq; diras inten-
tat, quos nunquam vidit : vel injustum, qui excussis veris possessoribus,
terras peregrinis addicit, & in mutuas cædes armat mortales.   Veniat ipse
Papa, adeat terræ possissionem, dabimus illi æternam, capite palo affixo.
Marrinus Ferdinandus ab Inciso, obstinatam gentem videns, armis in con-
vertendis illis utendum, non tamen docente Christo, censuit.   A verbis
ad

ad pugnam venitur. Sagittis res geritur & sclopetis. Indi in fugam conversi. So wenig Cieza, [2] In den Abessinischen (des Padelcha Prestegani oder Regis Apostolici, welche Scaliger nennet und erkläret) Ländern und König-Reichen in Africk haben sie auch/ ihren Pabst und seine Lehre den Mohren beybringen wollen/ sehn aber schlecht bestorben / weil sie die heilige Schrift selbst haben / und ihren eigenen Abuna, Obersten Priester oder Ertz-Bischoff/ der sie ihnen verhält/ vorleget und erkläret. Und ist ihr voriges verhalten/ nach heutiges Tages/ der Grund und die Ursache des Mißtrauens/der Africanischen Aßyßener gegen die Europaeische Christen/ Nimmer gläube ich es/ daß es dieses Königreichs Bekäntnuß sey / daß Damianus à Goes p. 209. §. Praeterea Pontif. Rom. beschreiben/sondern wol daß es der Papisten / die im Lande gelebet/Naht/ Meynung und Gerieb gewesen sey. Abuna heißt/bedeutet und gilt so viel bey ihnen/als Pater meus, Papa und Patriarcha bey den Lateinern/wie F. Geslin, in Chorogr. sanctâ, ed. A. C. 1646, in 12a. p. 80.§. Es ist aber recht urtheilen/ Sie suchen keinen andern Pabst/begehren auch keinen der höher seyn will/und andere Lehre hat. Hr. Giacomo Baratti, ein edler Jtalliäner/der im Lande gewesen/und mit ihrem Abuna hinein gezogen/erzehlet p. 448. ed. Norib. A. C. 1676. in 4to. nach deiner ihr Glaubens-Bekäntnuß hervorgebracht hat/daß sie ihre Gemeine zu unterweisen / den Papisten und Jesuitisch zuwieder/diesen Anhang/mit Bewilligung ihres Concilii, unter andern gemacht haben: Wir gläuben/daß der heilige Petrus der vorderste Apostel gewesen / wir erkennen aber nicht daß die Obermacht seiner Nachfolger der Päbste zu Rom von St. Petro herkomme/ gläuben auch nicht/daß St. Petrus einige mehr Freyheit / als die andern Apostel gehabt habe. Wir nehmen alle Bücher A. und N. Testaments an / wie sie uns von St. Thoma übergeben/ohne Zusatz und Neuerung. [die bey ihnen/am Sonntage und sonst/fleißig gelesen und erkläret werden/wie Hr. Baratti p. 451. bezeuget.] Wir gläuben daß wir in unserm Gewissen verbunden seyn / unserm höchsten Herrn Gram Behel und unter ihme dem Abuna unser Kirche / und den übrigen Geistlichen und Weltlichen Obrigkeiten und Oberherren unterthänig zu seyn und zu gehorsamen. u. s. w. Den Glauben behalten wir biß auff die Zukunfft Jesu Christi. Gott verleihe uns die Gnade/ daß wir solchen/nimmermehr verlassen/ungeachtet aller Verfolgungen und Verdrüßungen der Feinde der Christenheit. Dieser Anhang/schreibt der Italiäner/Hr. Baratti/der ein Papist/ wurde unlängst gemacht/nach dehm die Portugiesen und andere Europaer/diese Länder besuchen/be-

C.   tet

ter Geistlichen sich bemühet den König zu bereden/sich dem Römischen Stuel zu
untergeben. Dieses aber wolte er durchaus nicht bewilligen/noch die Mehr=unzahl
der Papisten in Italia, im Mohrenlande/kunde werden lassen. Davon kan auch
nachzesehen werden D.Nicolai, de R. C:p. 22. b. §. Quid autem. & seqq. von
ihrem Patriarchen aber/und Kirchen Regimente/Derselbe/l. d. p.21. b.§. Ecclesiarum omnium. Und eben darumb /(weil er von keinem solchen Häupte der
Kirchen wissen will/) muß der Rex, Princeps oder Imperator Æthiopiæ, er da
mahls Adam genandt ward/ beim Jesuiten à Costa hostilis= desertor Christianæ (papalis Romanæ hodiernæ meynet er) fidei , vir immanis, ferus , &
Apostolicæ, (verstehe hodietnæ Papalis,) sedis, hostis acerrimus. Aber hier-
von/wie auch von ganz Abessina wird umbständlich handeln/ der vortreffliche H.
Jobus Ludolfus, in Historia Abessinorüm, deren sciagraphia schon außgefertiget ist.

IV.   Es wäre herzlich zu wünschen, daß diesen Africanischen Christen/die Euro=
paische Luth ran=t/per mare rubrum, per Caput B.S. per Guineam, latus maris , fluvium Nigrum, oder wie es geschehen könte oder möchte/näher kommen/
und mit ihnen continue communiciren könten / nicht umb rein Goldt außzu-
graben/(wie ich deßen ein ziemlich groß Stück gesehen welches meist rein außzugraben war) sondern von der Reinigkeit der Lehre mit ihnen zu handeln. Es ist
auch zu bedauren/ daß wir Lutherane mit den andern Orientalischen Christ. u.
Syrern/ Armeniern/ deßen in Persien/ Indien, Tatarischen Grenzen, und mit
andern/ keine größere correspondenz haben/halten und unterhalten können/weil
wir / sehr vom Türcken/ Pabst und sonst daran gehindert werden / sie beßer zu
unterrichten / vornemlich durch ihre Leute die sich bey uns auch halten / sondern
gründlich unterrichtet / wieder zu ihnen gesand werden / in sonderheit ihrer Jugend: und also an beyden Seiten erlernen und erfahren/wie weit wir von einander/
wie nahe si uns in der Lehre und Leben gekommen / und wie weit sie noch von
uns entfernet weren und zu bleiben gedächten. Wie wohl auch oder so gutes/Vor-
haben und Vornehmen oft durch böse Geister und Menschen verhindert/auch
wol gahr verstöret worden ist. Mit den Griechen/war es gu a meiner von den
Tübingern/ H. D. Heerbrando H. D. Gerlachio, H. Crusio, auch von H.
Schmidio zu Wittenberg / und andern / aber es wolte doch nicht recht fort=ge-
hen/ uns gewündscht außfallen. Die Jesuiten zu Rom/bey ihrem General unt
erhalten eiffery / die correspodenz fast durch die ganze Welt dadurch Papisten
zu machen und zu erhalten.   Weil wir Lutherener / das Wort und die
Sacramenta / rein haben und erhalten können wir weil ein exemplarische hei-
liges Leben hin zu führen/ viel gutes durch die rechte Männer stiften / wo noch
vor dem herannahenden letzten Tage der Welt werckstellig machen. Aber wir thun

oft

offe schlechte Proben/wenn solche fromme Christen/ebet auch gar noch Ungläubige zu uns kommen/ vieler unter uns/grobe Unwissenheit in der Lehre vernehmen/da-
bey auch/(wiewol es so nicht seyn solte an beyden Seiten/) die Nachlässigkeit in
der Pflicht/und vieler böses Leben und Wandel / (welches alsobald in die Augen
der Ungläubigen auch neulich Bekehrten fällt/und ihnen die wahre Ehre von Christo
zuwidern machet/) stossen sie an / und weil das Leben von ihnen / als eine Frucht des Glaubens betrachtet wird/werden sie dahin gebracht / daß sie sich
an: Heucheley/Sicherheit/ja Spötterey vieler/ von denen sie ein gutes Exempel
nehmen solten/höchst ärgern/ daher ein solcher Wandel offt mehr niederreisset/
als alles gründliches und weises lehren/erbauen können. Wenn der H. D. Lu-
therus S. G. darauff kommt/fällt er in solche Betrübniß des Geistes/daß er sich
des hertzlichen seufftzens/weinens und schreyens nicht enthalten kan. Hilff GOtt/
schreibt er/ist es nicht genug/daß der Antichrist/die Kirche so greulich und schier
zu Grunde verderbet hat ? Nun sie kaum durch Michael wieder ist erquicket/kom-
men die Ketzer/Rotten Geister/Sacramentirer/Wiedertäuffer/ und richten auch
noch Greuel an/wenn wils doch einmahl auffhören ? Zu dem ist der Geitz und
Mammon so eingerissen/daß zu besorgen/man wird das Evangelium(orthodo-
xam pietatem & bonas literas Evangelio ministrates,) außhungern/und achten
wie es ein zu Sodom und Noah vor der Sündfluht. Inder Welt will itzt/beyde
Ober-und Unter-Man/nichts hören noch sehen/denn Geitz/Wucher und eigenen
Willen.(hinc Atheismus & Epicurismus.) Daß die Zeit da ist/ davon Epra
und alle andere sagen:daß nach des Antichrists Fall/die Welt wird frey leben/und
sagen: Es sey kein Gott mehr. So ists den auß/wie Christus spricht : Wenn
des Menschen Sohn kommen wird/meinstu/ daß er auch Glauben
finden werde auff Erden ? So geringe muß noch die Kirche und alles/ eitel
Geitz/Wucher/Bauch/Fraß und Fleisch werden/wie vor der Sünt fluht. Man
lese nach/Luth. præf. germ. in Dan. und ad 2. Pet. III. T. 5. Witt. lat. ut & T. 1. Jen.
p. ult. p. 443. und dabey D. Röber. de vitæ Evang. emend. summè necessa-
riâ, pag. 3. Aber/weil diß ein gemeiner Durchgang ist/ und sich leider überall/
ruchloses und ärgerliches Leben/ bey vielen/so wol recht-als unrecht gläubigen/
welcher Nation und Condition sie auch immer seyn mögen/befindet/solte sie dieses billig gar nicht ärgern ; zumahlen ein jeder vor sich selbst/von ihm selber/Gott
wird Rechenschafft geben müssen/und wol oder übel bestehn. Es ärgert auch
ettliche nicht so sehr dieses böses/und mit dem Ruhm des Christenthums nicht ein-
stimmendes Leben/welche aber vielmehr dahey gedencke und besorgen/daß die grosse
Sicherheit/Verachtung des H. Evangelii/Undanckbarkeit/Heucheley/Spotte-
rey und Unverstand/bey geringe Evangelischen Christ-Kirchen ischen Häuffen/auff
Gottes gerechten Gerichte/noch viel und grosses Übel und Unglück über ten Ha s

C. 2   ich

ſtehen möchte. Der Jeſuit Joh. Petrus Maffejus/weil er davon handelt/wie ſchwer
die Weiſtlinger Sineſer/zum Chriſtenthum und der rechten Weißheit der Kinder
Gottes/zu bringen ſeyn/ gebrauchet dieſer Worte Hiſt. Ind. l. VI. p. 120,
E. Sinæ, ſchreibet er/ elato ſuperciliò, reliquas omnes gentes, præ
ſe contemnunt : rudes, inertes, barbaras putant. De ſuis tantum ipſi
rebus, magnificè & gloriolè, non ſentiunt modo, ſed prædicant. No-
ſtris tamen hominibus, [verſtehe Europæis] tribuere nonnihil vidẽtur,
Quippe Sinas, utroq́; oculo præditos eſſe ajunt, Europæos altero; cæteros
neutro. In hoſce mores & inſtituta, Chriſti diſciplinam inſerere, quantæ
ſit molis, quilibet, non imperitus rerum exiſtimator, facilè judicaverit. Obſtant regia edicta, & difficultas introitûs, obſtant conſpirationes antiſtitum,
qui peregrina in eas terras inferri ſacra : & extorqueri ſibi nefarios quæſtus,
& coargui mendacia, minimè patiuntur. Obſtat regionis feracitas, & libidinum illecebræ, & cœtera malorum irritamenta : & /quo nihil cœleſti
philoſophiæ inimicius eſt, faſtus & ſuperbia :& ſuarum omnium rerum, a-
mor quidam infinitus. Accedit educatio puerilis, & fabulæ, & opiniorum
hauſta cum ipſo lacte perverſitas. Verum nihil planè majori eſt impedi-
meuto, quam noſtratium Chriſtianorum, (quos ethnicis, prælucere ad o-
mnem juſtitiam & caſtitatem, oportuerat,) tanto nominiác profeſſioni,
minimè contentanea, quotidiana vitæ documenta. Neq́; enim tantam, ſpe-
ctata paucorum innocentia & virtus, adſtruit Evangelio fidem, quantam,
inſignis multorum, & notiſſimi ferè cujúſq́;, avaritia & improbitas adi-
mit. Dieſen ärgerlichen Wandel der Papiſten in Indien beſchreibet er H. J.
p. 296. D. mit dieſen Worten wenn er von der Indianer (Braſilianer) Bekehrung ſchreibet. Laborioſa provincia, & multis difficultatibus implicata.
Obſtat linguæ inſcitia, obſtant ingenia moreſq́; incolarum ; quod, ſuper
quotidianas cædes, ac finitima bella, & inexpiabile ulciſcendi certamen, da-
peſq́; diras, in crapulam quoq́; ac vènerem projecti, magis indies obtunde-
rent aciem mentis, & flagitiorum cœno, quicquid erat indolis b næ, demer-
gerent. Accedebat indomitum ac latè patens malum, & quo valentius nihil, aditum atq́; iter obſepſerit Evangelio, Chriſtianorum, (quos veteres vocat, eoq́; nomine à novis diſtinguit,) indigna tali nomine ac profeſſione
licentia, procacitaſq́; cum anxia cupiditate ſordibuſq́; conjuncta : ut eorum
adventus in barbarorum vicos, vitæq́; conſvetudo, cum graviter cunctos
offenderet, tum ingentem nomini Chriſtiano invidiam, infamiamq́; conſla-
ret. Es iſt zweifels frey/dieſer Unverſtand/dieſe Undanckbahrkeit und Sicherheit/
Spötterey/ Verachtung und Ruchloſigkeit/die rechte wahre Haupt-Uhrſache/
daß dieſe arme Leute/die Oſt-und Weſt Indianer/ das Evangelium von Chriſto
bald

halt und voelängst verlohren haben/welches ihnen durch die Aposteln ihre Jünger/
und andere belehrte Apostolische Christen/ vorgetragen und unter ihnen gepflan-
tzet war/auch gar leicht per Asiam Septemtrionalem, in Americam hat gebracht
werden können. Denn sie endlich in obgemeldte Sünden/und darauff in ein gottloses
Schanden volles Laster-Leben gantz verfallen seyn/und dadurch den heiligen Geist/
mit seinem Worte und Sacramenten von sich getrieben haben. Und seyn mit D.
Chemnitii nachdenckliche Worte lieb/wenn Er/Harmon.Evang. p. 1380. b. ed.
Hertel, schreibet. Deus multos non vocat, excipiunt quidam, non Turcos, Tat-
taros, [Indos.] Respondere possem cum Paulo, 1. Cor. V.12, *quid mihi de iis*
qui foris sunt, judicare? Sed hi etiam in majoribus vocati sunt, quod autem
verbum vocationis abjecerunt, ipsorum culpâ factum est. Luunt nunc impii
posteri, culpam impiorum majorum. So weit D. Chemnitius. Der Jesuit Maffejus, schreibet davon/ Hist. Ind. lib. 1.P. 1. C. Remotissimæ hæ nationes, lumen Evangelii, vel nunquam acceperant, vel acceptum, inuriâ
seu longinquitate restinxerant. Man besehe auch Lerium/ Hist. Brasil. C.
16. p. 227. Es seyn an unterschiedenen Orten in Ost und West-Indien/noch
einige probable Anzeigung/ des alten erloschenen Christenthums / angemercket worden. Solches mag uns zum Beyspiel und Warnung dienen/daß wir
ihnen nicht gleich werden / damit wir nicht mit ihnen / durch Gottes gerechten
Zorn/ verhengniß und Straffe/ gleichen Lohn empfahen. Das Leben der Christen / unter den Indianern mit mehren anzuzeigen/ist zu mercken/was der Italiäner Beno, und dessen übersetzer ins Latein Calveto, p. 222. schreibet. Rogaba-
mus Indos, ut commeatu nos juvarent, sed neq; precibus, neque gratiâ,
neq; pecuniâ, ab illis impetrare potuimus, ut hospitaliter quicquam nobis
facerent aut darent. Was war die Ursach? weil sie einen Eckel und Abschew
für die Menschen hatten/die man Christen hies/als welche ihnen an Sünden und
Lastern gleich/ ja fast überlegen waren. Welches gründlicher/Benzo sein gespräch / mit dem Indianischen Regulo, Gonzallo in West-Indien gehalten/
anzeiget / Histor. Nov. Orb. lib. 2. c. 16. p. 224. Gonzallus Regulus Ameri-
canus, 70. annos natus, & Hispanicam linguam apprimè callens, matutino
tempore, cum ipsi forte assiderem, defixis in meum os oculis, his me verbis affatus est: Christiane, quidnam rei sunt, Christiani? Flagitant maizium,
[*frugum Indicarum præcipuam; quæ ab insulâ Hispaniolâ convehitur,*] mel,
bombicem, penulam, Indicam mulierem ad concubitum; aurum, argen-
tum petunt. Christiani operari nolunt, ludificatores sunt, aleatores, pra-
vi & blasphemi. Cum ad missam audiendam, (*more papalium,*)templum
ineunt, de absentibus detrahunt, & alii aliis, plagas & vulnera imponunt.

Ad extremum, eo evasit, ut couluderet: Christianos minime esse bonos?
Cumq; excepissem, malos [*nomine tenus Christianos, hypocritas, histriones in-*
ter Christianos, titulares & verbales, non genuinos,] ea, talia facere, non autem bonos: tum ille: ubinam sunt illi boni? inquit: quippe ipse quidem,
nondum ullos, nisi malos cognovi. Und lib. 2. H. N. Orbis, sichen diese
Worte. Monachos & sacerdotes, aliosq; eorum exemplo, colonos, in In-
dià, ea committere interdiu, quæ alios, vel noctu perpetrare; puduerit.
Welches auch den unvergleichlichen Poeten Georgium Buchananum bewogen / nachfolgendes zu setzen / und solche unchristliche Colonos und Colonias
Brasiliensis, solche Schandflecken des Christlichen Nahmens / mit folgenden
Worten zu vermaledeien.

.1 DEscende cœlo, turbine flammeo,
　　Armatus iras, Angele, vindices,
　　　Libidinum jam notus ultor,
　　　Exitio Sodomæ impudicæ.

2. En rursus armis quod pereat tuis
　Lustrum Gomorrhæ suscitat æmulum
　　Syrum propago, & exsecrandæ
　　Spurcitiæ renovat palæstram.

3. Pars illa mundi, quam sibi propriam
　Sedem dicavit mollis amœnitas,
　　Luxusque, sub fœdis colonis
　　Servitium tolerat pudendum.

4. Abominandis arsit amoribus,
　Strigosus æstu, pauperie & fame,
　　Glandis vorator, virulentum
　　E raphanis redolens odorem.

5. Quem (rêre,) ponet nequitiæ modum
　Frænis libido libera? & insolens
　　Humanioris ferre victûs
　　Illécebras, meliore coelo?

6. O Christiani infamia nominis,
　Ofœda labes & nota temporum,
　　O turpium, turpisque causa &
　　Exitus,& pretium laborum!

7. Ignota rostris verrimus æquora,
　Gentes quietas sollicitavimus

Tor-

Terrore belli , orbisque pacem
Metuimus misero . tumultu.
8. Per ferrum & ignes, & mare naufragum,
Secreta rerum clauftra refregimus;
Ne deeſſet impuris cinædis,
Proſtibulum veneris nefandæ .
9. Gens illa , nullos mitis in hoſpites ,
Et ora victu aſſveta nefario ,
Portenta conſpexit cyclopum ,
Sanguineâ dape fœdiora .
10. Nunc ſcylla ſævos exere nunc canes,
Nunc, nunc charibdis, vorrice ſpumeo
Convolve fluctus , & carinas
Flagitiis gravidas reſorbe .
11. Aut hoſce , tellus in patulos ſpecus ,
Æthereæ , flammis perde ſequacibus,
Turpes colonos, Chriſtianæ
Dedecus opprobriumque terræ.

Wie können heydniſche Menſchen und ungläubige Indianer, bey ſolchem
Leben und ſo Gottloß und Atheiſtiſch beſtalten Wandel beſehret werden, da die
Bekehrer ärger ſünd als die Bekehrende? wie können die Bekehrte beſſer geblieben? Es möchte denn vielleycht ihre Bekehrung durch dieſer Chriſtlichen Un-
chriſten Boßheit per accidens befördert werden, wie bey jenem Pariſiſchen Juden, der nach Rom reiſet, und wie er das wild Gottloß Leben da er ſahe und wieder nach Pariß kam ein Chriſt ward / ſagend / Der Chriſten Gott iſt der rechte
Gott, der da iſt lanaturus accultiu und von groſſer güte / der auch die Chriſtliche Lehre nicht läſt untertrucken, von ſolchen Atheiſten, die ihren Untergang ei-
ferſt befördern. Wie Joh. Boccacius und auß Ihm die gelährte Fraw Olym-
pia Fulvia Morata, lib. 1. oper. pag. 40. lin. 6. beſchreibet.

Es iſt nicht genug / daß wir Evangeliſche Chriſten / He wir uns unter-
ſcheids halber und rainer und dem unverenderten Augſpurgiſchen Glaubens Be-
kandniß zugethane oder verwandte nennen und nennen laſſen : die Bekehrung
der Ungläuigen für recht und guthalten / wo nicht der Fleiß und der gute Wandel dazu kömpt. Wir bekehren zur rechten Lehr es / andere und die wir zum rechten
Leven : und es erfriſche uns iſt dieſes unſere groſſe prærogativa. Es ſuchet ſeibſt
ein jeder, ſo viel möglich / daß er andere auch in Glaubens Sachen ihm beypflichte-
113

tig mache / und wil sie gerne in Glaubens-Sachen/ so haben oder machen / als er
ist seiner meinung beyzupflichten. Es muß aber die rechte Zuführung und Bekehrung beobachtet werden. Wie die Pharisæer sich bemühen/ ist oben berühret:
wie die Jesuiten sich bemühen auch. Von den Calviniſten oder Reformirten/ wird
§ V. auch ein Exempel angezogen. Petrus Martyr Papæ Protonotarius &
Regis Hispaniæ. Consiliarius & Legatus, schreibet in epistolá ad Sfortium
Cardinalem, A. C. 1493. Idib. Novemb. darinn er von der erſten erfindung/ etlicher Oerter in Weſt-Jndien handelt/ und wie in Spanien davon erſt mahlen bericht angekommen: Rex & Regina Hispaniarum , *quorum omnes cogitatus,*
vel dormientium , in religionis noſtræ augmenta ſunt ſiti, ſperantes, ad Chriſti le-
gem, tot nationes et ſimplices gentes , facile trahi poſſe , ut auditis commoventur,
& Colonum (Columbum alias ,) advenientem honorifice tractant. So-
weit Martyr. Es ſuchen zwol die Türcken die Chriſten zu verführen weil ſie ihnen einbilden baß ſie daran wol thun. Darum allemahl/ d. iß wovon
ab / und daß woran und wozu / fleiſſig muß beobachtet werden. Georgius
Doula in epistolá de itia ſuo Constantinop. ad Patrem , p. 37. lin. 9. erzehlet
ſein eigenes Exempel. Cum viderent me Turcæ, &c. er / ſtupore quodam
attonitum, Sophiæ Templum Constantinopoli intueri , dicebant : *Giaur*
egarki en muſulman olur, boller bunda her neſte jungelmade, hoc eſt : *pagane,*
ſi tu volueris , orthodoxus (Turca) fieri , licebit tibi quotidie hæc intrare. Ego
nihil aliud , ſchreibet er ferner : quam *: ben muſulmer olmas,* hoc eſt , *certum*
mihi eſſe, in fide meâ manere, reſpondebam. Ea autem eſt , ſetzt er hinzu/
Mahumetanorum opinio , ſe de nullo melius, mereri poſſe , quam de eo,
quem certo exitio, (uti ſibi perſuaſum habent ,) deſtinatum , ad ſuam religionem traducunt. Darumb muß diſe intention allemahl nach Gottes
Worte geurtheilet werden/ darin ſie muß gegründet ſeyn/ und darnach dieß art
geſtellet werden / wo ſie beſtehen ſoll. Die Jeſuiten/ als dem Pabſte zu Rom
und dem Römiſchen Stuel höchſt getreue/ haben ſich auffs euſſerſte bemühet/ die
Griechiſche Kirche ihrer meinung nach zu bekehren/ und dem Römiſchen Stuel un-
terwürffig zu machen / aber umb ſonſt und ohne ſucceß. Es iſt dieſes zwar
lang vor der Jeſuiten Ahſana/ (welcher ins 1535. Jahr fiel/) von vielen zu Rom
und andern Latinern und Jtaliänern / gar von A. C. 1430. und ſchon vorher
differig / getrieben worden ja gar von Imp. Fœerz und Papæ Bonifacii z con Caroli M. und Irenes zeiten her : in Hoffnung / alsdenn die ganze Weſt dem
Pabſt zu unterwerffen / aber es hat allemahl / am Fort - und Ausgang geleb-
tet / ſo wol vor als nach Conſtantinopels einnehme n/ welche von den Türcken
A. C. 1453. geſchehen iſt/ und wird die Griechiſche Orientaliſche Kirche/ dazu die
Ruſ-

Rüsschen und viel andere gehören/davon/H.D. Nicolai S.G. kan gelesen werden/
von der Occidentalischen wohl getrennet bleiben biß an den Jüngsten Tag.
Leo Allatius, hat mit einem gantzen grossen Buche/den consensum Græcorum
& Latinorum erweiset/ja erzeigen wöllen / kan aber nicht fortkommen/sentern
bleibet bestecken.   Denn die Griechische Kirche nennet sich / Sanctam, Ca-
tholicam, Apostolicam Novæ Romæ Ecclesiam, und will den Episcopum Ve-
teris Romæ nicht über sich weissen.   Der Bischoff Meletius nennet sich Papam
& Patriarcham, wie beym Dousa in epist. de itin. suo Constantinop: p. 111.
und 112. in seb. n ist: woselbst p. 114. derselbe Meletius,/von Ihm selber/in epi-
stolâ ad Dousam Patrem schreibet: quod sedes Ecclesiarum,quæ per orbem terrarum maximæ sunt atque supremæ, Dei misericordiâ sibi concreditas admi-
nistret. Er schreibet ferner: quod Romanum Pontificem, Romanum agno-
scat Pontificem, sed Christum unum, universalis Ecclesiæ caput.   Er kla-
get über einige Papisten deshalben.   Audent nonnulli, (Papistæ) Ecclesiam
Orientalem, cum diaboli Ecclesiâ conjugare.   Ita sunt animis parum Christianis : quæcunque non faciunt iis ad palatum, quæcunque non arrident,
impia, ab sinuque Dei eiicienda, ab Ecclesiâ proscribenda , ferro flam-
misque profliganda putant. Weil demnach etliche Griechen sich dem Römischen
Stul submittiren und dessen primat erkennen / geschicht solches auß Heucheley und damit sie Unterhalt haben : oder es wird auch von etlichen Latinern
nur erdichtet und vorgegeben / daß es geschehen sey / da es doch der Wahrheit
nicht gemäß ist.   Der Cardinal und Historicus Baronius, ist auch von
solchen Allmosen suchen verleitet worden/wann er in E. Annalibus erzehler : Anno 1593, Gabrielem Patriarcham Alexandrinum , duos Legatos presbyte-
ros,monasterii Sancti Macarii Monachos, nomine Josephum & Abdelmes-
siam , Romam , unionis cum Romanâ Ecclesiâ ineundæ gratiâ , ablegasse,
idq. cum literis ad Romanum Pontificem , hoc modo inscriptis : Petri Pe-
trum , Principi Patriarcharum, Tertio decimo Apostolo D. N. I. C. quinto Evan-
gelistæ , Sancti Petri Successori. Tibi data est potestas solvendi & ligandi, &
quæ sequuntur.   Baronius erzehlet weiter : hos legatos Romæ, Patriarchæ
sui, & reliquorum subditorum nomine, Confessione fidei, quæ ipsis pro-
ponebatur, editâ, tanquam Catholico-Romanæ Ecclesiæ susceptos ; o-
mnesque adeò & Ægypti & Æthiopiæ Christianos, Romanæ Ecclesiæ conci-
liatos. Silvester hies der damahlige Patriarch zu Alexandria nicht Gabriel, wie
Baronius ir: er und ich historicè erweisen kan.   Dessen Successor, der Patriarch Meletius, wie er auß Venedia davon Nachricht erhalten/ hat über diese
Fabel gelachet/und sich, über der Menschen und Tichter Bößheit / auch über
D   HV

etliche unter den Leichtgläubigen schädliches leichtgläubiges verwundert / wol fleissig zu geschehen pflegt / daß was sie gesucht / gewündscht und gehofft / so gar leicht geglaubet haben. Der gelehrte Georgius Dousa setzt seyn Urtheil hiervon / also lautend. Merae sit Fabulae, hinc, ut puto, ortae, sive quod Orientales quodam imposttores, ut stipem emendicarent, Romanis nimis credulis imposuerunt, sive quod Jesuitae quidam, mendaciorum architecti, ut hoc modo Christianis fucum facerent, ac glaucomam, ob oculos obiicerent, tenebrionum istorum operâ, abuti voluêrint. Sie haben demnach die Jesuiten bey den Griechen / mit ihrem Römischen Haupte nichts zu sagen: darauff erfolget / daß die Griechen / die Ungläubigen / die sie bekehren / nicht zur heutigen Römischen Lehre und Glauben bekehren / sondern zu ihrem in der Griechischen Kirch üblichem Bekäntniß. Und weil des primats oder der prærogativ gedacht / ist zuwissen daß dieser Primatstreit zwischen der Griechischen und Römischen Kirche / von Johannis und Gregorii Zeiten her / umb A. C. 600. nunmehr über 1000. Jahrlang / gewehret habe / und wol bleiben werde biß an den Jüngsten Tag / ungeachtet Constantinopel mit dem gantzen Orientalischen Käyserthum / für 225. Jahren in der Türcken Hände gerahten ist. Dabey am allernachdänklichsten / daß wie umbs Jahr 600. Johannes der Patriarch zu Constantinopel, sich mit Gregorio dem Pabst zu Rohm des Primats halber / gezweyet / weil Johannes der allgemeine Bischoff seyn wolte / welches ihm Gregorius nicht gestehen wolte / daß damahls Gregorius der Römische Bischof gesaget und geschrieben / daß diß ein rechtes Kenne- und Merckzeichen des Antichrists wäre. Ungeacht er dessen / hat doch der Pabst Bonifacius der dritte des Nahmens / der andere nach dem Gregorio, wenig Jahr hernach / von dem Gottlosen Käyser Fl. Foca oder Phoca, den Titul erhalten / daß nicht der Bischoff zu Constantinopel, sondern der zu Rohm / Oecumenicus Episcopus, oder der allgemeine Bischoff und oberster Ober der Kirchen Christi auff Erden / solte genandt werden.

Die von A. C. 1517. her / biß heute / die Vereinigung in der Lehre / der Römischen Päbstler / Schweitzerischen Zwinglianer / und Genffischen Calvinisten, mit den Evangelischen Lutheranern gesuchet haben / bemühen sich umsonst. Denn weil ein fundamentalis dissensus, in fundamento fidei, & fundamentalibus & salutem evertentibus fidei articulis ist und bleibet / wie aus den diversis symbolis, & diversorum Theologorum, concionibus & scriptis, und deren antithesi leicht zu ersehen / ist / müssen sie sich umb sonst bemühen. Diesen Syncretisten (wie sie genennt werden) muß es eben eins und gleichviel seyn / wenn ein ungläubiger Jude / Türck / Heide / bekehret wird / ob er ein Lutheraner, Calvinist oder Papist werde / weil sie irrend dafür halten / daß diese drey / unterschiedene deste Religione - Verwandter / in fundamento fidei einig seyn / und alle Streit unter ihnen mit de rebus praeter fidem sey. Derohalben sie auch nicht allein mutuam tolerantiam / sondern gar fraternitatem in Christo mit ihnen pflegen und unterhalten. Was die äusserliche conversation betrifft / die auf Christliche Lieber Ehrbarkeit und Freundligkeit sich gründet / hat sie gewisse Wege Maaß und Ziel / ist aber von dem fundamentali consensu in fide weit unterschieden: dessen entscheidung einig auß Gottes geschriebenen unverfälschten Worte geschehen muß / daraus auch endlich und zuletzt / das End-Urtheil am Jüngsten Tage / vom Richter der Lebendigen und der Todten wird gefället werden. Meletius der Griechischer Patriarch / schreibet davon an Joh: Dousam einen Calvinisten also / in seinem zu Constantinopel A. C. 1597. X. Kal. Nov. abgelassenen Briefe/ dessen Worte also lauten. Non me deterret, à quorumvis hominum, praesertim Christianorum colloquis, aut eoxiam literis, diversitas religionis. Aut enim, sequestratis quaestionum, curiosarum praesertim, ambagibus, per charitatis spatia vagamur, aut dealiis etiam, de quibus dissentimus, non sine charitate disserimus. Und damit ich diesen § beschliesse/ wäre zu wünschen/was viel reine und tapffere Lutherische Theologi, noch lebende (die Gott erhalte!) und selig verschiedene (deren Seelen Gott erfreue) lange gewünschet/ gerathen und gehoffet haben/ daß unter den Lutheranern /ein Collegium ad propagandam fidem eingeführet würde/ verbunden mit einem / daß die controversias in Ecclesiâ und censuram & examen librorum beobachtete / mit nach Photii Art / doch ferner und besser. Dieses müste versehen seyn mit auserlesenen / gelahrten / geübten / judicieusen und exemplarischen reinen und tapfferen Männern/ die controversias von Jugend auff/ continuè studiret und tractiret: und deren vortrefflichen Adjunctis, die von ihnen angeführet und geschliessen wären/ und ihnen etwa beym seligen Abscheide succediren könten. Diese müsten/ ohne unterlaß /Mündlich und Schrifftlich / Gegenwärtig und Abwesend / communiciren: und es an guten Schreibern/Druckern/communicationen und correspondentien nicht ermangeln lassen. Solches Collegium, würde der Kirche Christi wider die Ungläubigen/die Atheisten/Rotten/Secten Schismaticos, Opinions-Geister/ Enthusiasten und Phantasten: Kürtz/ wider alle Unrechtgläubende und Lebende/in die itzt letzten Zeit/wohl zu statten kommen/und wie nöthig / also hoch nützlich und ersprießlich seyn/vieler Unverstande und Blindheyt steuren und vieler Seeligkeit befördern. Alsdann könte gehoffet werden/ daß viel greuliche alte und neue / vorige und heutige /geschriebene und gedruckte Papieren / in negotio salutis, gründlichst kürtzlichs und möglichst/auß vieler Menschen Hertzen und Händen möchten getilget werden/ als da seyn/der Jüden/der neuen Photinianer u. m. auß geflossene

D 2   gene

gne ärgerliche charteqúen, wenn ſie dergeſtalt animosè, maturè, ſolidè &
nervosè, breviter & accuratè (auſſer / ohne und neben dem / was auff Ꝑ
cademien und ſonſt auch geſchicht) dazu Collegialiter, wie man redet / examiniret, cenſiret, probiret oder improbiret, und wenn und wo es nötig / refutiret
wurden / welches in unterſchiedenen Sprachen/ der Kirchen Chriſti zum beſten
geſchehen könte/mit richtiger verzeichniß und edition der Actorum Collegii wie
bey den Collegiis Curioſorum und ſonſt geſchicht. Solches könte denen ſo in
der Kirche Gottes/ und denen ſo noch brauſſen ſeyn / zeitlich und ewig/ dienen und
nützlich ſeyn/vieler Arbeit. leichter machen/ und vieler Zweiffel fürderſahmſt be-
nehmen. Es würde auch der Gifft vieler ärgerlichen Papiren / (die offt ſehr
geſucht und theur bezahlet werden/ wenn ſie gleich von der Chriſtlichen Obrig-
keit/auß rechtmäſſigem Eifer verbohten ſeyn / nach dem alten vers ſ Nitimur in
vetitum, ſemper cupimusque negata,)nicht ſo weit einreiſſen/ dem hernach offt
mit doppelter Arbeit muß // ja/ wenn er überhand genommen/offt ſchwerlich kan
geſteuret werden. Aber genug hiervon . . . .

V Die Reformirten (die wir weil ſie Johannem Calvinum den Genffiſchen
Lehrer in der Lehre folgen/ und ihn vor einen groſſen Lehrer ihrer Kirchen halten/
auch wol Calviniſten / oder von Zwinglio Zwinglianer zu nennen pflegen/ohne
verachtung / gleich wie wir es wol leiden können / daß ſie uns Lutheraner nennen) in Franckreich haben auch vor gehabt / die Braſilianer in Weſt-Indien
zu Chriſto zu bringen. Denn weil ſie in Franckreich verfolget würden/ haben ſie mit Nicolao Durantio mit dem zunahmen Villagagno genandt / einem
Malteſer Ritter A. C. 1555. durch Beforderung des Frantzöſiſchen Admirals
Gaſparis Colinii (der hernach im Pariſer Blut-Bade elendt umgebracht iſt)
nachdehm auch Hoffnung / groſſen Reichthum auß Weſt-Indien zu holen gemachet war/ dieſe Reiſe auff ſich genommen. Villagagno ſegelte
A. C. 1555. im Majo auß / und im November deſſelben Jahrs / iſt er in
Weſt-Indien gelandet. Ihm iſt Johannes Lerius mit 13. Perſohnen/
A. C. 1556. im September gefolget / der von Genff auß / endlich dahin
gekommen iſt. Auſſer Braſillen-Holtz / haben ſie wenig ſonderbahres
herauß gebracht. Ich gebe zu/ daß ſie neben dem Reichthumb /
(einige auch ohne Hoffnung und erwartung etliges Reichthums) vor gehabt/ ihr
Calviniſches Genffiſches Glaubens-Bekänntniß in America, inſonderheit Braſi-
liâ zupflantzen / und die Heyden und Barbaren / von ihrer Blindheit zu
führen. Villagagno ſchreibet an Johannem Calvinum, A. C. 1557.
prid. Cal. April. auß Franciâ Antarcticâ : quod Regno Chriſti excolendo
operam dederit,& quod Chriſti negotium geſſerit, Pro ingenij captu, ſchreibet

bet

bé æ, Brasilianos monere, & à vitiis deterrere non desistebam, mentesque eorum, Christianâ imbuere religione, indictis à me, mané & vesperi, publicis & quotidianis precibus.   Wie denn diese Schüler Joh. Calvini selbst schreiben: quod in Brasiliâ, Christianâ libertate fruentibus, quocunque tulerit animus, ire licuerit, & monachorum hypocrisin palam facere.   Aber sie haben wenig außgerichtet. dessen schuld sie auff Villagagnonem legen.   Und wenn sie gleich viel zum Christenthum gebracht hätten / würden sie doch gewiß / wann sie/des Christenthums besser kündig geworden/weiter darin fortgerückt/und so weit gekommen wären/daß sie Gottes Wort selbst lesen und alles prüfen können/ die Calvinische Lehre in den Stücken von der Ewigen Genadenwahl/der Persohn Christi/ Tauffe und Abendmahl / mit dem Worte Gottes streitend gefunden haben / und so bald sie solches erfahren /   würden sie davon abgetretten seyn. Was Villagagnonem betrifft /   will ich ihr weder anklagen noch vertheidigen/ sondern nur anmercken /   daß ihm der Calvinisten Lehre vom Abendmahl des Herren /   gantz mißgefallen/ wie sein Gespräch/ welches er / mit den beyden Schülern Johannis Calvini, den ihm von Genff auß / nach Brasilien gesandten Predigern/Richerio und Charterio in Brasilien gehalten (wie es vom Lerio, auch einem Schüler Joh. Calvini, der es selbst angehöret hat/ in seiner Histor. Navig. in Brasil. c. 6. p. 53. und 58. deutlich verzeichnet ist) sattsahm außweiset. Und ist es endlich darauff außgelauffen/ daß weder der Franciscaner Münch und Frantzösischer Cosmographus Thevetus, noch die andern was außgerichtet. Thevetus klagt/ daß er die Brasilianische Sprache nicht verstanden /   Er habe/ schreibt er/von ihm selber/ den vorsatz gehabt/ Seelen zubekehren / nicht schätze zusuchen und Gold außzugraben.   Lerius klagt über viele und grosse Hindernisse insonderheit über Villagagnonem, daß er auß einem Schüler Johannis Calvini, zum theil ein Papist geworden sey: davon er selbst / in seinem Buche / breiter kan gelesen werden.   Ist also damahlen/daselbst wenig außgerichtet worden.

    Wir Teutschen/ dancken Gott nicht gnug/ daß Er uns ein so grosses erzeiget hat/ und unsere die Teutsche Nation so hoch begnadet.   Er hat das Licht des Evangelii/durch H. D. Lutherum S. G. für 160. Jahren unter uns sehr helle auffgehen lassen.   Er hat uns etwa für 870. Jahren/zu Keysers Caroli M. Keysers Ludovici, und folgenden Zeiten vom Heydenthum zum Christenthum gebracht.   Er läst uns von Christlichen Eltern in der Kirchen Gottes gebohren und erzogen werden :   dadurch wir alsobald der Kirchen Gottes einverleibet seyn/durch die heilige Tauffe widergebohren werden/und durch das Wort. und den würdigen Gebrauch des Abendmahls/erneuer werden zum Ewigen Leben. Er hat uns gesetzet/und erhält uns/an einem so guten Orte der Welt in Zonâ tem-

peratâ

pet sca Septemtrionali, unter gesundem gutem climate, nicht sub zona frigida oder torrida. Gomara (ein Spanier, in Histor: Generali Indiarum, Lerius, in Hist. Brasil. c. 16. p. 41. Freigius in præf. Navig. Forbisseri, n. 7. 5. Quod vero. unbcinige andere nach Ihnen/ seyn der Meinung geworden/ daß die West-Indianer/ des verfluchten Chams Nachkommen seyn/ oder von den Gottlosen Canaanitern den alten Einwohnern des Landes Canaan, welches Gott den Israeliten verheissen und gegeben/ nach dehm Er sie ihrer grewel halber vertrieben hatte/ und welche es besessen/ ehe die Israeliten hineingekommen/ nach dehm solche dahin gejaget verschlagen oder vertrieben worden waren/ herstammen. Ob sie aber durch Asiam oder Europam/ zu Wasser oder zu Lande/ oder wie sie hineingekommen/ wissen sie nicht an, zu zeigen/ und so wenig als die Indianer selbst. Wir lassen diese Meinung so viel gelten/ als sie werth ist/ und nach der probe die sie hält. Gott hat uns aber in einem temperirten, wohlbewohnten/ und wohlbebauten/ mit reiner Lehre und Menschen Weißheit und Geschicklichkeit/ hochbegabten Lande gesetzet/ welches man Teutschland heisset/ nicht im grimmig kalten Norden und Grünlande/ auch nicht im brennend heissen Mohrenlande. Wir liegen als Mittels Leute/ am lieblichen/ schönen und gesunden Orte der Welt/ darin wir an allem dem/ was zur noth und nutz/ Lust und Ergetzlichkeit dienen mag/ überfluß haben/ als wenn wir von Gott selbst/ mit Kette vom Himmel herunter gelassen/ und niedergesetzet wären. Wir seyn so vor Gott geleget/ als wenn wir zum Posthause der gantzen Welt gemacht weren: den wir bequemlich mit allen Nationen der Welt conversation, communication und correspondentz halten können. Homines nos fecit non bestias : cultos non barbatos: Germanos non Grunlandos aut Æthiopes : zonæ temperatæ incolas, non torridæ, non frigidæ Septemtrionalis: Christianos, non Judæos Gentiles, Turcos: Orthodoxos non Heterodoxos: de verâ salute certos, animosos, spe plenos & æterna exspectantes. Quis Ei dignas agit gratias? Ich habe die schöne Worte des H. Nicolai Pithoi Domini de Chamgoberto, eines vornehmen Frantzin innen, mir mehrmahlen lassen zu Hertzen gehen, Dieser schreibet/ in præf. Navig Forbisseri also. Dicet aliquis, [so lauten sie in Lateinischer Sprache/ auß der Frantschen übersetzet] tam periculosam peregrinationem, nullâ aliâ spe nisi lucri suscipi, ac nihil minùs quam barbarorum Septemtrionalium salutem, & divinam, in cognoscendo vero Deo regenerationem quæri. Et sanè, ut dicam quod sentio, non omninò fallitur, qui ita existimat : qnin & ipse quoque credo, multò majorem partem eorum, qui hanc perigrinationem suscipiunt, nullâ aliâ re quam avaritiâ, & acquirendi habendiq; desiderio duci. Imò, illi ipsi, ingenuè fatebuntur, se, si sciverint,

tint, illas regiones planè steriles & sine cultu esse, quantumvis populosæ
fuerint, nunquam tamen pedem, extra patriam posituros propterea esse.
Sed in hac re quoque incomparabilis & admiranda D. O. M. bonitas & pro-
videntia apparet, qvi cum perpetuò paternam de salute hominum curam
gerat, optimè novit, quando & quomodo, res à se destinatas, in effectum
deducere possit: & qvidem ratione hominibus ignotâ, & à judicio hu-
mano alienâ, imò, huic ipsi quandoque repugnante. Qvis enim (ut hoc
potissimum exemplo utamur) existimaret, fieri posse, ut homo, avaritiæ
& pecuniæ cupiditate inflammatus, qviqve nihil aliud spectet aut propositum sibi habeat; quam ut per fas & nefas, immanes divitias sibi comparet:
alteri prodesse, ejusque commodum procurare possit. Neminem existimo,
tam fatuum aut stupidum esse, qvi affirmaturus sit. Verum operæ pretium sit considerare, quomodo Deus hæc omnia moderetur. Nam oc-
cultâ quadam ratione hominum mentes ita incitat, ut quantumvis principio, longè aliud sibi propositum, unamque ditescendi metam sibi præ-
fixam habuerint, ipsi tamen, ignari & inscii, ad pietatis religionisque se-
mina, in barbarorum istorum animis spargenda, proficiscentur. Id ac-
cidet, ut spero, in his, quorum in Historiâ Navigationis Forbisseri sit
mentio, nisi ipsi, sua ingratitudine & pertinaciâ, suam salutem impe-
diverint. Nec verò timendum est, ne idem his barbaris, in septemtrione contingat, quod aliis similibus, quos historia adeo crudeliter & imma-
niter tractatos esse testantur, ut sola commemoratio, horrorem audien-
tibus incutiat. Nam quoniam illis res est, cum Elisabetha Reginâ, tam
humanâ, tam bonâ, tam piâ, nullus exitus infelix, pertimescendus est: cum
certum sit, illam his rebus, ea remedia adhibere, & pro suâ prudentiâ ita
providere posse, ut ea incommoda, qvibus Indi occidentales sive Ameri-
cani, expositi vexatique fuerunt, ab his Septemtrionalibus arceantur pro-
hibeanturque. Worauff Er gar artig die geschickliche Christen/und die un-
geschickte Barbaren anredet. Und zwar die Christen mit diesen Worten.

VOs, qvisunque Deo vultis gens sancta vocari,
Et fertis populi laudem sub pectore fixam
Divini, ac Magni gaudetis nomine CHRISTI.
Vos, inquam, memori decuit perpendere mente,
Quæ sors vestra esset; quà vos quoque parte locati
Rebus in humanis, & quali munere sacris
Essetis tincti lymphis, iterumque renati,

Nam

Nam niſi, qvi dextrâ nos omnipotente tueatur
Spiritus, ingenti res noſtras terit amore,
Nil noſtrâ vitâ pejus nil triſtius eſſet,
Aut ſi, quæ primo nocuit triſtiſſima mundo
Undarum illuvies, noſtros quoque, ſæva parentes,
Fluctibus extremas rapidis pepuliſſet in oras,
Hoſpitia ut duri ſubeuntes frigida cœli
Languenti terram colerent ſub ſole jacentem.
Haud dubiè, ignaris vitæ, brutasque ſecutis
Vivendi leges, non ſenſus Numinis ullus
Eſſet, & ægrarum vixiſſent more ferarum.

Darauff beſchreibet Er / wie die Menſchen nach der Babyloniſchen Sprachen Verwirrung / von ein ander gegangen / weit und breit verſtreuet / und dieſe ſo weit fort geloſſen / als ſie kommen können / biß ſie endlich ſtille ſtehen müſſen.
Redet auch die Barbaren an / mit ſolchen Wörter / welche / wolte Gott / daß ſie hören und verſtehen könten und möchten.

O Gens, extremis degens miſerabilis oris,
Etſi nec nomen, tua nec mihi natio nota eſt.
Attamen humanâ cupio tibi proſpera mente,
Fortunas en hoſce tuas, en aſpice ſegnis,
Quæ Deus é celſo mittat tibi munera cœlo.
Quas lintres hominesque in curvo littore cernis,
Non veniunt, ut te jugulent, mortique remittant.
Quod ſi divitias, & terræ viſcere tectos
Theſauros quærunt: illos prohibere caveto
Littoribus, portu potius tectisque receptos,
In lati ducas penetralia maxima regni.
Hoſpitii pro jure, ipſi tibi munera ſolvent:
Quæ nullo poſſunt extingui temporis ævo.

Endlich wündſchet er / und bittet Gott / er wolle dech Grobe zu ihrer Bekehrung
verleihen. Wie am angezogenen Orte mit mehren kan geleſen werden.

Wir Teutſchen / möchten uns neben andern / auß Lieb und Danckbahrkeit
zu Gott / dieſer elenden Menſchen wol was mehr annehmen / und ihre Bekehrung und Seeligkeit zu befordern ſuchen: eingedenck unſers vorigen Elendes /
und der Zeiten / da uns die Römer und andere auch für Barbaren hielten / und
wir auch nicht viel beſſer zu achten waren / ehe K. Carl der Groſſe / mit ſeinen
Biſ-

Bischöffen und deren Nachfolgern zu uns gekommen / und unsere Heidnische
blinde Vorfahren / die des Rebellirens kein Ende machten / endlich zu Christo um
bahnen gebracht / nach vielen toben und vergeblich reden / aufflehnen rohesschlagen
und widersetzen / gegen den HErrn und seinen Gesalbten / daß sie den Sohn Gottes
geküsset und auff ihn vertraut haben. Zu letzt / hat uns GOtt / noch dazu D. Lutherum / sand / ihme durch den Dienst / dieses unsers getreuen Landes-Mannes / das
verunreinigte Christenthum / unter uns wieder auffgerichtet. Zu welcher Zeit /
wir Gottes Wort / in unser Muttersprache noch nicht recht hatten. Erschrecklich
war das Elend / der Teutschen Länder / so bald sie nach der Sündfluth von den Abgöttischen blinden Heyden / zu bewohnen angefangen / biß auff der Apostel Zeit :
welche Zeit wir eigentlich nicht wissen können. Denn es wird in der Apost. Geschicht II. h. 10. 11. nicht gedacht daß Teutsche verhanden gewesen seyn / bey der
ersten Bekehrung / nach der Himmelfahrt Christi / und sichtbahren Außgiessung
des Heiligen Geistes am Pfingst-Tage : dennoch hat sich GOtt unser erbarmet /
und da vorhin / auß Franckreich und Engeland unsere Bekehrung von Constan-
tini M. Zeiten bey 450. Jahr her / biß auff Carolum M. offt mit schlechtem Fortgange versuchet war / allem zu Keisers Karoli M. Zeiten / solche kräfftig werckstellig gemacht / damit wir den / noch übrigen blinden Heyden im Norden / das
Licht des Evangelii auch anzünden möchten.

    Worauff insonderheit die Stadt Hamburg im Norden / gewidmet VII.
ist / welche dem tunckeln und kalten Norden / wie eine helscheinende und an-
zündende Leuchte / von dem Gottliebenden und fürchtenden Keyser Karle dem
Ersten und Grossen / und seinem Sohne dem frommen Keyser Ludewig / erbauet
gesetzet und verordnet ist : der selbst Hamburg locum aptum , ubi sedem Archi-
episcopalem statueret, in seinem diplomate nennet. Sie ist vom Keyser
Carl dem I. und Grossen / A. C. 808. nunmehr in diesem 1678 Jahre / für 870.
Jahren zu erbauen angefangen / da sie zuvor ein Land und grüner Wald gewesen /
darauff vielleicht einige Fischerhütlein am Wasser / und andere geringe Baur-
Häußlein gestanden / dabey denn auch vielleicht etwa ein Götzchor Heydnischen
Teutschen Blinkheit nach verehret worden. Denn wir verwerffen des Incerti
Autoris Chronici Mindensis Meinung / welcher setzet : daß der Dohm Kirche der Stadt Hamburg Grundlegung. A. C. 798. geschehen sey : denn A. C.
811. hat Sie erst durch Carl den Grossen Keyser ihren rechten Anfang / und ist
A. C. 834. erst recht zum Staube gebracht / durch seinen Sohn und Nachfolger
im Reiche dem Keyser Ludewig den Frommen / welcher ein Ertzbischoffthum
daselbst gestifftet / welches auch Gregorius der vierte damahliger Pabst zu Rom
bestätiget hat. Davon lauten des Keysers Worte also / wie Er sie zu Noch A. C.
834. geführet / und wie sie beym Erpold Lindebrogio, in Privilegiis Archi-
Ecclesiæ Hamburgensis pag. 134. zu finden seyn. Si specialibus, cujus-

qve fidelium noftrorum neceffitatibus profpeɛ̃ius fubveniendum effe,Imperialis auɛ̃oritas monftrat, quanto magis ad debitam generalitatis providentiam æquum dignamqve pertinet,ut EccleſiæCatholicæ atqve Apoftolicæ,quamChriſtus pretioſo ſanguine redemit,eamqve nobis tuendam regendamqve commiſit, piam ac ſollicitam in cunɛ̃is oportet gerere curam, & ut in ejus profpeɛ̃u vel exaltatione, congruam exhibeamus diligentiam, novis ad ejus neceffitatem vel utilitatem adqve dignitatem pertinentibus rebus,nova,imò neceffaria & utilia provideamus conftituta. Idcircò Sanɛ̃æ Eccleſiæ filiis,præſentibus & futuris,certum effe volumus,qvaliter,Divinâ ordinante gratiâ, noftris in diebus, in partibus Aqvilonaribus, in gentibus videlicet Danorum, Svecorum,Norweorum, terræ Gronlandon, Hallingalandon , Iſlandon, Scredevindon, & omnium Septemtrionalium & Orientalium Nationum , magnum, Cœleſtis Gratia, prædicationi, ſive adqviſitionis patefecit oſtium. Ita, ut multitudo, hinc inde ad fidem Chriſti converſa, myſteria cœleſtia & Eccleſiaſtica ſubſidia , deſiderabiliter expeteret. Unde Domino Deo noftro laudes immenſas perſolventes extollimus, quod noftris temporibus & ſtudiis, Sanɛ̃am Eccleſiam, ſponſam videlicet ſuam, in locis ignotis ſinit dilatari atɋ; proficere. Qvam obrem, una cum ſacerdotibus, cœterisqve imperii noftri fidelibus, hanc Deo dignam cernente cauſam, valdè neceffariam, atqve futuræ Eccleſiæ dignitati proficuam, dignum duximus, ut ſocum aptum , noftris iu finibus evidentius eligeremus , ubi ſedem Archiepiſcopalem , per hoc noftræ autoritatis præceptum ſtatueremus. Er ſetet daꝛauff daß Er ſoldes Erꜩbiſchoffthum orbne / in loco nuncupato Hammaburg , und daß Er Anſgarium ꝝum erſten Erꜩbiſchoff verorbne. Und hat Er tieſen Brieff / mit ſeinem Keyſerlichen Jnſiegel beträfftiget / wie bey Erp. Lindebrogio i.e. ꝝu ſehen iſt. Des Pabſtes ꝝu der Zeit diploma nennet auch dieſelbe Noꝛdländer und thut noch Farriæ, Slavorum & omnium ſeptemtrionalium & Orientalium , Nationum , qvocunɋ; modo nominatarum hꝛꝛꝛ / daven Erpold. Lindebrogius in Privileg. ArchiEccl. Hamburg. p. 145. kan geleſen werden. Es kan möglich ſeyn / daß der Ort / darauff Hamburg ſtehet / weil er lieblich / mit Wald und Waſſer / geſunder Lufft / Marſch und Geiſt hohen und niedrigen Lande / von Gott begabet iſt / von den blinden Heyden voꝛhellig gehalten ſey / und daß ſie daſelbſt Jhre Heydniſch-Göꜩen verehret / welche Sie in den Wäldern ꝛu verehren in Gewohnheit hatten : kan auch ſeyn / was Eginhardus und Albertus Stadenſis ſchreiben / daß Hamburg in Wendiſcher Sprache Hochburi / das iſt ꝛniger Erklärung nach / ein himmliſcher oder heiliger Ort genant ſey / auch ehe es Hamburg geheiſſen. Wiewol vermuthlich / daß ſolches der Keiſer und Pabſt / in ihren diplomatibus nicht würden verge-

geffen haben. Doch kan man auch in Historiâ nicht negativè schlieffen/
wie der alte Auffspruch lautet. Wie viel das gute Hamburg dabey leiden
müffen/ ist zuverwundern. Denn es hat feine Glückfeligkeit/ darin die beyde grof-
fe Keyfer/Carl und Ludewig/ Vater und Sohn/Sie gefetzet/ daß Sie inclyta &
totius Saxoniæ Transalbinæ primaria civitas geworden/offt mit Armuht und
Elend vertaufchen müffen. Denn von A. C. 808.an/ biß A. C. 1072/ in 264.
Jahren / nemlich A. C. 810. A. C. 845. A. C. 912. A. C. 1013. A. C.1066.
und A. C. 1072 zu zweyenmahlen/ und alfo insgefampt zu fieben unterfchiedenen
mahlen / ist Hamburg/ von den Wilfis, Normannis, Danis, Slavis, Wan-
dalis, Obotritis und andern/ umgelegenen Heyden (die Pagani genande worden/
qvia in pagis habitabant, idola colentes;wie denn auch vermuhtlich der Nahme
Heyde und Heyden / von der Heyde/von der wüften Heyde her kömpt/ darauff die
blinde Heyden gewohnet/und ihre Abgötter / Sonn/ Mond und Sterne verehret
und angebetet haben / erbärmlich verbrand verwüftet und zerftöret worden.
34. Jahr hernach A.C.1106. ist Gottfried der Kayferlich. Groff in Hamburg jer-
bärmlich von den Heydnifchen Räubern mit vielen Hamburgifchen Bürgern er-
fchlagen worden.178. Jahr hernach A.C.1284 ist die gute Stadt groffen Theils im
Feur aufgegangen.Schwehr ist zuerzehlen/was fie ferner außftehe müften/von Hun-
ger/Theurung/dürre/Peftilentz/und andern Krankheiten/Blutvergiffung/Erobe-
rung/Plünderung/vom Feur Waffer Ungewitter/ınfonderheit ftarcken Winden/
Donner und Blitz/Unruhe/Abbruch der Nahrung/und dergleichen/von der Zeit
an zurechnen. Ich gedencke aber auch wohl dabey/daß Gott/eingedenck/ihres vielfältig erlittenen Elendes/fie wieder erhöhet und gefegnet habe/wie am Tage ist. Na-
talis Urbis Hamburg: fein Wort meines H. Antecefforis H. Lambeck in præf.
Orig. Hamb. b. 2. tantum abeft,ut ignobiles & fordidi fint,ut etiam gloriari,
de eorum conditione jurè liceat. Carolum M. qvo poft antiquiffimos Cæfa-
res, illuftrior nemo extitit Imperator, primum urbis noftræ conditorê habemus:
cujus FiliusLudovicus, paternæ erga eandem benevolentiæ hæres Archiepif-
copatum', ut pater deftinaverat, ibi conftituit, reddiditqve eam omnium, quot-
quot verfus Septemtrionem fita funt, regionum metropolim. Qvâ ratione
jam illis temporibus, (tempore Ad. Brem. l. 1. c. 1.21. l. 3. c. 27 Helmold. l.
1. c. 5. Alb. Stad. ad a. 840. imò Imp. Ludovici, vide diploma Imp. Ludov.
a.834.& Papæ Gregorii 4.eodem tempore,ante annos 850,800, 700.600.500.
totius Saxoniæ Transalbinæ primaria civitatis, Apoftolici Viri & Legati fedis, inclyta & nobiliffimæ Saxonum civitatis & fæcundiffima gentium matris,nomen me-
ruit. Nec objicere nobis qvifquam audeat, crebris eam direptionibus
& incendiis à Paganis exhauftam & deletam fuiffe, & aliqvamdiu ut igno-
bilem jacuiffe vicum: quippe cum hoc maximè dignitatem ejus augeat,
qvod tanqvam palma, innumerorum martyrum irrigata,fanguine, adver-

E 2   fus

f us calamitatūm pondēra, toties resurrexerit.　　Ego profectò, ex
illis, quæ ob Christianæ religionis professionem perpessa est, excidiis, vel mi-
nimum, majori nobis honori esse arbitror, qvam si 7 primi Cæsares, in
eâ exædificandâ, exemplum magnificentiæ suæ ostentâssent. (vel 7 mundi
spectacula, in unâ illâ & solâ ostenderentur.)　Haben demnach billig / die
Nordische Königreiche Herrschafften und Länder / dieser ihrer Mutter / Pflege-
rinn und Lehrmeisterinn zur Seeligkeit / der Stadt Hamburg zu dancken / daß Sie
nunmehr / mit Ihr und mit Freuden singen / und nach ihrer Bekehrung / auß dem
Heydenthum / Gott preisen können / sprechend :

　　　　Es danckt Ihm alle Christenheit /
　　　　　Für Seine grosse Güte /
　　　Und bitte sein Barmhertzigkeit /
　　　　　Daß Er uns fort behüte /
　　　Für falscher Lehr und bösem Wahn /
　　(Für dem Atheismo, Epicurismo, und allem dem was
　　　　wider Gott und sein Wort läufft /)
　　　Darin wir lange Zeit habn gestahn
　　　　Er woll uns das vergeben.

Daß wir im Heydenthumb so lange gewesen seyn / biß auff K. Caroll M. Zeit /
nemlich von der Zeit an / daß Menschen haben Teutschland / nach der Sündfluhe zu
bewohnen angefangen : und nunmehr im Christenthumb für Ketzereyen und Spot-
tungen.　Unser Anscharius ist in Dennemarck und Schweden gereiset / die
Heyden daselbst zu bekehren / und hat König Erich den II. zu Dennemarck /
durch Christi Gnade zum Christenthum gebracht / wie sein Successor Rembertus in seiner lebens Beschreibung capp. 7. 9. 10. & 28. etzehlet.　Solches alles
gereicht unserm Vater-Lande zum grossen Ruhm / nicht allein weil die Welt stehet in der Welt / sondern auch vor dem Angesichte Gottes / am Tage des Grossen
Gerichtes.　Denn ob zwar diese Stadt bequäm ist / und gepriesen wird / der
situation und Kauffmanschaffte / Schiffarth / Gewerbe / und Handtierung halber /
ist sie doch vornemlich dazu bequäm / wozu sie gewidmet ist / nemlich ihr Werck-
statt / das grosse Geheimniß von Christo / und die wahre Erkänntniß des Evangelii / des Gnaden Bundes Gottes / und der Frölagen / von Gott dem Menschlichen Geschlecht angekündigten Bottschafft / von der ewigen Rechten und wahren Glückseligkeit / von der Vergebung der Sünden / dem Frieden mit Gott und der
Ewigen Seligkeit : im Norden / so weit Menschen wohnen / fort zupflantzen.
Wer kan aber Gott gebührend dancken / für die wundersahme Erhaltung / der
Christlichen Lehre und Freyheit / in dieser Städte / von A. C. 800 / und nunmehr
870. Jahrlang her ? Wenn man die Hamburgische Geschichte recht erforschet /
kan man sich nicht satsahm ergetzen / an dem Ernst und Fleiß / der Pfleger der
　　　　　　　　　　　　　　　　　　　　　　　　　　　　Ham-

Hamburgischen Kirche der Hochlöblichsten Keyser/ Caroli M, Ludovici Pii, und ihrer Nachfolger im Reiche: auch der Boten Christi der Apostolischen Männer/ die von Hamburg ins Norden außgegangen seyn/ und viel Gutes gestifftet haben. Ihr Grundleger und erster Bau-Herr. K. Carl der Große/ hat den Hamburgischen dicken finstern Wald/ der Heydnischen Blindheit verhauen/ das Höckerigte eben gemacht/ Menschen Fischer dahin gesetzet/ und sich als einen rechten Augustum Ecclesiae erwiesen. Dem als dem ersten Grundleger und ältesten Bau-Herrn dieser Stadt/ wir nimmer gnug dancken können/ billig auch Jährlich/ wie in unserm Hamburgischen Calender zusehen/ am 28. Januarii seinen Tag begehen/ an welchem Tage Er A.C. 814. im 72. Jahre seines Alters/ seines Keyser-thums im 14. selig verstorben/ aber erst A.C. 1166. war das 351. Jahr/ nach seinem sel. Abscheide/ vom Pabst canonisiret worden.   Davon/ mit der Hülffe Jesu/ im Hemerologio Menologio und Martyrologio Hamburgensi, gehandelt werden soll.   Es wär Christus vorher von den Aposteln und Ihren Schülern/ auch andern Apostolischen Männern die auß Ober-Teutschland/ Engeland und Franckreich zu ihnen gekommen/ denn an der Elbe wohnenden Teutschen geprediget/ aber sie hatten des Evangelii nicht recht acht gehabt/ des Satans Reich/ hatte wieder überhand genommen und Christi Reich zerstöret. Auß Christlichen Oertern/ wurden offt Apostolische Männer/ zu ihnen gesandt/ aber sie köntich wenig außrichten/ wurden verjaget/ gemartet und umgebracht. Diesem selbverderblichen Zustande/ hat GOTT für 870. Jahren gesteuret.
Cum res ad bellum spectaret, inter Carolum M. Imp & Danorum Regem, Carolus M. Hamburgum Urbem, contrà Danos muniri jussit, cujus fundamenta jacta A. C. 809. die 14. Martii. Carolus M. Hamburgum recipit, quod Wilsi Vandalique occuparant.   A. C. 810. Carolus M. Hamburgum restituit, & fundamenta jacit Episcopatûs Hamburgensis, quem ibi instituit, A. C. 811. uti Calvisius ex Annalib. Fuldens. und Reginone, das primum triennium Hamburgense vorgestellet. Mann kan Ihnen nicht gnug danckbahr seyn/ wenn man ansiehet/ wie großen Nutz Sie dem Nord-Teutschlande nicht allein/ sondern auch allen andern Nordländern/ vornehmlich in Bekehrung der Ungläubigen/ geschaffet habe.   Es ist Ihr das gantze Teutsch-und Nordland verbunden/ wenn betracht wird/ was Sie bey der Christlichen Lehre gethan hat/ in den umbliegenden Herrschafften/ und was Sie dabey erlitten hat/ wie Sie so offt verstöhret/ und mit so vieler Martyrer Christi Blute angefeuchtet/ ja gar begossen ist. Wie sie mit bösen Geistern und bösen Menschen vielfältig/ auch mit ihr selber/ bey solcher Gelegenheit hat streiten und kämpffen müssen/ doch mitten im Kampff/ sich unter dessen getröstet/ und sich damit auffgerichtet:

Das   Hier der Streit/
Und   Dort der Lohn/
Das   Hier das Leid/
Und   Dort die Krohn.

zu finden und zu erwarten sey. Auch vielleicht/derohalben mit/ zeitlich/ von Gott also gesegnet worden/wie am Tage ist/als die von Gott erst gedemühtiget/und hernach groß gemachet worden/ Seiner Göttlichen Majestät nach Gewohnheit nach. Denn sie weder Ungemach/noch Todt gescheuet/in so vielen schweren Unglücks-Fällen und in denen geheufften ihr in die 300. Jahr lang zugestoßnen und angethanen Trangsahlen/sondern alles das ungeachtet/mit grossem Ernst und Eiffer/von der Elbe an/biß in Grünland/und sonst weit und breit/da im bekehrte Menschen gewehnet/das Werck des Herren befordert hat/ ihrem Lehr-Meister Ansgario (oder Anicharo) zu folge/dessen Fleiß in Bekehrung der Ungläubigen Rembertus Hamburgensis des Anscharii Successor, und Gualdo, Corbeiensis ein Münch daselbst beschrieben haben. Ob der Stadt Hamburg auch die Auffrichtung des Closters Thomæ / im alten Grünlande zu zuschreiben sey/ bleibt im zweiffel. Es kan aber auch wol seyn/daß lange hernach solches Closter/von einem der Nordischen Könige gestifftet worden/damit die Barbarische Grünländer/die gewertten Fisch und rohes Fleisch essen/Wasser und Traen trincken (die doch gleichwohl/ wie auß ihren Schifflein / Pfeilen und andern Hand-Wercken/auch Hurtigkeit/ im Fisch- und Vogel fangen/ auch andern Wercken erhöllet/nicht so dumm und unverständig seyn müssen/)auch zu Christo gelangen möchten/vermuthlich nach A. C. 1091/da sich das Königreich Dennemarck vom Hamburgischen Ertzbischoffthum abgesondert hat/wie es Baronius, und auß ihm Calvisius beschrieben mit folgenden Worten.   A. C. 1091. succedit Ericus Daniæ Rex , fratri Olao, qvi annos 10. regnârat.   Sed statim., in principio regni, excommunicatur ab Episcopo Hamburgensi, qvapropter ipse ad Urbanum Papam proficiscitur, conqueritur de injuriis Episcopi, petitqve in suo Regno Archiepiscopatum erigi, ne externo Episcopo sit subjectus. Idqve non solum impetrat, sed Archiepiscopatus Daniæ etiam inspectionem accipit, Ecclesiarum in Suecià & Norwegià/ & ita Episcopatus Hamburgensis, non parum minuitur. Hactenus illi. Ist also an dem schweren Wercke/Christi Ehre in Dennemarck/ zur Könige Erici / Haraldi und anderer Zeiten zu pflantzen / von den Hamburgischen und anderen Teutschen Lehrern/lange Zeit gearbeitet werden. Von König Haraldi Zeiten/ geben Sigibertus und nach ihm Crantius und Onufrius folgenden Bericht. A. C. 949. Haraldus Rex Daniæ, cum Familià, Christianus factus & baptizatus est.   Ex subditis ejus tamen plures, à superstitione gentili desistere noluerunt. A. C. 966, per totum Regnum Danicum Verbi Divini vox diffusa est.   Hoc A. C. 966. Poppo Vir Verbi

bi Divini cognitiõe , & vitæ sanctitate conspicuus, miraculo ingenii,
Danos ad agnitionem cultumqve Christi convertit. Cumqve à superstitione gentili, homines desistere nollent, & miraculo, religionem Christianam confirmari vellent, Poppo, confirmationis caussa, ferrum magni
ponderis, ignitum & ardens, quousqve voluerunt, absqve ullâ læsione
portavit: quo viso, multitudo Christianam religionem amplexa est. Es
hat zu Tiberii Imp. Zeiten gelebet Valerius Maximus, dieser hat im I. Buche D.
F. Q. M. am 8. einige Heydnische, Romanische und Abgottische mira, miranda
und admiranda, auch gar miracula, zusammen gelesen. Aber die Göttliche miracula, haben mit solchen keine Gemeinschafft noch Vergleichung / sondern als
Unsehlbahre, gewisse, mit dem Worte Gottes und dessen Erkäntniß verbunde-
ne, seyn der Kirchen Gottes eigenes und derohalben gantz anderer Eigenschafft und
Beschaffenheit. Wie Unreinigkeit in der Lehre entstanden / und das Gold des
Evangelii, mit dem Unflat Menschlicher Satzungen besudelt/ aber durch D. Lutherum S. und andere Knechte Gottes gereiniget worden / hat diese gute Stadt
auch der reinen Lutherischen alleinseligmachenden Lehre A. C. 1521. treulich bey-
gepflichtet, und dabey viel erlitten, wie der H. Thuanus schreibet / und Stephani à
Kempe acta in negotio reformatæ religionis apud Hamburgenses, mit mehren bezeugen. Wie sie dest auch 100000. Gülten Keyser Carolo. V. der Smal-
caldischen Bundgenossenschafft halber, der Sie sich theilhafftig gemachet hatte, geben müssen / davon H. Thuanus, neben andern Historicis, sang gelesen werden:
lib. IV. Histor. p. 83. E. A. C. 1547. Carolus V. Cæs. Norimbergem contendit, ibi
Hamburgenses, quorum civitas in æstuario. maris ad Albim, in faucibus Cim-
bricæ Chersonesi sita est , cum captis Ducibus ; & confecto bello Bohemico,
nulla amplius spes esset, per Legatos, se à fœdere discessuros promittunt, &
depensis, in summotu belli 100000. aureorum, Cæsari reconciliantur. Qvod
eo gratius Cæsari accidit , qvia horum exemplo Lubecenses, qvorum civitas, in adverso littore ad Oceanum, in faucibus item Chersonesi posita
est, ac reliqvas Saxoniæ urbes, ad officium redituras speraret. Nec spe
suâ omnino falsus est Gæsar. Nam mox, cum VII. Eid. Qvintil. Au-
gustam venisset ; Lubecenses ac Branfvicenses, Legatos miserunt , & ex-
cusatâ superiorum temporum conditione, ac persolutis 200000. aureorum
à Cæsare in gratiam accipiuntur. Miserunt & Luneburgenses suos Legatos, sed cum interpellati, nimis superbè ut Victori videbatur, respondis-
sent ; in gratiam accepti non sunt. Bißher H. Thuanus.
Der Gott der sie so lange erhalten, und Ihr so offt wiederauffgeholffen hat, erhalte
zuforderst sein Wort in Ihr / Er schütze Sie, bey Gottes Wort und reiner Lehr, die
nimer vergehet. V. D. M. I. Æ. Er lasse sie blühen und wachsen, stehen und bleiben,
nicht allein unzerstöhret / sondern auch unversehret, biß zur Zukunfft des Sohnes
Got-

Gottes/ zum letzten endlichen und allgemeinen Gerichte der gantzen Welt: so wird es/ wann er will/ daß sie bleiben soll/ niemand verhindern. Er ist Groß und Mächtig/ und ist Ihm solches leicht zuthun/ wann es Ihm gefällt. Hæc urbs, tua Dei clypeo protecta manebit: Ardeat hæc, tua amore Tui, Servator JESU! Derselbe Große Gott/ und Sein Ewiger Sohn/ erhalte auch/ Euch Hochgeehrte Schwäger/ Gönner und Freunde/ dieser Stadt und in dieser Stadt. Er bewahre alles was Er gegeben hat/ laß Euch gesegnet und Ihm gefällig seyn und endlich der Ewigen Seligkeit theilhafft werden. Nehmet mit geneigten Händen an diese Gabe auß meiner Hand/ die Euer Gedächtnuß bey mir lassen wird/ darin ich mich vorsetzlich und wohlwissend/ der gemeinen Teutschen Red- und Schreibart gebrauchet/ da man sonst eine zierlichere zu haben vermeynt/ die mir auch bekandt ist. Ich habe auch hierin ein Ding zu ehrmahlen wiederholen müssen/ wie das Register anzeiget/ zu mehrer Versicherung/ auch damit man sehen könne/ wie der eine nach dem andern und auß dem andern geschrieben habe/ weil sich dazu die Autores nicht verführen lassen. Ich habe auch hierin offt mehr anderer Freunde begehren als meinem Sinne (weil auch ein geringes Wort offt einen Unterscheide machet/ daneben die Wiederholung vergewissert) folgen müssen: weil ich mir insonderheit vorgenommen/ die Durchfahrt Nordwerts abzurathen/ auch meinen Freunden/ mit einigen dabey vorfallenden/ Nordischen Geschichten zu dienen/ weil auch Hieron. Megiseri und ebenst Hulsii Beschreibungen nicht wohl zu bekommen seyn. Bleibet allen reinen Theologis auch Kirchen- und Schuel-Lehrern wohlgewogen. Befördert/ nach vermögen/ bester massen Deren gutes Vorhaben/ die nicht allein die Reine Lehre zu erhalten/ sondern auch die Ungläubigen zu bekehren sich befleißigen. Suchet/ am ersten was Göttlich/ Himmlisch und Ewig ist/ hernach/ was Menschlich/ Irrdisch und Vergänglich ist. Trachtet eusserstes Vermögens nach dem Reiche Gottes und Christi/ als dessen Beförderer und Freunde/ so wird euch das andere/ das zur Erhaltung gemeines Wolstandes und des Menschlichen Lebens in dieser Zeitligkeit dienlich/ nütz- und nöthig ist/ auch ungezweiffelt und sattsam zufallen. Lasset euch auch das löbl. Gymnasium, darauß so viel Gutes 65. Jahr her über Hamburg gekommen/ und davon es grosse Ehre und Nutzen hat/ bestermassen ferner befohlen seyn/ damit Lehrende und Lernende/ Eure Liebe und Gunst zu erkennen und zu rühmen/ immer mehr und mehr bewogen werden. Ich befehle Euch in Gottes Schutz/ und nebst beständiger darbietung meiner treuen Dienste/ Bezeugung meiner Bereitwilligkeit/ und Versicherung guter Freundschafft/ befehle ich mich auch in Eure gute Gewogenheit. Geschrieben in Hamburg im 1678. Jahre der Christen/ an des 2. Monden 3. Tage.

Dieser Bericht ist in 2. Theile
und 16. Capittel getheilet.

A 2   Das

Von

Von dem Nort Polo / und den Landen / so

darunter gelegen/ was es mit denselben für eine Gelegenheit habe.

Das 1. Capittel.

Ir wollen dem Nord Polo so nahe als müglich kom-
men/ zu erkündigen/ was es daselbst mit den Län-
dern/ Wassern/ Leuten/ Thieren und andern Sachen für eine Gelegenheit habe.   Niemand hat
aus einer Histori oder Reisebeschreibung jemahls er-
fahren/ daß ein lebendiger Mensch/ so lang die Welt stehet/ so weit
kommen/ daß er gar unter den Polum wäre gelangt/ und dieselben
Landschafften hätte erforschet: Es seyn die Holländer/ welche Anno 1596. mit Ambsterdammischen Schiffen/ unter
Jacob Hemßkirch / Wilhelm Barentz und Johan Cornelius
Rypp/ biß auff die Polus Höhe 80. Grad 11. Min. das ist neun
und ein halben Grad ungefehr nahe unterm Polum kommen. Die
haben da ein new Land oder Insul gefunden/ die man wohl möcht
New Gröhnland nennen/ weil sie darinnen alles grün/ Laub und
Graß/ wie auch Graßfressende Thiere als Rehe und dergleichen gefunden haben: Wie in Beschreibung solcher Schiffahrt/ so in öf-
fentlichem Druck ist/ nach der Länge zu sehen. Aus welcher einigen/
aber gewissen Erfahrung leichtlich zu erkennen und abzunehmen/
daß es lauter Fantaseyen/ Fabeln und Gedichte seynd/ was etliche
bißhero fürgegeben/ und den Nort Polum also gemahlet haben/ daß

A 3   nem-

nemlich geſtracks unter dem Polo ein hoher ſchwarglechtiger Stein-
fels von lauter Magnet ſey/ der begreiff in ſeinem Umbkreiß 33.
Frantzöſiſche Meilen. Es ſollen auch umb denſelben her vier Inſuln liegen/ zwiſchen denen der Oceanus durch 19. Oſtia oder Eingänge einbreche/ und vier Euripos, oder Arme und Ströme mache/
welche vom 78. Gradu an/ mit ſolcher Gewalt und Ungeſtümig-
keit nach dem Polo zugezogen und getrieben/ und allda von mächtig
groſſen Abgrund verſchlucket werden: alſo daß kein Schiff/ ſo einmahl darein komme/ auch durch den ſtärckſten Wind/ möge zurück
gebracht werden.

Es hat aber dieſe Fabel ihren Urſprung von einem Barfüſſer-
Münch von Ochſenfurt/ welcher fälſchlich außgegeben/ er ſey durch
Magiam in dieſe 4. Inſuln kommen/ und habe alles fleißig abgemeſ-
ſen. Das hat hernach der Niederländer Jacobus Cnoxen von
Hertzogenbuſch in ſeinem Reißbuch/ und Gyraldus Cambrenſis
in ſeinem Tractat de mirabilibus *Hiberniæ* geſetzet: wie Gerhar-
dus Mercator zwar bekennet/ daß er ſeine delineation auß denſelben genommen/ aber es auch für Lucianiſche Mährlein hälte. Inmaſſen denn gleichfals Paulus Merula in ſeiner Coſmographia
univerſali, parte primâ, libro tertio, capite nono, und andere
mehr/ diß Gedicht gründlich widerleget haben. Aber was iſt es
Noth mit vielen Beweiſungen/ ſolches zu widerlegen/ weil die Erfahrung ſelber mit obgemeldter Holländiſchen Schiffarth bezeuget/
daß diß fürgeben keinen Grund habe: weil ſie noch mehr als zween
Gradus über den 78. hinein kommen/ aber im wenigſten keinen ſolchen Gewalt oder ungeſtümmen Trieb geſpühret haben. Nicht
weniger wird auch die Fabel von dem Magnetberg von obgedachten Merula p. 152. refutirt/ dahin ich den Leſer hiemit remittire. Es
mögen auch die blinde thörichte Juden/ ihre verlohrne 10. Stämme/
die doch nimmer dahin gekommen/ ſondern in Aſien verſtreuet worden und geblieben/ daſelbſt noch heutiges Tages umſonſt ſuchen:
den ſie ſich einige mal etwas davon verlauten laſſen. Iſt derwegen das
ſicher-

sicherste/ daß man spreche: die Länder / Inseln oder Meer unter dem Polo Arctico (wie gleichfalls auch unter dem Polo Antarctico) seyn noch bißhero gäntzlich unbekant/ und von keinem lebendigen Menschen (so viel man wissen kan) jemahls erkündiget oder erfahren worden.

Das 2. Capittel.
Aus Gerhardi Mercatoris Bericht
genomm:n.

Ch komme zum Nordstrich. Da findet sich Grünland/ Frießland/ Neuland oder Nova Zemla, und andere Länder/davon will ich/so weit sie bekandt seyn handeln. Grünland hat den Nahmen vom Grünen/ und ist eine Insel größten Theils unbekandt. Sie lieget zwischen dem Arctischen Circul und dem Polo. In dieser Insul (wofern man dem Nicolao Zeneto, der Anno 1380. die Oerter besegelt Glauben geben will) wehret der Winter 9. Monath lang/es regnet auch die Zeit über nicht/ und der Snee der im Anfang des Winters gefallen/ smeltzet nicht vor Ende desselben/ wiewol er dem Graßwachs keinen Schaden thut. Man findet hier guet Graß und gute Weide. Man findet daselbst allerhand Vieh/ insonderheit auch das Milch giebet des guten Futters halben/ so gar/ daß die Einwohner gantze Hauffen und Stapel Butter und Käse machen/welche sie denen so bey ihnen anlanden verkauffen. Es seyn uns nur zwo bewohnte Oertter in Grönland bekandt/ nehmlich Alba und Thomæ Kloster/ davon wir bald melden wollen. Die Ströhme dieses Landes Mittags wertz seyn/ Thor, Boyer, Naf, Lande: Westwerts : Aver, Nice, Ham, Flste, Noordtwerts: Feder, Diver. An Groenland stoßt ein Meer: Pigrum, Glaciale und Concretum genandt. Plinius IV.)3 H. M. hat von diesem Meer folgende Worte. Septemtrionalem oceanum

4

3

num *Hecatæus* Amalehium appellat, à Paropamiloamne, quâ
Scythiam alluit, quod nomen ejus gentis linguâ significat
Congelatum. Philemon Morimarusam à Cimbris vocati
ait, hoc est mortuum mare, usque ad promontorium Rubeas:
ultra deinde Cronium. Man findet in Grönland ein Kloster/
mit Prediger-München besetzet/davon nicht weit ein Feurauswerf-
fender Berg/wie Ætna, anzutreffen/ an welchem unten ein fliessen-
der Brunn heisses Wassers zu finden/ damit die Münche nicht
allein die Stuben wärmen/ sondern auch ohne zuthun einiges andern Feuers/damit Brodt backen und Speißen zubereiten. Dieses
Kloster ist von Steinen gemacht/ welche der flammende Berg aus-
wirfft/ deren äusserstes wenn es mit Wasser begossen wird/wird es
erweichet/ und dadurch wird ein Stein mit dem andern verbunden
und gemauret. Durch dieses Wasser werden auch die Garten dergestalt befeuchtet und erwärmet/daß sie fast immer mit Blumen und
Kräutern angefüllet stehen. Dieses heisse Wasser verursachet auch/
daß ein Theil des negstangelegenen Meers nicht zufrieren kan/ sondern den Fischen sowol als den Menschen zum besten offen bleibet.
Daher auch aus andern kalten Oertern eine solche Menge von Fischen und Vögeln darzu kömpt/daß nicht allein diese Münche/ sondern auch andere herumwohnende davon wohl und vergnüglich leben können. In Grönland seyn zwey Bischöffliche Sitze/ welche
dem Ertzbischoff zu Druntheim in Norwegen untergeben seyn. Die
Einwohner seyn von Jugend auff der Zauberey ergeben. Man sagt
von ihnen/ daß sie durch Zauberey Wetter machen/ und frembde
Schiffe/ welche sie berauben wollen in Gefahr stürtzen. Den sie/
mit kleinen von Leder gemachten Schiffen/ die anfallen/ welche in
Gefahr seyn. Die Grünlander seyn grossen Theils Christen/ und
könten wol mehr zum Christenthumb gebracht und gläubig werden.
Der Jßländer etliche/die doch näher liegen/seyn auch dem Aberglauben
und der Zauberey ergeben/davon Bleffen in seiner Jßlandes-Beschrei-
bung eine zauberische Geschicht erzehlet. Durch der ihnen vorge-
setzten

setzten Priester Unfleiß und Unachtsahmkeit/seyn der Grünländer viel
wieder in Abgötterey gefallen. Frießland ist eine Insul/grösser als
Irland/welche den Alten gantz unbekandt gewesen. Die Lufft darin ist sehr rauhe und widerlich. Die Einwohner haben keine Kräu-
ter/sondern leben meist von den Fischen. Der vohrnehmste Ort dieser Insul heisset auch Frießland. Die Insul gehöret dem Könige
von Dennemarck und Norwegen zu. Die Einwohner haben ihr
Gewerbe mit Fischen. Denn es ist daselbst eine solche Menge Fi-
sche/daß viel Schiffe damit beladen werden können/welche sie in die
umliegende Inseln bringen/wie Zieglerus bezeuget. Derselbe bezeuget auch/daß das Westwerts an diese Insul stossende Meer/sey
voller Furten/Sandhöhen und Klippen/und werde das Icarische
Meer/und die Insul darin Icaria/von den Einwohnern genandt.
Diese Insul ist zu diesen unsern Zeiten von den Engeländern wieder
auffgesuchet. Nova Zembla ist eine Insul unter dem 76. Grad
gelegen / hat eine äusserst unfreundliche und widerliche Lufft / und
hefftige unerträgliche Kälte. Das Land ist wild und wüste/ kalt
und widerlich. Es seyn daselbst keine Felder / weder Graß noch
Kraut/.keine Zweige und nichtes Grünes. Behren/ Füchse und
andere Fleischfressende Thiere seyn daselbst häuffig. Die Holländer welche ins Norden gesegelt / haben unter dem 76. Grad/
bey den also von ihnen genandten Uranischen Insuln/streiten müs-
sen/mit den Walrussen/ wie sie von ihnen genandt werden / welche
grösser als Ochsen seyn. Sie haben von vorne/die Gestalt eines Lö-
wen/vier Füsse und zwey Zähne/ welche im Obertheil des Mauls
hervor stehen/eben/ hart und weiß seyn/und an güte und Werth/den
Elephanten Zähnen nichtes nachgeben. Meers-Engen hat es hier/
Weygats, Forbishers und Davis. Durch Weygats oder die Nassouische Meers-Enge/seyn die Holländer gesegelt/haben das Ufer an
beyden Seiten erforschet und besehen/ seyn auch durchgekommen in
das Meer. An der rechten Seite Südwerts wohnen die Samijuten, zur Lincken/Noordwerts wohnen wilde Leute/deren Fuß-

B

stapffen

stapffen man gefunden/ sie selbst aber/ wie fleißig man sie auch gesuchet/ nirgendas ntreffen können. Die Samijuten seyn an Sitten und Lebensart garlüg/ wild und wüste/haben doch/wie es scheinet/ guten Verstand Künste zu fassen und was gutes zu lernen. Sie seyn in Leder von Rehbocks Fellen/ vom Haupte biß auff die Füsse gekleidet. Die vermögensten unter ihnen/ tragen Wollentuch mit Fellen gefuttert. Sie tragen alle lange geflochtene Haare / seyn kurtz von Statur/breit von Gesichte/klein von Augen/kurtz von Füssen. Sie seyn alle der Abgötterey ergeben/haben grobgemachte Hölzerne Siegel/Snitzwercke und Bilder/welche sie anbeten/und denen sie opffern. Forbissers Straet hat den Nahmen von Martin Forbißher einem Engelander/welcher Anno 1577. ins Norden gesegelt/in Hoffnung durchzukommen/und diese Meers-Enge erreichet/dabey er allerhand Oerter und Menschen erfunden/ wovon er/in dem Journal seiner Reise kan gelesen werden.

Davis Meers-Enge/hat den Nahmen von Johann, Davis einem Engeländer bekommen/ welcher Anno 1585. und 86. vom 53. biß 75. Grad/ an den Americanischen und Grönländischen Usern durchzubrechen und in Sina zu kommen versuchet. Die vier geschwinde und wütende Meers-Engte/welche man Euripos nännet/ neben vier grossen und weiten Insuln/ hat Jacobus Cnoxen von Hertzogenbusch/ein Münch/ ein Minorit und Mathematicus zu Oxfurt in Engeland/ertichtet und so vorgestellet/ daß in der mitte von diesen vier Euripis um den Magnet-Fels herum/dessen hernach soll gedacht werden/ welcher recht an dem Orte stehet/ da der Polus ist/ sey ein tieffer Schlund/welche diese vier Euripos mit solcher Gewalt verschlucke/daß die Schiffe/ so einmahl in einen von diesen Euripis gekommen / nicht wieder zurück kommen können/weil daselbst nicht so viel Windes sey/daß eine Mühle davon könne umgetrieben werden. Recht an dem Orte da der Polus ist/ setzet er einen schwartzen Felß/welcher ohngefehr 33. Leucas im Umkreiß halte. Aber daß dieses unwahr sey/haben aus der Erfahrung erlernet und uns mitge-
theilet

theilet die/ welche biß auff den 80. Grad gekommen/und daselbst kei=
nen solchen Nachzug des Wassers/in den Oertern welche dem Polo
perpendiculariter unterworffen seyn/ er achtet er massen angetrof=
fen/da doch dieses Nachzugs Anfang/ unter dem 78. Grad gesetzet
wird / woraus der Ungrund solcher Meinung leichtlich kan erwiesen
werden. Von den Nordvölckern schreibet P. Mela also. In Asiatico
littore , primi Hyperborei , supra Aquilonem Ripheosque
montes,sub ipso syderum cardine jacent,ubi sol non quotidie
ut nobis, sed primum verno æquinoctio exortus, autumnali
demum occidit,& ideo sex mensibus dies,totidem aliis nox
usque continua est. Terra angusta,aprica,per se fertilis; cultores justissimi, & diutius quam ulli mortalium & beatius vi-
unt. Quippe festo semper otio læti,non bella movere, non
jurgia : sacris operati maxime Apollinis, quorum primitias,
Delon misisse per virgines suas, deinde per populos, subinde
tradentes ulterioribus ; moremque eum diu, & donec vitio
gentium temperatus est,servâsse referuntur. Habitant lucos
sylvasque,& ubi eos vivendi satietas magis quam tædium cepit,hilares,redimiti sertis, semetipsos,in pelagus,ex certâ rupe
præcipites dant. Id eis funus eximium est. Aber davon hat vor=
mahlen/ ein absonderlich Buch geschrieben der Hecatæus, welches
Plinius, H. N. VI.17. anzeucht/ welcher auch aus Mela viel von die=
sem Volck geschrieben/ wie Solinus aus dem Plinio auch gethan
hat. Beyde haben glaubwürdige Zeugen angezogen. P. Jovius
hat folgendes in seiner Beschreibung von Muscow. In extremo
ejus oceani littore, ubi Norwegia atque Suecia, amplissima
regna , isthmo quodam continenti adhærent, Lappones exi-
stunt, gens, supra quam credibile est,agrestis, suspiciosa, & ad
omnis externi hominis vestigium navigiiq; conspectum maxime fugax. Ea neque fruges neque poma,neque ullam o-
mnino,vel terræ vel cœli felicitatem novit. Solâ sagittandi
peritiâ cibum parat, variisque ferarum tergoribus vestitur.

༄ ༄

Gentis cubilia cavernulæ, ficcatis repletæ foliis, caviq; arborũ
ſtipites, quos vel intromiſſa flamma, vel ipſa vetuſtas, inducta
carie fabricavit. Aliqui ad mare, ubi ingens eſt captura piſcium, ineptis, ſed felicibus artificiis piſcantur, duratosque fumo
piſces, tanquam ſuas fruges recondunt. Lapponibus exigua
corporum ſtatura, luridi contuſique vultus, pedes verò velociſſimi Ingenia eorum, ne ipſi quidem proximi Moſchovi-
tæ nôrunt, cum eos parvâ manu aggredi, exitialis inſaniæ eſſe
dicant, magnis verò copiis, inopem rerum omnium vitam
ducentes laceſſiſſe, neque utile, neque omninò glorioſum unquam exiſtimarint. Lappones in regione inter Corum &
Aquilonem, perpetuâ oppreſſa caligine, Pygmæos reperiri,
aliqui eximiæ fidei teſtes retulerunt, qui poſtquam ad ſummum adoleverint, noſtratis pueri denum annorum menſuram vix excedant; meticuloſum genus hominum & garritu
ſermonem exprimens, adeò, ut tam ſimiæ propinqui, quam
ſtaturâ ac ſenſibus, ab juſtæ proceritatis homine, remoti videantur. Ultra hos populos, aliæ ſunt nationes, extremæ hominum, nullâ certâ Moſchovitarum peregrinatione cognitæ,
quando nemo ad oceanum pervenerit, ſed famâ tantum, ac
ipſis plærumque fabuloſis mercatorum narrationibus auditæ.
Satis tamen conſtat, Duidnam innnumerabiles trahentem
amnes, ingenti curſu ad Aquilonem deferri, mareque ibi eſſe
longè vaſtiſſimum; ita ut illinc ad Cathajum, legendo oram
dextri littoris, (niſi terra interſit) navibus perveniri poſſe,
certiſſimâ conjecturâ credendum ſit. Jul; Cæſ. Scaliger,
hatſeine Gedancken/ von der Durchfahrt/ durch das Nordiſche Hy-
perboriſche Meer/ nach der Sineſer Landſchafften/ exercit. 37. contrà Cardanum, in nachfolgenden Worten verfaſſet hinterlaſſen.
An per id mare poſſit ad Sinas inſtitui navigatio, alia aliis adducta ſunt in utramq; partem argumenta, varicq; adſenſum
eſt. Noſtra tamen hæc ſunt; A Duvinæ fluvii oſtiis, unde

cur-

cursum auspicantur, legendum esse volunt, totum illum tractum, qui universam ambit Scythiam, ad ejus orientalem usque angulum: in cujus flexu, septemtrionem aut aquilonem
cum favoniis commutandum. Qua de re qui verba faciunt,
illius & maris & ventorum & oræ naturam, minus exploratam habere certum est. Adeò namque rari sunt Zephyri &
subsolani, ut penè sint ignoti. Aquilonum frequentia tanta,
ut illius imperium cœli quasi legitimum, à naturâ commissum esse videatur. Vada infinita, cœca, limosa. Hyeme,
quæ decem sævit menses, quasi pavimento solidata maris superficies. Æstate perpetuâ caligo, quæ pomeridianis horis, u-
na & alterâ vix disculsâ, mox redintegratur. Tum verò ma-
jus à glacie periculum, cujus immensæ crustæ fluitantes, mobilium insularum inter se concursantium speciem præbent.
Man hat aus der Holländer Reise/welche sie A.1594/95/96/1609.
dahin gethan / Hoffnung geschöpffet/ daß man durch das Hyperborische Meer/ ins Osten schiffen könne/ aber mit grosser Beschwerde/
wegen des vielen Eises/der grossen Kälte/auch beschwerlichen Fin-
sternüß/ Nacht und Nebel. Es haben die Holländische Schiffe/
welche biß an den 81. Grad gelanget/das Meer noch offen gefunden/
seyn aber hernach/ bey dem 75. Grad / durch grosse Eisschollen und
finstere eingefallene Nächte verhindert worden/ daß sie nicht weiter
fortkommen können. Anno 1596. den 4. Novembris haben sie die
Sonne verlohren/ und Anno 97. den 24. Januarij wieder zu Gesichte bekommen/welche Zeit über sie in Nova Zemla/ in der von ihnen erbaueten Hütte gelauret/ biß an den 14. Junij des 97. Jah-
res/biß in den 8. Monath zugebracht/und sich als tapffere daurhaf-
te Leute erwiesen / an welchem Tage sie ihr grosses Lastführendes
Schiff verlassen / sich in zwey kleine Schiffe oder Schüten gesetzet/
und fast 400. Meil Weges/durchs Eiß und über die See biß nach
Cola in Lapland gesegelt/ und haben von allen Reisegefehrten nur
12. Menschen wieder nach Hause gebracht.   Hievon können
B 3   mit-

mit mehren die drey Reise-Journal des Gerhard de Veer, wie auch das Reise-Journal von *Herry Hutson* von Anno 1594/1595/1596 und 1609. gelesen werden. Man hat auch eine Beschreibung/ des Weges von Moscow aus biß an groß Tartarien/ so weit der Weg binnen Landes / und am Ufer bekand ist nebenst den Nahmen der Muscowitischen Gouverneurs welches alles aus der Muscowiti-schen Sprache in die Niederländische übergesetzet ist.

Weil auch Joh. IC. Pontanus, den Weg durchs Norden in Sina zu schiffen für möglich gehalten/ kan sein Bericht und Unter-richt hievon gelesen werden/ dem doch mit gutem Grunde etwas ent-gegen gesetzet werden kan.

Einige Anmerckungen von der Fahrt durchs Norden in Sina, seyn zu finden/ in *Historiâ* Navigationis Forbisieri, in annotat. p. 27. ed. *Hamburg.* in 4. woselbst auch des C. Tabin und Fr. A-nian Meldung geschehen.

Es kan auch nützlich hievon gelesen werden ein in Engeland in Englischer Sprach A. 1674. außgefertigter Tractat/ dessen Titul ist: A brief discourse of à passage by the Northpole, to Japan, China, &c. By Joseph Moxon. at the Atlas on Ludgate hill. 1674.

Das 3. Capittel.
Ob man durchs Norden in Ost-Indien schiffen könne: Welche solches versuchet haben.

ES ist keine Gegene oder Tractus in der Welt/ darum heuti-ges Tages/ (wie schwer es auch anfänglich scheinet) sich viel Völcker und Nationen der Christenheit/ mehr und hefftiger bemühen/ denselben recht zu erkündigen/ als eben der Tractus Bore-alis, vornehmlich der Ursach halber/ weil sie hoffen/ vermittelst die-ser Erkündigung/ nicht allein mit den Septemtrionalischen Asiati-schen

ſchen Tartern und Sineſen zu negotiiren / ſondern auch eine umb die helffte oder gar zwey Drittel nähere Fahrt/in die reiche Oſt-Indianiſche und andere Morgenländer zu erforſchen / als man bißher gehabt hat. Darüber aber/haben viel weiterfahrne Männer/aus Italien/Franckreich/Spanien/Engeland und Holland/bißher Leib und Guet/ gewaget / verlohren und eingebüſſet. Dennoch hören viel Völcker der Chriſtenheit/ſo das Meer gebrauchen/nicht auff/ und wollen noch nicht verlohren geben. Von denen/welche zu unſer und unſer Väter Zeit verſuchet/dieſe neue Fahrt in die Orientaliſche und Morgenländiſche/ von Gold/ Gewürtz und Edelgeſteinen reiche Länder zu erfinden/und den groſſen Umſchweif kürtzer zu machen/ hat ihrer keiner ſeinen Zweg erreichet. Wir wollen ihre Nahmen hieher ſetzen/wer mehrers davon begehrt zu leſen/ der findet es bey Merula Coſmogr. p. 149. und Levino Hulſio in der Præfation über die dritte Schiffahrt.

Anno 1496. hat Sebaſtianus Cabotus ein Venediger/auff des Königs in Engeland Verlag/ unterſtanden ſich/ dieſen Weg durchs Norden in die Oſt-Indien zu erfinden.

Anno 1500. Caſpar Cortcrealis ein Portugeſe.

Anno 1524. Johannes Verazzanus von Florentz / auff Verlag des Königes in Franckreich.

Anno 1525. Stephanus Gomez ein Spanier / auff Verlag Käyſers Caroli V.

Anno 1534. Jacobus Carthier (deſſen hievor auch gedacht worden) auff Verlag des Königs in Franckreich.

Anno 1553. Hugo Willibe ein Engeländer.

Anno 1556. Stephanus Borrove ein Engeländer / welcher Nova Zemla am erſten erfunden.

Anno 1576/1577. Martinus Forbiſſer ein Engeländer.

Anno 1577. Franciſcus Drack der Engliſche Capitain.

Anno 1580. Arcturus Pette, ein Engeländer.

Anno 1585. Johann Davis, ein Engeländer.

Anno 1596. die Holländer/ wie auch An. 1594/ 1595. und 1609.

Unter

Unter diesen seynd ihrer etliche so angekommen/ daß sie auch ihr Leben darüber verlohren haben. ꝛ aber kein Wunder/ daß der Poët Propertius l. III. eleg. 6. exclamiret.

Ergone sollicitæ tu causa, pecunia, vitæ es ?
Per te immaturum mortis adimus iter ꝛ
Nauita nam dum te sequitur, miser excidit æus,
Et noua longinquis piscibus esca natat.

Des schnöden Guets und Geitzes Macht/ Umbs Leben manchen hat gebracht/ Der schifft/ und rannt/ um Gold zu haben/ Ward in der Fische Bauch begraben.

Dieweil es nun diesen oberzehlten allen mißiungen/ ist endlich die Frage entstanden/ ob es auch müglich sey / per Septemtrionem einen Weg zu finden/ auf welchem man in Cathai Chinauw möchte segeln?

Hier seynd die weiterfahrne Schiffer unterschiedlicher Meinung. Dann es etliche für gantz unmüglich halten/ weil es bißhero so vielen fürnehmen Schiffern hat gefehlet. Andere aber seynd in den Gedancken/ daß es gar wol seyn könne. Und diese letzte seynd wiederumb zweyerley Opinion. Dann etliche wollen/ man soll sich in der Mitternächtigen Fahrt gegen West und America zuwenden / wie Cabotus, Corterialis, Forbisser und Davis gethan haben. Die andern aber halten sich auff der Seiten Ostwerts/ wie Hugo Willibe und die Holländer.

Dieweil es dann nun schwer seyn will/ das Urtheil zwischen diesen Partheyen zu fällen: also wollen wir dem alten Sprichwort folgen/ da man pflegt zu sagen / quòd cuilibet artifici in sua arte sit credendum: und derowegen des weitversuchten Manns Gerhardi de Veer von Amsterdam (welcher sambt den andern Hollänländern diese Reise helffen verrichten) Meinung und Urtheil hiervon vernehmen. Mag darauff ein jeder / was ihm am besten bedünckt/von dieser Sachen halten. Es lautet gemeldtes sein judicium, von Wort zu Wort also.

Man kan mit der Wahrheit wohl sagen / daß die Kunst der See-und Schiffahrt ihrer grösten Nutzbarkeit halber viel andere Künste weit übertreffe: welche zu diesen unsern Zeiten nicht ohne Verwunderung dermassen zugenommen/daß dadurch fürnehme Länder zu männigliches Nutz und Wohlfahrt/in der Nähe und Ferne/durch wohlerfahrner Schiffleute Wissenschafft/durch Hülffe der Mathematischen Kunst und abmessen durch Grad u. w. erkündiget worden.

Und obwol was der dreyen Reisen (so durch die Holländer A. 1594/1595 / und 1596. verrichtet worden) gegen Mitternacht Fürhaben gewesen/einen Weg zu finden/wie man in Cathajam oder Chinam seglen möchte / noch allerdings gleichwol nicht glücklich und nach Wundsch fortgangen: jedoch so seynd diese Schiffahrten/nicht gar ohne Frucht und fernere Hofnung einmal an die begehrten Orter/ zu gelangen/geschehen. Dann ich der Meinug bin/weil man ietzt die Gelegenheit der Engen Meersstrasse Waygats und des Landes Novæ Semblæ aus Erfahrung gewiß weiß/ deßgleichen auch des Theils von Grünland /so gegen Morgen unter dem 80. Gradu latitudinis gelegen (darinnen ohne Zweiffel niemahls einiger Mensch gewesen ist) daß man solchem Weg leichtlich wiederumb treffen und finden möchte. Dann hätten Cortesius, Nonius, Magellanus und andere mehr/ so viel unbekandter Länder und Wege erfunden/ als ihnen die erste / andere und dritte Raise nicht angangen oder geglückt/ weiter zu suchen nachgelassen/ so hätten sie nachmahls der Früchte / so sie darvon empfangen/ nicht genossen.

Warumb solten wir aber/mit unserer fleißigen unverdrossenen Arbeit/den Weg und Durchfahrt auff Cathai und China zu finden und zu treffen nicht gute Hoffnung haben? denn das ist gewiß / daß

C   wir

wir unter dem 80. Gradu nicht so grosse Kälte / als unter dem 76.
Gradu bey Nova Zembla erlitten. Wir haben auch unter dem
80. Gradu im Junio grün Laub und Graß / auch Graßfressende
Thiere/ als Reheböck/ Hinden und andere dergleichen gesehen : da
wir doch unter dem 76. Gradu im Augusto kein grün Laub noch
Graß / noch Graßfressende Thiere gespühret haben. Daraus zu
schliessen/ daß das Eys und die Kälte nicht so groß bey dem Polo sey/
als an den Tartarischen Gräntzen / Mare congelatum genand.
Dann das Eys allenthalben neben dem Lande gefunden / und daselbst von den Wellen des Meers hin und her getrieben wird. In
dem grossen Meer aber zwischen dem Lande unter dem 80. Gradu
und Nova Zembla (sowol 200. Meil O. N. O. und W. S. W.
von einander liegen) haben wir wenig oder kein Eys gesehen. So oft
wir aber dem Lande zugenahet/ haben wir Eys und Kälte angetroffen : also daß wir jederzeit/ wo wir Eys gefunden/ für gewiß gewust/
daß wir nahe beym Lande wahren. / ehe dann wir dasselbige sehen
kundten.

Auch haben wir an der Seite gegen Morgen in Nova Zemla, da wir überwintert/ fleißige Auffmerckung und Achtung gehabt / daß das Eys mit einem W. und S. W. Wind von den
Wellen weggeführt/ und mit einem N. O. Wind wiedergebracht
worden : daraus abermahl gewiß zu schliessen/ daß zwischen beyden
Ländern ein grosses offenes Meer seyn müste/ und daß man viel näher
mit Segeln zu dem Polo kommen könne als unsere Vorältern geglaubet haben.

Dann ob wohl die Alten geschrieben/ daß man auff 10. Grad
nahe zu dem Polo nicht gelangen noch allda leben könte / von wegen der grossen Kälte : so seynd wir doch über die 80. Gradus Elevationis kommen/ über 10. Gradus nicht vom Polo gewesen/ und
haben unter dem 76. Gradu mit geringen Mitteln überwintert. Also
daß solche Reise nach Cathai/ so man von der Nortcap/ von Norwegen oder Finmarch/ den Strich besser gegen N. O. zu hielte/ noch wol
möch-

möchte zu verbringen seyn. Welchem Strich so wir gefolget/hätten
wir vielleicht den Weg treffen mögen: das Eys aber und die Kürtze
der Zeit/hat uns daran verhindert. Dann/als wir in Nova Zemla wahren/haben wir solchen (aus Ursach/daß unser Schiff im Eys
stecken blieben) nicht mehr verbringen können. Ehe wir aber dahin
gelangt/ist uns unbekandt gewesen / wie es allda beschaffen wäre:
dann wir solches nicht wissen können/ wir hätten es dann erfahren:
haben also unsere Reise anders nicht anstellen können. Dieser Meinung ist der weltberühmte Stewermann Wilhelm Barentz seeliger/
wie auch unser Schiffmann Jacob Heemskerck allzeit gewesen.

Daß aber etliche schwehrmütige Köpffe vorgeben/ es sey unmüglich solche Reisen zu vollbringen/ und wollen solches mit der alten Meinung/ daß man nehmlich auff 300. Meilen oder 20. Grad,
nicht zu dem Polo nahen könne/beweisen: das kan man alsbald wider-
legen und darthun/ daß solche der alten Meinung falsch sey: dieweil
wir näher als 150. Meilen zu dem Polo kommen seyn/ und erfahren
haben/daß jetzt (welches die Alten auch nicht geglaubet) das Nordische und weisse Meer täglich besegelt und gesischet werde. Diß ist
das judicium Gerhardi de Veer. Dessen Meinung fällt auch
P. Merula bey/ welcher pag. 151. Cosmogr nach der Länge bewei-
set/ daß diese Schiffahrt durchs Mitternachtige in Cathai und
China/nicht so schwer sey/als man wolmeine.

Erweiterung des 3. Capittels durch einen
vierfachen Anhang.

I. Von der Samojeden Land / so an der
Meers-Enge Waygats / gegen Nova Zemla
über gelegen ist/und von desselben Inwohner
Sitten.

AN der Meers-Enge Waygats oder Freto Nasloviæ,
gleich gegen Nova Zemla über / seynd etliche Land-
schaff-

schafften/ so vor wenig Jahren dem Groß-Fürsten in der Muscaw seyn unterthänig und Zinßbar worden/ als Samojedia, Siberia, Obdora, Petzora, Condora und Tingoëſia: deren Inwohner gemeiniglich Samiuten oder Samojeden genennet werden. Dieſe Aſiatiſche Nortländer/ hat uns/ die offterwehnte Holländiſche Reiſe auch etwas bekandter gemacht / weil ſie mit den Samoeden etliche mahl Sprach gehalten/ auch ihre Gelegenheiten ziemlicher maſſen erfahren.

Es ſeynd aber dieſe Samojeden (wie ſie in der Niederländiſchen Schiffahrt beſchrieben) von Perſohn faſt kurtze niederſtändige Leute/ über vier Schuch nicht hoch oder lang/ tragen lange Haar/ davon ſie einen Zopff flechten/ der ihnen außwendig auff dem Rücken hanget / haben breite flache und ebene Angeſichter / gar ſchwartzfärbig von Kälte: einen groſſen Kopff/ kleine Augen/ und kurtze Schenckel die gar krumb ſeyn wie ein Bogen. Dann ihre Knie nicht/ wie die unſern/ fornen/ ſondern neben außwerts ſtehen. Seynd ſonſt ſchnell mit lauffen und ſpringen/ dermaſſen / daß der Holländer keiner ihnen folgen können.

Ihre Kleider ſind von Gäms-oder Dämling-Häuten/ ſo ihnen gar glatt am Leibe/ vom Haupt biß zu den Füſſen anliegen. Ihre Hauben ſtehen ihnen auch glatt am Haupte/ das Peltzwerck aber oder das Rauche außwendig. Ihre Waffen ſeynd Bogen und Pfeile. Die Weiber und Männer tragen alle einerley Kleidung / ſo wol die Armen als die Reichen.

Sie wiſſen von keinem Gottesdienſt. Wen ſie die Sonne haben/ welches nur 9. Worten währet/ ſehen ſie dieſelbige an einander Tag und Nacht ſcheinen/ und ehren ſie: und wann ſie die nicht mehr ſehen / haben ſie den Mond oder den Nortſtern: ſo ehren ſie auch viel höltzerne Bilder.

Sie eſſen nur rohe oder in Lufft gedörtes Fleiſch von wilden Thieren/ davon ſie ſehr übel ſtincken. Seyn ſonſt ziemlich beſcheiden und verſtändig. Sie machen ihnen Nachen oder Schifflein/ darmit ſie über die Flüſſe fahren und Fiſche fangen.

Un-

Unter andern / wiſſen ſie auch die groſſen Wallfiſche zu fan-
gen/ auff folgende weiſe. Es ſetzen ſich ihrer 20. oder 24. in einen
Nachen/haben ein lang Seil/von zwey oder drey hundert Klafftern/
daran ein Hacken/ den werffen ſie mit ſonderbahrer Geſchicklgkeit/
wann ſie ihm nahe genug kommen ſeyn/in den Leib des Wallfiſches/
rudern darnach geſchwinde zu dem Lande. Wann nun der Wallfiſch fühlet/ daß er verletzt iſt/ läſſet er ſich führen/ folget dem Seil/
welches die Leute/wann ſie auffs Land kommen/ mit Gewalt zu ſich
ziehen/ und folget der Wallfiſch alſo gutwillig/ biß er gar auffs truc-
ken Land kompt. Wenn darnach die Fluth des Meers abgelauffen/
ſchlagen und ſchieſſen ſie ihn vollends todt und hacken ihn zu Stücken. Wann aber die Fluth wieder anlaufft/ hefften ſie das übrige
Theil mit Seilern an / daß es mit der Fluth des Meers nicht kan
hinweg flieſſen: machen alſo viel Fiſch-Schmaltz / welches ſie in
Häut und Fell von andern Thieren füllen/ und verhandeln daſſelbe
mit den Moſcowitern.

Sie können weder Gold noch Silber/und als wir ihnen deſſen
in die Hand gaben/biſſen ſie darein / vermeinten es wäre gut zu eſ-
ſen/weil ſie nicht wuſten/was es währ.

Sie haben einen König/ den ſie hoch ehren/ und ihm gehor-
chen/der iſt bekleidet/wie die andern/außgenommen/daß er eine Hauben von roth/grün oder blaw Tuch für Belzwerck auf dem Haupte
trägt. Etzliche ſchreiben/der König habe die Naſen und Ohren von
Bley überzogen.

Sie begraben ihre Todten/und thun groſſe Opffer der Soñen/
Mond und dem Nortſtern für die Abgeſtorbene. Dann ſie viel
Gämſen und Dämling biß an die Füß und Hörner zum Opffer ver-
brennen: immaſſen dann die Holländer befunden / daß an etlichen
Oertern ſo groſſe Menge Gemſen-Hörner und Füß gelegen/ daß
man ein groß Schiff darmit hätte beladen können.

Sie haben auch Bilder von Holtz geſchnitten / ſo gar ſchlecht
und tölpziſch ſeynd: dann das Angeſicht gar breit und flach/doch ein

C 3   wenig

wenig rund ist/die Nase ist etwas erhaben/ und hat auff beyden Seiten zwo Kerben oder Schnitt/so den Mund bedeuten sollen. Diese Bilder setzen sie gewöhnlich an das Ufer des Meers/ beten sie an/ und halten sie in grossen Ehren.

Sie fahren auff Schlitten / darfür ein oder mehr Dämling (ist ein Thier wie ein Hirsch) gespannt seyn/ wie in gegenwärtiger Figur zu sehen/ und sitzen auff einem Schlitten ihrer etwan einer oder zween/ und fahren also schnell/daß man ihnen mit keinem Roß wohl könte gefolgen.

So viel melden die Holländer von den Samojeden. Dieweil aber deren sonst bey den Geographis und Historicis nicht viel Meldung geschicht/ auch dieselben Landschafften biß gar in die grosse Tartarey den Europäis gar wenig bekandt seyn: halt ichs nicht für uneben / mehrers davon an Tag zu geben: sonderlich weil mir/ jüngst deßwegen eine Relation / zu Amsterdam bey Gerhardo Hesselio gedruckt/ zu handen kommen: welche ich dem gutwilligen Leser zu Gefallen/ in unsere Hochdeutsche Sprache übersetzet habe.

2. RELATION,

Von den äussersten Norbländern Samoëdia, Siberia, Tingoësia, welcher Gestalt dieselben vor wenig Jahren unter des Groß-Fürsten in Moscaw Gewalt seyn kommen/ sambt deren außführlichen Beschreibung.

ES lebt heutiges Tages ein Geschlecht in der Muscaw/die nännt man die Aniconier/und ob wohl diese ihres Herkommens halber nur Bawern seynd/ so befinden sie sich doch über die Masse reich und vermöglich zu seyn/ und haben ihre Ankunft von einem sehr wohlhabenden Bawern/mit Nahmen Anica.

Dieser

Dieſer wohnete bey der Stadt Soil an dem Waſſerfluß Wit
ſogda/welcher in den Strohm Duna rinnet/wohl hundert Meil/ehe
dann derſelbe bey der Veſtung S. Michaels des Ertz-Engels in das
weiſſe Meer fällt. Es hatte aber dieſer vermögliche Bawer Anica/
viel Söhne und Töchter/ und wahr aller Orten von GOTT ein
wohlgeſegneter Mann.

Nun hatte er ein ſonderliches Anliegen/ das war diß/ daß er
gern wolte wiſſen/ wo doch die jenige Handels-Leute/ ſo Jährlich in
die Muſcaw kahmen / und viel köſtlich Rauchfutter und andere
Wahren mit ſich führeten/ doch an der Sprache/ Kleidung/ Glauben und Sitten gar frembd und unterſchiedlich wahren/und ſich Sa-
mojeder/und weiß nicht wie ſonſt/nänneten: wo ſie/ ſprech ich/ doch
daheim währen / oder aus was für Landen dahin kähmen. Denn
dieſe frembde Handels-Leute fuhren Järlich nach dem Waſſer Wit-
ſogda/und vertauſchten ihre Wahren gegen den Reuſſen und Moſcowitern in den Städten Oſoyla und Uſtinga/ſo an dem Fluß Duna liegen: dann daſelbſt war zu der Zeit die Niederlag allerley Gattung und Wahren/ſonderlich aber der köſtlichen Fellwercke.

Es war aber dieſer Anica darumb ſo begierig zu wiſſen / wo
dieſe Leute herkähmen: weil er leichtlich kund erachten/daß bey ihnen
ein groſſes Gut zu erwerben währe / weil ſie Jährlich umb ſo viel
tauſend Gülden Wahren dahin brächten. Derowegen macht er
heimlich mit ihren etlichen Kundſchafft und gewiſſen Contract. Er
ſchickte auch bey 10. oder 12. ſeiner Leute mit ihnen in ihr Land. Denen befahl er/daß ſie in allen Ländern/wo ſie hinkähmen/ fleißig alle
Dinge ſolten erkündigen/ und auffzeichnen die Sitten/ Gebräuch
und Wohnungen derſelben Völcker/und was ihr Thun und Laſſen
ſey/damit ſie eigentlich Bericht hätten aller Ding/ wann ſie wieder
heimkähmen.

Als ſie nun dieſem wohl nachkommen/ hat er ſie in ihrer Wiederkunfft gar freundlich und wohl empfangen/doch ihnen aufferlegt/
niemand nichts darvon zu ſagen: maſſen dann er ſelbſt alles gar
ſtill

ſtill und heimlich gehalten / und keinem Menſchen das wenigſte darvon vertrawt hat. Im folgenden Jahr aber hat er noch mehr ſeiner
Leute hinein geſchickt/unter denen etliche ſeiner Schwäger uñ Bluts-
verwandten geweſen.   Die nahmen mit ſich allerley ſchlechte Wahren / Schellen / Spiegel / und andere dergleichen Gattungen aus
Deutſchland.   Dieſe erforſcheten mit ſonderm Fleiß alle Gelegenheit dieſer Länder/uñ als ſie durch etliche Einöden oder Wüſteneyen/
auch viel groſſer Waſſer wahren durchkommen / gelangten ſie biß zu
dem groſſen Fluß Obium/machten allda auch mit den Samoeden
Kundſchafft: und ſpührten / daß allda das Fellwerck gar wohlfeil
wäre/ und leichtlich groſſer Reichthumb bey ihnen zu erlangen. Sie
ſahen auch/daß dieſelbigē Völcker keine Städte hätten/ſondern ſonſt
friedlich unter einander lebten / und von den Elteſten regiert würden.
Wie auch/daß ſie in Eſſen und Trincken gar unſauber wären/ und
von dem Fleiſch der wilden Thiere/die ſie fingen/mehrentheils lebten:
und vom Getraid und Brod gar nichts wüſten: Daß ſie ſonſt künſt-
liche und gewiſſe Schützen wären/ machten ihre Bogen aus einem
zähen Holtz/wohl verwahrt mit ſpitzigen Steinen und Fiſchgräten:
mit dieſen ſchoſſen ſie die wilden Thier / deren eine groſſe Menge da-
ſelöſt war:daß ſie auch mit den Fiſchgräten/die ſie an ſtatt der Nadeln
hätten/und etlicher kleinen Therlein Geäder für Faden/ ihnen ſelber
Häute zuſammen neheten zu ihrer Kleidung: daß ſie die Haar und
das Rauche an ihren Kleidern oder Beltzen im Sommer heraus/im
Winter aber hinein kehreten: daß ſie ihre Häuſer mit Elendhäuten
und anderer dergleichen Thiere Leder bedeckten / und ſolche Häute
gar nichts ſchätzeten.

     In Summa/dieſe des Anicæ Kundſchaffter erforſcheten alles
mit ſonderm Fleiß / und brachten einen groſſen Schatz von Fellwerck und Häuten mit ihnen nach Haus. Da nun der Anica alles
von ihnen vernommen hatte/ was er bißher hatte begehrt zu wiſſen/
hat er ſampt etlichen ſeinen Freunden etzliche Jahr an einander in
dieſe Länder gehandelt.

                                                          Dahero

Daher dann erfolget ist / daß die Aniconier sehr reich und
mächtig wurden / und allenthalben viel Land-Güter Kauffsweise
an sich brachten: und kunten sich die Benachbahrten nicht gnugsahm
verwundern/woher sie so grosses Gut so bald hätten erworben. Daß
die Aniconier etliche stattliche Kirchen in ihren Dörffern baweten:
wie sie dann auch hernach in der Stadt Osovla am Wasser Wit-
sogba/allda sie damahls wohneten/eine herrliche schöne Kirche gebau-
et/die vom Fundament auff/mit schönen Steinen und Quaderstük-
ken auffgeführet war. In Summa / die Aniconier wusten selber
keine Maas oder Ende ihres Guts.

Doch bedachten sie mitler Zeit/es möchte leicht geschehen/ daß
ihnen das Glück den Rücken zuwendete / wie offt pflegt zu geschehen: sonderlich weil sie merckten/daß ihnen männiglich wegen ihres Guts sehr neydig war / da sie doch keinem Menschen Leyd hätten
gethan. Derowegen nahmen sie ihnen weißlich für/solchem da müglich fürzukommen/damit sie bey ihrem Gut und Ehren möchten erhalten werden. Es ist bey den Muscowitern gleichsahm ein Sprich-
wort/daß man pflegt zu sagen: Wer keinen Freund zu Hofe habe/
der sey kein rechter Mensch. Denn weil es gemeiniglich geschicht/
daß wann man einen Neyd auff einem wirfft/ und er zu Hofe fälsch-
lich angegeben wird / er unverschulder Sachen unterdruckt werden
müsse/ wo er nicht einen sonderlichen guten Patron allda zu Hofe
bekommen.

Derohalben machten ihnen diese reiche Aniconij der Fürnehmsten einen zum Freund / das war der Boris Godenovius / nemlich
des damahln regierenden Czars oder Groß-Fürsten Fedor Janowitz
Eydam/welcher auch folgends seinem Schwäher nach desselbe Tode
in der Regierung ist nachgefolget. Diesem Boris nahmen sie für/
ihr Geheimnüß zu offenbahren/ verehreten ihm erstlich stattliche Ge-
schencke/wie gebräuchlich/ und baten/er wolte ihnen Audientz geben/
sie hätten ihm was fürzubringen/ das dem gantzen Lande würde zu
Nutzen kommen.

D   Als

Als der Boris solches vernahm / erzeigte er sich noch viel gnä-
diger gegen sie.   Darauff sie ihm alle Gelegenheit der Länder Samoëdia und Siberia anzeigten / und was sie da gesehen und gemercket hätten / auch was das Muscowitische Reich hierdurch für grosses Gut und Reichthumb könte an sich bringen.   Diese Dinge erzehleten sie weitläufftig / doch sagten sie nichts darvon / wie heimlich
sie bißher diese Sache geführt /und was für grosses Gut sie dardurch
erworben.

Als Boris diese Sachen vernommen / verlangt ihn sehr alles
zu erkündigen: und hielt die Aniconios nicht anders / als wann sie
seine leibliche Söhne wären / er gab ihnen auch in des Reußischen
Käysers Nahmen stattliche Freyheiten / daß sie unwidersprächlich
ihre Landgüter zu ewigen Zeiten möchten besitzen / gebrauchen und
geniessen / sie und ihre Erben und Nachkommen.

Da sich auch bißweilen begab / daß sie in der Muscaw zu thun
hatten / nahm er sie zu sich in seinen Schlitten / welches bey den Mus-
kowittern die höchste Ehre ist / so man einem kan erzeigen: sonderlich wo es von so mächtigen Herren geschicht / wie damahls der Boris wahr / als bey dem die gantze Regierung des Käyserthumb stünde.

Als nun Boris die Sache wohl hatte erwogen / brachte ers
dem Reußischen Käyser oder Groß-Fürsten für / dem es sehr angenehm war zu hören.   Darumb er dann auch dem Boris hernach
viel grössere Ehre erwiese / und ihme gäntzlich übergab / in dieser Sachen seines Gefallens zu handeln.   Darüber dann der Boris gar
nicht seyret / sondern gebrauchte hierzu etliche Hauptleute und andere
vom Adel / so ihm unterthan wahren: denen er befahl / sie solten statt-
lich nach Gebrauch der Gesandten bekleidet / mit den jenigen / die ihnen von den Aniconiern würden zugeordnet werden / sich auf die Reise
begeben.   Er gab ihnen auch etliche Kriegs-Leute zu / und allerhand
Gattung geringfügiger Verehrungen / welche sie unter die Völcker /
zu denen sie kommen würden / solten außtheilen.

Zu dem befahl er ihnen / daß sie alle Wege und Stege / Wälder /

der/Flöffe/und was ihnen fonften dergleichen in der Reife würde für-
kommen/fleißig folten auffmercken/und deren Nahmen im Gedächtnüß behalten/damit fie bey ihrer Wiederkunfft alles warhafftig und
getreulich könten anzeigen. Sie folten auch auf das freundlichfte mit
gedachten Völckern umbgehen/ und etwa einen tauglichen Ort er-
forfchen/ da man eine Beftung möchte hinbauen / und da es füglich
feyn könte/ folten fie in allewege etliche deroſelben Lands-Art Inwohner mit ihnen in die Mufcaw bringen.

Als nun diefe Gefandten mit aller Nothdurfft zu folcher Rei-
fe/als mit Kleidern/ Waffen/ Gefchencken wohl ftaffiret und verfe-
hen wahren/ feynd fie von der Stadt Mufcau weggereifet/und un-
längft hernach zu dem Waffer Witfogda und zu den Aniconiern
kommen: welche ihnen etliche aus ihren Leuten zugegeben / fo fie begleiten folten/ es feynd auch viel aus ihren Verwandten mitgezogen.

Da fie nun in den Samojedifchen Landen angelangt/ find fie
ihrem habenden Befehl mit Fleiß nachgekommen/haben den wilden
Leuten alle Freundfchafft erzeiget / ihrem Obriften viel Ehre bewie-
fen/und ihnen etliche fchlechte Sachen verehrt/die fie fo hoch gehalten
und fo köftlich gefchätzt/daß wann die Mufcowiter zu ihnen kahmen/
fie ihnen zu Fuß fielen und fie mit groffen Freuden empfingen.

Es wahren etliche Samojeder / welche durch der Aniconier
Fleiß eine Zeitlang in den Mufcowitifchen Dörffern fich auffgehal-
ten/und die Sprache hatten gelernet: diefe gebrauchten die Gefandten zu dollmetfchen/und handelten durch ihre Vermittelung mit den
wilden Völckern von allerley Sachen. Sonderlich aber lobten fie ihnen ihren Käyfer gar fehr/ufi machten gleichfam eine irrdifchen Gott
aus ihm/fagten ihnen auch fo viel köftliches Dinges für/daß die Wilden endlich gelüftete/daß fie ihren Käyfer wohl möchten fehen. Das
war nun den Mufcowitern faft angenehm / die fagten ihnen zu / da
etliche Wilden in die Mufcau würden ziehen/wolten fie hergegen ihre Leute für Geyffeln bey ihnen laffen / damit fie unterdeffen ihre
Sprache lerneten.

D 2

Und

Und auff solche Weise haben sie etliche Völcker mit Liebkosen
an sich gebracht / also daß sie sich freywillig des Groß-Fürsten in der
Muscaw Gewalt unterworffen/und ihme Tribut zu geben bewilli-
get haben/ ja sie liessen sich schätzen / daß sie von jedem Haupt Jährlich solten schuldig seyn zu geben zween Zobel Futter / welche sie
schlecht achteten / die Muscowiter aber dieselben für Kleinoter hielten. Verhiessen also/ daß sie solchen Tribut Jährlich dem Rentmei-
ster / so ihnen vom Groß-Fürsten zugeordnet worden / wolten rei-
chen/und solten auch ihre junge Kinder/ so erst anfiengen/ und lerneten mit den Bogen umbzugehen / darvon nicht befreyet seyn. Und
diß wurde nach und nach ins Werck gesetzt / und diese Völcker also
mit Güte Zinßbahr gemacht.

Folgends seynd die Muscowitische Gesandten über den Fluß O-
bium gefahren/und seynd jenseit desselben auf die 200. Meilen gegen
Ost-Nort-Ost zu fortgereiset: da haben sie unter Wegen allenthalben viel seltzamer ungewöhnlicher Thiere / klahre Brunnen / allerley herrliche Gewächß und Bäume /schöne lustige Wälder / und
unterschiedliche Sorten der Samojeder gesehen/ deren etliche auff
Elendthieren ritten/etliche mit Schlitten fuhren/davor Renner und
auch Hunde gespannet wahren / welche wie die Hirsche schnell darvon liessen. Ja sie haben in solcher ihrer Reise viel Dinge gesehen/
so ihnen über die massen wunderbarlich fürkommen seyn : welche sie alle ordentlich und getreulich haben auffgezeichnet / damit
sie in ihrer Wiederkunfft von allen Sachen wüsten Relation zu
thun.

Endlich nahmen sie etliche Samojeden / so gar willig darzu
wahren/mit sich/und liessen hergegen von ihren Leuten etliche / so die
Sprache solten lernen/ bey den Samojeden/ und kahmen wiederumb in die Stadt Muscau: allda sie mit ehester Gelegenheit dem
Boris / und durch ihn dem Groß-Fürsten alles anzeigten/und was
sie außgerichtet hätten erzählten.

Die Fürsten verwunderten sich sehr über die frembde mitge-
brach-

brachte Samojeder / und liessen sie eine Probe thun / wie gewiß sie
mit ihren Bogen und Pfeilen könten schiessen: welches sie so hurtig
verrichteten / und so gewiß traffen / daß es schier unglaublich wahr.
Denn so man einen Pfennig / so groß als einen halben Stüber / an einen
Stock angekleibt / und sie so weit darvon stünden / daß sie den Pfen-
ning kaum kunten sehen / traffen sie ihn doch alle mahl / daß sie nicht
einmahl fehleten.   Dessen sich dann die Zuseher sehr verwunderten.

Hergegen verwunderten sich die Samojeder nicht weniger ü-
ber das Leben und Sitten der Muscowiter / und über der gewaltigen
grossen Stadt Muscaw: sie entsatzten sich auch über des Großfürsten Herrligkeit und Pracht wann sie ihn mit so viel stattlichen Herrn
und Hofleuten umbgebner sahen / außreiten oder außfahren: da gemeiniglich in die 400. Hacken-Schützen ihn pflegten zu begleiten.
Wann sie dann höreten so viel Glocken leuten / sahen so viel herrlicher
Kauffmanns-Läden von allerley köstlichen Wahren und andern
Herrligkeiten der Stadt / kahm es ihnen so seltzam für / daß sie meinten sie währen halb im Himmel.   Ja sie wündschten offt / daß sie
bey ihren Lands-Leuten währen / damit sie ihnen solche Sachen alle
könten erzehlen.   Hielten sich also für seelig / daß sie unter einem
solchen trefflichen Potentaten solten seyn.

Was man ihnen für Speisen fürsatzte / die assen sie mit grosser
Beglerde / also daß man wohl sahe / daß ihnen solche besser schmäckten
dann ihr rohes Fleisch / und die am Wind gedörrte Fische / so sie daheim assen.

In Summa / sie verhiessen / daß sie den Groß-Fürsten zu ihrem Herrn wolten annehmen / sie wolten auch ihre Lands-Leute an
allen Orten und Enden / da sie wohneten / dahin bereden / daß sie
gleichfals thun solten.   Sie baten auch unterthäniglich / der Groß-
Fürst wolte ihnen die Gnade erzeigen / und ihnen Regenten und Gubernatores schicken / durch welche sie regiert würden / und denen sie
obgedachten Tribut konten erlegen.

D 3   Was

Was ihre Abgötterey belanget / ist deßwegen im wenigsten
nichts gedacht worden / sondern man hat ihnen ihre Weise gelassen.
Ich halte aber gäntzlich darfür/ der Christliche Glaube währe leichtlich bey ihnen fortzupflantzen/ so sie fromme und taugliche Lehrer könten bekommen.   Ich zweifle auch nicht / die Muscowiter würden
sich der Bekehrung gedachter Völcker zu dem Christlichen Glauben wohl unterfangen/ wenn sie nicht mit so grossen Kriegen aller Orten behafftet und angefochten währen.

Nachdem nun dieses alles erzehlter massen ergangen/ seynd die
Aniconischen zu grossen Ehren erhaben worden/ man hat ihnen auch
herrliche Freyheiten / und viel Herrschafften geschenckt : darüber sie
so reich und mächtig worden/ daß sie die ansehnlichsten Güter an den
Wasserströhmen Duna/ Witsogda und Sochna heutiges Tages
besitzen/ und noch stets an Ehre und Gewalt zunehmen.

Es geschahe weiter Verordnung von den Muscowitern/
daß man bey dem Wasserfluß Obio/ und in den genachbarten Orten / welche ohne daß von Natur ziemlich fest wahren / Bestun-
gen solte bawen/ und dieselben mit Kriegsvolck besetzen/ auch einen
General-Gubernatorem dahin schicken/ das Land weiter zu entdecke/
und dem Groß-Fürsten zu unterwerffen/ welches alles ins Werck
ist gerichtet worden.

Dann man anfänglich etliche Blockhäuser aus starcken zu-
sammengefügten Balcken auffgerichtet/ hernach dieselben mit Erden
beschüttet und außgefüllet/ und mit einer Besatzung befestiget hat.

Es ward auch täglich so viel Volcks dahin geschickt / daß in
etlichen Orten gantze Städte aus den zusammengesammleten Nationen : als Polacken/ Tartarn und Reussen seyn erwachsen. Denn
es werden in dieselben Länder als ins Elend verwiesen alle Diebe und
Mörder / Verrähter und was sonst das Leben verwircket hat : deren
etliche allda gefänglich und in Banden gehalten werden / etliche aber
auff eine gewisse Anzahl der Jahre daselbst müssen bleiben: jeder nach
seiner Verschuldung.

Daher

Daher allgemach eine solche Volckreiche Gemeine in demselben Lande ist entstanden / daß sie mit ihren Städten und Festungen jetzund gleichsam ein gantzes Königreich machen: weil auch täglich viel arme Leute hauffenweise sich dahin begeben / weil sie daselbst von aller Beschwerde/ Zinße und Stewer befreyet seyn.

Am obgemeldten Wasserstrohm Obio ist eine Gegend/die heist Siberia: und die Stadt / so darinnen gebawet / Siber. Zwar anfänglich erschracken die Muscowiter / so sie etwas verwircket hatten/ über die massen sehr/ wann sie nur das Land höreten nennen: dann man sie gemeiniglich dahin ins Elend schickte. Aber nun seyn sie dieser Straffe schier gewohnt / daß sie dieselbe nicht mehr so viel achten. Doch die fürnehmen Herren und die vom Adel in der Muscaw/ wann sie in deß Groß-Fürsten Ungnade kommen/ haben sie grossen Abscheuw vor diesem Nahmen Siberia. Dann sie zu Zeiten sambt Weib und Kindern/ in diß Land geschicket werden/ und ihnen ein Ampt zu verrichten anbefohlen wird/ biß deß Großfürsten Zorn gestillet ist/ und man sie wieder in die Muscaw erfordert.

Nun will ich auch anzeigen/ was man für einen Weg gebrauche aus der Muscaw in diese Länder zu kommen/ welches ich / als ich in der Muscaw gewesen/ nicht ohne grosse Mühe und sonderliche Practick vom Hofe bekommen habe. Und dorffte ich solche Sachen ohne grosse Leibes-und Lebens-Gefahr nicht offenbahren/ so ich noch in der Muscaw wäre. Dann die Muscowiter also gesinnet seyn/ daß sie nicht leichtlich zugeben/ daß man die Geheimnüß ihres Reichs offenbahre.

3. Kurtze Beschreibung der Reise aus Muscaw/ Ost-Nort-Ostwerts/ in die neuerkündigte Länder: Siberia/ Samoedia und Tingoesia/ wie solche Reise heutiges Tages von den Muscowitern stätigs gebraucht wird: sambt einer Erzehlung was für Städte in Siberia neulich seynd erbauet worden.

WAnn die Muscowiter in die Samoedische Länder wollen reisen/ so ziehen sie aus der Stadt Osonja/ welche am Wasser Wit-

sogda liegt/ und da die Aniconischen wohnen/ nach demselben Fluß
hinauff biß gen Javinisco / ein Städtlein/ das die Muscowiter ge-
bauet/welches 17.Tage-Reise von Osopla liegt: und muß man über
viel Wälder und Wasser/ ehe man dahin kömmt. Es entspringt
aber der Fluß Witsogda aus dem Joegarischen Gebirge / welches
Südwerts an die Tartarey stost / und von dannen sich Nortwerts
biß an den Oceanum zeucht. Aus demselbigen Gebirge entspringet
auch der Fluß Petzora,welcher gerad gegen Nova Zembla über in
die Enge Weygats/oder das Fretum Nassoviæ rinnet. So man
nun von Javinisco hinweg reiset / kömmt man in drey Wochen zu
dem stillen Wasser Necmo, auf welchem man fast 5.Tage in Flös-
sen oder Schiffen fähret. Hernach muß man den Plunder nur eine
Meile über Land biß zu dem Fluß Wisera tragen oder führen lassen/
welcher aus dem Gebirge Camen entspringet. Auff diesem Wasser fähret man 9.gantzer Tage hinab/biß man kömmt gen Soil Cam-
scoy ein Städtlein/ so die Muscowiter mit Fleiß allda erbawet/ daß
sich die Wandersleute allda mögen erquicken/weil sie forthin zu Lande müssen fortreisen. Das Wasser Wisera aber kömt bey der Stadt
Viatca in den Fluß Camo, welcher endlich in den grossen Strohm
Volga (sonst Rha genandt) einfällt. Volga aber kömmt mit 700.
Außgängen in das Caspische Meer/wie ich von denen gehöret/ die es
selber gesehen haben.

Das Städtlein Soil Camscoi ist ziemlich bewohnet/ und hat
viel Dörffer umbher. Die Inwohner seynd den mehrentheil
Reussen und Tartarn. Sie haben sehr viel Vieh und sonderlich der
Pferde eine grosse Menge. Wenn sich nun die Wandersleute allda
ein wenig erquicket haben / legen sie ihren Plunder auff die Pferde/
und ziehen über die Berge/so den mehrern Theil voller Dañen-und
Fichtenbäume seynd. Zwischen diesen Bergen fahren sie über den
Fluß Soiba / darnach Coßna / welche beyde Nortwerts rinnen.

Es werden aber diese Berge in drey Theile getheilet. Die ersten
zwey

zwey Theile kan man jedes in zweyen Tagen/ das dritte aber in vier Tagen durchziehen. Den ersten Theil nennet man Coosvinscoii Camen, den andern Cirginscoii Camen, den dritten Podvinscoii Camen. In diesen Einöden und Gebirge fangen die Tattarn und Samojeden fast alles das köstliche Fällwerck/ so man dem Groß-Fürsten für den Tribut muß zustellen.

Von dannen kömmt man gen Vergateria / da muß man stille liegen/ biß der Frühling anbricht/ wegen des Flusses Tœra, welcher durch das gantze Jahr so beschaffen ist/ daß man nicht darauff kan fahren/ biß im Frühling/ wann der Schnee auff dem Gebirge abgehet.

Vergateria ist die erste Stadt in Siberia/ ist erst vor ein und zwantzig Jahren sambt andern vier Städten angefangen worden zu bawen. Hat ziemlich viel Häuser/ und barvet man da das Feld/ nicht anders als in der Muscaw. In dieser Stadt hat des Groß-Fürsten Gubernator in der Muscaw seine Residentz/ welcher Jährlich/ im Anfang des Frühlings/ eine grosse Anzahl Früchte und Proviant in alle Vestungen und Besatzungen außtheilet. Und eben durch diesen Weg muß man auch den Muscowitern/ so jenseit des Strohms Obij seynd/ zu Hülffe kommen/ dann man daselbst das Land noch nicht hat angefangen zu bawen/ und die Samojeden essen den mehrentheil nur Wileprät.

Nach dem Fluß Tœra kömmt man in 5. Tagen gen Japhanim, welche Stadt erst vor 2. Jahren ist gebawet/ und mit Inwohnern besetzt worden. Von dannen fährt man wieder 2. Tage lang auf dem Fluß Tœra, hernach muß man offtmahls über diesen Fluß fahren/ weil er gar krumb hin und wieder laufft. Und in diesen Orter wohnen allenthalben Tartarn und Samojeden/ welche sich mit dem Vieh und Schiffen ernehren.

Folgends kömmt man zu einem grossen Fluß Tababo, welcher 200. Meilen von Vergateria seinen Lauff hat: und von dannen gelanget man zu einer Volckreichen Stadt Tinna: etliche kommen

C

men auch im Winter auf Schlitten in 12. Tagen von Japhanim gen
Tinna. Und ist diß eine grosse Handels-Stadt/da die köstliche Ge-
füll zwischen den Muscowitern und Tartarn/ auch in Samoeden
verhandelt werden. Und ist ein gelegener Ort für die/ so nur ein halb
Jahr wollen außbleiben. Aber ihrer viel ziehen noch weiter / und
reisen jenseit des Wassers Obij gegen Ost und Süd.

Von Tinna kömmt man gen Tobolsca die Hauptstadt in
Siberia/ allda des Obersten Vice-Königs aus Muscaw Residentz
ist. Hieher wird Jährlich der Tribut aus allen Städten gebracht/
so wohl dißseits als jenseits des Wassers Obij: und wann er nun
gar zusammen gebracht worden / wird er mit einer Guardi in die
Muscaw dem Groß-Fürsten/oder Reußischen Käyser zugeschickt.

In dieser Stadt ist auch das oberste Hoffgerichte/und müssen
die andern Gubernatores in Samojedia und Siberia alle mit einander diesem Vice-König unterthän und gehorsam seyn. So ist
auch in dieser Stadt eine grosse Niederlage von allerley Wahren/so
aus der Muscaw dahin geführet werden. Dann dahin kommen die
Tartarn von Mittagwerts und aus der äussersten Tartarey / und
sonst viel Leute aus andern Nationen.

Daß also die Muscowiter in Wahrheit einen grossen Nutzen
dahero haben/ weil sie diese Völcker also in der Güte unter ihre Gewalt gebracht: dörffen sich auch keines Abfals besorgen/weil sie ihnen
gar wohl geneiget und ergeben seyn.

Sie haben auch hin und wieder viel Kirchen gebauet/ In denen die Griechische Religion geübet wird / dann dieselbige bey den
Reussen und andern Mitternächtigen Ländern gar sehr gebräuchlich
ist. Es wird aber niemand wider seinen Willen zum Glauben gezwungen. Doch brauchen die Reussen etliche gar gelinde Mittel /
durch welche sie die Leute ohne allen Zwang auff ihre Meinung bringen.

Es liegt die Stadt Tobolsca an dem Fluß Yrtis, welcher
gestreng fortrinnet / und in den Obium fället. Auff der andern
Sei-

Selte ist das Wasser Tobol/ daher die Stadt den Nahmen be=
kommen. In diß Wasser fällt ein ander Fluß Tassa/ neben dem
die Muscowiter newlich eine Stadt mit Nahmen Pohemium ge=
bawet haben/und haben sie mit Siberischen Einwohnern besetzt kei=
ner andern Ursach halber/ dann daß es einen sehr fruchtbahren Bo=
den darumbher hat/ und gar lustige schöne Wälder/ darinnen viel
Pantherthier/ Luchsen/ Füchse/ Zobel und Marter gefunden wer=
den. Es seyn aber diese beyde Städte Tobolsca und Pohemiü bey 14.
Tagereisen von einander. Da der Fluß Yrtis in den Obium fällt/ist
gleichfals die Stadt Olscoygorotum gebawet/ aber hernach auff
Befehl des Gubernatoris wieder zerstöret worden. Die Ursach aber
ward nicht darbey gemeldt: doch glaub ich/ daß es darumb gesche=
hen/weil die Stadt dem Meer etwas näher wahr/ als sie gern haben
wolten. Darumb ward eine andere Stadt 50. Meilen oberhalb
dieser zerstörten/ in einer Insul des Flusses Obij/gebawet und Zer=
golta genandt. Von dannen fährt man gegen dem Wasser hinauf/
und 200. Meil oberhalb Zergolta kömmt man gen Noxinscoja,ei=
nem Schloß/so vor 13. Jahren gebawet/und mit Kriegs Volck be=
setzt worden. Es liegt an einer lustigen Gegend/ so gesund /warm
und fruchtbar/ und begabet mit seltzamen Thieren und Vogeln in
grosser Anzahl. Dieses Schloß/ so gegen Süd=Ost liegt/ist nach
und nach zu einer Stadt worden.

Diesen Inwohnern ward aufferlegt/ daß sie immer noch wei=
ter ins Land hinein an die wärmere Oerter sollten handeln/ und mit
denselben Völckern freundlich umbgehen/ damit sie auch in gute
Kundschafft mit ihnen kähmen/und der Reußische Nahme weiter be=
kant würde. Derowegen sie dann Hauffenweiß dahin gezogen
seynd/und als sie wol 400. Meil ins Mittel Land kommen/ haben
sie viel herrliche und schöne/ aber unbewohnte Gegenden gefunden.
Als sie aber etwan vor 10. Jahren/auff die 200. Meilen an dem Fluß
Obium hinauf gezogen waren/und ein herrliches schönes und frucht=
bahres Land/welches auch ziemlich warm wahr/ hatten angetroffen/

E 2   an

an welchem Orte schier gar kein Winter wahr: haben sie hierdurch
Gelegenheit genommen wieder in Siberiam umbzukehren/und sol=
che Zeitung in die Muscaw zu berichten.

Es war eben damahls der Boris Godenovius Groß Fürst/
welcher/als er diese frölicke Botschafft vernommen/gar nicht bedacht
wahr hierin zu feyren/sondern gab von Stund an dem Gubernato=
ri in Siberia Befehl / er solte mit ehesten daran seyn / darmit in de=
roselben Gegend eine Stadt gebawet würde.   Welchem der Gu=
bernator gehorsamlich nachkahm. Ward also von Stund an ein
Schloß sambt etlichen Häusern auff seinem Befehl auffgebawet/
und ist seithero eine schöne und mächtige Stadt daraus worden/ die
ist Tooma genandt / dieweil sich hievor ein Tartarische Horda
Thumen genant allda hatte niedergelassen. Zwischen diesem Schloß
Noxinscoja, der Stadt Tooma und Siberia, erfinden die Musco=
witer noch täglich viel Völcker/so im Mittellande wohnen/deren et=
liche sich Ostachios nännen/un numehr mit den Tartarn/Samoje=
den und Reussen in eine Gemeine seynd erwachsen/ und friedlich mit
einander handeln.   Sie haben viel kleiner Könige / gleich wie
die Indianer. Und daß ichs kürtzlich melde / so haben die Musco=
witer in denselben Ländern / so grossen Fortgang gehabt / daß es sich
zu verwundern ist.

Es seyn auch sonsten viel Schlösser und Städte zwischen
dem Wasserfluß Obiü und Yrtim, so fast zu einer Zeit mit Tobol=
sca seyn erbawet worden/und jetzt ziemlich groß seynd : darinn woh=
nen die Muscowiter/ Tartarn und die z ihnen Samojeden. Der
wilden Samojeden Städte seynd Tara, Jorgoetum, Besobia und
Mangan soiscoigoratum.   Jenseit des Flusses Obij seyn gele=
gen die Städte Tobolsca,Siberia, Bezesaja, und etliche andere an
u terschiedlichen Flüssen gebawet.   Diesseits Obij seynd Narim,
Toma, und andere mehr/deren Inwohner an statt der Pferde Rai=
ner und gar schnelle Hunde gebrauchen/welche sie mit allerley Fische
sonderlich mit Rochen füttern/weil sie dafür halten / daß sie dadurch
                                                                   grös=

gröſſere Stärcke bekommen. Oberhalb der Stadt Narim Oſtwerts iſt ein Fluß mit Nahmen Telta , an welches Geſtad ſie ein
Schloß gebawet haben/ und das genant Comgoſſcoja, darin ſie
etliche Kriegsvölcker in Beſaßung gelegt.

Es hat aber ungefehr vor ſieben Jahren der Gubernator in
Siberia dieſen Soldaten/ ſambt denen zu Narim/ befohlen/daß ſie
ſtracks nach Oſten ſolten reiſen/und allda fleißig nachforſchen/ ob ſie
etwan unbekandte Völcker könten finden.

Als ſie nun bey zweyen Monaten durch viel Einöden wahren fortgereiſet/und unter Weges viel ſchöner Gegenden/viel Wälder und Flüſſe angetroffen / haben ſie endlich etliche Häußlein und
Hütten geſehen/ſo auff den Feldern auffgerichtet wahren/und darbey
viel Leute.

Weil nun die Samojeden und Tartarn ihre Wegführer wa-
ren/denen die Oerter bekant/haben ſie ſich gar nicht gefürchtet.Seyn
alſo die Wilden zu Ihnen gar ehrerbietig kommen/ und haben ihnen
durch die Samojeden und Tartarn angezeigt/ ſie hieſſen die Tingoe-
ſier / und ſie bewohneten das Land neben dem Geſtade des groſſen
Fluſſes Jeniſcea/ deſſen Uhrſprung ſie zwar nicht wuſten/er kähme a-
ber von Süd-Oſt her. Dieſe Leute hatten gar groſſe Kröpffe an
den Hälſen/darumb ſie dann ſcheußlich ausſahen/ und nicht anders
gluxten/ als die Calecutiſche Hüner. Doch wahr ihre Sprache
der Samojeden Sprache nicht gar ungleich.

Jeniſcea/ der Fluß iſt viel gröſſer als Obius, hat von Aufgang
hohe Berge/darunter etliche Feuer und Schweffel außwerffen. Gegen Niedergang iſt ein ebenes und gar fruchtbahres Land/ voll allerley Gewächs/ Kräuter/ Blumen und Bäume. Es wachſen auch
viel frembder Früchte darin / und iſt eine groſſe Anzahl ſeltzamer
Vögel.

Alle Jahr im Frühling/überſchwemmet der Fluß Jeniſcea das
Land und die Felder/ungefehr auff die 70. Meil weit uñ breit/faſt e-
ben auff die weiſe als wir vernehmen/ daß der Fluß Nilus das Land

E 3 Egy-

Egypten überschwemet. Welches weil es die Tingoesti wohl wissen/
so halten sie sich Jenseit des wassers auff dem Gebirge so lange auff/
biß das Wasser wieder abnimt: alßdann kommen sie und ihr Vieh
wieder herunter auff die Ebene.

Die Tingoeser/ ein wunderfreundlich und leutseelig Volck/
haben sich auff Anbringen und Beredung der Samojeden/also bald
eben denen Regenten/von welchen diese regiert würden/gehorsamlich
untergeben/ und halten sie in Ehren/ als wann sie Götter wären.
Was sie aber für einen Gott anbeten/oder wie sie ihn ehren/ kan man
noch zur Zeit nicht wissen. Ich habe auff fleißiges Nachfragen
nichts darvon mögen in Erfahrung bringen. Dann die Muscowiter dergleichen Sachen nicht sonderlich nachfragen.

Derohalben verwundere ich mich nicht mehr / daß das Eng-
Meer Weygats Jährlich gegen Norden mit so unsäglichen grossen Eißbergen verstopffet werde / dieweil die sehr grossen Wasser O-
bius und Jenisæa und viel andere grosse uñ kleine Flüsse/ deren Nahmen man noch nicht weiß/einen so ungemein grossen hauffen Wasser
hinein giessen/daß es gar unglaublich ist. Daher dañ gemeiniglich im
Anfang des Frühlings geschicht / daß das Eis nahe bey demselben
Meer/(weil es so überaus dick uñ so viel gantze Wälder mit einander
vom Lande abreißt und wegführt) herumb und hinein fähret/und es
verstopffet. Darumb man allenthalben bey den Gestaden desselben
engē Meers Waygats eine so grossi Menge Holtz sahe herschwimen.

Und weil dann in gedachter Enge bey Nova Zembla eine
schreckliche Kälte/ ist kein Wunder/ daß wegen derselben Enge des
Meers die ungeheuren grossen Eisschemel so hoch auff einander zusammen frieren / daß sie biß auff die 60. und auffs wenigste 50.
Klaffter dick werden: wie es in dem 1611. Jahr die jenigen gesehen haben/ so mit Isaaco Lemerio in einem kleinen Schiff
dahin gezogen sind. Gedachter Lemerius hätte mich auch gern
zu einem Gefehrten mit gehabt / aber vergebens: dann ich wohl
kan beweisen und darthun/ daß man durch dasselbe Meer nimmermehr

mehr könne durchkommen: darumb es wohl von nöthen/daß man
es auff einen andern Weg angreiffe / will man nicht so viel Mühe
und Unkosten mit höchster Gefahr vergeblich auffwenden. Aber
laßt uns wieder zu unserm Fürhaben kommen.

Die obgemeldte Muscowitische Soldaten seyn noch ü-
ber das grosse Wasser Jenijcea gefahren und fortgereiset / stracks
gegen Auffgang der Sonnen / und haben etliche Tingoesier mit ihnen genommen/von denen sie vernommen/daß gegen Süden noch
viel andere Völcker wohneten/die ihnen gar ungleich/und derselben
Könige stetigs mit einander Kriege führeten.

Aber als sie etliche Tage fortgezogen/ und nichts außgericht/
haben sie wieder umbgekehrt zu den Ihrigen. Doch haben sie den
Tingoesiern anbefohlen / sie solten dieselbige Gegenden besser erforschen: welche solches zu thun versprochen/und haben darauff ihren
Bund/so sie mit den Muscowitern gemacht / wieder ernewet.

Als die Muscowiter wieder von ihnen weggezogen/ haben sie
ihnen zuvor geringe Verehrung gethan/ und etliche aus den ihren/
wie auch ihrer Bundgenossen der Samojeden und Tartarn bey ihnen gelassen.

Im folgenden Jahre haben die Tingoesier ihre etliche wiederumb stracks gegen Orient außgeschickt. Diese seyn etwas weiter
kommen als zuvor/und haben einen andern sehr grossen Strohm o-
der Fluß angetroffen / der zwahr etwas kleiner wahr als Jenijcea/
aber eben so schnell und streng. Da sie nun an demselben etliche Tage
fortgezogen/haben sie etliche Leute ersehen / die vor ihnen geflohen/
welche sie im Lauff erwischt/ aber ihre Sprache nicht haben können
verstehen. Doch zeigten sie immer auffs Wasser/und sagten Pisida, sie deuteten ihnen auch sonst und sagten offt/ Om,om: daher
die unsern daraus abnahmen / der Fluß müsse Pisida heissen / weil
man auf der andern Seiten des Flusses hörete Glocken leuten.

Als die Tingoesier wieder zurück gezogen / haben sie etliche
Leute aus demselben Lande mitgenommen/ sie sind aber unter We-

ges gestorben entweder auß Furcht/oder wegen der ungewöhnlichen
Lufft. Ihr Todt wahr den Tingoesiern gar leyd/ dann sie sagten/
es wåhren verstandige Leute/ wohlgesetztes Leibes/ mit kleinen Au-
gen/flachen Gesichtern/ brauner Farb doch etwas bleichgelb.

Als nun die Muscowiter diese Dinge von den Samojeden/
welche auß der Tingoesier Land in Siberam wiederkommen wahren/
hatten vernommen/ kahm sie eine Begierde an solche Gegend noch
besser zu erkündigen. Darumb sie dann vom Vice-Rönig begehr-
ten/ er solte ihnen dahin zu ziehen erlauben/ und ihnen Gefehrten
mitgeben. Welches er von Stund an bewilliget/ und ihnen eine
Anzahl Soldaten zugab/ auch befahl/ daß sie alles fleißig solten er-
forschen/ daß sie auch Tingoesier/ Samojeden und Tartarn mit sich
nehmen. Seyn sie also bey 700. starck übern Fluß Oblum geschifft/
und seyn durch der Samojeden und Tingoesier Land kommen biß zu
dem Wasser Jeniscea. Als sie nun auch über denselben kommen/
seyn sie immer fort nach Osten gezogen/ und musten die Tingoesier
ihre Wegführer seyn. Die versahen sie auch mit Proviant/ dann sie
fiengen mit wunderbahrlicher Behendigkeit viel Vogel/ Kitzen/ Rainer und andere dergleichen wilde Thiere. Ja auch viel Fische aus
den Flüssen/ darzu sie kahmen. Da sie nun an das Wasser Pisida
wahren gelangt/ haben sie Zelten darneben auffgeschlagen/ vorhabens so lange allda zu verharren/ biß das Eyß sich auffleinete/ daß
man kunte darüber fahren/ dañ eben dama:ls der Frühling schon ver-
verhanden wahr. Doch haben sie ihnen nicht getrawet über diß
Wasser zu fahren. Sie höreten wohl ein groß Gethön übers Wasser/
und hielten gewiß darfür/ daß es der Klang wåhre von Glocken.
Wann dann der Wind gegen sie gieng/ höreten sie grosses Ge-
tümmel von Menschen und von Pferden.

Sie haben auch etliche wenige Segel gesehen/ derowegen sie
darfür hielten/ es wåhren Schiffe/ so das Wasser herab führen/ doch
sagten sie/ die Segel wåhren vierecktigt gewesen/ gleich wie die Indianischen seynd. Als sie aber gar keine Menschen gesehen/ und besorgt/
das

das Waſſer würde ſehr groß worden / ſeyn ſie zurück gezogen / und
erſt im Herbſt wieder heraus kommen.

Als dieſe Dinge am Muſcowitiſchen Höfe berichtet worden /
hat ihm der Groß-Fürſt Boris fürgenommen / im folgenden Jahr
Botſchafter hinein zu ſchicken mit Geſchencke / die ſolten die Tartarn /
Samojeden und Tingoeſen mit ſich nehmen / und in alle Wege über
den Fluß Piſida fahren / alles erforſchen / und im Fall ſie den König
würden antreffen / mit ihm Freundſchafft machen: ſolten auch alles
fleißig aufzeichnen / was ihnen unter Wegen denckwürdiges fürkäh-
me. Dann ſich die Muſcowiter nicht gnugſahm kunen verwundern / daß man daſelbſt ſolte Glockenklang gehöret haben.

Aber diß / des Groß-Fürſten fürhaben / iſt nicht ins Werck gerichtet worden / wegen der entſtandenen groſſen Kriege / welche auch
diß herrliche Werck biß auff dieſen Tag verhindert haben. Ich
halte dafür / daß das Königreich Cathaja, welches an China und Indien ſtößt / daſelbſt ſeinen Anfang nehme / und fürchte / die Muſcowiter möchten dar mit dem Kopff gegen die Maur lauffen / doch
wird die Zeit / wenn ſie es ferner verſuchen werden / uns ſolches offenbahren. Nichts deſto weniger / haben die Gubernatores, Zeit-
wehrendes Muſcowitiſchen Krieges / noch dahin einen Zug gethan /
darunter viel Bürger aus Siberien freywillig mitgezogen / welche
nach dem ſie in der Tingoeſer Land / über den Fluß Jeniſcea gekomen /
meiſt alle zu Fuß gegangen / und viel von Ungemach geſtorben ſeyn.
Die aber wohl gelebet und durchgekomen / haben das vorige bekräff-
tiget / und über das auch noch außgeſaget / daß ſie bißweilen ein Ge-
räuſch des Volckes und klingen der Glocken gehöret. Weil es ihnen
aber von den Tingoeſern abgerathen ward / dürfften ſie ſich nicht ü-
ber den Fluß begeben / ſondern ſeyn in einigen Bergen daſelbſt beliegen blieben / woraus ſie einige Flammen hervor gehen ſehen / auch
etwas Schwefel davon mitgebracht / wie auch Goldſteine / ſo daß es
ſcheinet / daß daſelbſt köſtliche Bergwercke anzutreffen ſeyn.

Der Gubernator in Siberien / ließ auch einige verdeckte
F   Schiffe

Schiffe zubereiten/ und befahl/ daß sie sich auß dem Fluß Obius in
die See begeben solten und am Ufer des Meers herfahren/biß an den
Fluß Jeniscea. Denn er meinet der würde auch in die See außlauffen
und fallen. Er sandte auch Volck Landwerts ein/mit Befehl auff die
Schiffe Acht zu haben/ und sich am Ufer auffzuhalten/ biß sie sie vernehmen würden / und wo nicht/ solten sie übers Jahr wieder dahin
kehren. Er hat auch denen/ die er zur See fortgeschickt befohlen/
daß sie alles was merckwürdig/fleißig besichtigen und auffzeichnen
solten/zu welchem Ende er ihnen auch einen Obersten Luca genandt/
mitgab. Diese nun seyn in den Mund des Flusses gekommen und
seyn denen zu Lande außgeschickten begegnet/ welche auff dem nieder-
fallendem Strohm ihnen einige Schifflein entgegen gesandt/ und
haben sie alles befunden/ wie der Gubernator es ihnen vorher gesagt
hatte. Aber weil ihr Oberster Luca mit einigen andern von den
Vornehmen unter Weges gestorben wahr / haben sie gerathen ge-
funden/ wieder nach Hause zu kehren/ und seyn wieder in Siberien
zurück gekommen/ haben alles wohl auffgezeichnet/ und davon dem
Gubernatori Nachricht ertheilet/ welcher sie an J. Zaare Majest.
gesandt/ welche Nachricht so lange in der Muscowitischen Schatz-
Kammer versiegelt liegen bleiben soll / biß der Krieg geendiget ist/
alßdann soll sie durchgesehen und examiniret werden. Ich fürchte
aber daß sie verlegt werden möchte/welches zu bedauren / weil viel
sonderbahre Dinge darin enthalten/ von Inseln/ Flüssen/ Vögeln
und Thieren biß an den Fluß Jeniscea und noch weiter.

Es hatte einer meiner guten Freunde in der Muscaw einen
Bruder mit auf dieser Reise gehabt. Dieser gab mir eine Carte davon/
so gut als ers von seinem Bruder gehöret un̄ verstande/welcher schon
gestorben war. Dieser Freund/ ist selbst durchs Fretum Nassovi-
cum oder Weygats gekommen / und kennet die Oerter biß an den
Fluß Obium. Was aber weiter hin ist/ hat er nur von hör sagen.
Es ist auch diese schlecht gemachte Carte nur eine Verzeichnüß der
Seekante/ welche ich doch mit grosser Mühe bekommen/ denn wenn

es

es außkommen solte/ würde es diesem Muscowiter den Hals kosten/
deßhalben ich ihn nicht nennen will.

Es fällt in den grossen Fluß Obium ein Fluß/welchen sie Taas
nennen / welcher wie es scheinet ohngefehr von dem Fluß Jenisca
herrühret / aus einem grossen Wald/darin noch ein Fluß entspringet / nicht weit von den vorigen/der in Jenisca fällt: so gar/ daß sie
aus dem Fluß Obius zu Wasser reisen können/ durch der Samojeden Land/ und reisen nur zwey Meilen über Land/ so kommen sie in
den Fluß/ den sie Torgalf nänten / und fallen mit dem fallenden
Wasser in den Fluß Jeniscea/ können auch also bequähmlich reisen/
welches die Samojeden und Tungosen neulich gefunden.

Es ist zu bedauren / daß es den Holländern mißlücket ist/
durch das Fretum Weygats zu kommen. Doch sie wissen nicht/wie
sie die Sache anstellen sollen/ weil mit Schiffen/ in 100. mahlen dar
nicht durchzukommen ist / und wo sie das Land durchsuchen und erforschen wolten / müsten sie 2. oder 3. Jahr dar bleiben/ ungefehr
Weygats oder Pechora, da sie wohl Unterhalt finden solten / wie
auch gute Haven. Von dar aus köndten sie Volck mit kleinen
Schiffen aussenden/ wie die Rüssen thun. Mit denen müsten sie
gute Freundschafft machen und unterhalten/ welche ihnen gerne den
Weg zeigen würden. Auff solche Weise köndten sie was sie zu wissen begierig seyn/ erlernen und erfahren.

Es würden viel schöne Oerter entdeckt werden/ so wohl Inseln
als festLand. Etzliche meinen auch daß America ohngefehr bey China mit Asiâ verfestet sey und zusamen hange/ gleich wie
Africa an Asia an einander hanget bey dem rothen Meer / welches
wohl möglich seyn kan / denn man nichtes gewisses hiervon sagen
kan. Ist America von Asiâ geschieden/ muß der Strohm der
sie scheidet sehr enge seyn/ denn es fast unmüglich scheinet / wenn ein
grosses Meer darzwischen/daß Menschen und Thier in Americam
gekomen/weil Adam in Asiâ geschaffen ist/und vor der Sündfluth un
vor Noæ Schiff von keinem Schiff in der H. Schrift gedacht wird.

F 2   Auch

Auch wissen wir wohl/ daß nur eine Welt sey/ und daß wir alle von
Adam der im Paradieß erschaffen/ herkommen und herstammen.
Doch man möchte auch fragen: Wie denn die Menschen in die Inseln gekommen? Antwort: Dieses ist vieler Meinung nach erst
nach der Sündfluth geschehen. Unser Meinung nach irren die/
und fehlen weit/ welche zwischen Asia und America eine See von
100. und mehr Meilen breit setzen.

4. Es solten allhier Numero 4. einverleibet geworden seyn zwo Tractat: einer in Frantzösischer/ der andere in
Englischer Sprache beschrieben: Die Schiffahrt Norden
umb/ nach Tartarien/ Sina/ Japan und Ost-Indien betreffend. Weil sie aber beyde/ zu rechter Zeit nicht eingesand
seyn/ hat die Translation und Edition, auf eine andere Zeit ver-
spahret werden müssen.

Das 4. Capittel.

Johannis Isaacij Pontani discours, darin
er deren Einwurff vorkömpt/ welche diese Reise durchs
Norden gar zu schwehr machen/ auch die besten Mittel vor-
schlägt/ solche zu einem guten Ende zu bringen.

ES möchte jemand einwerffen/ daß die/ welche durchs Norden Asien oder Americam umzusegeln willens/ eine solche
Sache vorgenommen/ die nie geschehen/ auch nicht geschehen werde. Aber wir geben zur Antwort/ daß eben dasselbige von
der Fahrt nach Ost-Indien/ Africa um/ welche doch glücklich und
vielfältig gebrauchet wird/ vormahls von sehr klugen Männern geglaubet und gesagt sey. Denn sie haben vor unmöglich gehalten/
daß einer zweymahl durch die Lini paßirend/ nach Ost-Indien fahren könte. Darumb währe die Hoffnung dahin zu kommen unge-
wiß/ die Gefahr aber gewiß und groß. Diese aber und andere
schein-

scheinbahre Reden / haben den König Immanuel von Portugal/
von seinem Vornehmen nicht abgeschrecket/sondern er hat den Weg
von der Cape de bonne Esperanca welcher ein Jahr zuvor von
seinem Antecessore erfunden/durch das brausende Meer/fortschif-
fend / ferner zu entdecken gesucht. Darumb er auch eine Indische
Flote unter Vasco de Gama dahin gesandt/ welche An. 1497. von
Calis Malis abgefahren/ nach Arabien und Calecut / die Cape de
bona Esperanza vorbey gesegelt/ alles entdecket/ und dem Könige
nach seiner Wiederkunfft offenbahret.

Es hatten Gelegenheit gegeben/ diese Schiffahrt zu vollfüh-
ren/einige Zeugnüßen der Alten Scribenten/wie auch einige/die der
König nach Alexandria gesandt hatte/ damit sie sich in das Moren-
Land/welches oben Egypten liegt/begeben/und nach Italien zurück
kehren solten / damit sie von erfahrnen Personen lernen möchten/
wie die Fahrt am bequehmsten/ nach Ost-Indien um die Cape de
bona Esperanca herum / köndte gethan und verrichtet werden.
Was die Zengnüße der Alten anlanget/sehe ich daß Prolemæus von
der Cape nichtes hinterlassen. Plinius aber bringet viel außdrücklich bey/woraus erhellet / daß diese Schiffahrt um/ und an der andern Seite der Cape, wohl bekandt gewesen. Denn er schreibet ll.
67. daß im rothen Meer/ wie Käyser Augusti Sohn allda Krieg
geführet/ einige Stücke/von Spanischen verunglückten Schiffen/
bekandt gewesen. Wie auch das Hanno, zu der Zeit als Cartha-
go nach florirte / von Calis Malis außgesegelt / biß an das
Ende von Arabien gekommen/ und diese Schiffahrt beschrieben habe. Und/ was noch mehr ist/ kan man aus Cornelio Nepote ab-
nehmen/ daß ihm diese Arabische Reise auch bekandt gewesen/ weil
er schreibet/ daß zu seiner Zeit/ einer Eudoxus genandt/ als er dem
König von Alexandria Lathyrus genandt/ entfliehen wollen/ und
durch das rothe Meer mit Schiffen wiedergekomen/nach Calis Malis
gefahren sey/wie solches Plinius anzeiget. Aber zu unserm Zweg zu
kommen sagen wir folgendes. Haben diese Zeugnüsse der Alten bey

F 3   den

den Portugesen Glauben gefunden / und ihre darauff gegründete
Anschläge/einen glücklichen Außgang gehabt / warumb solten denn
deren Stimmen/die zur Fahrt Norden um rathen/nicht statt finden/
und prüfungs werth seyn / die Sache genauer zu untersuchen? Ich
will hier nicht weitläuffig anziehen/ was die Frantzösische und Deh-
nische Geschicht-Bücher/ von den Grünländern erzehlen/ daß ihnen
im Jahr 836. die Bischöffe Ansgarius und Adalbertus, von Hamburg aus / Diener des Göttlichen Wortes zugesandt haben / wo
selbst sie doch wenig müssen bekandt gewesen seyn. Aber dieses Zeug-
nüß scheinet neu zu seyn / wenn es gegen Plinij Erzehlung gehalten
wird / welcher außdrücklich aus Cornelio Nepote anzeiget/ daß
vormahls eine gewisse Fahrt Nortwerts berühmt gewesen sey/ und
solches daraus beweisen will / des Q. Metello Celeri Stadthalter
in Franckreich / Indianer von dem Könige der Schwaben verehret
seyn/ die zwar aus Indien/ Handelung zu treiben außgesegelt/ aber
durch Ungewitter verschlagen/und in Deutschland angetrieben wah-
ren/ dadurch der Theil Deutschlandes muß verstanden werden/ da
die Weser und Elbe in die Nord-See fallen. Denn wir zur andern Zeit erwiesen haben/ daß sich die Herrschafft der alten Schwaben so weit erstrecket habe. Könte man demnach wohl dafür halten/
daß diese Indianer an jener Seite der Nortcaep/vom Tartarischen
Tabin, welches Plinius Tabin jugum nennet/ aus dem Lande der
Völcker die Seres genandt werden/ da anitzo die Grentzen des Ca-
thalschen Tartarien seyn/ in das stille Meer gefahren seyn/ und von
dar an das Ufer des Deutschlandes geworffen.

Es ist dieses stille Meer/ Mara marusa oder Mare mortuum
vormahlen von den Cimbern genandt/ wie Plinius aus dem Phile-
mone meldet. Wo dem also/ müß man der Samoieden Erzehlung für wahrhafftig halten/ wenn sie sagen/ daß die Russen Jährlich Gelegenheit und Zeit wahr genommen haben/ zu fahren/ nach
einer gewissen Cape, von ihnen Ugolita genandt/welche an jener
Seite des Flusses Obij lieget/durch dieselbe See/ fünff Tage lang/
ehe

ehe sie zugefroren/und scheinet/ wo wir ein gewündschtes Ende die ser
Fahrt erreichen wollen/ohn maaßgeblich/ das beste und sicherste zu
seyn/daß wir nach dem Exempel des Königes Immanuel von Por=
tugal/ (welcher Kundschaffter nach dem rothen Meer und gar biß
in Indien außgesandt) nach dem Freto Nassovico zu Lande sen=
den/ welche sich mit den Rüssen bekandt machen/ sich zu ihnen gesel=
len/mit ihnen in der Jährlichen Fahrt nach Tartarien reisen/ damit
sie erfahren mögen/ ob das Meer/welches hinter dem Freto Nasso=
vico lieget/das gröste Tartarische Meer sey/ oder nur eine Einfahrt
die nicht durchgehet? Sie müsten auch erfahren: ob die Cape Ta=
bin an stetswehrendem Eise gelegen/oder ob man bey weg segeln und
fortschiffen köndte? Und dieses alles/ müsten sie von Leuten so da=
selbst wohnen/ welche gewisse Erfahrung oder gar den Augenschein
davon haben/ erlernen.

    Es köndte auch wohl ein leichtes Kriegs=Schiff/ nicht so sehr
mit vielen Bootsgesellen / als mit geübten Schiffern welchen diese
Oerter/Ufer uñ Sprachen bekandt/die dazu auf ein Jahr und länger
versehen/ dahin gesandt werden/ welches an dem bequähmsten Orte
überwintern müste.   Diese Schiffleute müsten mit den Samoje=
den und Rüssen Gemeinschafft halten / und der Muscowiter Jähr=
liche/ gewisse und gewöhnliche Fahrt abwarten/und mit ihnen alles
überlegen.   Wenn auch einige der Holländer/ die in Japan han=
deln/auch von der Seite/gemächlich nach Cape Tabin fuhren/oder
in den hoch auff/und nahe gelegenen Oertern diese Fahrt und Durch=
fahrt untersuchen und erfragen würden/würden sie wohl thun. Als=
dann köndte man endlich erfahren; ob daselbst Schiffe segeln und
durchkommen köndten: oder nicht. Ich weiß wohl/daß andere es
vor rathsamer gehalten haben / durch die weite und tieffe See/biß
auff 80. 81. 82. Grad zu fahren/ oben Nova Semla herzufahren/
und solches umzusegeln / weil sie vermeinten / daß daselbst längere
Sommertage und weniger Eis / welches nicht vom Lande triebe
(denn Eis ist eine Anzeigung / des nahen Landes) derhalben auch die
                                                           Kälte

Kälte gelinder als unter Gr. 74/75/76. Ob ich nun zwar dieses
nachgebe/ wegen der Sphärischen Krümme der Sonne/ welche ver-
uhrsachet/ daß sie bey 6. Monathen Tag haben: dennoch halten mich
zwey Uhrsachen zurück/ und zwingen mich/ dieser Meinung nicht
beyzupflichten. 1. Weil uns dieser Strich bißher ganz unbekandt/
und wir nicht wissen/ was es daselbst für eine Gelegenheit mit der
Seehat/ ob daselbst/ fest Land/ Insuln, Peninsuln/ Wasserwirbel/
Seebencke und dergleichen seyn/ oder wie sie beschaffen? 2. Ob ich
gleich zugebe/ daß man dardurch fahren könne/ so meine ich doch/ man
werde wieder biß auf 70/ oder auch wol weniger/ oder einige und 70.
Grad/ zurück kehren müssen/ da man unter grossen Eißbergen/ in
grosser Kälte/ unbekandten und unbewohnten Oertern/ ausser dem
Wege des Himmels und der Sonnen/ von aller Gemeinschaff der
Menschen abgesondert/ mit den grimmigen Thieren/ Hunger und
Mangel streiten/ und endlich/ elendiglich sterben und umkommen
müste/ nach dem Tode auch ins Meer geworffen/ von wilden Menschen oder von den Thieren gefressen werden.

Die Erfahrung hat bißher bezeuget/ daß diesem also sey. Den
ich befinde/ daß der erste unter allen/ der diesen Nordweg gesuchet
und erforschet hat/ gewesen sey 1. Nicolaus Zenetus, ein Venedi-
ger/ welcher im Jahr C. 1380. vielfältig im Norden umgetrieben/
aber seine Hoffnung nicht erfüllet gesehen hat. 2. Caspar Cortesius umbs Jahr C. 1500. hat nicht gefunden was er gesucht hat/ sondern etwas anders. Er kam wieder nach Haus/ und segelte im
folgenden Jahre/ in Hoffnung/ daß es besser glücken solte/ wieder
dahin/ blieb aber todt/ und sein Bruder 3. Michaël Cortesius folgete ihm bald nach. 4. Sebastianus Gaboctus ein Venediger/
suchete im Jahr C. 1506. einen Weg durchs Norden/ auff Befehl
Heinrichs des Siebenden/ Königs von Engeland/ ist aber/ nachdem
er/ vornehmlich wegen des vielen Eises nichtes außgerichtet/ wieder
in Engeland angekommen. 5. Johannes Varasanus, hat im
Jahr C. 1524/ dieses im Kopffe gehabt/ und im Nahmen Francisci

L Kö-

I. Königes in Franckreich solches versuchet / Ist aber nachdem er bey der Cape de Britannia angelandet und außgestiegen / von den wilden Menschen / mit den Seinigen getödtet / zerstücket und aufgefressen worden. 6. Sebastianus Gomesius ein Spanier / ist im Jahr 1525. dahin gezogen / hat zwar einige Wilden bekommen / aber keinen grossen Ruhm erjaget. Diesen sein darnach die Engeländer gefolget / unter welchen 7. Hugo Willougby ein Ritter / im Jahr C. 1553. Länder unter dem 72. Grad gefunden hat / aber er selbst ist mit den seinigen / von grosser Kälte / und ander Ungemach vergangen. Im Jahr C. 1556. hat 8. Stephanus Borroveus seiner Fahrt nachgefolget / und die Inseln Galgojevia / Nova Zemla (Semla, oder Neuland) entdecket / ist aber von grosser Kälte geplaget und überwunden / hat sich recht bedacht / und ist bey Zeit wieder nach Hauß gekehret. Ihm sein auß der Englischen Nation gefolget / 9. Martinus Forbisher / der diese Fahrt im Jahr C. 1576. aber zu spät im Jahr / und hernach im Jahr C. 1577. fleissig gesuchet / aber grosser Kälte / und vieles Eises halber / wenig außgerichtet. 10. Arturus Petteus / und 11. Carolus Jackmannus / haben im Jahr C. 1580. diese Fahrt verrichtet / aber wenig außgerichtet / ausser dem / . das sie einige Oerter und Haven im Nova Zemla , besser bekand gemacht. 12. Johannes Davis / hat im Jahr 1585. das Fretum Davis entdecket / eröffnet und besegelt / aber man weiß nicht recht dessen Außgang / wie weit es gehe / und wohin es sich erstrecke. 13. Die Holländer / als vortrefflich und berühmt in der Schiffarth / haben sich auch / hier fleissig gebrauchen lassen / aber mit schlechtem Fortgang / wie ihre Reise-Beschreibungen außweisen. Ich gläube nicht / daß diese Fahrt / durch und ums Norden / nach der Sineser Land / und Ost Indien / werde entdecket oder vollenkömmlich der Welt offenbahret werden / es sey dann / daß man meinen obengesetzten guten Raht folge.

G   Das

Das 5. Capittel.
Die von den Holländern / zu vier unter-
schiedenen mahlen / nemlich im Jahr C. 1594/1595/1596/
und 1609. umsonst versuchte Seefarth / durchs Norden / nach der
Sineser Land Japan und OstIndien. Auß der Niederländischen in die Hochteutsche Sprache übersetzet.

**Kurtze Erzehlung / der ersten Schifffarth / der
Holländischen und Seeländischen Schiffe/ums Norden/ Nor-
wegen/ Moscau und Tartarey / nach den Königreichen Cathay und China / aus Gerrit de Veers Journal oder
Tagebuch gezogen.**

IM Jahr 1594. sind in den vereinigten Niederlanden auff be-
schehenes Ansuchen Balthasar Moucheron / eines zu Mid-
delburg in Seeland wohnhafftigen Kauffmans / und seiner
Compagnie/ mit Consens und Beförderung der Edlen Mög. Herren General Staaten / und Sr. Excellentz Mauritz von Nassau /
gebornen Prinzen von Uranien / als Admiralen zur See / drey
Schiffe außgerüstet / eines zu Amsterdam / eines in Seeland / und
eines zu Enckhuysen / die Gelegenheit und Gegend nach den Ländern und Königreichen Cathay und China bey Nord-Norwegen/
Moscau und Tartarey um / zu eröffnen. Auß dem Schiff von
Amsterdam ist Steurmann gewesen / Wilhelm Barentsen von
der Schelling/ Bürger derselbigen Stadt/ ein in der Kunst der Schiffarth sehr kluger berühmter und wohlerfahrner Mann / so eine
Schellinger Fischer-Jacht bey sich gehabt / ihm in seiner vorgenom-
menen Reise (im Fall / er von den andern zweyen Schiffen abkommen solte) Gesellschafft zu leisten.

Diese Schiffe sind den 5. Junii des obgemeldten Jahrs auß Te-
xel abgesegelt / und den 23. Dito mit gutem Glück zu Kilduyn in der
Moscau ankommen / von welcher Insul wir anderswo eine kurtze
Beschrei-

Beschreibung anführen wollen. Den 4. Junii maß Wilhelm Barentz der Sonnen Höhe/ des Nachts/ da die Sonne am niedrigsten war / nemlich zwischen N. N. O. und O. zum N. und befund
auff 73. Grad 25. Minuten/ des Poli Höhe. Dieses geschah ohngefehr 5. oder 6. Meilen von dem Lande Novazemla. Darauff
wendeten sie sich Ostwerts über/ und kamen nach dem sie 5. Meilen
gesegelt in einen niedrigen sich herauß ziehenden Huck oder Ecken/
die sie Langhenees hiessen. Recht an dieser Ecken nach dem O-
sten war ein grosser Haven / woselbst sie mit dem Boot ans Land
fuhren/ funden aber keine Leute. Zwischen Capo Baxo / welches
4. Meilen von Langhenees liegt/ und der West-Ecken Lomsbay waren zween Meer-Engen.

Beschreibung der Lomsbay und der ersten von Wilhelm Barentz gethanen Reise.

LOmsbay/ ist ein grosser weiter Meer-Busem/ und hat an
der West Seite einen sehr schönen Haven 6. 7. biß 8. Faden
tieff/ allda fuhren sie mit der Jacht an das Land/ und legten
daselbsten eine Brücke / von einem alten Mastbaum / den sie allda
funden. Diesen Meer-Busem hiessen sie Lomsbay/ wegen einer Art Vögel/ so sie allda in grosser Menge antraffen/ diese waren
groß von Leibe/ hatten aber so kleine Flügel / daß es zu verwundern/
wie so kleine Flügel einen so schweren Leib fort tragen könten. Sie
haben ihre Nester auff gähen Bergen/ damit sie von andern Thieren
sicher seyn/ brüten nur ein Ey auff einmal auß/ und fürchten sich
vor den Menschen so wenig/ daß wenn man schon einige auff ihrem
Nest ergreifft/ so fliegen doch die andern/ so darneben sind/ nicht davon.

Von Lomsbay segelten sie nach der Admiralitäts-Insul/ welche an der Ost Seiten nicht schön / aber weit und fern gar breit ist/
und darum ein gut Stück Weges muß vermieden werden/ und das
um so viel mehr/ weil sie sehr ungleich ist/ also daß man bey einem

Auß-

Außwurff 10. Faden/ bey dem andern aber nur 6. und bald wieder
10.11.12. Faden finden soll. Den 6. Julii / als die Sonne Nord-
lich war / kamen sie mit schönem Wetter nebenst dem schwartzen Huck/ so auff 75. Graden und 10. Minuten lieget/ und ohngefehr acht Meilen von dannen an **Wilhelms Insul** auff 75.
Grad 55. Min. Auff dieser Insul funden sie viel Treibholtz und
Walrosse / welche wunderbarliche starcke See-Ungeheur sind /
viel grösser als ein Ochse/ haben Häute fast wie die Seerobben/ mit
gar kurtzen Haaren/ ihr Maul ist gleich wie ein Löwen-Maul / sie
halten sich vielmahls auff dem Eise auff/ und man kan sie schwerlich
tödten/ es sey denn/ daß man sie im Schlagen auff den Kopff treffe.
Sie haben vier Füsse/ aber keine Ohren/ zeugen nur 1. oder 2. Jungen/
und wenn die Fischer sie nebenst ihren Jungen auff einem Stück Eiß
ertappen/ so werffen sie die Jungen erst ins Wasser/ nehmen sie in
ihre fordere Füsse und tauchen darmit auff und nieder.   Wenn sie
sich an den Schupten rächen/ oder sich zur Wehre stellen wollen/ so
werffen sie ihre Jungen weg/ und kommen mit Gewalt auff die
Schupten zu. Sie haben zwey grosse Zähne auß beyden Seiten des
Mauls herauß stehen/ ohngefehr einer halben Ellen lang/ diese werden so wehrt und theuer gehalten/ als die Elephanten Zähne oder
Elffenbein/ sonderlich in der Moskau/ Tartarey/ und sonsten da sie
bekandt seyn/ weil sie weiß/ hart und gleich/ wie das Elffenbein/
sind. Die Haare an ihrem Baart sind wie kleine Stacheln/ fast wie
die Stachel-Schweine haben. Im Jahr 1612. sind ihrer zween zu
Amsterdam und anderer Orten zu sehen gewesen/ eines alt/ daß
schon tod war/ und das ander jung/ welches noch lebete. Die Engli-
chen nennen sie Seepferde/ die Frantzosen *Uaches de mer*, die Reus-
sen/ so die beste Erkentniß davon haben/ heissen sie

Morsen.

Beschreibung eines Streits / den sie mit den Wallrossen / derer bey 200. auff dem Lande bey einander gewesen/ gehabt haben.

Den 9. Julii liessen sie ein in Bärenfort unter Wilhelms Epland / auff dem Fluß / und funden allda einen weissen Bär / denn sie / weil er alsbald das Boot anfiel / durch den Leib stiessen. Der Bär aber dessen ungeachtet / erwieß eine wunderliche Krafft / dergleichen vielleicht nie erhöret worden. Denn er sprang noch auff / und schwam in das Wasser / biß das Volck in dem Boot ihm nachruderte / und ihm einen Strick an den Hals wurff / in Meynung ihn also lebendig in dem Schiffe vor ein Schauspiel mit nach Holland zu nehmen: aber sie waren zu letzt noch froh / daß sie seiner loß worden / und liessen sich mit der Haut gerne genügen. denn er machte so ein abscheulich Geheule / und erwiese solche Gewalt / daß es schwerlich zu sagen / und von den Unerfahrnen noch weniger zu glauben. Sie liessen ihn nach vieler Mühe ein wenig ruhen / und gaben ihm etwas mehr Freyheit mit dem Seil / daß sie ihm üm den Hals geworffen / schlepten ihn so von weiten nach / ihn matt zu machen / und Wilhelm Barentz zog ihn zu weilen mit der Hand etwas härtlich an. aber der Bär schwamm an das Boot / und schlug mit seinen Pfoten oder Tatzen hinten darein / und kam offtermahls so gewaltig an / daß er schon mit dem halben Leibe in dem Boot war / wodurch das Volck darinn so erschrack / daß sie vom Hintertheil des Boots nach dem forder Theil flohen / nicht anders vermeinend / sie würden alle üms Leben kommen. sie wurden aber durch eine sonderbare Begebniß erlöset / in dem der Strick / den der Bär üm den Halß hatte / an den Ring / darin das Steuerholtz war / sich fest anhieng / als daß er nicht weiter fortkommen konte. Da er nun dergestalt in Ohnmacht lag / erkühnet sich einer von den Bootsleuten / und stach ihn mit einer halben Lantze / daß er von dem Boot wieder ins Wasser fiel / ruderten also mit ihm nach dem Schiff zu / und schlepten ihn so lange nach / biß er gantz Krafftloß vollends tod ge-

schla-

geschlagen / abgestreifft / und seine Haut mit nach Amsterdam genommen ward.

Beschreibung eines sehr starcken
Bärs.

En 30. Julii sind sie an die Creutz-Insul kommen / die also
von zweyen grossen darauff stehenden Creutzen genennet
worden/ und da sie bey zwo grosser Meilen von dem Lande
lagen/ welches gantz unfruchtbar und voller Klippen / und erstrecket sich gegen Ost und West ohngefehr eine halbe Meile/ mit einem
Bach an iedweder Ende. Ohngefehr 8. Meilen von dannen/ lieget
die Nassauische Ecke oder Huck auff 76. Grad/ so eine niedrige und ebene Ecke ist/ vor der man sich lange hüten muß. denn da war
7. Faden trocken. sehr fern von dem Lande von dieser Ecke segelten
sie O. zum S. und O.S.O. fünff Meilen / und da deuchte ihnen/
als wenn sie Land vor sich sähen/ gegen N. O. zum O. darnach sie
zusegelten/ der Meinung/ daß es ein ander Land das Nordwerts von
Nova Zembla läge/ wäre. es begunte aber so starck zu wehen/ daß sie
alsbald alle Segel einziehen musten/ und die See gieng so hohl/ daß
sie 16. Stunden lang ohne Segel trieben. des folgenden Tages
ward durch ein grosses See-Wasser (oder Wolckenbruch) ihr Ru-
der-Jacht in den Grund geschlagen/ also daß sie es verlöhren/ und
noch lange ohne Segel trieben/ biß daß sie mit der S. W. Sonne
nahe an das Land Nova Zembla kamen. Den 13. Julii traffen sie eine
grosse Menge Eiß an / so viel als man auß dem Mastkorb übersehen kunte. den 14. dieses segelten sie/ biß zu der Höhe am 77½ Grad/
und kamen wieder an ein gantz Feld voll Eiß / so groß / daß man es
nicht übersehen konte. den 19. Dito kamen sie wieder nahe an das
Land Nova Zembla bey dem vorgemelten Capo de Nassau / und den
26. an den Capo des Trostes. Den 29. befunden sie sich auff 77.
Graden. damahls lag die allernordlichste Ecke von Nova Zembla ge-
nannt Eißhuck rechs Ostwerts vor ihnen. Daselbst funden sie
etliche

etliche kleine Steine die glänßeten als Gold/ und hieſſen ſie dahero
Goldſteinlein. Den 31. lavierten ſie zwiſchen dem Lande und dem
Eiſe mit lieblichen ſtillen Wetter/ und kamen an die Uranien
Inſulen/ bey deren einer ſie wol 200. Wallroſſe antraffen/ die
an der Sonne in dem Sande lagen/und ſich wärmeten. Die Schiffleute gedachten/daß dieſe Thiere ſich auff den Lande nicht würden
wehren können/ giengen derhalben hin mit ihnen zu fechten/ daß ſie
ihre Zähne bekommen möchten. Aber ſie ſchlugen alle ihre Bielle/See-
bel/ und Spieſſe an ihnen entzwey/ ohne daß ſie einen einigen davon
tödteten/ auſſer daß ſie einem einen Zahn außſchlugen/ den ſie mit
nahmen; Weil ſie nun ſahen/ daß ſie mit dem Fechten nichts gewin-
nen könten/ ſo beſchloſſen ſie nach dem Schiff zu fahren/ und grob
Geſchütze zu hohlen; es fieng aber ſo hefftig an zu wehen/ und das
Eiß in groſſe Stücken zu brechen / daß ſie es unterlaſſen muſten.
Zur ſelbigen Zeit funden ſie auch einen groſſen Bär ſchlaffen/ und
ſchoſſen ihn in die Haut. Er lieff aber noch darvon/ und begab ſich
ins Waſſer/ das Volck aber ruderte ihm mit der Jacht nach/ ſchlugen ihn tod/ und ſchlepten ihn auff das Eiß/ woſelbſt ſie ihn mit einer halben Lantze feſte machten/ in Meinung ihn hernach zu hohlen/
weil es aber ie länger ie ſtärcker zu wehen / und das Eiß zu brechen
begunte/ ſo haben ſie nichts darvon bekommen.

Nachdem nun Wilhelm Barentz mit ietzt erzehlten Begebenhei-
ten zu den Uranien Inſulen kommen war/und nach aller ange-
wandten Mühe und Arbeit vermerckte/ daß ſie allda ſchwerlich
würden durchkommen/ ihre vorgenommene Reiſe zu vollführen/ o-
der weiter hin Land zu entdecken/ das Volck auch verdrüſſig zu werden verharrete/ ſo ward für gut angeſehen/ daß ſie wieder ümkehre-
ten/ um zu den andern Schiffen / die nach der Weygats oder
Straſſe von Naſſau ihren Lauff genommen hatten / zu kommen/
und von ihnen zuvernehmen/ was ſie allda für Oeffnung angetroffen hätten.

Haben demnach den 1. Auguſti ihren Lauff wieder zu rücke ge-
wandt.

wandt und sind den **Eißhuck**/ *Capo des* **Trostes** / *Capo de Nassau*,
und andere Ecken mehr vorbey/uñ den 8. dieses an eine niedrige kleine
Insul/ so eine halbe Meile vom Lande gelegen kommen / welche sie
die **schwartze Insul** weil sie oben schwartz anzusehen war / genennet. Daselbst fand Wilhelm Barentz die Höhe des Poli auff
7.½. Grad/ und allda war ein grosser Meer-Busen / welchen Wilhelm Barentz vermuthete den Ort zu seyn / woselbst **Olivier
Bentel**/ vormals gewesen/ und ihn Constintsarch genennet hatte;
Drey Meilen von der **Schwartzen Insul** / funden sie noch
eine andere schlechte Ecke oder Huck / worauff ein Creutz stund / und
nenneten sie daher die Creutz Ecke. Von dannen segelten sie langs
den Strand vier Meilen/ und kamen an eine andere schlechte Hueck
oder Ecke/ hinter welcher ein grosser Meerbusen war / die nenneten
sie die fünffte oder **Lorentz Ecke**. Drey Meilen weiter lieget der **Schanshuck** mit einer langen schwartzen Klippe hart an
dem Lande/ darauff auch ein Creutz stehet. Allhier fuhren sie mit dem
Boot ans Land/ und vernahmen/ daß Leute alldar gewesen/ die ihrentwegen geflohen/ denn sie funden allda sechs Säcke mit Roggen-
Mehl vergraben/ und einen Steinhauffen bey dem Creutze. Einen
Stücken-Schuß von dannen stund noch ein Creutz/ mit dreyen von
Holtz und auff die Nordische Weise gemachten Häusern. In den
Häusern funden sie viel Tonnen-Gefässe / darauß sie vermutheten/
daß allda ein Lachsfang seyn muste. Daselbst stunden auch fünff o-
der sechs Särge bey den Gräbern über der Erden/ und waren mit
Steinen außgefüllet. Dieses war ein schöner Haven für alle Win-
de/ den nenneten sie den Mehl-Haven/ um des Mehls willen/ daß
sie allda funden. Zwischen den Mehlhaven und den **Schanshuck**/ liegt St. Lorentz Meerbusen/ der sehr schön vor N. O. und
N. W. Wind ist. Allhier nahmen sie die Höhe der Sonnen auff
70⅔ Grad. Den 12. Augusti kamen sie bey zwo kleine Insulen / deren euserste eine Meile von dem Lande lag / diese hiessen sie **St.
Clara**. Den 15. dieses um S. W. Sonne hat Wilhelm Barentz
des

des Poli Höhe auff 69. Grad 15. Minuten gemessen. Dazumahl giengen sie noch 2. Meilen Ostwerts / und kamen an die Insulen **Matfloe** und **Delgoy** / allda sie des Morgens ihre Gesellschafft der andern Schiffe von Seeland und Enckhupsen antraffen / welche desselbigen Tages von **Weygats** kommen waren / und vermeineten / daß Wilhelm Barents rings herum um **Nova Zembla** / gesegelt / und also durch **Weygats** wieder zurücke kommen wäre. Wie sie zusammen kamen / bezeigeten sie mit Ehren-Schüssen / und andern Zeichen ihre Freude / und erzehleten einer dem andern / wo sie allerseits gewesen / und was ein jeder für Oerter besegelt und entdecket hätte.

Wie solches geschehen / haben sie ihren Lauff wieder nach Hause gewendet und kam Wilhelm Barents mit seiner Jacht den 16. Septembris vor Amsterdam wieder an / und brachte ein Walroß mit / von wunderbarlicher Gestalt / welches sie auff einem Stück Eiß gefangen und getödtet hatten.

Das 6. Capittel.

Die andere Fahrt / A. 1595. gethan.

Kurtze Erzehlung / der andern Schifffarth / welche durch die Holl- und Seeländischen Schiffe / Anno 1595. hinter Norwegen / Moscau und Tartarey um / nach Cathay und China / vorgenommen worden. Aus gemeldten Gerrits de Veer Journal oder Tagebuch außgezogen.

Nachdem nun vorgemeldte drey Schiffe den Herbst wieder nach Hause kommen waren / so war gute Hoffnung / daß man durch Weygats die gedachte Reise würde thun können / und dieses meistentheils auß der Erzehlung des Seeländischen und Enckhupsischen Schiffs / darauff Johann Hrygen von Linschotten Commissarius gewesen war / welcher die Sache ziemlich

H   groß

groß vorgestellet hatte / also daß bey den Edlen Mög. Herrn General Staaten / und Seiner Printzlichen Excell. beschlossen ward / gegen das Vorjahr wiederum einige Schiffe außzurüsten / nicht allein / als wie zuvor die Fahrt zu eröffnen und zu erkundigen / sondern auch einige Waaren und Kauffmannschafften dahin zu senden / frey lassend / daß die Kaufleute solche Güter als ihnen gutdeuchte / einschiffen möchten / nebenst einigen Comissarien / dieselbigen an den Ort da sie hinkämen / zu verhandeln / und dieses alles Fracht- und Zollfrey.

Petrus Plancius / ein berühmter Cosmographus oder Welt-Beschreiber ist auch ein fürnehmer Gleitsmann und Beförderer dieser Schiffarth gewesen / welcher die *principale* Ordre der Coursen angeordnet gehabt / wie auch die Gegend und das Lager der Länder / Tartarey / Cathay und China. Was aber davon zu urtheilen sey / ist noch unbekand / weil die drey dahin gethane Züge / keinen gewünschten Außschlag erreichet / auch nicht völlig die von ihm angestelte Coursen nachgefolget worden / und solches wegen einiger vorgefallenen *inconvenientien* die wegen Kürtze der Zeit nicht verbessert werden können.

So sind nun im Jahr 1595. wegen der General Staaten der vereinigten Niederlanden und Sr. Excell. sieben Schiffe außgerüstet worden / durch Weygats oder der Strasse von Nassau / nach den Königreichen Cathay und China zu segeln. Zwey zu Amsterdam / zwey in Seeland / zwey zu Enckhuysen / und eines zu Rotterdam. Sechs mit allerley Kauffmannschafft und Geld geladen / nebenst Commissarien darbey die Kauffmannschafft zu treiben / und das siebende eine Jacht / die Befehl hatte / wenn die andern Schiffe um den Capo de Tabin (welches vor die euserste Ecken der Tartarey gehalten ward) seyn würden / oder ja so weit / daß sie Südwers möchten gehen können / und kein Ubels noch Verhinderung von dem Eise mehr zubefürchten haben würden / alsdenn wieder umzukehren / und die Zeitung davon zu bringen. Auff dem grossen Schiffe von Amsterdam war Schiffer und Steuermann / vorgemeldter Wilhelm Barents / und hatte zum Commissarlo bey ſich Jacob von Heemskerck/ der ohngefähr 12. Jahr hernach / nemlich Anno 1607. in der gewaltigen Seeſchlacht binnen der Bay/ und unter dem Geſchütz des Caſtels Gibraltar / dem gemeinem Vaterlande und ihm ſelber einen unſterblichen Namen erworben hat. Mit dieſem Schiff fuhr auch Gerrit de Veer / auß deſſen Journalen / wir dieſen und den nachfolgenden dritten Zug kürtzlich genommen/ und extrahiret haben.

Den andern Julii mit Auffgang der Sonnen/ ſind ſie auß Texel geſegelt/ und bekamen den 14. dieſes Norwegen ins Geſichte. Den 22. S. S. W. Sonn ſahen ſie einen groſſen Wallfiſch gleich vor des Schiffs vorder Theil ſchlaffen/ welcher durch das Gereaſche des ankommenden Schiffs / und des Volcks Geſchrey erwachte/ und alſo entſchwommen iſt / ſonſten hätten ſie ihm auff den Leib ſegeln müſſen. Den 4. Auguſti / als unſer ViceAdmiral ein wenig vorauß gieng/ ſtieß er an eine Klippe/ kam aber durch Arbeit leichtlich wieder davon. Als wir ſolches gewahr wurden / haben wir uns weiter gewendet. Den 6. dieſes ſtieſſen wir und der Vice-Admiral an einander/ und machten einander ſehr redloß. Den 7. begegnete uns ein Enckhuyſiſch Schiff/ daß auß der weiſſen See kam. Den 14. ward die Höhe des Poli befunden/ 70. Grad 47. Minuten/ und den 28. ſahen wir zwo Inſulen/ welchen die Enckhuyſer den Namen Sr. Excell. und deſſen Brudern Graff Heinrich gaben/ ſahen auch gegen der Weſt Sonn denſelbigen Log Weygats O. N. O. bey fünff Meilen davon liegen. Von den 70. Graden biß an Weygats ſegelten ſie meiſtentheils durch gebrochen Eiß/ und das rechte Loch durch den Bild-oder Abgotts-Huck/ und der Samojeden Land war deſſen ſo voll/ daß unmüglich war dadurch zu kommen/ darum ſie auff den Fluß eingelauffen ſind / in den Haven ſo ſie den Thrans-Haven oder Traenbay hieſſen/ weil ſie allda viel Traen funden. Dieſer iſt ein guter Haven für den Eißgang/ meiſtentheils vor allen Winden beſchützet / und mag man ſo weit

H ij   als

als man wil darinn segeln / hat 54. und 3. Faden guten Stichgrund /
iedoch ist bey dem Ost-Strand das tieffste Wasser

Den 25. Augusti zogen sie auff das Land bey Weygats mit 54.
Personen / deſſen Gelegenheit sich zu erkundigen. Wie sie zwo Meilen ins Land kommen / haben sie unterschiedliche Oerter mit Fellwerck / Traen / und dergleichen Waaren / und Hanßgeräth gefunden / dadurch sie vermutheten / daß Leute in der Gegend wohnen musten / oder ja zu handeln dahin kommen. Dieses war ûm so viel mehr
abzunehmen / an den vielen Bildern die wir allda auff den also von
ihnen genanten Bildhuck in grosser Menge antraffen. Wie sie etwas weiter in das Land hinein kommen / haben sie alle Mittel einige
Häuser und Leute zu finden angewendet / von denen sie möchten
Nachricht bekommen / von der Seefahrt in dieser Gegend / haben a-
ber weder Leute noch Haus gefunden / deßhalben sie zu mehrer Unterricht mit etlichen ihren Leuten noch weiter S. Ost nach dem See-
User sich wendeten. Wie sie nun also fortzogen / haben sie einen ge-
bahnten Weg im Moß oder Morast angetroffen / bey einem halben
Knie tieff / denn wann sie so tieff hinein traten / funden sie harten
Grund / an einigen Orten / war es nur Schuchs tieff. Als
sie darüber kommen / haben sie sich sehr erfreuet / weil sie ihrer Meinung nach die Oeffnung sahen / und so wenig Eiß / daß sie wol dadurch zu kommen / gedachten. Dieses haben sie / da sie des Abends
wieder ins Schiff kamen / zur neuen Zeitung mit gebracht ; Der
Schiffer hatte ingleichen eine Ruder-Jagt außgesandt / die Tartarische See / ob sie offen wäre / zu erkundigen / sie konten aber in die
See wegen des Eises nicht kommen / fuhren derhalben an den
Creutzhuck an / liessen die Jacht daselbst liegen / und liessen über
Land nach den Zwisthuck / woselbst sie sahen / daß das Eiß von
der Tartarischen See an die Küsten von Rußland und Weygats in dem Huck sich häuffig gesetzet hatte.

Den 23. Dito haben sie ein Lodgie oder Schiff von Pitzore
angetroffen / die von Bast zusammen genähet / und gegen Norden
gewe-

gewesen war/ allda einige Wallroß-Zähne/ Thran/ und Gänse
zu hohlen/ welche sie einhatten zur Ladung der Schiffe/ die auß Rußland durch die Weygats kommen solten/ diese sagten/ da wir sie an-
redeten/ daß dieselbigen Schiffe kommen würden in die Tartarische See den Fluß **Oby** vorbey zu segeln/ nach einen Ort in der
Tartarey Ugolita genand / allda zu überwintern/ immassen
sie alle Jahr zu thun pflegten. Sie sagten weiter/ es würden noch
9. oder 10. Wochen vorbeylauffen/ ehe das Loch zufröre/ wenn es
ab er zugefroren wäre/ so könte man über das Eiß und die See/die sie
Marmare hiessen/ biß in Tartareyen lauffen. Den 25. Augusti sind
die Holländer wieder nach der **Lodgis** gangen/und haben freundlich mit den Russen sich unterredet/ derer Freundschafft sie auch ver-
spüreten/ denn sie gaben ihnen alsbald bey ihrer Ankunfft acht fette
Gänse/ derer sie sehr viel in ihrer **Lodgie** liegen hatten. Die unserigen baten sie/ daß einer oder zween von ihnen mit in das Schiff fahren wolten/ wohin sie auch alsbald biß in sieben Personen sehr frölich
mit gefahren. Da sie in das Schiff kamen/ verwunderten sie sich
sehr über dessen Grösse und gute Außrüstung / und nach dem sie es
von vornen biß hinten wohl besehen/ haben die unserigen ihnen zu es-
sen/ Fleisch/ Butter und Käß vorgesetzet. Sie haben aber sich dessen
geweigert/weil dieser Tag/ihrer sage nach/ein Fast-Tag wäre. Da sie
aber zu letzt Peckelhering sahen/ brachen sie die Fasten haben darvon
Kopff und Schwantz aufgegessen/und ihn von oben an angebissen.
Wie sie gessen/ist ihnen von den Unserigen noch ein Fäßlein voll Hering
verehret worden/ dafür sie den unserigen grossen Danck sagten/ nicht
wissend/ was sie ihnen hingegen für Freundschafft erweisen solten.
Und wurden also wieder nach der **Thranbey** mit der Jacht übergesetzet. Den 31. Augusti fuhr **Wilhelm Barents** an der
Süder-Seite der **Weygats** an das feste Land/ wosell " sie einige
wilde Leute/ Samoieden genannt/ angetroffen/ welche doch nicht
allzu wild/ sintemahl 20. derselbigen mit neun der unserigen sich in
ein Gespräch eingelassen. Es war sehr neblich Wetter/ also daß sie

D iij   sonder

sonder Zweifel keine Leute vermutheten/ und die unserigen sahen sie
in zween Hauffen fünff und fünff bey einander getheilet/ und kamen
sehr nahe an sie/ ehe sie sie gewahr wurden. Unser Dolmetscher gieng
vorauß/ mit sie zu reden/ da sie daß sahen/ sandten sie auch einen
Mann vorher/ welcher/ da er zu unsern Mann kommen/ einen Pfeil
auß seinem Köcher zog/ und drohete ihn zu schiessen/ wofür der Dol-
metscher/ so kein Gewehr bey sich hatte/ erschrack/ und rieff in russischer Sprache/ schiesset nicht/ wir sind Freunde. Wie der ander das
hörete/ warff er seinen Pfeil und Bogen zur Erden/ und gab damit
zu verstehen/ daß er wohl mit unserm Dolmetscher in ein Gespräch
sich einzulassen begerte/ da nun derselbige zum andernmal sagte/ wir
sind Freunde/ hat der Wilde geantwortet/ so seyd denn willkom-
men/ grüsseten darauff einander/ und beugeten beyde nach Russischer
Art ihre Häupter nieder biß auff die Erde. Darauf hat ihn der Dol-
metsch gefraget üm die Gelegenheit des Landes und der See gegen
Osten durch Weygats/ davon sie ihm gute Nachricht gege-
ben/ und gesaget/ wenn man einen Huck vorbey käme/ ohngefehr
fünff Tage Reisen/ (und weiseten nach N.O.) so wäre eine grosse
See oder Meer/ S.O. wärts un daß sie dieselbige sehr wohl wüsten/
weil einer von ihnen mit einer Parthey Volcks/ darüber er Oberster/
ihres Königes halben daselbst gewesen wäre.

Beschreibung der Samojeden/ ihrer Kleidung/ und wie sie von Rennthieren geführet werden.

Je Gestalt ihrer Kleider ist/ wie man bey uns die wilden
Leute abmalet/ sie sind aber gleichwol nicht so wild/ sondern
Leute von gutem Verstande. Sie sind gekleidet in Felle von
Rennthieren/ vom Haupte an biß auff die Füsse/ außgenommen die
Vornehmsten/ welche ihr Haupt mit gefärbten Laken oder Tuch
mit Rauchwerck gefüttert/ bedecken. Die andern tragen alle Mützen von Rennthierfellen/ das Rauche herauß gekehret/ die dicht an
das Haupt gefügt sind/ und gar wohl passen. Sie tragen lang Haar
in

in einen Zopff geflochten/ welcher über ihre Kleider auff dem Rücken
herab hanget. Sind meistentheils kurtz von Statur/ haben breite
flache Gesichter/ kleine Augen/ kurtze Beine. ihre Knie stehen auß-
werts/ und sind sehr geschwind im Lauffen und Springen. Andern
Völckern trauen sie nicht viel; welches daher zu sehen. Als die unserigen (die ihnen doch alle Ehre und Freundschafft erwiesen hatten)
den ersten Sept. zum andernmal ans Land kamen/ und von ihnen
einen Bogen zu besehen begehreten/ wegerten sie sich dessen/ und gaben ein Zeichen/ daß sie sich keines Weges darzu verstehen wolten.
Der jenige/ den sie ihren König hiessen/ hatte Schildwache außge-
setzet/ welche auff daß was vorgieng / und gekaufft oder verkaufft
ward/ Achtung geben muste. Einer von den unserigen trat etwas
näher zu ihm zu/ und erwiese ihm nach der bey ihnen gebräuchlichen
Weise Freundschafft/ und gab ihm einen Zweyback/ welchen er mit
grosser Ehrerbietung annahm/ und alsbald aufaß/ nahm aber unter dem Essen/ wie vor als nach/ alles gar scharf und genau was vor-
gierig/ in acht. Ihre Schlitten stunden allezeit fertig mit einem o-
der zwey Rennthieren bespannet / welche mit einem Mann oder
zween dergestalt geschwinde lauffen können/ daß keines von unsern
Pferden es ihnen gleich außhalten könte. Einer von den unserigen
schoß mit einer Musqueten gegen die See/ darüber sie so sehr erschra-
cken/ daß sie wie unsinnige Menschen lieffen und sprungen/ gaben
sich jedoch wieder zu frieden/ als sie sahen/ daß es auß keiner bösen
Meinung oder Boßheit geschehen. Die unserigen liessen ihnen durch
ihren Dolmetscher sagen / sie gebrauchten die Büchsen an statt der
Bogen/ und ihnen ferner sehen zu lassen/ was man für Gewalt damit thun könte / so hat einer von den unserigen einen Stein einer halben Hand breit groß eine ziemliche weite von sich auf einen
Berg gestellet; und wie sie wohl sahen/ daß es was zu bedeuten hätte/
sind sie rings in einem Kreiß bey 50. oder 60. an der Zahl/ und etwas
bey seits getreten. Darauff schoß der/ so die Büchse hatte/ nach dem
Stein/ und traf ihn dergestalt/ daß er in Stücken sprang/ darüber
sie

sie sich noch mehr als zuvor verwunderten. Darnach nahmen wir
unsern Abschied beyderseits mit grosser Ehrerbietung vor einander
und wie wir in unserer Jacht waren/ nahmen wir noch einmal unsere
Mützen ab/und liessen ihnen zu Ehren die Trompeten klingen.Eben-
mässig erzeigeten sie uns nach ihrer Weise alle Ehrerbietung und
Freundschaft/und begaben sich darauf nach ihren Schlitten.

Nach dem sie von uns geschieden/ und etwas Landwerts einkommen waren/ kam einer von ihnen an den Strand geritten/ein gröblich außgeschnitztes Bild abzuholen/ welches die unserigen von dem
Strande mit genommen/ und in die Jacht geleget hatten. Wie er
nun in die Jacht kommen/ und das Bild gesehen/ hat er den unserigen ein Zeichen gegeben/ daß sie übel daran gethan/ daß sie das Bild
mit genommen hätten. Wie die unsern solches vermercket, haben sie
ihm das Bild wieder gegeben/ welches er auf einem Berg nahe an
dem Ufer setzete / und sandte einen Schlitten dahin / und
ließ es abholen. So viel die unserigen verspüren konten/ hielten sie
solche Bilder für ihre Götter / denn auf Weygats-Huck/
den die unserigen den Bildhuck hiessen/ funden sie etliche Hundert
solcher gar gröblich geschnitzten Bilder/ die oben etwas rund/ und
daran in der mitten ein Hüglein/ an Statt der Nase gelassen. über
der Nase waren zween Schnitte / an Statt der Augen/ und unter
der Nasen ein Schnitt / an Statt des Mundes. Sie funden auch
vor den Bildern viel Asche und Beine von Rennthieren/ worauß zu
schliessen/ daß die Einwohner daselbst ihre Opfer gethan hatten.

Beschreibung/wie ein grausamer Bär zween von ihren Leuten erbärmlich verletzet.

Den dritten Septembris des Morgens/ohngefehr zwo Stunden vor der Sonnen Aufgang/ haben sie die Segel aufgezo-
gen/ und kamen mit der Sonnen Aufgang ohngefehr eine
Meile gegen Osten des Zwisthucks/ und segelten Nordwerts
biß zu der Suder Sonn/ bey sechs Meilen. sie musten sich aber
wegen

wegen des vielen Eises/ und unbeständigen Windes/wie auch wegen des dicken Nebels offtmahls wenden/und kamen zuletzt auff der
Ost Seite der **Staten-Insul**/ bey einem Musqueten Schus
weit von dem Lande. Auff diese Insul giengen sie je zuweilen Ha-
sen zu schiessen/ die alle in grosser Menge verhanden waren. Den
6. Septembris des Morgens sind etliche Bootsgesellen an das feste Land gegangen/Steine/ so eine Art der Diamanten und auff der
Staten-Insul/auch sehr viel zu finden sind/ zu suchen. Unter
dem suchen dieser Steine/hat sich zugetragen/ daß als zween Bootsgesellen bey ein ander lagen/ ein weisser magerer Bähr listiglich an-
geschlichen kommen/und den einen bey den Nacken angefasset. Dieser
unwissend was es war/ rieff wer greifft mich hinten so an? Sein Ge-
sell der bey ihm in der Grube lag/ richtete sich auff zu sehen/ wer es
seyn möchte/und als er sahe daß es ein Bähr war/ rieffer/ O Gesell/
es ist ein Bähr/stund darauff geschwind auff/ und lieff/ so gut er
kunte/davon. Der Bähr biß dem andern alsofort das Haupt ent-
zwey/ und saugete das Blut daraus. Die andern/so auch auß dem
Lande waren/ lieffen bey 20. starck eilig hinzu/ den Mann zu erlö-
sen/oder zum wenigsten dem Bähr den Todten Cörper abzujagen.
Wie sie aber mit ihren Röhren und Spiessen fertig zu dem Bähr
kamen/der noch bey dem todten Leichnam stund und davon aß/ist er
sehr grausam und unerschrocken auff sie zugelauffen/ und hat noch
einen Mann von ihnen weggerissen und verletzet/ darüber die andern alle die Flucht genommen. Als die auff dem Schiffe sahen/
daß ihr Volck nach dem Ufer zu flohen/ sind sie in aller eile in die
Schuyten gefallen/und nach den Ufer ihr Volck zu entsetzen/ gerudert. Wie sie an das Land kommen haben sie das erbärmliche
Schauspiel ihrer Leute gesehen/und sprachen derhalben ein ander einen Muht zu/daß sie gesamter Hand wieder den Bähre mit Röhren/
Sebeln/ und Lantzen angehen und niemand weichen solte. Dieses aber wolten sie alle so nicht verstehen. Deñ etliche sagten/ unsere
Bootsgesellen sind doch alle Todt/ wir wollen den Bähr doch wol
krie-

J

kriegen/wenn wir uns gleich in so offenbahre Gefahr nicht begeben. Könten wir unsern Gesellen das Leben retten/so möchten wir wohl eilen/aber nun ist nicht zu eilen / denn wir müssen ihn gewiß fassen/ und das zu mehrer unserer Sicherheit / denn wir haben mit einem grausamen / grimmigen und reissenden Thiere zu schaffen. Da giengen drey von den Bootsleuten etwas voraus/ der Bähr aber fuhr fort die Leiber zu fressen/und fragte nichts nach ihren Hauffen/ ob ihrer gleich bey 30. waren. Gemeldte drey waren Cornelius Jacobs/Wilhelm Barents der Schiffer / Wilhelm Gysen/ der Steuermann von der Jacht/und der 4. Hans von Uffelen / Wilhelm Barents Schreiber. Als nun der Schiffer und der Steuermann drey mahl geschossen und nichts ausgerichtet hatten/ ist der Schreiber noch etwas besser vorausgetreten/und als er den Bähr mit dem Rohr zu erlangen gedachte/ hat er angeleget/und ihn durch den Kopff bey den Ohren geschossen; der Bähr aber hielt den Mann noch immer bey dem Nacken/ und hub seinen Kopff sampt dem Mann in die höhe/begunte aber etwas zu daumlen. Darüber schlugen der Schreiber und ein Schotte ihn dergestalt mit ihren Seebeln über den Leib/ daß sie in Stücken zersprungen/er wolte aber gleichwohl die Leiber nicht verlassen. Endlich ist Wilhelm Gyse hinzugelauffen und hat mit seinem Rohr den Bähren über die Schnautze geschlagen/davon fiel er erst zur Erden/und Wilhelm sprang ihn auff den Leib / und schneid ihm die Kehle ab. Darnach haben sie die todten Leiber auff der Staten Insul begraben/ dem Bähren die Haut abgezogen/und mit nach Amsterdam gebracht.

Den 9. Septembris sind sie von der Staten=Insul zu Segel gangen/ aber das Eiß kam so häuffig und gewaltig an/daß sie nicht durch kommen konten/ sondern gegen Abend wieder dahin umbkehren musten/wo sie des Morgends abgefahren waren/ und segelte der Admiral und die Jacht auff die Klippen/ kamen aber ohne Schaden noch wieder davon ab. Den 11. dieses segelten sie wie-

wieder in die **Tartariſche See** / geriethen aber anderwerts
wieder in viel Eiß / alſo daß ſie wiederumb nach die **Weygats**
ſegelten / und ſich bey den Kreutzhuck ſetzeten. Den 14. begunte ſich
das Wetter zu beſſern / der Wind lieff gegen N. W. und der
Strom kam ſtarck aus der Tartariſchen See gelauffen. Deſſelbigen
Tages fuhren ſie an der andern Seite der **Weygats** nach dem feſten Lande / die Tieffe des Canals zu erforſchen / und fuhren gantz in
die Bucht hinter der **Inſul** mit dem **Schwantz** / da ſie ein
kleines von Holtz gebauetes Hauß / und einen groſſen Waſſerlauff
funden. Des Morgends zogen ſie die Ancker und die Stränge
auff / in Meynung / noch einmahl zuverſuchen ihre Reiſe fort zu ſetzen / aber der Admiral ſo anders geſinnet war / blieb liegen. Den
15. kam das Eiß abermahl an der Oſt Seiten **Weygats** angetrieben / alſo daß ſie von Stund an die Ancker auffzuziehen gezwungen worden / und ſeind noch deſſelben Tages zur Weſt Seiten **Weygats** mit der gantzen Flotte nach Hauſe / außge-
ſegelt. Den 30. dieſes kamen ſie in die Inſul **Warohnys** / davon wir an einem andern Ort weitläufftiger ſchreiben wollen /
und lagen allda biß den 10. Octobris / an welchem Tage ſie wieder
zu Segel giengen / und ſind den 18. Novembris in der **Maſe** ankommen / nach dem ſie vier Monat und ſechszehen Tage aus-
geweſen.

Das 7. Capittel.

Die dritte Fahrt / A. 1596. verrichtet.

Kurtze Erzehlung / der dritten und allerwun-
derbahreſten und ſeltzamſten / ja zuvor niemahls erhör-
ten / durch den vorgedachten **Wilhelm Barents** hinter Norwegen / Moſcovien / und Tartarey umb / nach Cathay und
China gethanen Schiffart / im Namen und von wegen E. E.
Rahts der berühmten Stadt Amſterdam / im Jahr 1596.
gleichfals aus deß vorgemeldten **Gerrits de Veer** Journal
oder Tagebuch extrahiret und außgezogen.

J ij

Nach

Nachdem nun vorerzehlter massen die Schiffe von der Nor-
berreise wiederumb nach Hause kommen waren / aber
nicht mit solcher Freude als man wohl gehoffet hatte / so ist
von denen Edl. Mog. Herren Gen. S. alles wohl unterjuchet / und
die Sache in Berahtschlagung gezogen worden / ob man noch zum
dritten mahle von des Landeswegen einige Außrüstung thun solte /
dieselbige vorgenommene Reise / wenn es müglich were / zu einen
guten und gewünschten Ende zu bringen. Es ist aber solches nach
langer und reiffer Berahtschlagung bey gemelten Herren abgestim-
met und beyseits gesetzet worden. Jedoch so noch einige / Städte
oder Rauffleute weren / welche auff ihre eigene Unkosten dieses weiter
versuchen wolten / denen wolten sie dafern die Reise wohl vollbracht /
und zusehen seyn würde / daß man die passagie bejeglen möchte / gerne von des Landes wegen / eine gute Verehrung / worzu sie eine merckliche Summa Geldes benandten / thun. Hierüber sind von
E. E. Raht der weitberühmten Handels-Stadt Amsterdam
im anfang des 1596. Jahrs zwey Schiffe außgerüstet / darauf das
Schiffvolck auf zweyerley Conditiones angenommen worden /
nemlich / was sie haben solten / wenn sie unverrichteter Sache wieder
kämen / und hingegen / was sie haben solten / wenn sie die Reise voll-
bráchten / und versprachen sie ihnen in solchem Fall einen Muht
zu machen / eine merckliche Belohnung / und nahmen so viel unver-
bundene Personen darzu / als sie immer kunten / damit selbige nicht
durch verlangen zu Weib und Kindern verzaget / oder von der Reise abgezogen würden. Auf diese Bedingungen sind die zween
Schiffe im anfang des Mäyen des obgemeldten Jahrs segelfertig
gewesen. Auf dem einem war Schiffer und Commissarius der Rauf-
mannschafften der vorhergedachte Jacob von Heemskerck
Henrichs Sohn / und Wilhelm Barents Ober-
Steuermann. Auff dem andern Cornelius Ryp / Schiffer
und

und Commiſſarius über die Wahren/die von den Kaufſleuten darein geſchiffet und geladen waren.

Beſchreibung der Wunder-Zeichen/die ſie an
dem Himmel geſehen.

DEn andern dito ſahen ſie gegen S. S. O. ein ſehr wunderbahr Zeichen an dem Himmel/den an jedweder Seiten der
Sonne erſchien noch eine Sonne/und zween Regenbogen die
lieſſen durch alle drey Sonnen hin/ und darüber waren noch zween
Regenbogen/der eine weiß ringsher umb ümb die Sonne/die ander
zween durch das groſſe Rund. dieſes groſſe Rund ſtund an der untern
Seiten über den Horizont 28. grad erhoben/des Mittags/ da die
Sonne am höchſten war/ befand man vermittelſt des Aſtrolabij,
daß ſie auff der Höhe von 71. graden waren.

Johann Cornelis Schiff hielt oder wendete den Lauff
von Wilhelm Barents/und kam nicht zu ihm ab. dieſer aber
gieng den andern einen Streich entgegen N. O. an/ denn ihm
deuchtete/ er wäre allzuweit Weſtwert/ wie auch hernachmahls erſchien. Wie ſie nun des Abends zuſammen kamen/ ſagte ihm
Wilhelm Barents/ daß ſie noch beſſer gegen Oſten angehen
müßten/weil ſie zu weit Weſtwerts kommen weren. Aber der
Steuermann Johann Cornelis gab zur Antwort/ daß ſie
nicht in dem Meerbuſen der Weygats zu ſeyn begehrten. Ihr lauff
war N. O. zum N. und waren wohl 60. Meylen von dem Lande
in der See/ darumb hatte man nach Wilhelms damahliger
Meynung vielmehr O. N. O. als N. N. O. gehen ſollen/ weil ſie
ſo eine weite ümb Weſten waren/ja man hätte vielmehr nach Oſten
ſich wenden ſollen/zum wenigſten etliche Meilen/ biß man wieder/
was durch die böſen Winde verlohren war/eingebracht hätte. Dieſem aber ungeachtet wolte Johann Cornelis anders nicht als N. N.
O. angehen/ in Meynung/wenn ſie Oſtwerts giengen/ ſie in die

I iij   Wey-

Weygats kommen würden. Dieser Ursachen halben gieng ihm
Wilhelm einen Streich entgegen/und segelten N.O. zum N.
da sie sonsten N.O. ja noch mehr gegen Osten solten gangen seyn.

Den 5. Junii sahen sie das erste Eiß/ welches ihnen sehr wun-
derlich für kam/ und vermeyneten anfangs daß es weisse Schwäne
wären/wie denn einer von ihnen/ der oben auff dem Schiffe spazie-
rete mit lauter Stimme rieff/ daß weisse Schwäne da schwüm-
men. Als die unten waren/solches höreten/kamen sie alsbald her-
auff/uñ sahen daß es Eiß war/so von dem grossen Hauffen abgetrie-
ben war/und weil es gegen Abend war/ den Schwänen nicht ungleich sahe; des Mitternachts segelte sie dadurch uñ damahls war die
Sonne ohngefehr einen grad über den Horizont gegen Norden. den
7. dito befunden sie des Poli höhe 74. grad/und segelten immerdar
zwischen dem Eise hin/ als wenn sie zwischen zweyen Ländern gesegelt hätten. Das Wasser war so grün wie Graß/und sie vermuhte-
ten/ daß sie bey Grönland wären/ und kamen je länger je mehr in
noch dicker Eiß. den 9. funden sie eine Insul/ so auff der höhe von
74. grad 30. Min. lag/und war ihrem Muhtmassen nach ohngefehr
5. Meilen groß. Als sie den 11. daselbst ans Land fuhren/ funden
sie viel Meven Eyer/ und waren in grosser Leibes-Gefahr/ denn sie
stiegen einen jähen Schnee Berg hinauff/und wie sie wieder herunter giengen/ hatte es das Ansehen/ daß sie alle den Hals würden gebrochen haben/aber sie setzten sich nieder/ und fuhren also hinunter/
welches erschrecklich an zu sehen war/ weil sie leichtlich hätten Arm
und Beine also zerbrechen können/ weil unten am Berge sehr viel
Klippen waren. gleichwohl kamen sie durch Gottes Hülffe noch un-
beschädigt herunter. Wilhelm Barents welcher immittelst
in der Schüte war/ und dieses mit ansahe/ war darüber noch mehr
erschrocken als sie selber. Den 12. dito sahen sie einen weissen Bährē/
und ruderten mit der Schüte nach ihm zu/ der Meynung ihm einen Strick ümb den Hals zu werffen/da sie aber zu ihm kamen/ befunden sie ihn so mächtig/daß sie ihn nicht durfften angreiffen/mu-

ften

sten derhalben mehr Gewehr und Volck haben / und kamen ihnen
Johann Cornelis seine Bootsleute zu hülffe. Darauff stritten sie sämtlich mit diesem Bähr bey vier Stunden lang/und hieben
ihm zu letzt den Kopff mit einem Beil in Stücken/so daß sein Tod
darauff erfolgete. Hernach brachten sie ihn in Johann Cornelis Schiff/und zogen ihm die Haut ab / welche 12. Fuß lang
war/ assen auch von seinem Fleisch/ es bekam ihnen aber nicht wohl.
diese Insul nenneten sie die Bähren Insul. Den 13. dieses segelten sie von dannen / und den 14. sahen sie ein groß Ding in der
See treiben oder schwimmen/in Meynung daß es ein Schiff wäre/
wie sie aber darzu kamen/war es ein grosser todter Walfisch/darauff
ein grosser Hauffe Meven sassen der gab einen grossen Gestanck
von sich;

Den 17. und 18. sahen sie wieder gewaltig viel Eiß/und segelten darbey langs hin/biß daß sie an einen Huck oder Ecke kamen/welche ihnen gegen Süden lag. Sie lavireten eine lange Zeit darauff
zu kommen/konten es aber nicht erreichen. Den 19. sahen sie abermahls Land/und erforschten der Sonnenhöhe/die sie alda auff 80.
grad 11. Minuten befunden. Dieses Land war sehr groß/ und sie
segelten neben denselben hin biß auf 79. grad/woselbst sie einen guten Haven antraffen/kunten aber nicht zu Lande kommen / weil der
Wind N.O. war und schnur gleich von dem Lande abe/ die Meerkrümme aber erstreckte sich gegen Norden und Süden in die See. Den
18. wurffen sie die Ancker aus auff 18. Faden in dem grund vor dem
Lande/und fuhren zusammen mit Johann Cornelis Leuten an die
West-Seite des Landes/Ballast zu hohlen/da sie dann wie sie wieder an Boort kamen / abermahls einen weissen Bähren auf ihr
Schiff zuschwimmen sahen. Darauf liessen sie eiligst von ihrer
Arbeit ab/fielen sämtlich in ihr Boot/und ruderten ihm nach / aber
er schwamm wohl eine Meilweges weit in die See hinein/sie folgeten ihm mit drey Schüten hinten nach/ und schlugen fast alle ihr
Gewehr auf seiner Haut entzwey; Er hingegen schlug mit seinen
Klauen

Klauen an dem vordertheil der Schůte / welches so es in der
Mitten derselbigen gerahten wäre / hätte er sonder zweiffel die
Schůte ůmbgeschmissen / so grosse Gewalt haben sie in ihren
Klauen. Endlich haben die drey Schůpten samt dem Volck sich
seiner bemächtiget/ihn todt geschlagen/ins Schiff gebracht und ihm
die Haut abgezogen/ welche 13. Fuß lang war.

Darnach ruderten sie mit ihrer Schůte wohl eine Meile
Landwerts hinein / alda ein guter Haven 16.12. und 10. Faden
tieff war / und da sie weiter fort ruderten / befunden sie / daß
an der Ost-Seite zwo Insulen waren / die sich gegen Ost in
die See streckten/an der West Seite war auch ein gewaltig grosser
Meerbusem der gleichfals einer Insul nicht ungleich anzusehen war/
von dannen ruderten sie fort biß an die Insul / so in der mitten lag/
und funden alda viel Eyer von Rottgänsen / die sie auf dem Neste
sitzen sahen/und davon jagten / auch eine darvon mit einem Steine
todt schmissen / die sie kochten samt 60. Eyern darzu. Diese waren rechte Rottgänse / wie in Holland auf Wieringen in grosser
Menge alle Jahr über kommen und gefangen werden/ die man biß
anitzo nicht gewust/wo sie ihre Eyer legen und brüten. Darumb
etliche Schiffer sich nicht gescheuet zu schreiben/ daß sie in Schottland an den Bäumen wüchsen/und daßderselben Früchte/wenn sie
ins Wasser fi.len/ junge Gänßlein wären/und alsbald anfingen zu
schwimmen/ die aber auf das Land fielen/ zerbersteten/und verdür-
ben. Aus oberwehnten aber ist nun das Wiederspiel zu sehen/und
ist nicht zu verwundern/ daß niemand biß anhero gewust hat / wo
diese Vogel ihre Eyer legen/in Ansehung niemahls kein Mensch/ so
viel man weiß/auff die 80. graden gewesen / und also dieses Land
nicht bekandt gewesen/viel weniger/ daß die Rottgänse daselbst ihre
Jungen ausbrüten solten.

Ab

Alhier ist weiter zu mercken/wiewohl dieses Land/welches wir
für Grönland halten / auff 80. Grad und noch höher lieget/daß
gleichwohl / Laub und Graß auff demselbigen wachse / auch
Graßfreffende Thiere darauff seyn/ als Rennthiere und andere/
da doch auff Nova Zembla, welches wol vier Grad/ geraum von
Nord-Pol entfernenter lieget / weder Laub noch Graß wachset/und
keine andere als Fleischfreffende Thiere/nemlich Bähren und Füchfe darauff zu finden seyn.

Merck. Spitzbergen ümstänblich beschrieben / welches alhier
ein geworffen such im 10. Capitel dieses Buchs.

Den 23. Junii fuhr ein theil von dem Schiffsvolck aus Land/
ümb zu sehen/wie viel die Compas Nadel abwiche. Indessen kam
ein weisser Bähr nach dem Schiffe zu schwimmen/ und wäre darin
gekommen/wo sie nicht ein Geschrey gemachet hätten. Sie schossen
mit einem Rohr nach ihm/worauff er vom Schiffe wieder nach dem
Lande schwamm/ da die andern Bootsleute waren. Welches wie es
die so in dem Schiffe waren sahen / nach dem Lande zu fuhren/
und mit ruffen anhielten/ vermeyneten die andern / sie hätten das
Schiff etwan auf eine Klippe gesegelt / und war ihnen deßhalben
sehr bange / wie denn auch der Bähr durch das Geschrey so er-
schrack/daß er wieder von dem Lande abschwamm/ worüber die
in dem Schiffe sehr froh wurden/weil die Bootsleute auf dem Lande kein Gewehr bey sich hatten. Betreffende die Abweichung der
Compas Nadel / so belieff sich dieselbige auf 16. Grad. Den 24.
dieses ruderten sie ein groß Stück ins Land hinein / und wie sie zu
Lande stiegen/ funden sie alda zween Wallroß Zähne/so zusammen
6. Pfund wugen/wie auch noch etliche kleine. Den 25. segelten sie
langs dem Lande hin auf 79. Grad/alba funden sie eine gewaltige
Meerkrümme/und segelten darinn bey 10. Meilweges fort / muste aber wiederum wegen des Contrarirende Windes laviren. Den
28. kamē sie biß an den Huck oder der Ecken/welche an der Westseite

K   lag/

lag/wofelbſt die Vögel in ſo groſſer Menge waren / daß ſie plötzlich
gegen die Segel anflohen. Den 29. muſten ſie von dem Lande ab-
weichen/ umb des Eiſes willen/ und ſegelten biß 76. Grad 50. Mi-
nut.n. Den erſten Julii bekamen ſie abermahls die Bähren Inſul ins Geſicht/ damahls kam **Johann Cornelis** mit ſeinen
Offcirern zu ſie an den Bort/ alwo ſie/ weil ſie gantz wiederwärti-
ger Meynung waren/ ſich endlich dergeſtalt vertrugen / daß ein
jedweder ſeinen Cours oder Lauff verfolgen ſolte. Johann Cornelis möchte nach ſeinem begehren wieder auf 80. Grad ſegeln/ dadurch er ihm einbildete an der Oſtſeite des Landes leichtlich durch zu
kommen/ wie er denn auch ohne verzug gegen Norden ſich gewendet.
Dahingegen wendete ſich **Wilhelm Barents** gegen Süden/
des Eiſes halben: Den 11. dieſes Muhtmaſſeten ſie/ daß ſie recht S.
und N. von Candinoes ſeyn wurden / welches der Oſtliche Huck
von der weiſſen See iſt / der gegen S. lag/ und giengen S. und
und S. zum O. auf die höhe 72. Grad. Den 13. befunden ſie des
Polus höhe 72. Grad / und Muhtmaſſeten/ daß ſie bey **Sir:
Huygh Willoughbis** Lande wären. Den 17. Julii waren
ſie auf der höhe von 74. Grad 40. Minuten / und gegen Süden
ſahen ſie das Land von Zembla in der gegend **Lomsbay:** Den
18. kamen ſie über die Huck der **Admiralitets-Inſul**/ und den
19. an die **Kreutz-Inſul**/ dabey ſie ſich den 20 geſetzet / kunten
aber wegen des Eiſes nicht weiter kommen: alda ruderten ſie ſelb-
acht an das Land/ und giengen nach dem einen Kreutz zu / alwo ſie
etwas außruheten / weiter nach dem andern Kreutz auch zu gehen.
Dieſe Inſul hat von dieſen zweyen Kreutzen ihren Namen bekommen. Als ſie unterweges waren/ wurden ſie bey dem andern Kreutz
zween Bähren gewahr/ darüber ſie ſehr erſchracken/ weil ſie gantz
kein Gewehr bey ſich hatten. Die Bähren richteten ſich bey dem
Kreutz gerade auf das Volck wohl zu beſehen/ denn ſie können viel
ſchärffer riechen als ſehen / und kamen alsbald auf ſie zu. Die
Schifleute erſchracken darüber nicht wenig / und giengen wieder

nach

nach ihrer Schůte zurůcke/und sahen sich zuweilen erbärmlich ům/
ob auch die Båhre ihnen nachfolgeten/und trachteten zu entlauffen.
aber der Schiffer hielt sie zu růcke und sprach / den ersten/ der zu
lauffen anfangen wird / wil ich mit diesen Bootshacken in den Leib
stechen/denn es ist besser/ daß wir bey einander bleiben/ und versu=
chen/ob wir sie mit unserm Geschrey erschrecken mögen: also gien=
gen sie nun alle sachte nach der Schůt zu / und entkamen / und wa=
ren recht froh/daß sie ihre Gefahr erzehlen kunten/und dem Katzen=
tantz entsprungen waren. Den 26. Julii ward des Polus höhe
76. Graden 15. Minuten befunden/ und die Abweichung der Na=
del 26. Grad vollkommen.

Den 6. Augusti kamen sie über den Nassauischen Huck
und den 7. bey dem Trosthuck / darnach sie lange Zeit verlanget
hatte. Des Abends bekamen sie neblicht Wetter/ also daß sie das
Schiff an einem hauffen Eiß musten feste machen/welches Eiß 36.
Faden unter dem Wasser/uñ wohl 16. Faden über demselbigen feste
lag/also daß es 52. Faden dicke war. Da sie den 9. dieses noch an
diesem grossen stůcke Eiß lagen / und der Schiffer oben herumb
spatzierete/hörete er ein Thier schnauben/und als er über Bort sahe/
da lag ein grosser Beer an dem Schiffe/ deßwegen der Schiffer sei=
ne Leute begunte zu ruffen/also daß die Bootsleute herauff kamen/
und sahen den Båhr an der Schůte liegen / der sich unterstund mit
seinen Klauen in dasselbige hinein zu steigen. Da sie aber ein grosses
Geschrey machten/erschrack er und schwam/ eine Ecke weg / kam
aber alsbald wieder hinter das grosse stůcke Eiß/daran sie feste lagen/
und gieng fein sachte nach sie zu/vornen an dem Schiffe hinauff zu
steigen ; die Bootsleute aber hatten oben auf dem Schiffe das
Schůpten Seil aufgespannet/und lagen mit vier Feuerröhren vor=
nen in dem Schiffs Schnabel/ der Båhr ward geschossen/ daß er
weg lieff/es schneite aber so sehr/daß sie nicht sehen konten / wie es
ihm ergienge/jedoch vermuhten sie/ daß er hinter einem hohen Eiß=
hůgel derer viel auf dem stůck Eise waren/liegen blieben. Den 10.

Augusti fing das Eiß an gewaltig zu gehen/uñ damahls wurden sie
erst gewahr/daß das grosse stücke Eiß/ daran sie das Schiff befestiget hatten/ fest an dem Grunde lage/ denn das andere Eiß schwam̃
allezeit vorbey. Hierüber waren sie in grosser Furcht/daß sie in
dem Eise möchten eingeschlossen werden / thäten derhalben grosse
Mühe/ Fleiß und Arbeit daraus zu kommen/und segelten auf das
Eiß/ das alles herumb krachte / und kamen noch auf einander groß
stücke Eiß/daran sie sich abermahl mit dem Werst-Ancker/ denn sie
darauf wurffen/feste machten / und blieben daselbst biß auf den
Abend liegen. Wie sie nun des Abends in dem ersten Quartier
gessen hatten/ so begunte dasselbige stücke Eiß so erschrecklich zu zer-
bersten und von ein ander zu gehen / daß es mit Worten nicht aus
zu sprechen. sie lagen mit dem vorder theil des Schiffs daran/führe-
ten ihr Schiffseil darumb/und kamen also davon herab/es zertheile-
te sich an dem Meer mit einem greulichen krachen in mehr als 400.
Stücken/ unter dem Wasser / da es auf dem Grunde lag war es
10. Faden tieff/und über dem Wasser zwo Faden hoch. Von dannen
kamen sie wieder an ein ander groß stücke Eiß/ welches sechs Faden
tieff unter Wasser lag/daran machten sie an beyden Seiten mit dem
Seil das Schiff feste/ und sahen etwas davon/noch ein ander stück
Eiß in der See feste liegen/ welches in der höhe spitz zugieng/wie ein
Thurn/dahin fuhren sie an/und befunden/ daß es wohl 20. Faden
an dem Grunde lag und über dem Wasser bey zwölff Faden. Den
11.Augusti fuhren sie wieder nach einem andern stück Eiß / welches
sie 18. Faden tieff unter dem Wasser fest an dem Grunde/ und über
demselbigen 10. Faden hoch befunden. Den 12. segelten sie noch
näher unter das Land/daß sie von dem Eise nicht möchten verletzet
werden. Denn weil die grossen stücke Eiß viel Faden tieff unter dem
Wasser trieben/ so waren sie nahe an dem Lande/ bey 4. oder 5. Faden weit/davon befreyet. Daselbst war ein grosser Wasserlauf von
dem Gebirge/ und sie machten sich wieder feste an einem stück Eiß/
und hiessen diesen Huck den kleinen Eifhuck.

Den

Den 14. dieses des Morgens kam ein Bähr ůmb dem Osthuck
vom Lande her nahe an das Schiff/dem einer von den Schiffleuten
ein Bein entzwey schoß / er hüppelte aber doch noch mit seinen drey
Pfoten auf einen Berg/dahin sie ihm nachlieffen/und ihn todt schlu-
gen/zogen ihm die Haut abe / und brachten sie mit in das Schiff.
Den 15. kamen sie an die Uranien-Insul / und wurden alda von einem grossen stück Eiß besetzet/alwo sie in grosser Gefahr waren das
Schiff zu verlieren/jedoch kamen sie noch mit grosser Mühe an das
Land / und der Wind kam von S. O. weßwegen sie das Schiff an
einen andern Ort kgen musten.   Inzwischen sie damit be-
schäftiget waren/und sehr laut rufften/wachete ein Bähr der da lag
und schlieff/ auf/und kam zu ihnen nahe an das Schiff/also daß sie
von ihrer Arbeit ablassen/und sich gegen den Bähr zur wehre stellen
musten/den sie durch den Leib schossen/daß er nach der andern Seite
der Insul weg lieff/und begab sich auf ein stück Eiß. Als er aber gewahr ward/daß sie auf ihn zu ruderten / sprang er wieder in das
Wasser und schwam nach dem Lande zu. sie verlegten ihm aber den
Weg/ und hieben ihn mit einem Beil in den Kopf / aber er tauchete
jedes mahl/wenn sie ihm mit dem Beil nach den Kopffe hieben un-
ter/also daß sie grosse Mühe hatten/ehe sie ihn tödten konten. Den
16. ruderten sie selb zehn mit der Jacht nach dem festen Lande Nova
Zembla/und huben die Schüte oben auf das Eiß/stiegen auf einen hohen Berg/und erkundigten/wie das Land lag/und befunden/
daß es S. O. und S. S. O. und weiter gegen S. lag/ daraus sie
eine böse Vermuthung schöpffen/ daß das Land gegen S. sich erstreckte; wie sie aber gegen S. O. und O. S. O. offen Wasser sa-
hen/ wurden sie sehr erfreuet/ und vermeyneten/daß sie nun die Reise gewonnen/also daß sie kaum wusten/wie sie geschwind genug auf
das Schiff kommen und solches Wilhelm Barents anzeigen möchten. Den 18. dieses machten sie sich fertig zu Segel zu gehen / es
war aber verlohrne Arbeit / also daß sie nach viel vergeblich an-
gewandter Mühe wieder dahin/von dannen sie abgefahren kamen.

Den

Den 19. kamen sie oberhalb den **Huck des verlangens** / dadurch sie wieder gutes Muhts waren / sie geriehten aber wieder.In
das Eiß/also daß sie musten wieder umb kehren.

Den 21. segelten sie ein groß stück in den **Eißhaven**/ und
blieben die Nacht alda liegen/des Morgens fuhren sie wieder dar-
aus/ und machten das Schiff an einem stück Eiß feste. stiegen auff
dasselbige hinauff/ und kunten sich über desselben Seltzamkeit und
Gestalt nicht genugsam verwundern. Oben war es voller Erde/
und funden wohl 40. Eyer darauff / es sahe auch nicht wie ander
Eiß aus/ sondern es war Lasurblau/ wie ein blauer Himmel / also
daß unter den Schiffleuten viel Redens darüber entstund/ der eine
sagte es wäre Eiß/ der ander/es wäre gefroren Land/ ja es war über
die massen hoch/ und wohl 28. Faden unter / und 10. über dem
Wasser dicke.

Den 25. Augusti gegen S.W. Sonne / begunte das Eiß
mit dem Strom wieder fort zu treiben / und sie vermeynten Südwerts umb Nova Zembla nach dem Westen/ (nach **Weygats** zu segeln. denn.weil sie Nova Zembla nunmehr. albereit vorbey waren/und. nirgends keine öffnung funden/ so verlohren sie den
Muht dadurch zu kommen/und waren in willens wieder nach Hause zu kehren/wie sie aber an die **Stroombay** kamen /. musten sie
sich wieder zurücke begeben/ wegen des Eises/ daß alda sehr fest lag.

Den 26. als sie den **Eißhaven** vorbey gegangen/begunte das
Eiß so gewaltig zu treiben/daß sie darinn besetzet wurden. Und ob
sie schon grosse Arbeit thäten weiter zu kommen/ war es doch alles
vergebens/und dafern das Eiß seinen Gang behalten hätte / hätten
sie vor dieses mahl drey Männer/die auff dem Eise waren Eröfnung
zu machen/verlohren. Wie sie aber zurücke trieben/ und das Eiß/
darauff die Männer waren/auch mit trieb/haben sie geschwinde im
vorbey treiben/der eine das Segel-Seil / der andere das Ende des
Segels/der dritte das grosse hinten am Schiff herab hangene Seil
ergriffen/ und sind also sehr wunderbarlich mit solchem hin und her
bam-

sammeln noch erhalten/ wieder in das Schiff kommen/ dafür sie
GOtt höchlich danckten/ denn es hatte vielmehr das Ansehen/ daß
sie mit dem Eise gantz und gar würden weg geführet werden.

Denselbigen Tag kamen sie des Abends an die West-Seite des
Eißhavens/ alda sie den gantzen Winter über/ mit grosser Armuht Elend und Verdruß musten bleiben. Den 27. trieb das Eiß
rings herum ümb das Schiff/ und weil es gut Wetter war/ gieng
ein theil der Schiffleute an das Land. Als sie nun ein stück Weges
gegangen waren/ begunte es ziemlich aus den S.O. zu wehen/ und
das Eiß gewaltig vor dem vorder theil des Schiffs anzusetzen/ und
trieb das Schiff vornen wohl vier Fuß in die höhe/ daß es hinten
aus sahe als wenn es sich mit dem hintertheil auf dem Grund gesetzet
hätte/ und schien daß es alda verderben würde. Die in dem Schiffe
waren/ setzeten alsofort das Boot aus/ ihren Leib zu retten/ und liessen eine Flagge wehen/ die andern die auf dem Lande waren/ wieder
an das Schiff dadurch zu bringen. Als dieselbige die Flagge also
wehen/ und das Schiff so in die höhe geschoben sahen/ haben sie alle/
so geschwind als sie gekönt/ nach dem Schiff zu geeilet/ in Meynung/
daß das Schiff albereit geborsten wäre. Den 28. wich das Eiß
etwas hinweg/ und das Schiff setzete sich wieder recht/ aber ehe es
sich noch recht setzete/ war Wilhelm Barents und der andere
Steuermann zu vor in das Schiff gangen zu besehen/ wie es allenthalben damit beschaffen/ und wie viel es in die höhe gestiegen wäre.
Und dieweil sie beschäfftiget waren/ mit allem Fleiß dasselbige abzu-
messen/ erhub sich das Schiff mit solchen krachen/ daß sie vermeyneten ihres Lebens quit zu seyn/ nicht wissend/ wo sie sich retten
solten. Den 29. als das Schiff wieder zu rechte gebracht war/
machten sie grosse Gereitschaft mit grossen Hebebäumen und andern Instrumenten/ die auf einander geschobene Eißschollen damit
zu brechen/ es war aber alles vergebens/ also daß sie es GOtt über-
lassen/ und von ihm Hülffe erwarten musten/ denn das Eiß/ so ihnen helffen können/ trieb nicht hinweg. Den 30. begunte das Eiß

noch)

noch viel gewaltiger sich ein stück auff das andere gegen das Schiff
mit einem mächtigen Winde un gewaltigen Jacht Schnee zu schie-
ben/ wodurch das gantze Schiff auffgeschoben und in einander ge-
trungen ward/ also das alles/ was umb und an war/ zu krachen und
zu bersten begunte/ und schien in hundert stücken zu zerspringen/ welches so erschrecklich an zu hören und an zu sehen war/ daß einem die
Haare über diesen abscheulichen Schauspiel zu Berge stunden. Jn
dieser Gefahr ward das Schiff darnach / da das Eiß an beyden
Seiten gegen einander darunter kam/ recht in die höhe getrieben/ als
wenn es mit einer Winde wäre auffgewunden worden. Den 31.
wurden sie abermahl durch das gewaltige treiben des Eises wohl 4.
oder 5. Fuß mit den vordertheil des Schiffes darauff geschoben/ und
das hintertheil saß in einer hohlen Eißschollen / wodurch ihrer
Meynung nach das Ruder von dem Schieben des Eises solte frey
seyn/ es brach aber gleichwohl mit der Feder entzwey/ und so das hintertheil des Schiffs auff treibenden Eise gestanden / gleich wie das
vordertheil/ so hätte das gantze Vor-Schiff auf das Eiß könen geschoben werden/ oder wäre vielleicht in den Grund gerahten/ darüber sie gantz erschrocken waren/ und hatten ihr Schüt und Boot albereit vornen aus auff das Schiff gesetzet/ sich im fall der Noht damit zu bergen und zu erhalten. Aber vier Stunden darnach ist
das Eiß von ihm selbst wieder weg getrieben/ darüber sie so froh
wurden/ als wen sie ihr Leben gefunden hätten/ weil das Schiff nun
wiederumb flot oder gangbar war. Sie machten das Steuerholtz
nebenst der Feder wieder zu recht / und hingen es an dem Hacken zu
dem Ende auf / daß wenn sie ja solten wieder also von dem Eise geschoben werden/ es alßdann frey were.

Den 1. Septembris begunte das Eiß wiederum zu schie-
ben/ also daß es das Schiff gantz und gar wohl zween Fuß hoch
auffhube/ es blieb aber gleichwohl nach gantz dichte und gut. Des
Nachmittages machten sie Anstalt die Schüte und Boot über
das Eiß an das Land zu schleppen. Den 2. begunte das Schiff
aber

abermahl von dem Eiß geschoben zu werden/krachte und berstete so
gewaltig/ daß sie für rahtsam funden/ungeachtet des bösen Wet-
ters/die Schüte mit 13.Tonnen Brod und zwey Fäßgen Wein an
das Land zu bringen/sich auff den Nohtfall damit zu erhalten. Den
3. wurden sie von dem Eise/ daran sie angedruckt waren/ wieder loß/
also daß der Scheck hinter dem Schiff fortgeschoben ward/aber die
Plancke/damit das Schiff bezogen war/erhielten sie noch/ daß sie
darhan hengen blieb.   Das Ruder-Seil riß auch entzwey/nebenst
einem neuen Kabel-Seil das sie an dem Eiß fest gemacht hatten/
durch das gewaltige andringen des Eises.   Das Schiff aber blieb
noch dichte/ welches zu verwundern war/weil das Eiß so gewaltig
trieb/ja es trieben Eißberge/ so groß als die Saltzberge in Spanien
sind/und das etwa einen Rohr-Schuß von dem Schiffe.   Den 5.
als sie des Abends gegessen hatten/besetzte sie das Eiß wiederum/und
wurden hefftig davon gepresset/ also daß das Schiff gantz über die
Seite sich zu neigen begunte/und viel außstehen muste/es blieb aber
durch Gottes Gnade annoch dichte.   In solcher Noht funden sie
rahtsam ihre alte Focke/ samt dem Pulver/Bley/ Feuerröhren/
Musqueten und anderem Gewehr an das Land zu bringen/alda ein
Zelt oder Hütte bey ihrer Schüte/ die sie dahin gebracht hatten/ zu
machen/nahmen auch etlich Brod/Wein / und Zimmer-Gereit-
schafft mit/das Boot etwas aus zu bessern/ ob es ihnen im fall der
Noht möchte dienlich seyn.   Umb das Schiff war nicht so viel
Wasser/daß man einen Eimer voll schöpffen mögen.   Den 7. giengen fünffe von den Bootsleuten auff das Land/zween aber kehreten
wieder ümb/und die dreye giengen fort/ohngefehr ein paar Meilen
Land-werts ein/alwo sie einen Fluß von süssen Wasser funden / be-
nebenst einer grossen Menge Holtz / daß dahin getrieben worden/
und etliche Fußstapffen von Renn-und Elendthieren/so viel sie sehen
kunten/ den die Füsse waren gespalten / ein grösser als der ander/
daher sie solches vermuhteten.   Den 9. dito kamen des Nachts
zween Bähren nechst an das Schiff / weil sie aber die Trompeten
L   blie

bliesen und nach sie schossen/iedoch wegen der dunckelheit sie nicht
traffen/lieffen sie wieder davon.

Den 11. Septembris / war es stille Wetter/und sie giengen
selb achte wohlbewehrt an das Land/ûmb zu sehen/ob dem also wâ-
re/wie die andere drey Männer gesagt hatten/daß nemlich Holtz bey
dem Flusse lege.   Denn weil sie lange und mannichmahl herumb
geschweiffet hatten / bald ausser bald in dem Eise/und nunmehr be-
funden/daß sie alda feste sitzen blieben/und nicht / wie offtmahls zu-
vor/wieder loß werden könten/wie auch daß es nunmehr nach dem
Herbst und Winter zu zugehen begunte / so hat sie die Noht gezwungen raht zu schaffen/und das beste mittel/nach gelegenheit/zu
ergreiffen/alda zu überwintern/ mit Erwartung/wie es GOtt mit
ihnen fügen und schicken würde.   Haben derowegen für gut und
rahtsam befunden/von der Kälte und wilden Thieren desto besser
beschirmet zu seyn / eine Hütte oder ein Hauß auff zu bauen/ sich
darinn so gut als sie möchten zu erhalten /   und das übrige Gott
zu befehlen.   Hierzu hat sich eine gute unvermuhtliche Gelegenheit
offenbahret/daß sie nemlich an dem Strande einige Bäume mit ihren Wurtzeln/wie die drey Männer gesaget hatten/funden/die dahin entweder aus der Tartarey/Moskau/ oder anders woher musten getrieben seyn/denn auff dem Lande/ da sie waren/wuchsen gantz
keine Bäume. Uber dieser Gelegenheit/als ob sie ihnen von GOtt
zugeschickt und verliehen wäre/waren sie gantz froh/und hoffeten da-
hero/Gott würde ihnen noch ferner beystehen und sie erlösen. Deß
dieses Holtz dienete ihnen nicht allein zur Erbauung des Hauses/
sondern auch zum Brennholtz/damit sie sich den gantzen Winter û-
ber erhielten/ da sie sonsten ohne allen Zweiffel von grosser Kälte
hätten sterben und vergehen müssen.

Den 15. Septembris in der Morgenstunde da ein Mann auff
die Wache gieng/kamen drey Bähren/deren einer hinter einem stück
Eiß liegen blieb/ zween aber auff das Schiff zugiengen. wie das
Schiffvolck sie sahe/machten sie sich fertig sie zu schiessen. Es stund
gleich

gleich ein Faß voll Fleisch auff dem Eise/ selbiges zu erfrischen/
denn zu nechst an dem Schiffe war kein Wasser. Der eine Bähr
steckte den Kopff in die Fleischtonne/und wolte ein stücke Fleisch her=
aus nehmen/aber es bekam ihm wie dem Hunde die Wurst/ denn er
ward in den Kopff geschossen/daß er todt blieb/ und sich gantz nicht
mehr regete. Da sahen sie ein wunder seltzam Spiel/ denn der an=
der blieb stille stehen und entsetzte sich über seinen Gesellen / als sich
verwundernd. / warumb er so stille liegen müste / er beroch ihn/
und als er sahe. daß er todt war/gieng er endlich hinweg. Aber die
Bootsleute lauerten fleissig auf ihn / zu sehen/ob er auch wieder
kommen würde welches er auch thäte / und gieng auf seine hinter
Pfoten stehen/ also auf sie loß zu gehen. weil er nun also aufgericht
stund / so schoß ihn einer von den Bootsleuten durch den Bauch/
daß er wieder auf seine vier Füsse nieder fiel/ und mit einem grossen
Geschrey davon lieff. Den todten Bähr schnitten sie den Bauch
auf/nahmen das Eingeweide heraus/und stelten ihn auffrecht auff
seine vier Pfoten / daß er frieren solte/ in Meynung so sie mit dem
Schiffe von Eise abkämen/ihn mit in Holland zu nehmen.

Hernach fingen sie an einen Ort zu räumen das Holtz dahin
zu bringen/da sie ein Hauß auf zu bauen gedachten. Auf diese Zeit
fror es in der See wol zween Finger dicke. Den 16. thäten sie den
ersten zug Holtz zu hohlen/und brachten diesen Tag vier Balcken ü=
ber Eiß und Schnee/ ohngefehr einer Weilweges weit. diese Nacht
fror es abermahl zween Finger dicke. Den 17. giengen ihrer drey=
zehen Mann nach dem Holtz/ und zogen je fünffe einen Schlitten
fort/ die andern dreye blieben bey dem Holtze solches zu behauen.
Sie thäten gemeiniglich des Tages zween züge/ und bekammen also
das Holtz an den Ort/ da sie Zimmern wolten/ zusammen. Den
21. war es so kalt / daß sie ihren Speise vorrath hinunter in den
Raum des Schiffs bringen musten/weil oben alles fror. Den 23.
starb ihr Zimmermann/welchen sie unter den Zingel eines auffgeris=
senen Berges/ bey einen Wasser-lauff begruben/weil sie wegen des

ž ij   grossen

grossen Frostes und der Kälte nicht in in die Erde kommen kunten.
Den 25. richteten sie die Balcken des Hauses auf/ und machten sie
feste. wäre aber das Schiff loß worden/würden sie das Zimmern
bald haben liegen lassen / und wieder weg zu segeln fertig gewesen
seyn. Den alda zu bleiben/lag ihnen gar schwer auf dem Hertzen/
weil ihnen aber alle Hoffnung benommen war/ musten sie aus der
Noht eine Tugend machen/ und mit gedult erwarten/was GOtt
für einen Außgang verleihen würde. Den 26. war Westwind/
und die See offen/ das Schiff aber blieb gleichwohl feste liegen/also
daß es ihnen mehr ein Verdruß/ als Freude war. Sie waren das
mahl noch 16. Mann starck/unter deren Anzahl war immer noch einer kranck. Den 27. fror es so gewaltig/ daß wenn sie einen Boh-
rer in den Mund nahmen/wie man im zimmern wol zu thun gewohnet ist/so blieb die Haut daran hangen/wenn man ihn wieder aus
dem Munde nahm/daß das Blut nachfolgete/ ja es war so gewaltig kalt/ daß sie schwerlich in der Arbeit außdauren konten: aber die
eusserste Nehr zwang sie darinn fort zu fahren. Den 30. war
der Wind O: und O.S.O: und hatte es dieselbige Nacht so ge-
schneet/wie es auch den folgenden gantzen Tag thät / daß sie kein
Holtz/wegen des tieffen Schnees hohlen kunten. Sie machten ein
gut Feuer bey dem Hause/ die Erde auffzubauen/und dieselbige dar-
herüm auffzuwerffen/damit es desto fester stunde: es war aber verge-
bene Arbeit/ denn die Erde war so hart und tieff gefroren/daß sie sie
nicht auffdauen könten: oder es würde sie alzu viel Holtz gekostet.
haben/also daß sie es musten lassen anstehen.

Den andern Octobris richteten sie das Hauß auf/ und setzten
darauff einen Meyebusch von gefrornem Schnee. Den 5. dieses
war die See von Eiß gantz offen/so weit sie sehen kunten/sie lagen
aber noch gantz befroren/ und das Schiff lag wol zween oder drey
Fuß auff dem Eise eingefasset/also daß sie nichts andern spüren kun-
ten/als daß sie biß zum Grunde zu befroren waren/den es war alda
vierdtehalb Faden tieff. Desselbigen Tages brachen sie die vordere-

Be-

Bedeckung des Schiffs auf / und deckten mit denselbigen Dielen
oder Bretern das Hauß/ in der Mitten etwas höher / wegen des
Ablauffs des Wassers / und bekamen es denselbigen Tag meistentheils dichte. Den 7. brachen sie die hintere Bedeckung gleichfals
auff/ das Hauß damit vollends dichte zu machen. Den 8. hatte es
die vorhergehende Nacht so gewehet/ und wehete und schneyete auch
noch den gantzen Tag so sehr/ daß es schien/ daß einer der in die Lufft
kommen/ ersticken muste: ja es wäre einem nicht müglich gewesen eines Schiflang fort zu gehen/ deñ man konte ausser dem Schiff oder
Hause nicht dauren. Den 10. begunte das Wetter sich etwas zu
bessern/ also daß sie wieder aus dem Schiffe gehen dürfften: da sichs
denn zutrug / daß einer von den Bootsleuten einem Bähr entgegen lieff/ dem er bald auf dem Leibe war/ ehe er es wuste/ er lieff aber
bald wieder zu rücke ins Schiff/ und der Bähr ihm nach: Im nach-
lauffen kam der Bähr an den Ort/ alwo sie vorhin den todten Bähre
zu frieren hin gesetzet hatten / der nun gantz mit Schnee bedecket
war. weil aber noch eine Pfote oben heraus stack/ blieb der Bähr ste-
hen/ und durch dieses auffhalten entkam der Mann unbeschädiget
ins Schiff und schrie sehr erschrocken/ ein Bähr/ ein Bähr. Als
nun die andern Bootsleute über diesen seinem Schreyen herauf kamen den Bähre zu schiessen/ so kunten sie aus ihren Augen nicht sehen/
wegen des beissenden Rauchs/ deñ sie in wehrendem bösen Wetter/
wie sie im Schiff verschlosse gewesen/ außgestandē/ uñ um kein Geld
der Welt hätten leiden sollen/ musten ihn aber gleichwol noch vor die
Kälte und Schnee erwehlen/ wolten sie anders ihr Leben behalten.
Der Bähr verzog nicht lang alda/ sondern packte sich geschwind
wieder fort: Den 11. brachten sie ihren Wein und anderen Vorraht an das Land/ und den 12. begaben sie sich mit dem halbentheil
des Volcks in das Hauß/ litten aber sehr grosse Kälte/ weil sie
noch keine Schlaffstäten verfertiget/ und nicht alzuviel Decken hat-
ten/ kunten auch kein Feuer halten/ weil der Schornstein noch niche
gemacht war/ und es deßwegen sehr bitterlich rauchete. Den 13.

gleich-

giengen ihrer drey nach dem Schiff/ und luden einen Schlitten
mit Bier. Wie sie aber denselbigen nach dem Hause zu ziehen
giengen/entstund unversehens ein so hestiger Wind und Kälte/daß
sie sich wieder in das Schiff begeben musten/weil sie ausserhalb
nicht dauern kunten: musten derhalben das Bier auch draussen
auff dem Schlitten liegen lassen. Des andern Tages funden sie
die Tonne an dem Bodem in Stücken gefroren/ und das Bier/so
heraus lieff/ fror so fest an dem Boden an/ als wenn es mit einem
festhaltenden Leim daran geleimet wäre. Die Tonne setzten sie im
Hause auf den Boden/und truncken sie aus/ sie musten aber das
Bier erst schmeltzen/ denn gar ein wenig Nasses in der Tonne übrig
ungefroren blieb/darin aber die gantze Kraft des Biers/ und alzu
starck zu trincken war. was aber gefroren war/ das schmeckete als
Wasser/darum mengeten sie es/als es geschmoltzen war/untereinan-
der/es war aber gar kraftlos und ungeschmackt. Den 16. war ein
Bähr des Nachts in dem Schiffe gewesen/gegen den Tag aber/ als
er die Leute gehöret/ war er wieder daraus gelauffen. Zur selbigen
Zeit brachen sie die Cajüte weg/die Breter davon zu der Thür des
Hauses zu gebrauchen/welche sie damahls verfertigten. Den 18.
holten sie das Brod aus der Schüt/ die sie auf das Land geschleppet
hatten/wie auch den Wein/welcher nicht sehr gefroren war/ ob er
schon bey sechs Wochen alda gelegen/ und es immittelst zu weilen
sehr starck gefroren hatte. Den 19. waren nicht mehr als zween
Männer und ein Junge im Schiffe/ dazumahl kam ein Bähr der
mit gewalt ins Schiff wolte/darüber sie sehr erschracken/ und sahe
ein iedweder/wo er sich retten wolte/ die zweene Männer sprungen
in den Schiffraum/der Junge aber kroch in die Fockwand. Mitlerzeit kamen etliche von den Bootsleuten von dem Hause nach
dem Schiff/ als diese der Bähr sahe/ gieng er behertzt auff sie loß/
sie schossen ihn aber mit einer Musqueten/ da lieff er hinweg.
Den 20. wolten sie das Bier vollends auß dem Schiffe holen und
befunden daß etliche Fässer in stücken gefroren waren; ja die eiserne
Reiffe

Reiffe umb die Fäſſer waren auch inzwey gefroren. Den 24.
kamen die übrigen von den Schiffleuten/ nemlich acht Perſonen
ins Hauß/und führeten einen Krancken Mann/ der ſehr außge-
zehret und ſchwach war/ auff einen Schlitten mit dahin. Sie
ſchleppeten auch mit groſſer Mühe ihr Schiffs-Boot an das
Hauß und kehreten den Bodem in die Höhe/. daſſelbige nach Gelegenheit der Zeit zugebrauchen. Und weil ſie nachgehends ſahen/
daß das Schiff immer faſter ſitzen blieb/und nichts weniger als
Waſſer zugewarten/ brachten ſie ihr Werff-Ancker wieder ins
Schiff/ damit er unter dem Schnee nicht verlohren wurde/ und ihnen gegen dem Sommer noch dienen könte. Denn ſie hatten noch allezeit zu Gott die Hoffnung/ er würde ſie durch ein oder anderes
Mittel gegen den Sommer wieder nach Hauſe helffen.

Wehrender dieſer Zeit/ weil die Sonne das höchſte und beſte Ge-
ſchöpft das ſie ſehen kunten/ ſie zu verlaſſen/ begunte/ holten ſie mit
allem fleiß alle Tage noch Schlitten mit Guht aus dem Schiff/ins
Hauß/als eſſende Wahren/ Trincken/und alles was ſie zu der Aus-
rüſtung der Schüte und des Boots möchten von nöthen haben. Da
ſie nun den 25. Octobis den letzten Schlitten geladen hatten/ und in
den Seilen ſtunden ihn nach dem Hauſe fort zu ziehen/ ſahe ſich der
Schiffer einmahl ümb/ und ſahe drey Bähren hinter dem Schiffe
nach den Schiffleuten zu kommen/ rieff derhalben gantz erſchrocken
ſehr laut/die Bähren zu erſchrecken. Die Bootsleute ſprungen alsbald aus den Seilen/ ſich gegen dieſem unvermuhteten Unfall ſo gut
ſie köntn/ zu wehren. Da lagen zu allem Glücke zwo Helleparten
auf dem Schlitten/ davon nahm der Schiffer und Gerrit de
Veer jedweder eine/ und ſtelleten ſich damit zur wehre. Die andern lieſſen/was ſie kunten/ nach den Schiff/ im lauffen fiel einer in
eine Lucke zwiſchen das Eiß hinein/ welches greßlich an zu ſehen
war/ den ſie meyneten aller/ die Bähren würden zu ihr hinein lauffen
und ihn verſchlingen/ aber Gott ſchickte es/ daß die Bähren nach
dem Schiffe zu lieffen hinter dem Volck her/daß dahin gefflohen war.

Mitte

Mittlerzeit lieff der Schiffer/ **Gerrit de Veer** und der Mann
so zwischen das Eiß gefallen war/ vor dem Schiff ümb/ und kamen
unbeschädiget darin. Wie die Bähren sahen daß die Bootsleute
ihnen also entkommen waren/ lieffen sie sehr grausam nach dem
Schiffe zu, und weil das Schiffvolck kein ander Gewehr hatte/ als
die vorgedachten zwo Helleparten/ hielte es die andringende Bähren ab mit Brandholtz/ und andern/ damit sie auf sie wurffen/ dem
die Bähren allemahl nach lieffen/ wie die Hunde den Steinen. Es
war zwar ein Mann hinunter in die Speise-Kammer des Schiffs
Feuer auf zu schlagen/ und ein ander Spiesse zu holen gangen/ sie
kunten aber kein Feuer bekommen/ und deßwegen nicht schiessen. Als
nun hierüber die Bähren gleich verwegen ankamen/ haben sie den
ersten recht mit einer Helleparten auf die Schnautz geworffen/ der/
weil er sich also getroffen befand/ allmählich abwiche/ die andern
zween/ die so groß nicht waren/ giengen auch allgemach hinweg.
Die Leute danckten GOTT/ daß sie also dieser grausamen Ungeheuer waren loß worden/ und zogen den Schlitten mit freuden
nach dem Hause zu. Den 26. sahen sie viel offen Wasser nahe an
dem Lande/ aber das Eiß trieb noch gleichwol immer in der See über
dem Schiffe hin. Den 27. schossen sie einen weissen Fuchs/ denn
sie assen/ und schmeckte gebraten gleich wie ein Caninichen. Denselbigen Tag stelleten sie auch ihren Stundenzeiger wieder/ daß die
Klocke schlug/ und bereiten eine Lampe zu des Nachts zu brennen/
dazu sie das geschmoltzene Bähren-Schmaltz gebrauchten. Den
29. holten sie Zingel mit Schlitten von dem Strande/ und streueten
es über das Segel/ so über das Haus lag/ damit es üm so viel
dichter und wärmer wäre/ denn die Dielen oder Breter lagen unge-
füget auf dem Hause/ weil sie wegen des bösen Wetter/ solche bloß
zusammen zu legen gezwungen wurden.

Den ersten Novembris sahen sie den Monden/ als es dunckel
zu werden begunte/ gegen Osten/ aufgehen/ und die Sonne gieng
noch eben so hoch über den Horizont/ daß sie dieselbige noch sehen
kun-

funten. Den andern dito sahen sie ihn gegen S. S. O. auffge-
hen/ und gegen S. S. W. untergehen. Er kam mit seiner vollen
runde nicht herauff/ sondern gieng in dem Horizont langs der Erden hin. Denselbigen Tag ward ein Fuchs mit einem Beil todt
geworffen/ den sie brieten und assen. Den 3. gieng die Sonne
auff S. zum O. fast S. und unter S. zum W. und man kunte damahls an dem Horizont den obern Rand von der Sonnen nur
eben sehen/ dennoch war das Land/ da sie dieselbige erforscheten
wohl so hoch als der Mastbaum ihres Schiffes. Den 4. ob es
schon stille Wetter war so sahen sie doch die Sonne nicht mehr/ deß
sie kam weiter nicht über den Horizont. Damahls verordnete der
Wundarßt ein Bad von einer Pipe Wein warm zu machen/ darein gieng einer nach dem andern/ und befunden sich gar wohl darnach. Denselbigen Tag fingen sie wieder einen weissen Fuchs/ welches Thier sich nun je zuweilen sehen ließ/ weil die Bähren weg wa-
ren/ die uns mit der Sonne verliessen/ und nicht wieder kamen/ biß
die Sonne sich auch wieder herzu lenckete. Da die Sonne sie nun
verlassen hatte sahen sie wiederumb den Mond weder Tag noch
Nacht untergehen/ weil er in seinem höchsten Zeichen gieng. Den
7. dieses war dunckel Wetter/ und man kunte die Nacht von dem
Tage schwerlich unterscheiden/ sonderlich/ weil ihre Schlag-Uhr
stille gestanden war/ dadurch sie keinen Tag/ ob es schon albereit
Tag war vermußteten. Sie waren diesen Tag aus der Kajuta
nicht gewesen/ als bloß ihr Wasser zu lassen/ darumb wusten sie
nicht ob das Licht/ daß sie sahen/ von dem Mond oder von dem
Tage war/ und hatten deßwegen unter einander viel disputirens/
aber als es umb und umb kam/ so war es wol hoher Mittag. Den
8. theileten sie das Brod unter sich umb/ und jedweder bekam vier
Pfund und zehen Loht in acht Tagen/ da sie vorhin nur Fünff
oder Sechs Tage darmit zu kamen/ Fleisch und Fisch war noch
unnöhtig unter sie zu theilen/ zu trincken aber hatten sie nicht nach
Nohtdurfft/ davon musten sie beysetzen/ denn dem Bier/ das sie

M   noch

noch hatten / war meiſtentheils alle Krafft außgefrohren / alſo daß
es gantz keinen geſchmack hatte / und das Waſſer war auch guten
theils verſpillet. Den 11. richteten ſie einen runden Platz mit
Kabelgarn zu / als ein Netz zuſammengefüget / Füchſe damit zu fangen / alſo / daß man ſie in dem Hauſe kunte fangen / als wie mit einer
Falle / wenn die Füchſe darunter kamen / und ſie fingen auch dieſe Zeit
einen Fuchs darunter. Den 18. ſchnitte der Schiffer einen Packen
grob wollen Lacken oder Tuch auff / und gab davon jedem nach
ſeiner Nohtdurfft ein ſtück / vor der Kälte deſto beſſer beſchirmet
zu ſeyn.

Den 19. ward der Kuffer mit Leinwandt geöffnet und den
Bootsleuten zu Hembden außgetheilet / denn dieſe Zeit war alſo
beſchaffen / daß man allerley Mittel zu Unterhaltung des Leibes gebrauchen muſte. Den 20. wuſchen ſie / weil es ſchön Wetter war
ihre Hembde / es war aber ſo kalt / daß als ſie die ſelbige gewaſchen
und außgewrungen hatten / ſo gefroren ſie aus dem warmen Waſſer ſo ſteiff / daß ob man ſie ſchon an ein gut Feuer legte / ſo dauete
zwar die Seite / ſo gegen dem Feuer lag / auff / die andere Seite aber
ſo auſſerhalb des Feuers war / blieb gefroren / alſo / daß ſie ſie wieder
in ſiebend heiß Waſſer legen muſten / ſolten ſie anders auffbauen.
Den 22. hatten ſie noch 17. Kühekäſe / davon aſſen ſie einen zuſammen auff / von den übrigen ward einem jeden einer zu ſeinem theil zu-
getheilet / mit dem er zu ſeiner Nohtdurfft ſo weit reichen möchte / als
ihm gut deuchte. Den 23. dieſes / da die Füchſe ſich mehr als vorhin mercken lieſſen / machten ſie etliche Fallen von dicken Plancken /
darauff ſie Steine legten / und beſteckten ſie rings herumb in dem
Grunde mit Sparren / damit die Füchſe nicht drunter hin graben
möchten / und fingen alſo zu weilen etliche Füchſe. Den 24. glen-
gen ihrer vier ins Bad weil ſie ſich übel befunden / und da ſie heraus
kamen / gab ihnen der Barbier ein Purgantz ein / welche ihnen ſehr
wol thät. Den 26. 27. und 28. fiel ein ſo gewaltiger Schnee / daß
ſie gantz und gar in dem Hauſe beſetzet waren / ſo daß ſie nicht heraus
kom-

kommen könten / sondern alle ihre Dinge in dem Hause thun musten. Aber den 29. war es schön helle Wetter/also daß sie sich aus
dem Hause heraus gruben/ den Schnee weg schauffelten/ und bekamen also endlich eine Thüre offen/ dadurch sie heraus krochen / und
wie sie heraus kamē/funden sie alle ihre Fuchsfallen mit Schnee be-
decket/ welche sie rein machten / und fingen diesen Tag noch einen
Fuchs darin: welche Füchse ihnen nicht allein zur Speise dieneten/ in
dem sie nicht viel übrig zu beissen hatten / sondern sie machten auch
von den Fellen Mützen dichte umb das Haupt / für der grausamen
Kälte etwas besser beschirmet zu seyn.

Den 1. Decembris wurden sie gantz von dem Schnee wieder
verstopffet / und noch dazu rauchete es auch so hefftig / daß sie
kaum Feuer zu kochen machen kunten. Den 2. machten sie etliche
Steine heiß/ die sie den andern in der Koy gaben/ die Füsse daran zu
wärmen / denn die Kälte und der Rauch waren beyde unleidlich.
Den 3. konten sie in ihren Koyen liegend/ das Eiß in der See wol hören krachen/ das dann ein erschrecklich gethön von sich gab/ also/ daß
sie vermeyneten/ daß alle grosse Eißberge auf ein ander stiessen und
sich setzten/ die sie so viel Faden dicke im Sommer hatten liegen gesehen. Und weil sie die 2. oder 3. Tage wegen des greulichen Rauchs
nicht so viel Feuer als vorhin machten / so fror es so gewaltig im
Hause/ daß es an den Wänden und Boden/ ja in den Koyen selber
da sie lagen zween Finger dick Eiß gefroren war. Sie stelleten
auch das Stunden-Glaß von zwölff Uhren/ darauff unabläßlich
Achtung gegeben ward/ damit sie in der Zeit nicht irreten/ doch die
Kälte war so groß/ daß das Uhrwerck nicht gehen kunte/ ob sie schon
mehr Gewichte daran hiengen als zuvor. Den 6. dito war es so
gewaltig kalt/ daß die Bootsleute ein ander erbärmlich an sahen/
und befürchteten sich/ da es noch weiter so kalt solte werden/ daß sie
erfrieren würden. Denn sie möchten Feuer machen/ wie sie wol-
ten/ so kunten sie sich doch gleichwol nicht erwärmen. Ja der Ze-
resische Seck/ der doch so heiß ist/ fror gantz sehr/ also daß man ihn

M ij   über

über dem Feuer muste schmeltzen lassen/weil es Außthell Tag war/
und sie ümb den andern Tag jedweder ein halb Nössel darvon zu ihrem theil bekamen/damit sie sich so lange unterhalten musten/ oder
sonsten Wasser trincken/welches ja mit der Kälte nicht wol überein
kam/ und nicht bedürffte mit Schnee gekocht zu werden/denn dieses war dessen Mutter.

Beschreibung wie sie wegen der unerträglichen
Kälte Steinkolen brandten/und das Hauß und den Schorn-
stein feste zustopffeten/wodurch sie bald alle durch einen
Schwindel umbs Leben kommen wären.

DEn 7. war es noch gleich böse Wetter/ und da sie mit einander rahtschlageten / wie sie es auff das beste anfangen
möchten der Kälte zu wiederstehen/ so war einer der schlug
für/ daß man die Steinkohlen/die sie mit gebracht hatten/ aus dem
Schiffe holen/und nun zur eusersten Noht gebrauchen/und damit
Feuer anmachen solte/ weil es ein besser Brand wäre und länger
daurte. Den Abend legten sie ein gut Feuer davon an/das grosse
Hitze gab/aber sie hatten nicht auff derer Nachlaß gedacht. Denn
weil die wärme sie so recht wol erquickete /funden sie/ümb dieselbige
lange Zeit zu erhalten/für rahtsam alle Thüren uñ den Schornstein
feste zu zustopffen/und gieng also ein jedweder nach seiner Koy oder
Lagerstäte schlaffen/ gutes Muhtes wegen der erlangeten Wärme/
und redeten noch lange Zeit mit einander. Aber endlich befiel sie/
doch einen mehr als den andern/ ein grosser Schwindel / denn sie
erst durch einen der kranck lag/und der solches desto weniger vertragen kunte/gewahr worden. Da ihnen nun allen sehr bange ward/
krochen etliche/ die noch die klügesten waren/ aus ihren Koyen oder
Lagern/und stiessen den Schornstein auff und darnach die Thüre/
aber der die Thüre aufmachte/ fiel darneben in Ohnmacht nieder/
und stürtzete in den Schnee. da solches Gerrit de Veer hörete als der
mit seiner Koy nechst der Thüre lag/holete er alßbald Essig/und rieb
ihm

ihm fein Angeficht damit/ alfo daß er wieder fich erholete. Wie
die Thüren geöffnet waren/ wurden fie alle durch die Kälte wiederumb erquicket/ welche zuvor ihr fo harter Feind gewefen war/ auffer
dem wären fie fonder zweiffel in Ohnmacht dahin geftorben. Darnach gab ihnen der Schiffer/ wie fie wieder zu fich felbft kommen waren / einem jedweden einen Trunck Wein/ ihr Hertz zu ftärcken.
Den 9.10. und 11. war es helle klar Wetter / und die Lufft voller
Sternen/ aber fo unleidlich kalt/ daß es/ der es nicht verfucht/ fchwer-
lich glauben folte. Denn die Schue froren dem Volck an den Füf-
fen fo hart als ein Horn / alfo daß fie länger keine Schue gebrauchen konten/ fondern machten weite Klomhen oder Schue / oben
von Schaffsfellen/ darein fie mit drey oder vier paar Socken über
einander gezogen mochten treten/ die Füffe alfo zu erwärmen/ denn
die Kleider felber lauff ihren Leibe waren außwendig von Froft weiß
außgefchlagen und bereiffet / und fo bald fie etwas lang auffer dem
Haufe blieben/ fo froren ihnen Blafen und Beulen an ihr Angeficht
und Ohren. Den 14. nahmen fie die höhe van de rechte fchouder
van den Reus/ doen damahls S.S.W. faft weftlich ftund/ und befunden des Poli höhe 76. Grad. Den 18. giengen ihrer fieben
nach den Schiff zu fehen/ was es für eine Befchaffenheit damit hat-
te/ und befunden/ daß das Waffer in 18. Tagen (fo lange fie nicht
alba gewefen waren) einen daumen breit gewachfen war/ wie wol
es kein Waffer/ fondern Eiß war/ das gefror / fo bald als es darauff kam/ gleich wie auch die groffen Küfen/ die fie mit Waffer aus
Holland mit gebracht haken/ zu Grund außgefroren waren. Den
24. dito/ am Heil. Chriftabend / begaben fie fich aus dem Haufe/
welches nunmehr alle Tage gefchahe/ und fahen viel offen Waffer
in der See/ denn fie hatten das Eiß genugfam hören krachen. Und
ob es fchon nicht Tag (oder Lichte) war/ konten fie doch fo weit fehen. Den Chriftag war es noch fehr böfe Wetter/ jedoch höreten fie
die Füchfe über ihr Hauß lauffen/ welches/ wie etliche fagten/ ein bö-
fes Zeichen feyn folte/ und da man nach deffen Urfache fragte/ ward

M iij   geant-

geantwortet / darumb daß man sie nicht in den Topff oder an den
Spieß stecken könte/ denn solches wäre alßdann ein gut Zeichen gewesen. Die Kälte war alle Tage so groß / daß das Feuer kaum
Hitze von sich gab / denn wenn sie ihre Füsse an das Feuer hielten/
verbrandten sie ihre Strümpffe/ ehe sie die wärme fühleten/ also daß
sie stets mit flicken genug zu thun hatten / ja hätten sie es nicht ehr
gerochen als gefühlet/ so solten sie wol gantz verbrandt seyn/ ehe sie
es wären gewahr worden.

Nach dem sie nun also mit grosser Kälte/ Gefahr/ und Ungemach das Jahr zum Ende gebracht hatten / sind sie eingetreten in
das Jahr nach unsers HErrn JEsu Christi Geburt 1597. welches
gleichen Eingang mit dem Außgang des vergangenen Jahrs ge-
habt/ denn das Wetter blieb gleich böse und kalt. Zu der Zeit begunten sie ihren Wein mit sehr kleinen Maßen außzutheilen / innerhalb zween Tagen einmahl. Und weil sie besorgten/ daß es noch
lange anlauffen möchte/ ehe sie von dannen kämen / (wozu sie zu
weilen gar kleinen Muht hatten/) so spareten sie den Wein so lange
als sie kunte/ zur noht allezeit noch etwas in Vorraht zu haben. Den
4. Januarii steckten sie zu wissen was für Wind wäre / eine halbe
Lantze nebenst einem kleinen Tüchlein oder Fähnlein oben daran/
zum Schornstein hinaus/ sie muste aber alßbald darnach sehen/ woher er wehete. Den so bald sie es hinaus steckten/ war es so steiff ge-
froren/ als ein Holtz / und konte sich weder drehen noch wenden.
Den 5. als das Wetter etwas gelinde war gruben sie ihre Thüre
wieder auff / nach dem sie etliche Tage nach einander verschlossen gewest waren/ und nicht das Haupt heraus stecken dürsten. Sie
machten auch alle Dinge wieder zu rechte/ holeten Holtz herein und
spalteten es/ damit sie den gantzen Tag zu brachten/ damit sie so viel
in Vorraht/ als sie immer benöhtiget waren/ haben möchten/ aus
Furcht/ daß sie abermahls wieder also verschlossen werden möchten. Da sie nun den gantzen Tag also mit Arbeit zugebracht hat-
ten/ fiel ihnen ein/ daß es der H. drey Könige Tag wäre / und be-
gehr

gehrten von dem Schiffer/ daß sie unter allen ihren Beschwerligkei-
ten sich einmahl ergetzen möchten / und brachten darzu herfür den
Wein / denn sie ersparet und in Vorrahr hatten / buchen darzu
Pfannkuchen in Oel mit etwa zwey Pfund Meel/ daß sie zu Pap-
pung der Kardoesen mit genommen hatten/ darbey sie so frölich wa-
ren/ als wenn sie zu Hause eine herzliche Mahlzeit gehabt hatten.
Sie theilten auch Briefflein aus / und der Constapel ward König
von Nova Zembla/ ein Land / das wol zwo hundert Meilen lang
ist/ und zwischen zween Seen beschlossen lieget.

Den 10. Januarii befunden sie daß das Wasser in dem Schiffe
wol einen Fuß hoch gewachsen war. Den 12. nahmen sie die höhe
von dem Oculo Tauri/ einem wol bekanten Stern/ und befunden/
daß diese Messung mit etlichen andern Sternen / wie auch mit der
Soñen wol überein kam/ und daß sie alda waren unter dem 76. Gr.
und eher höher den tieffer. Den 13. war es klar und stille Wetter/ und
damals kunten sie mercken/ daß sich des Tages Liecht, begunte, zu ver-
mehren/ deñ sie liessen aus und schossen die Kugel/ die sie zuvor nicht
hatten sehen köñen lauffen: Von der Zeit an gingen sie zu weilen aus
dem Hause/ ihre Glieder mit gehen werffen uñ lauffen/ etwas zu stär-
cken/ damit sie nicht gar verlahmeten. Und sahen einige röhte in der
Luft als einen Schein oder Vorboten der ankomenden Sonne. Es
ward auch des Tages ein wenig wärmer/ also/ daß weñ sie ein gut
Feuer anzündete/ ie zu weilen von den Wänden uñ Seule des Hauses grosse stücke Eiß herab und in ihre Kojen fielen/ welches zuvor
nicht geschehen war/ so groß Feuer sie auch machten/ des Nachts aber
fror es noch gar starck. Den 18. dito/ weil ihr Brennholtz sich albereit zu mindern begunte/ legten sie wieder Steinkolen an/ stopfften
aber den Schorstein nicht wieder zu/ darbey ihnen nichts übels be-
gegnete/ jedoch hielten sie vor besser die Kohlen zu behalten / und
das Holtz etwas sparsamer anzulegen / weil die Kohlen ihnen ins
künfftige/ wenn sie mit den offenen Schüyten nach Hause fahren solten / mehr dienlich seyn könten. Und weil das Brod ziemlich
zu

zu mangeln begunte / weil die Sonnen nicht ihr voll Gewichte
hatten / so muste man die Außtheilung auch in etwas vermindern /
und die vorher mit sparen etwas über behalten hatten / denen kam es
nun wol zu passe. Das Füchse fangen minderte sich auch / welches
ein Vorbothe war / daß die Bähren bald wieder kommen würden /
wie sie denn solches hernach gewahr wurden.

Den 24. Januarii war es schön helle Wetter / und **Jacob
von Hemskerck** mit **Gerit de Veer** und noch einem sind
nach dem Seestrande gegangen / an die Süderseite von NovaZem-
bla / woselbst **Veer** über aller vermuhten am ersten den anfang der
Sonne sahe / darüber sie alsofortwieder nach Hause eileten / daßselbe
Wilhelm Barents und den andern Bootsleuten zur fröli-
chen Zeitung zu bringen. **Wilhelm Barents** / als ein kluger und verständiger Steuermann / wolte es keines weges glauben /
weil es noch bey vierzehen Tage vor der Zeit war / daß sich die Sonne alda auf der höhe offenbahren solte : dargegen stritten sie hart /
daß sie die Sonne gesehen hatten / und geschahen unterschiedliche
Wetten darüber. Den 25. und 26. war es neblich Wetter / also daß
man nicht sehen konte / und darumb meyneten die / die darwieder ge-
wettet / daß sie gewonnen hätten. Aber den 27. ward das Wetter
helle / und damahls sahen sie die Sonne in ihrem vollen Kreise / über
den Horizont / daraus denn gnügsam erschien / daß sie dieselbige den
24. auch gesehen hatten. Als aber hiergegen eingewendet wurde /
daß dieses wieder die Meynung aller alten und neuen Scribenten /
ja selbst wieder die Natur / auch wieder die runde der Erden und
des Himmels wäre / darum auch etliche sagten weil es in so langer
Zeit kein Tag gewesen wäre / so müsten sich die Bootsleute ver-
schlaffen und übele Rechnung gemacht haben : so haben sie / damit
niemand vermeinen möchte / als ob sie daran zweiffelten / wenn sie
dieses mit stillschweigen vorbey gehen liessen / gerne dieser ihrer Rede
halben rechenschafft geben wollen / also zu beweisen / daß sie in ihrer
Messung und Renung gewiß giengen. Da sie die Sonne das
erste

erste mahl sahen/ war sie im Aquario oder Wassermann in dem 5.
Grad und 25. Minut / und solte nach ihrer Muhtmassung erst
biß den 16. Gr. und 27. Min. erwartet werden/ehe sie alda auff der
höhe von 76. Graden erscheinen solte.

Uber diese gegen einanderstreitende Dinge konten sie sich nicht
gnugsam verwundern/und dachten gleichwol/ daß es nicht müglich
wäre/daß sie sich in der Zeit versehen hätten / weil sie alle Tage deren sie keinen übergangen/alles was vorgefallen/auffgezeichnet/und
darneben ihre Schlag-Uhr / und da diese gefroren/ die Sand Uhr
von zwölff Stunden gebrauchet hatten. Sie legten es mit ein
ander auff unterschiedliche Weise über / wie sie diesen Unterscheid
und die rechte Warheit der Zeit solten treffen/ und nach dem sie auff
alles gute acht gehabt/ furden sie rahtsam die Ephemerides Josephi Scalæ zu Venedig gedruckt / von dem 1589. biß auff das
1600. Jahr zu/ zu durchsuchen/ darinnen funden sie/ daß auf den
24. Tag Januarii / so eben der Tag war/ da die Sonne ihnen erst
erschien/zu Venedig umb ein Uhr zur Nacht/ der Mond und Jupiter vereiniget wären. haben derhalben scharff nach gesonnen/west
bey ihnen bey dem Hause da sie waren / dieselbige Conjunction.
oder Vereinigung seyn würde/ und nach dem sie solches genau un-
tersuchet/ befunden sie/ daß die Conjunction / die zu Venedig den
24. Januarii des Nachts umb ein Uhr ist/ bey ihnen fünff Stunden
hernach geschehen/ nemlich in der Morgen Stunde/ gegen Osten/
denn sie sahen beständig auff die vorgemeldten zween Planeten/daß
sie zu weilen einander sich näherten / biß daß sie des Morgens umb
sechs Uhr gleich über ein ander stunden/ allebeyde in den Himlischen
Zeichen des Stiers. Sie waren vereiniget auff dem Compas recht
Norden zum Osten/ und Süden des Compasses war S. S. W.
alda hat man das rechte Süden / da der Mond acht Tage alt war/
woraus zu ersehen / daß der Mond und die Sonne acht Streiche
von einander stunden. Dieses träget von Venedig aus in der länge fünff Stunden/daher man nachrechnen kan/wie weit sie damahls

N   mehr

mehr gegen Osten waren/ als die Stadt Venedig'/ nemlich fünff
Stunden/ jedweder Stunde von 15. Graden / welches sich auff
75. Grad belauffet. Aus welchen allen festiglich zu schliessen/ daß
sie in ihrer Rechnung nicht geirret / sondern ihre Rechte, Logitudi-
nem wol gefunden aus den vorgemelten zween Planeten. Denn
die Stadt Venedig liegt auf 37. Grad 25. Minuten in der länge/
und ihre declination ist 46. Grad 5. Minnuten / daraus fol-
get/ daß das Hauß auff Nova Zembla lieget auff 112. Graden 25.
Minuten in die länge / und auff 76. Graden in des Poli höhe.
Und dieses sey gesagt/ daß sie sich in der Zeit-Rechnung geirret haben. Was nun anlanget die Mißhelligkeit wegen 14. Tagen/ daß
sie die Sonne auff Nova Zembla zu früh gesehen haben / davon
mögen die Gelehrten unter einander disputiren/ und Haar klauben/
so lange es ihnen beliebet.

Den gemelten 26. Januarii/ ward der krancke Mann/ den sie
unter ihrer Gesellschafft hatten/ gantz schwach/ und befand sich sehr
übel / denn er hatte ein lang und sauer Lager gehabt. Sie trösteten
ihn nach ihrem Vermögen aus Gottes Wort / und sagten ihm
solches vor/ er starb aber kurtz nach Mitternacht. Den 27. gruben
sie eine Grube in dem Schnee/ bey dem Hause/ es war aber so gewaltig kalt/ daß sie nicht lange draussen dauren kunten / und unter
einander jedweder ein wenig sich erholen muste. Endlich gruben sie
noch sieben Fuß tieff/ daß sie ihren Todten darin begraben kunten /
darnach hielten sie nach ihrer weise eine Leich-Predigt / mit lesen
und Psalmen singen / giengen mit der Leiche hinaus / und begru-
ben sie. Den 31. war es schön stille Wetter / und sie sahen die
Sonne gar helle scheinen/ welches sie sehr erfreuete.

Den 1 2.3.4.5.6. und 7. Februarii war es durchgehens böse/
ungestüm Wetter / darüber sie den Muht wieder zuweilen etwas
sincken liessen/ umb so viel mehr/ weil sie aus besser Hoffnung mit
Holtze sich nicht alzu wol versehen hatten / als wol sie zu anderer
Zeit gethan. Das Hauß lag wieder rund umb dichte zu geschneiet/
und sie musten darin verschlossen bleiben. Das neblichte Wetter

kam nun häuffiger/ als sie in dem Winter gehabt hatten / und es
schneyete so gewaltig als es jemahls gethan hatte/ jedoch thäten sie
nun weiter so viel Mühe nicht/ daß ein jeder die Thüre hätte müssen
durchgraben / sondern wenn sie die Noht hinaus zu gehen überfiel/
so stiegen sie also fort zum Schornstein hinaus / welcher aber das
nicht thun kunte/ muste sich darinnen behelffen. Den 8. begunte
es sich wieder zu bessern / und sie sahen die Sonne auffgehen gegen
S.S.O. und untergehen S.S.W. nemlich auff dem Com-
paß/ denn sie von Bley gemacht/ und nach dem rechten Meridional-
Zirckel alda gerichtet hatten / sonsten fehlete es auff ihren gemeinen
Compaß geraum zween Striche.

Beschreibung wie ein grosser Bähr gantz frech auff das Hauß an kam / und aus der Thür desselbigen geschossen ward / davon sie sviel Pfund Fett oder Schmeer bekamen.

DEn 12. haben sie ihre Fallen und Auffstellungen wieder rein
gemacht / mittlerzeit kam ein grosser Bähr recht auff das
Hauß zu gestrichen/ deßwegen sie sich alle eiligst in das Hauß
begaben/ und legten ihre Röhre und Musqueten aus der Thüre auf
ihn an/ also daß er getroffen und vornen in seiner Brust geschossen
ward/ daß die Kugel durchs Hertz/ hinten bey dem Schwantz wieder herauskam / und durch den gantzen Leib hindurch gegangen
war/ also daß das Bley so breit wie eine Kupfferne Müntze worden
war. Wie er dieses fühlete/ thäte er noch einen tapffern Sprung/
und lieff ohngefehr 20. oder 30 Fuß von dem Hause weg / da er
denn liegen blieb. Die Bootsgesellen lieffen ihm nach/ und funden ihn noch lebendig/ denn er hub seinen Kopff gegen sie noch auff/
gleichsam als wenn er sehen wolte/ wer ihm solches angethan hätte.
Weil sie ihm aber noch nicht traueten / als welche dieser Thiere
Macht wol erfahren hatten / schossen ihn noch mit zwo Kugeln
durch den Leib/ daß er starb/ und schnitten ihn alsbald den Leib auff/

N ij   dar-

daraus sie wol hundert Pfund Schmeer oder Fett nahmen/
welches sie schmeltzten/ und brandten davon die Lampen die gantze
Nacht über/ welches sie zuvor wegen mangel des Schmaltzes nicht
hätten thun können. ja ein jeder in seiner Koy brandte nach seinem
belieben eine Lampe. Die Haut war neun Fuß lang und sieben
breit. · Den 21. dieses hatten sie gantz kein Holtz mehr/ und so böse
Wetter/ mit hartem Winde und Schnee/ daß sie hier und dar etwas
Holtz abbrechen musten/ und was unter den Füssen vertreten war/
auffsuchen/ darauff man sonsten in den Raum nicht gedacht hatte.
Den 22. war es helle stille Wetter/ da machten sie Zubereitung einen Schlitten voll zu holen. wie sie aber an den Ort/ da sie es zu finden vermeynten/ kamen/ war es so tieff mit Schnee bedecket/ daß sie
es nicht kriegen kunten/ musten also nohtwendig noch weiter gehen/
da sie mit grosser Mühe noch etwas bekamen. Im zurück kehren
fiel es ihnen so schwer und sauer/ daß sie fast verzagten/ denn sie waren durch die langwierige grausame Kälte und Ungemach so schwach
worden/ und abkommen/ daß sie wenig Kräffte hatten/ und fast ver-
zweiffelten das Holtz länger also zu holen/ ohne welches sie doch von
Kälte wegen vergehen müssen. Wie sie zu dem Hause wieder ka-
men/ sahen sie auff der See viel offen Wasser/ welches sie etlicher
massen wiederumb erquickte/ und ihnen Hoffnung machte/ daß es
bald besser werden würde. Den 28. holeten sie noch einen
Schlitten Holtz/ mit nicht geringer Arbeit und Mühe/ als zuvor/
denn einer von den Bootsgesellen kunte ihnen länger nicht helffen/
weil ihm von einem seiner grösten Zehe das forderste Glied abge-
froren war.

Den 8. Martii konten sie gegen N.O. in der See gantz kein
Eiß mehr sehen/ wodurch sie vermuhteten/ daß gegen N.O. eine
offene See seyn müste. Den 9. kunten sie noch viel weiter sehen/ daß
nach N.O. offen Wässer war/ als sie aber nach der Tartarey zu sa-
hen/ vernahmen sie in der Tartarischen See noch viel Eiß/ daraus
sie schlossen/ daß es dahin nicht weit seyn müsse. Denn wenn es helle
Wetter

Wetter war/haben sie vielmahls ihnen düncken lassen / daß sie das Land sahen / welches zwischen S. und S.S.O. von dem Hause an/ als ein bergicht Land schiene/ gleich wie sich die Länder gemeiniglich erzeigen/wenn man sie mit dem Gesichte noch schwerlich erreichen kan. Den 14. wehete der O.N.O. Wind so starck / daß die See wieder so dicke zu fror/ als jemals zuvor/ dadurch die Krancken/ die sie hatten / und bey wehrenden guten Wetter was zu früh sich auffgemacht hatten / wieder mit Schwachheit befielen. Die Kälte nahm von dieser Zeit an mehr zu als ab/und ward grausamer/ als sie zuvor gewesen war/ also daß sie gantz kleinmütig und verzagt waren/ trösteten sich aber darmit/ daß die Kälte/ so grausam sie auch wäre nicht immerdar währen würde.

Den 16. Aprilis in der Nacht kam ein Bähr auff das Hauß zu/ den sie zwar zu schiessen sich bemüheten / weil es aber dampffig Wetter/ und das Pulver feuchte war/ wolte das Rohr nicht loß gehen. Der Bähr kam frech an die Hauß-Thür Treppen/und unterstund sich hinein zu brechen/ der Schiffer aber hielt die Thüre zu/ biß er wieder weg ging. Ohngefehr zwo Stunden hernach kam er wieder/ und stieg auff das Hauß/ da er dann solch ein greulich Wesen machte/ daß es schrecklich zu hören war / endlich kam er an den Schornstein/ und thät daran solche Gewalt/daß es schien/ er wurde den selbigen herunter reissen/er zerriß das Seil/ daß daran angebunden war/ und machte ein heßlich geraffel/ gieng aber endlich wieder seines weges hinweg. Den 8. und 9. wehete der Wind S.W. also/daß das Eiß wieder weg trieb/ und das Wasser je länger je mehr offen ward/wodurch sie sehr erfreuet wurden und Gott danckten/ in Hoffnung/ Er würde ihnen nun bald einen guten Außgang verleihen. Aber den 10. kam das Eiß mit einem gewaltigen Sturm aus dem N.O. wieder herein treiben/und erfüllete die gantze See/ und etzete sich je länger je mehr auff ein ander/ also daß es rings herumb viel höher und fester lag als vormals. Dieses währete also biß auff den 15. an welchem Tage sie zu dem Stiff giengen/das sie noch gantz

N iij   in

in einer weise funden: und im wiederumb kehren kam ein gewaltiger
Bähr auff sie loß. Wie sie sich aber gegen ihm zur wehre stelleten/
wich er von ihnen ab / und sie giengen dahin / wo er herkommen
war/zu sehen/ob er alda etwa eine höle hätte/ und funden eine grosse
in dem Eiß gemachte Grube/wol eines Mannes tieff/vornen enge
und hinten gar weit/ darein stiessen sie mit ihren Spiessen / weil sie
aber nichts vernahmen/kroch einer von den Bootsleuten eine Ecke
hinein. Darnach giengen sie weiter an dem See-Strande hin/ und
sahen das Eiß so hoch auff einander geschoben/ als wenn es gantze
Städte von Eiß gewesen wären/mit herfürregenden Thürnen und
Bollwercken. Den 17. giengen sie wieder/ ihrer sieben nach dem
Schiff/und weil sie offen Wasser in der See sahen/stiegen sie über
die Eißberge so gut sie kunten/ biß an das Wasser/ dabey sie nun in
sechs oder sieben Monden nicht gewesen waren. Wie sie dahin ka-
men/sahen sie ein klein Böglein das alsbald untertauchete. Dieses
nahmen sie an für einen Vorboten / daß in der See mehr offen
Wasser/ als vorhin/seyn müste/und daß die Zeit nun herzu nahete/
daß das Wasser wieder offen werden würde. Den 18. nahmen sie
die höhe von der Sonnen/und befunden/daß sie auff 75. Grad und
18. Minuten waren.

Den 1. Maij kochten sie ihr letztes Fleisch/daß sie so lange ge-
sparet hatten/und war noch so lieb/daß der letzte Bisse/ihnen so wol
schmeckte als der erste. Hatte aber gleichwol den Mangel/ daß es
nicht länger währen wolte.Den 2.wehete ein gewaltiger Sturm aus
dem S. W. also daß die See meistentheils gantz frey ward vom
Eise/darüber sie nach Holland zu gedencken anfingen/ weil sie alda
lange genug Haußgehalten hatten. Den 3. trieb das Eiß gantz hinweg aber rings her umb das Schiff blieb es noch feste liegen.
Und demnach die beste Speise / die ihnen die meiste Nahrung und
Stärcke gab/ als Fleisch/Grütze/und dergleichen / nunmehr ge-
brach/ und sie gleichwol noch Kräffte von nöthen hatten/die bevor-
stehende Arbeit außzustehen/ so hat der Schiffer den noch übrigen
Speck

Speck unter ihnen umbgetheilet / welches ein klein Fäßlein mit
Pekel-Speck war / davon jedweder zwo. Untzen des Tages drey
Wochen lang an einander bekam/ damit war alles auff. Den 4.
giengen ihrer fünffe an das Schiff / und funden rund herumb fast
mehr Eiß liegen als zuvor. Denn ohngesehr mitten in dem Meer
lag es zuvor 75. Schritt von dem offenẽ Wasser/nun aber wol 500.
welches ihnen nicht geringe Sorge machte/wie sie Heut oder Morgen die Schüte und Boot dadurch oder darüber ins Wasser bringen solten. Des Nachts kam wieder ein Bähr an das Hauß / so
bald er aber laut redẽ hörete/lieff er wieder davon/welches einer von
den Bootsleuten/der auf dem Schornstein gestiegen war/sahe. Den
es schien/daß sie nun furchtsamer worden / und nicht mehr so frech
an kommen durfften als vor diesen. Den 5. sahen sie die Sonne/
da sie am niedrigsten war / einen guten theil über der Erden. Den
7. und 8. schneiete es wieder so gewaltig/ daß sie in dem Hause gantz
besetzet wurden / und wurden etliche Bootsgesellen untereinander
schlüssig den Schiffer anzüreden / daß es nunmehr Zeit wäre zu se-
hen/wie sie von dannen kommen möchten / aber jedweder scheuete
sich solches dem Schiffer zu verstehen zu geben / weil er sich vernehmen lassen/daß er biß zum Außgang des Junii/ als der besten Zeit
im Sommer/verziehen wolte/ ob etwa das Schiff noch wieder loß
zu bringen seyn möchte. Den 9. ward die Begierde von dannen
zu kommen noch grösser/und sie sprachen **Wilhelm Barents**
an/ daß er den Schiffer darzu bewegen wolte/er hielt sie aber als der
es mit dem Schiffer hielt/mit guten Worten davon ab uñ stillete sie.
Den 15. sagte **Wilhelm Barents** dem Schiffer / was der
Bootsgesellen gutdüncken wäre/ welcher zur Antwort gab / daß
man nicht länger als noch diesen Monat solte außwarten / und so
denn kein Mittel wäre das Schiff loß zu bringen/ wolte man Be-
reitschafft machen mit der Schüt und dem Boot weg zu kommen.
Uber dieser Antwort waren die Bootsgesellen sehr froh/die Zeit aber
deuchte ihnen gleichwol noch etwas lang/weil man viel Zeit/ würde
haben

haben müssen die Schüt und das Boot aus zu rüsten.   Den 20.
und 21. fing das Eiß wacker mit einem N. O. Wind wieder an zu
treiben / jedoch machten sie gleichwol mit des Schiffers Bewilligung Gereitschaft / sich mit Kleidern und andern zur Reise noht-
dürfftigen Sachen zu versehen / damit sie hernach keine Verhinderung deßwegen haben möchten.   Den 25. nahmen sie ûmb den
Mittag der Sonnen höhe / und funden wiederumb die alten 76.
Grad.   Den 26. und 27. kam das Eiß abermals mit einem starcken N. O. Wind gewaltig an setzen / also daß der Schiffer auff
Anhalten der gemeinen Bootsgesellen bewilligte / daß man mit ehester gelegenheit solte Anstalt machen weg zu kommen / deßhalben ihrer sieben des folgenden Tages nach dem Schiffe giengen / und holten
alles daraus / was ihnen zu Außrüstung ihrer Schüt und des Boots
von nöhter war / namentlich die alte Fock / Segel davon zu machen /
einige Lauff-Wand / Seile und dergleichen Dinge mehr.

Beschreibung / wie sie Gereitschafft / die Schüte
fertig zu haben machten / wieder nach Hause
zu fahren.

DEn 29. giengen ihrer zehen zu der Schüt / dieselbige bey dem
Hause aus zu bessern / funden sie aber gar tieff mit Schnee bedecket / daraus sie dieselbige mit grosser Mühe und Arbeit hervor gruben. Wie sie aber solche nach dem Hause zu ziehen gedachtē /
befunden sie / weil sie schwach und abgezehret waren / daß sie es nicht
thun könten / darüber sie sehr seufftzeten kleinmühtig worden /
und gedachten / daß sie im Schnee müsten stecken bleiben. Aber der
Schiffer vermahnete sie / daß ein jedweder mehr thun solte / als er
vermöchte / weil ihr Leben und Wohlfart daran hieng / denn so sie
die Schüte nicht weg bekamen / so müsten sie als Bürger von Nova
Zembla da bleiben / und ihnen ihr Grab machen.   Dessen ungeachtet musten sie gleichwol vor dieses mahl von tem Werck ablassen /
und die Schüte lassen stehen / denn es mangelte ihnen zwar nicht

an

an dem Willen sondern an Kräfften. Des Nachmittags fasseten
sie wieder einen Muht / vermahneten einander zur Arbeit / und
brachten dadurch das Boot / welches mit dem Boden oben lag / zu
dem Hause / kehreten es umb / und begunten es zu zimmern und
zu rechte zu machen. Immittelst sie bey der Arbeit waren / kam ein
grausamer Bähr auff sie loß gestrichen / darumb sie in das Hauß
giengen / und erwarteten ihn alda in allen dreyen Thüren mit Röhren / und oben auff dem Schornstein mit einer Musquete. Dieser
Bähr kam so unverzagt auff sie an / als jemals zuvor von einem geschehen war. Denn er kam schon biß an den Abgang der Treppen /
nach der einen Thüre zu / und der Mann / der in derselbigen Thüre
stund / sahe ihn nicht / weil er nach der andern Thüre sich umb sahe /
die aber in dem Hause waren / sahen den Bähr auff ihn loß kommen /
und schrien gantz erschrocken / darüber er den Bähr sahe / und schoß
in solchem erschrecken ihn alßbald / mitten durch den Leib / also daß
er wieder weg lieff. Dieses war sehr grausßlich an zu sehen / denn
der Bähr wäre ihm schier auff den Leib kommen ehe er es gewust /
und so ihm das Rohr versaget hätte / wie zu weilen geschicht / so
wäre er umb den Hals gewesen / und der Bähr wäre wol gar in das
Hauß kommen. Wie der Bähr weg gelauffen / fiel er ein stück weges von dem Hause nieder / dahin sie denn alle mit Röhren / Musqueten und halben Cantzen lieffen / und schnitten ihm / als er todt
war den Bauch auff / darinn sie noch stücken von Caninichen mit
Haut und Haar funden / die er unlängst zerrissen und verschlungen
hatte. Den 30. fingen sie wieder an alle zusammen / die darzu tüchtig
waren / an dem Boot zu zimmern / die andern machten in dem Hause die Segel und alle andere Dinge / die ihnen zu ihrer Reise nöhtig
waren / fertig. Weil sie aber wieder ausser dem Hause zimmerten /
kam abermals ein Bähr / weßhalben sie wiederumb von der Arbeit
ablassen musten. Er ward aber auch von ihnen erschossen. Den
letzten Maij / als sie wiederumb an der Arbeit waren / kam noch ein
Bähr. Diß geschach als wen̄ sie gerochen hätten / daß das Volck weg
wol-

wolte/und sie von ihnen noch etwas zu kosten begehrten. Denn die=
ses war nun der dritte Tag nach einander/ daß sie so graußam ange=
zogen kamen. Sie liessen bald wieder von dem Werck abe/ und
giengen nach dem Hause/ der Bähr folgete ihnē nach/ aber sie war=
teten auff ihn/und giengen drey Röhre zugleich auff ihn loß/ die ihn
auch alle dreye traffen/ der eine aus dem Schornstein / die andern
zween aus den Thüren/also daß es ihm b.kam/wie dem Hunde die
Wurst. Sein todt aber war ihnen schädlicher als sein Leben/denn
sie schnitten ihn auff/kochten seine Leber/ und assen davon/die von
gutem Schmack/sie wurdē aber alle kranck darvon/uñ insonderheit
drey/die wurden so sehr kranck/ daß sie dieselbigen zu verlieren ver=
meyneten/deñ sie verfielen vom Haupte biß auff die Füsse/jedoch ka=
men sie noch davon/dafür sie alle Gott danckten. Deñ hätten sie die=
se drey Männer verloren / so wären,sie vielleicht nicht von dan=
nen kommen.

Beschreibung/ wie sie gegen das offne Wasser/ ihr Boot fertig machten und außbesserten / damit bequemlich durch die See zu kommen.

En 3.Junii / wie sie nun etwas stärcker worden/und von
der Kranckheit besser auff waren/ arbeiteten sie mit aller
Macht an dem Boot/ daß sie es endlich fertig bekamen/
nach dem sie sechs Tage lang daran gearbeitet hatten. Den Abend
begunte es wiederumb sehr hart aus dem Westen zu wehen/also daß
das Wasser nunmehr gantz offen ward/ deßwegen sie hoffeten/ daß
ihre Erlösung nun bald kommen würde. Den 4. giengen ih=
rer eilffte nach der Schüt / und schlepten sie an das Schiff/
weil die Arbeit ihnen nun leichter ankam als zuvor/ da sie davon ge=
hen musten / entweder daß der Schnee nun fester auff ein ander sich
gesetzet/und dadurch steiffer worden/oder daß sie nun mehr Muhts
hatten / weil sie sahen/ daß die Zeit offen Wasser gab weg zu kom=
men. Es blieben ihrer allezeit drey bey der Schüte/ dieselbe aus zu
bessern/

beſſern/und weil es eine Hering Schüt war/ die hinten ſchmahl zu
gieng/ ſo ſägeten ſie dieſelbige hinten etwas ab/ und machten ſie mit
einem Spiegel/ damit ſie deſto bequemer in der See zu gebrauchen
wäre/ ſie erhöheten ſie auch in etwas/ und machten ſie fertig auff das
allerbeſte/ ſie kunten.   Die andern Bootsgeſellen waren in-
zwiſchen im Hauſe/ und machten alle zu der Reiſe dienende Sachen
fertig/ und ſchlepten dieſe Tage zween Schlitten mit Victualien
und anderm Guhte aus dem Hauſe an das Schiff/ welches ohngefehr den halben Weg zwiſchen dem Hauſe und dem Waſſer lag/
ümb hernach deſto kürtzern Weg zu haben das Guht an das Waſſer zu bringen/ wenn ſie abfahren ſolten.   Den 5. ditto brachten
ſie noch zween Schlitten mit Guht in das Schiff/ ſo an Victualien/
als an Kauffmanns Wahren.   Nach dieſem entſtund ein ſehr
groſſes Ungewitter aus den S. W. mit Schnee/ Hagel und Re-
gen/ dergleichen ſie in mancher Zeit nicht vernommen hatten/ alſo
daß die Zimmerleute das Werck muſten liegen laſſen/ und mit den
andern nach Hauſe gehen/ da ſie doch auch nunmehr nicht trocken
ſeyn kunten/ weil ſie die Breter oder Dielen davon abgenomen hatten, das Boot und die Schüte damit zu machen/ und war nur ein
Segel übrig/ das doch nicht Waſſer hielt.   Der Weg der voller
Schnee lag/ begunte auch auff zu dauen/ deßwegen ſie die von Häuten gemachte Schu hinweg thäten/ und ihre alte lederne Schu wieder anzogen.   Den 7. packeten ſie das beſte und koſtbahreſte Kauffmanns Guht das ſie mit zu nehmen begehreten/ ein/ und machten
decken darüber/ es vor dem See Waſſer zu beſchirmen/ weil ſie daſſelbige in der offenen Schüte führen muſten.   Den 8. ſchleppeten
ſie das eingepackte Guht nach dem Schiff/ und die Zimmerleute
machten die Schüte vollends fertig/ daß ſie auff den Abend faſt
gantz bereitet war. Denſelbigen Tag ſchleppeten ſie auch das Boot
nach dem Schiff/ darein ſie den 10. noch vier Schlitten mit Guht
brachten/ und thäten den Wein/ denn ſie noch übrig hatten in kleine Fäßlein/ ſelbigen in beyde Schüten zu vertheilen/ damit wenn

D ij

ſie

sie etwan in dem Eise möchten besetzet werden / (welches sie wol wuß
sten daß es ihnen begegnen würde/) sie also das Guht desto leichter
aus und ein auff dem Eise außwerffen könten.   Den 11. waren sie
sehr bekümmert / daß das Eiß mit dem Schiff durch den gewalti=
gen Sturm / so aus den N.N.W. wehete/ fort gehen möchte/ denn
alßdann wäre ihr Elend erst recht angangen/ weil alles ihr Guht so
wol an Esse Wahren / als andern Sachen im Schiffe war/ aber
GOtt verhütete es noch.

Beschreibung/ wie sie mit grosser Arbeit den Weg
über das Eiß schlechte machten/ und wie ein Bähr auff dem
Eise grausamlich auff sie loß kam:

DEn 12. giengen sie alle zusamen hin mit Beilen/ Radhauen/
und allerhand darzu dienlicher Gereitschafft / den Weg et=
was eben zu machen/ dadurch sie die Schüten nach den Was=
ser schleppen solten/ da sie denn grosse Arbeit hätten mit hauen/ schla=
gen/ schauffeln/ graben und aus dem Wege räumen.   Da sie nun
in ihrer besten Arbeit waren/ kam ein grosser magerer Bähr aus der
See auff sie loß / der ihrer Muhtmassung nach aus der Tartarey
kam/ (denn sie dieselbigen wol eher 20. biß 30. Meilen in der See
angetroffen hatten) und weil sie mit keiner Musqueten versehen wa=
ren/ außgenommen einer/ welche der Barbier hatte/ so lief de Veer
geschwind zum Schiff ein paar derselbigen zu holen.   Wie der
Bähr das sahe/ lieff er ihn hurtig nach/ und hätte ihn vielleicht einge=
holet. Aber die Bootsleute schossen alsofort nach ihm/ also daß er
Veeren verließ/ und auff diese zu lieff/ ward aber von dem Bar=
bier geschossen/ daß er davon lieff / er kunte aber durch das geheuff=
te und ungleich liegende Eiß nicht weg kommen / sondern ward
vollends tot geschossen/ wie sie ihm denn auch die Zähne
aus dem Maule schlugen/ weil er noch lebete.

Be=

Beschreibung / wie sie ihre Schüten an das Waſſer ſchleppeten/ſich in gleicher Anzahl in die dieſelbige vertheileten/und alſo auff Gottes Gnade ſich in die See begaben.

Den 13. Junii war ſchön gut Wetter/da denn der Schiffer nebenſt den Zimmerleuten an das Schiff gingen/und die Schüt und das Boot vollends zu rechte machte und zu rüſteten/daß nun daran weiter nichts ermangelte/als daß ſie dieſelbigen in das Waſſer brächten. Nach dem nun der Schiffer und die jenigen/ſo bey ihm waren/ſahen/daß es offen Waſſer war/und eine gute ſanffte Lufft aus dem Weſten wehete/hat Wilhelm Barents welcher lange kranck geweſen war/zu erkennen gegeben/daß es ihm rahtſam deuchtete/nunmehr von dannen zu fahren/und beſchloſſen dazu mahl untereinander mit den gemeinen Bootsgeſellen/daß man die Schüte und das Boot ins Waſſer bringen/und im Namen Gottes die Reiſe von Nova Zembla nach Hauſe antreten ſolte. Wilhelm Barents hat zuvor ein kleines Zettelchen geſchrieben/in einen Musqueten Lauff geſtecket/und in den Schornſtein auffgehangen/nebenſt einer kurtzen Erzehlung/wie ſie aus Holland dahin kommen nach China zu ſegeln/und was ihnen alda auff dem Lande begegnet war/da auff allem Fall jemand dahin kommen möchte/ſelbiger vernehme/was ihnen zu Handen geſtoſſen/wie ſie zur Nohtdurfft das Hauß gebauet/und alda zehen Monden lang Haußgehalten. Und weil ſie nun mit zwo offenen Schüten ſich in die See begeben muſten/und eine gefährliche Reiſe vor hatten/ſo ſchrieb der Schiffer auch zween Brieffe/ die ſie meiſtentheils alle unterzeichneten/wie ſie alda zu Lande ſo lange Zeit mit groſſem Verdruß und Ungemach verblieben/in Hoffnung / das Schiff würde wieder loß gehen/und ſie wieder damit ſegeln können/weil es aber nicht glücken wollen/ſondern das Schiff gleiche feſt ſitzen blieb/die Zeit verlief/und ihre Lebens Mittel abnahmen/wie ſie deßwegen

O iij.   aus

auß Nohr zu ihrer Erhaltung das Schiff verlaſſen / und mit den
Schüten auff Gottes Gnade nach Hauſe ſegeln müſſen. Von
dieſen Brieffen hatte jede Schüte einen bey ſich / auf allen Fall
ſie von einander verirreten/oder durch Sturm und Ungewitter einer
oder der ander ümbkommen möchte / daß man alßdann nach der
zeit bey der überbliebenen Schüte befinden könte/was für einen Ab-
ſcheid ſie mit einander genommen hätten. Nach dem ſie nun in dieſem allen mit ein ander einig waren / haben ſie die Schüte und das
Boot ins Waſſer geſchleppet/nebenſt noch eilf Schlitten mit Guht/
ſo wol Lebensmitteln ſpeiſen und Wein/als Kauffmanſchaft/welche
ſie mit allem fleiß zu erhalten geſuchet/nemlich ſechs Päckgen mit feine
wüllenen Lacken/einen Kuſter mit Leinwandt/zwey Päckgen Sam-
met/zwey Käſtlein mit Gelde/zwo Tonnen mit des Volcks Guht/
dreyzehen Tonnen Brod/eine Tonne ſüſſe Milch Käſe/eine Seite
Speck/zwey Fäßgen Eſſig/und ferner der Bootsleute Kleider und
dergleichen/ alſo daß als man das Guht beyſammen ſahe/ man ge-
ſagt haben ſolte/es hätte nichts in den Schüten außgetragen. Wie
dieſes geſchehen / haben ſie erſtlich **Wilhelm Barents** und
Claus Andrieß/welche beyde kranck waren/auff einem Schlitten ans Waſſer geführet / und in jede Schüte einen Krancken
gebracht. Alßdann hat der Schiffer beyde Schüten zuſammen ge-
leget/und die Bootsgeſellen die Schrifft/ſo er gemacht hatte unter-
ſchreiben laſſen/und darauff den 14. Junii 1597. des Morgens mit
Auffgang der Son. ſind ſie auff Gottes Gnade von Nova Zembla
und dem feſten Eiſe/ mit einem Weſten Wind abgeſegelt/und ſegelten zehen Tage biß in der Inſul Ecke oder Huck. Aber ihr erſter
Eintrit war nicht alzu gut / denn ſie kamen daſelbſt wieder dichte in
das Eiß/ daß alda noch ſehr feſte lag / welches ihnen keine geringe
Furcht verurſachte. Es giengen ihrer vier an das Land/ die Gelegenheit deſſelbigen zu erkundigen / und wurffen vier Vögel mit
Steinen von den Stein Klippen. Den 15. als das Eiß etwas ab-
gewichen/ſegelten ſie das **Vliſſinger Hoofft** vorbey/biß an den
Huck

Huck oder Ecken des Verlanges. Den 16. kamen sie an die
Urunien Inſulen/alda giengen ſie abermals an das Land / machten
Feuer von dem Holtze/ſo ſie daſelbſt funden/ und ſchmeltzeten einen
Keſſel voll Schnee Waſſer/ daß ſie in Tonnen thäten davon zu
trincken. Drey von ihnen giengen über das Eiß zu der andern Inſul / woſelbſt ſie drey Vögel fiengen. Im zu rücke gehen fiel der
Schiffer/welcher einer von den dreyen war/in das Eiß / dabey er
in groſſer Gefahr war zu bleiben / weil ein ſtarcker Strom alda
gieng. Sie kochten die Vögel / und brachten ſie den Krancken.
Darnach giengen ſie wieder zu Segel/ und da bey dem Eißhuck
beyde Schüten nahe beyſammen waren/rieff der Schiffer Wilhelm Barents zu/ wie es mit wäre? Er antwortete/gar wol/
ich hoffe noch zu lauffen/ehe wir nach Wardhuys kommen/ und
ſagte weiter zu Gerrit de Veer/ Gerrit ſind wir bey dem Eißhuck/ſo hebt mich ein wenig auff/ich muß den Eißhuck noch einmahl ſehen. Daſelbſt wurden ſie abermals rund umb mit Eiß beſetzet/ daß ſie alda bleiben muſten.

Beſchreibung/ wie ſie mit ihren Schüten wegen des Eiſes treiben und andringen in Todes Nohtwaren/wie auch: wie Wilhelm Barents und Claus Andries des Tages darnach in einer Stunde ſturben.

DEn 17. des Morgens kam das Eiß wieder ſo erſchrecklich anzudringen/daß einem/ der es ſahe die Haare zu Berge ſtunden.
Sie kunten die Schüte nicht retten/ und vermeyneten/ daß
dieſes ihre letzte Hinfart bedeutete/ denn ſie trieben ſo erſchrecklich
mit dem Eiſe fort / und wurden ſo hefftig zwiſchen einem Eiß-Riß
gepreſſet/ daß es ſchien/ die Schüten ſolten in hundert ſtücken zerberſten / dadurch ſie denn den Tod alle Augenblick für Augen ſahen.Endlich ward geſchloſſen/ſo ſie ein Seil an dem feſten Eiſe könten feſte kriegen/ ſo würden ſie die Schüte darauff ziehen können/
und alſo aus den fürnehmſten treiben des Eiſes heraus ſeyn. Dieſer

ser raht war wol gut / niemand aber durffte der Katze die Schelle
anhängen/denn es stund Lebens Gefahr darauff/ jedoch erforderte
die Noht/ daß man es thun muste/ und das meiste muste das wenigste überwegen. Wie nun Veer in dieser eusersten Noht war/ und
gedachte daß es mit einem ersoffenen Kalbe gut zu wagen wäre/ und
er der hurtigste unter allen war/ hat er sich unterstanden ein Seil an
das feste Eiß zu bringen/kroch von einem treibendem stück Eiß auff
das ander/und ist also mit Gottes Hülffe an das feste Eiß kommen/
alda er das Seil an einen hohen Hügel feste machte. Darauff zogen die andern so in der Schüte waren / daßelbige daran hinauff/
und kunte also ein Mann mehr zu wege bringen / als sie zuvor alle
mit einander thun konten. Wie sie an das feste Eiß kamen/ haben
sie die Krancken mit grosser Geschwindigkeit hinauff gebracht/auff
etliche Lacken und anderer Gereitschaffe/daß sie darauf ruhen möch-
ten/luden ingleichen das andere Guht alsofort aus den Schüten/
und zogen sie auff das Eiß / wodurch sie dazumal aus des Todes
Rachen erlöset worden.

Den 18. haben sie die Schüten / die sehr verletzet und zerschmettert waren/wiederumb außgebessert/ und wol versehen / alle
Fugen dichte gemachet und unterschiedliche Leisten über geleget/dar-
zu ihnen denn GOtt der HErr Mittel von Holtz gab / Pech zu
schmeltzen / und alles was darzu dienete zu bereiten. Darnach
giengen sie Landwerts ein/ Eyer zu suchen / wornach die Krancken
sehr verlangete/kunten aber keine finden / sie fingen aber vier Vögel.
Den 19. blieben sie noch feste in dem Eise beschlossen/und sahen gantz
keine öffnung/darüber sie gäntzlich vermeyneten/ es würde alda ihr
letztes bleiben seyn. Jedoch trösteten sie sich wieder mit der Gnade Gottes/ die sie so viel mahls erlöset hatte. Den 20. dito kam der
ober Bootsmann/ in das Boot und sagte / daß es mit Claus
Andres dergestalt beschaffen wäre / daß er es nicht lange mehr
machen würde: Darauff Wilhelm Barents sagte : Mich
deuchtet es wird mit mir auch nicht lange währen. Die Bootsleute

leute waren nicht vermuhten / daß **Wilhelm** so kranck wäre/
denn sie saſſen und redeten mit einander / und **Wilhelm** laſe in
Veers Charten / so er von di ſer Reiſe gemacht hatte / und hatten noch unterſchiedliche Reden hin und wieder darüber. am Ende
legte er die Charten weg / und ſagte/ **Gert** gebt mir einmal zu
trincken/ als er aber getruncken / überfiel ihn eine ſolche Schwach-
heit/ daß er die Augen verdrehete/ und ſtarb ſo unverſehens und ge-
ſchwind /| daß ſie keine Zeit hatten den Schiffer aus der andern
Schüte zu ruffen / und alsbald nach ihm ſtarb auch **Claus** An-
dries. Dieſer Tod des **Wilhelm Barents** brachte den
Bootsleuten nicht wenig Betrübnüß. Den er der fürnehmſte Führer und einige Steurmann war/ auff den ſie ſich nechſt Gott verlieſſen. Den 22. kühlete es ziemlich aus dem S. O. und damahls
war albereit zimlich offen Waſſer in der See. Sie muſten aber die
Schüten mit groſſer Mühe und Arbeit über ein ſtück Eiß/ daß wol
50. Schritte lang war ſchleppen/ darnach wieder auff das Eiß zie-
hen/ und noch abermahl wol 30. Schritte darüber ſchleppen/ ehe ſie
recht ins Waſſer kamen weiter fort zu fahren. Wie ſie darein ka-
men/ giengen ſie gegen O. N. O. zu Segel/ kamen aber mit der S.
Sonne rund herum wieder in das Eiß/ welches doch kurz hernach
von einander wich/ wie eine Schleuſe/ wenn ſie von einander gehet/
alſo daß ſie langs dem Lande hin etwas fort ſegelten / wurden aber
alſo fort wieder mit dem Eiſe beſetzet / welches ſie mit aller Macht
verſuchten weg zu ſchieben. Es war aber alles vergebens. Nach langer Zeit aber kam von ſich ſelbſt wieder etwas öffnung/ alſo daß ſie
durch kamen und langs dem Strande hinſegelten. Den 23. kamen ſie mit der S. O. Sonne an den **Capo des Troſtes**
da ſie abermahl wegen des Eiſes nicht durch kommen kunten. Denſelbigen Tag nahmen ſie die höhe der Sonnen/ und funden ſie auff
76. Graden 30. Minuten. Es war ſchöner Sonnen Schein und
gut Wetter. gleichwol hatte die Sonne ſo viel Krafft nicht/ daß ſie
den Schnee zerſchmeltzen kunte/ Trinck Waſſer davon zu haben:

P

alſo

110

also daß sie grossen Durst leiden mussten. Den 24. kamen sie ümb die S. Sonne / nach viel hin und her rudern durch das Eß wieder in die See / und segelten mit gutem fortgang biß an den Nassauischen Capo / denn sie leichtlich sehen kunten / weil sie ihrer Rechnung nach drey Meilen von dannen waren. Damahls giengen sechs Bootsgesellen an das Land / und brachten etwas Holtz mit ins Schiff / dabey sie einen Topff voll Wasser brey kochten / welches sie Marsomore hiessen / etwas warmes in den Leib zu bekommen. Den 25. und 26. wehete ein gewaltiger Sturm aus dem Süden / und das Eiß / daran sie angebunden lagen / brach in stücken / also daß sie in die See hinein trieben / und kunten nicht wieder an das feste Eiß kommen / und waren in tausenderley Gefahr allzumahl zu verderben. Da sie also in der See trieben / ruderten sie so viel sie vermochten / kunten aber nicht an das Land kommen / darum zogen sie die Focke auff und fingen an zu segeln / aber der Focken Mast brach zweymahl entzwey / also daß sie gezwungen wurden / unangesehen / daß ein ziemlicher harter Sturm wehete / das grosse Segel aufzuziehen. Es schlug aber der Wind so gewaltig drein / daß / wo sie es nicht eiligst wieder herunter bekommen hätten / so wären sie gewißlich in den Grund geschlagen / oder mit Wasser angefüllet worden / daß sie hätten müssen sincken. Denn das Wasser fing schon an über Bord zu lauffen / und gieng so hohl und voller Wellen / daß sie anders nichts als den Tod für Augen sahen. Aber GOtt der HErr halff ihnen abermahls / und verliehe unversehens einen N. W. Wind / der brachte noch alles zu rechte / daß sie mit grosser Gefahr wieder an das feste Eiß kamen. Wie sie aber also erlöset waren / wusten sie nicht / wo ihre andere Gesellen geblieben. Segelte derhalben eine Meilweges an dem festen Eise hin / funden sie aber nicht / also daß sie ihrentwegen böse Gedancken bekamen / und besorgeten / daß sie ertruncken wären. Es ward unterdessen neblicht Wetter / und weil Deers Leute ihre Mitgesellen nicht vernahmen / thaten sie einen Musqueten Schuß / da dieses die andern höreten / thäten sie

der-

dergleichen/ und kamen noch endlich wieder zusammen. Den 27.
kamen sie ohngefehr eine Meilweges von dem Naſſauiſchen Capo.
Und in dem ſie ſo lange dem feſten Eiſe an dem Lande hin ruderten/
funden ſie eine ſo groſſe Menge Walroſſe oder Seepferde auff dem
Eiſe liegen/als ſie noch niemahls geſehen hatten. ja ſie waren nicht zu
zehlen. Sie ſahen auch einen groſſen hauffen Vögel/ nach denen ſie
mit zwo Muſqueten zu gleich ſchoſſen / und bekamen ihr zwölff auff
auff einmahl. Den 28. brachten ſie alles Guht aus den Schüten/
auff das feſte Eiß./ darauff ſie auch hernach die Schüten ſelber zo-
gen/ weil ſie ſo gewaltig von allen Seiten von dem Eiſe gedrenget
worden/ und der Wind recht aus der See kam. Wie ſie auff dem
Eiſe waren haben ſie von den Segeln ein Zelt auffgeſchlagen/ darunter ſie ſich etwas zur Ruhe begeben könten / und ſtelleten einen
Man auff die Schildwache. Gegen Norder Sonne kamen drey
Bähren recht auff die Schüten zu. Als der Mann / ſo auff der
Schildwache ſtund/ ſie ſahe/ rieff er geſchwinde: drey Bähren/drey
Bähren. Darauff ſie hurtig mit den Muſqueten aus ihren Zelten
lieffen/ die nur mit Hagel geladen waren Vogel darmit zu ſchieſſen.
Wiewol ſie nun die Bähre damit nicht ſehr verletzeten/ ſo wichen ſie
doch wieder zu rücke / und gaben dem Volck Zeit und Raum ihre
Muſqueten wieder zu laden / alſo daß ſie einen von den dreyen todt
ſchoſſen. Wie die andern zween das ſahen/ lieffen ſie davon/. kamen
aber des andern Tages S. S. W. werts wieder an den Ort / da
der todte Bähr lag: und der eine von dieſen zween nahm den todten
in ſein Maul/und lieff einen groſſen weg mit demſelbigen über das
höckrichte Eiß hin / alda fielen ſie beyde darauff davon zu eſſen.
Wie das Bootsvolck das ſahe/ſchoſſen ſie mit einer Muſquete auff
ſie los. als ſie ſolches höreten/lieffen ſie davon und lieſſen der Todten Bähren liegen. Die Bootsleute giengen darauff ihrer vier da-
hin/ und befunden / daß ſie ihn in ſo kurtzer Zeit faſt halb auffge-
freſſen hatten/ und verwunderten ſich über die groſſe Krafft des

P iij Bährs/

Bährs / der den todten so gantz dahin geschleppet hatte / da sie
selb vierdte genug zu thun hatten den halben Bähren nur auff
zu heben.

Beschreibung/wie sie aus grosser Noht/wegen des treibenden Eises/alles ihr Guht aus den Schüten auf das Eiß brachten: und zu Mitternacht drey Bähren auff sie loß kamen / davon einer erschossen ward.

En 30. Junii trieb das Eiß noch ziemlich hart Ostwerts
an durch den Westen Wind. Dazumahl kamen zween
Bähren auff einer Eiß Schollen treiben / welche ihrer
Vermuhtung nach die / so des vorigen Tages da gewesen/ waren.
Sie stelleten sich als ob sie auff die Bootsleute loß gehen wolten/
thäten es aber gleichwol nicht. Umb S. S. O. Sonne kam noch
ein Bähr über das feste Eiß auff sie an. da er aber das ruffen hörete/
gieng er wieder hinweg.

Den 1. Julii umb die Ost Sonne kam wieder ein Bähr von
dem treibenden Eise/und schwamm zu ihnen über an das feste Eiß/
da sie lagen. wie er sie aber gehöret/lieff er davon. Umb die S. Ost
Sonne kam das Eiß so gewaltig an setzen aus der See / daß das
gantze Eiß / darauff sie sassen in viel Stücken brach und auff einander geschoben ward / darüber sie in nicht geringe Gefahr geriethen.
Denn das Guht/was sie noch hatten/fiel meisten theils ins Wasser.
sie wendeten aber allen Fleiß an/daß sie das Boot etwas weiter über
das Eiß nach dem Lande zu brachten / da sie vermeineten von dem
drengen des treibenden Eises beschirmet zu seyn. wie sie aber wieder
hingingen das Guht zu holen / so geriethen sie fast in die allermeiste
Gefährligkeit/ darinn sie noch jemahls gewesen waren.Denn als sie
das Guht zu erhalten nach dem einengrieffen / so brach das ander
wieder in das Eiß. Ja dem Volck seiber brach das Eiß offtmahls
unter den Füssen hinweg/also daß sie weiter keinen Raht mehr wus-
sten/ und den Muht fast verlohren gaben/ weil sie nicht sahen/ wie sie

sich

sich heraus wickeln solten. Wie sie die Schüte auff das Eiß ziehen
wolten/brach ihnen das Eiß unter den Füssen weg/und wurden mit
der Schüte und allem von dem treibenden Else fortgeschoben/ und
die Schüte gieng meistentheils in stücken/ sonderlich was sie daran
gemacht hatten: der Mast/ die Mast-Banck/ und meistentheils die
gantze Schüt/ darinn noch ein francker Bootsmann lag/ den sie
noch mit grosser Mühe und Lebens Gefahr daraus brachten. Denn
das Eiß/ darauff sie stunden trieb und ward unter das ander Eiß
hingeschoben/ worbey Arme und Beine in Gefahr stunden. Aber
Gott der HErr schickte es noch/ daß das Eiß etwas von einander
wiche. Da lieffen sie gantz geschwinde zu der Schüten zu/und zogen sie wieder/ wie sie war / besser oben auff das feste Eiß/ zum
Boot/alda sie mehr versichert lag. Dieses verdrießliche wesen währete von S.O. biß S.W. Sonne/welches die Bootsleut gewaltig krafsloß und kleinmühtig machte/ die desselbigen Tages zwo
Tonnen mit Brod/ ein Kästlein mit Leinwandt/ eine Tonne
mit ihrem besten Guht/den Astronomischen Ring/ ein Pack roth
Scharlacken/ein klein Fäßlein Oel/etliche Käse/ und ein klein Fäßlein Wein verlohren.

Den 2. Julii ümb W.S.W. Sonne ward es schön Wet-
ter/und wie ihrer sechse geschäfftig waren die Schüte wieder aus zu
bessern/ giengen die andern sechse besser nach dem Lande zu/etwas
Holtz auff zu lesen/ und einen theil Steine mit zu bringen/ die man
auff dem Eise auff einander legen wolte/Feuer darauff zu machen/
und Thär/ so zur Schüte nöhtig war/zu brennen/ wie auch
Mastholtz zu suchen/welches sie alles funden/ an den Ort/ da die
Schüte lag/hin brachten/und erzehlten ihren Mitgesellen/daß sie einig behauen Holtz angetroffen hatte. sie brachten auch Keile mit/ damit man das Holtz spaltete/woraus zu mercken/daß Leute alda müsten gewesen seyn. Sie eileten/ so sehr als sie kunten/und bekamen
die Schüte ümb die Sonne N. zum O. fertig/ kochten auch die
Vögel die sie geschossen hatten/und lebeten wol darbey. Den 3.

P iij   gieng

giengen zween von den Bootsgesellen nach dem Wasser/und funden
alda wieder ihre zwey Ruder samt dem Helmstock/von dem Steuer-
Ruder/ den Pack mit rohten Scharlacken/ den Kuffer mit Lein-
wandt/ und einen Hut aus der Tonne. Davon nahmen
sie mit so viel sie tragen kunten/und sageten ihren Mitgesellen/ das
noch mehr Guht alda verhanden wäre: welche denn selb fünffe
hingingen/und brachten alles Guht auff das feste Eiß/ und nahmen es mit/ als sie abfuhren.

Den 4. Dieses war es so schön helle Wetter/dergleichen sie
noch niemahls/ so lange sie auff Nova Zembla gewesen waren/
gehabt hatten. Damahls haben sie den Sammet/ der von
dem Saltzen Wasser naß worden/in frischem Wasser/so von dem
geschmoltzenen Schnee kam/außgewaschen/ und wieder eingepa-
cket. Den 5. starb **Johañ Jansen von Harlem/Clauß
Andriessens Neffe**/ und das Eiß kam abermahls gewaltig zu
treiben. Den 7. schossen sie dreyzehen Vögel/welche ihnen des folgenden Tages eine herrliche Mahlzeit gaben. Den 9. begunte das
Eiß zu treiben/daß sie an der Land-Seiten offen Wasser bekamen/
und das feste Eiß/darauff sie sassen ward auch treibend/ darumb sie
die Schüten wol 340.Schritt weit in das Wasser schlepten/ welches ihnen sehr schwer fiel/ und giengen zu Segel/ ümb S. S. O.
Sonn/ musten aber ümb Westen Sonne wieder nach dem Lande
an das feste Eiß sich begeben/ weil es alda noch nicht abgewi-
chen war.

Beschreibung/ wie sie zwischen dem Eise eingeschlossen wurden/also/ daß sie die Schüten einen grossen weg
darüber ziehen musten/ biß sie wieder offen
Wasser funden.

DEn 10. thäten sie grosse Arbeit durch das Eiß zu kommen/
und ruderten fort/ biß sie wieder zwischen zwey grosse stücke
Eiß gerieten/die sich gegen einander schoben/also daß sie gezwungen

zwungen wurden die Schüten darauff zu ziehen/ das Guht außzu-
laden/ dasselbige biß an das offene Wasser über zu schleppen / und
darnach das Guht auch bey 100. Schritte weit hinüber zu tragen/
welches ihnen sehr schwer fiel. Aber sie musten hindurch/und durfften sich nicht einmahl einbilden/daß sie müde wurden. Wie sie in
das Wasser kommen / ruderten sie bester massen fort. Sie kamen
aber nicht lange hernach wieder/zwischen zween grossen stücken trei-
bendes Eisses/da sie noch gleich durch hin kamen/ehe sie sich zusammen schlossen. Wie sie dadurch waren / bekamen sie einen starcken Westwind recht ihnen entgegen/ also daß sie mit gantze Macht
wieder an das feste Eiß zurudern muste/dahin sie mit genauer Nohte
kamen/ und die Schüten hinauff zogen/erwartend wie es Gott mit
ihnen schicken würde/wiewol sie alle sehr kleinmühtig waren.

Den 11. kam ein trefflich fetter Bähr aus dem Wasser in
vollem Lauff auf sie loß. sie erwartete aber seiner mit drey Musque-
ten/ die sie zugleich auff ihn anlegten/ und da er bey 30. Schritt an
sie kam/ schossen sie alle zugleich auff ihn/ daß er alsobald todt blieb
und nicht einen Fuß mehr regete. Daß aus den Wunden heraus
triffende Fett lieff auff das Wasser / und schwam darauff wie ein
Oel. Sie fuhren auf einem stück Eiß nach ihm hin/ wurffen ihm
einen Strick ümb den Hals/ schlepten ihn auf das Eiß / schlugen
ihm die Zähne aus dem Kopffe/massen ihn/und befunden daß er acht
Fuß dicke war. Darnach giengen drey Bootsgesellen nach der
Insul/ die vor ihnen lag / und wie sie alda waren / sahen sie die
Creutz-Insul gegen Westen vor ihnen liegen / liessen dahin/
ümb zu sehen/ ob auch etliche Russen diesen Sommer über alda ge-
wesen/ kunten aber nicht vernehmen/ daß jemand nach ihrer Abreise
alda gewesen wäre. Sie bekamen daselbst wol 70.Eyer von Berg-
Endten/und kamen also wieder/ nach dem sie zwölff Stunden aus
gewesen waren / da indessen die andern nicht wenig ihrenthalben bekümmert gewesen. Sie erzehlten ihnen/wie sie bißweilen biß an die
Kale im Wasser auf dem Eise zwischen den beyden Insuln gegangen

gen wären/ also daß es den andern frembd für kam/ wie sie sich sol-
ches/ da sie doch so schwach waren/ unterstehen dürffen. Mit den
Eyern die sie mit brachten/ ergetzten sie sich alle gar sehr/ und lebeten
darbey als grosse Herren / also daß sie bey ihren Schmertzen/
bißweilen auch noch Kirchmesse hielten. Sie theileten darbey den
letzten Wein üm/ und bekam ein jedweder davon drey halbe Nössel.

Den 16. kam ein Bähr von dem festen Lande auff sie zu/ den
sie Anfangs nicht recht sehen kunten/ denn er war so weiß als der
Schnee. wie er nahe zu ihnen kam/ schossen sie auff ihn loß/ und traffen ihn/ dadurch er wieder hinweg lieff. Des andern Tages aber/
als ihrer etliche auff die nechste Insul gegangen waren/ zu verneh-
men/ ob einige öffnung verhanden wäre/ und sie etwa auff den halben Weg kamen/ funde sie den Bähr hinter einen stück Eises liegen.
wie er sie hörete wolte er hinweg lauffen/ aber einer von den Bootsgesellen stieß ihn mit seinem Bootshacken auff die Haut/ daß er auff
seine hinter Pfoten trat/ und wie der ander wieder auff ihn zu stieß/
schmiß der Bähr das Eisen von den Bootshacken in stücken/ daß
der Mann auff den hintern niederfiel. Wie die andern Bootsgesellen das sahen/ schossen sie auf den Bähr loß/ darüber er davon
lieff. Der ander lieff ihm gleichwol noch nach/ mit seiner abgebro-
chenen Stange/ und stieß ihn damit auff die Haut. Der Bähr
kehrete sich jedesmahl wieder ümb/ und sprang zu dreyen mahlen
nach ihm zu. Mitlerzeit kamen die zween andere Bootsgesellen darzu und schossen ihn noch einmahl durch den Leib/ also daß er auff seinem hintern sitzen ging und schwerlich mehr fort kommen kunte.
Hierauff schossen sie ihn noch einmahl/ da blieb er liegen/ und sie
schlugen ihm die Zähne aus dem Munde. Den 18. luden sie die
Schüten aus/ zogen sie auf und über das Eiß zum offnen Wasser/
und darnach auch das Guht/ wol tausend Schritt weit/ welches ihnen so saur und mühselig an kam/ daß sie vermeineten sie müsten die
Arbeit anstehen lassen. Aber sie machten aus der Noht eine Tugend/
und giengen zu Segel als die Sonne W. zum S. war/ sie geriethen

at er

aber wieder ins Eiß/ darauff sie die Schüten hinauff ziehen musten.
Sie kunten die **Creutz-Insul** sehen/ und muhtmasseten/ daß
sie noch ohngefehr eine Meile davon wären.   Den 19. wie sie also
auf dem Eise sassen/ sind mit aufgang der Sonnen ihrer sieben nach
der **Creutz-Insul** gangen/ und haben alda gegen Westen viel
offen Wasser gesehen/ worüber sie sehr froh geworden/ also daß sie so
sehr als sie kunten wieder zu ihren Schüten zu kommen eileten. Jedoch nahmen sie noch bey hundert Eyer aus / welche schleunig gekocht und umbgetheilet wurden / und damit giengen sie also fort
an das Werck/ die Schüten wieder ins Wasser zu bringen/ welches
sie mit grosser Freudigkeit thäten/ in Hoffnung/ daß solte nunmehr
das letzte mahl seyn.   Wie sie ins Wasser kommen/ sind sie auff
Gottes Gnade zu Segel gangen mit gutem Fortgang/ also daß sie
gegen Abend die **Creutz-Insul** erreicheten: darauff sie also fort
das Eiß verließ/ daß sie gantz daraus kamen : sahen zwar noch etwas davon in der See aber das hinderte sie nicht. sie richteten ihren
Lauff W. zum S. mit einem stetenkühlenden Winde aus O. und
O. N. O. also daß sie jedesmahl 18. Meilen zu segeln vermuhte-
ten/ dadurch sie gutes Muhts und voller Freude waren/ und dan-
cketen Gott / daß er sie aus so vieler schweren Gefahr und Ungemach erlöset und errettet hatte.

Beschreibung / wie sie bey dem Ost-Ende der
Creutz-Insul aus dem Eise kamen/ und mit guten
Fortgang ihre Reise verfolgeten.

DEn 20. dito hatten sie noch hertzlichen Fortgang/ und kamen
ümb S. O. Sonne den **Schwartzen Huck** vorbey:
und gegen Abend ümb die Wester-Sonne/ sahen sie die
Admiralitet-Insul/ die sie ümb die Norder Sonne vorbey
segelten. Alda sahen sie wol bey 200. Wallrosse auff einem stück
Eiß/ segelten nahe ihnen zu / und jagten sie davon abe / welches
ihnen bey nahe nicht zum besten bekommen wäre. denn weil es starcke

Q   See

118

See Ungeheuer seyn/ schwummen sie starck auff sie zu/ als wenn sie das ihnen angethane Leid wolten rächen/und setzten sich rund ümb sie her./ nicht anders als wenn sie die Leute gäntzlich verderben wolten. Jedoch entkamen sie ihnen/noch wegen des guten Windes. Es war aber gleichwol nicht wol gethan/schlaffende Wölffe auff zu wecken. Den 21. fuhren sie Capo Plancio und Langenes vorbey. Den 22. kamen sie bey Capo de Cant, da giengen Veers Leute an das Land Vögel und Eyer zu suchen/ funden aber keine. Aber hernach ümb die Süder-Sonne/ wurden sie einer Steinklippe gewahr/ die voller Vögel saß/ und wurffen mit Steinen darunter/ daß sie 22. Vögel und 23. Eyer bekamen/ welche einer von den Bootsleuten von der Klippe herab holete. Umb die S.W. Sonne kamen sie wieder an einen Huck/ alwo sie wol 125. Vögel kriegeten/ die man mit der Hand auff ihren Neste grieff/ daß es schiene/ daß sie sich für niemand scheueten/ als vor Füchsen und andern wilden Thieren/ die auff die höhe jähe Klippen nicht kommen kunten. Denn so sie sich für den Leuten gescheuet oder gefürchtet/ hätten sie leichtlich entfliehen können. Aber nun waren sie dem Augenschein nach auff der Klippen gantz ohne Sorge, welche Klippe so jäh war/ daß die Bootsgesellen in nicht geringer Gefahr waren Arm und Beine zu zerbrechen/ sonderlich in dem herab steigen. Diese Vögel hatten jedweder nur ein Ey in ihrem Neste/ und das auff die blosse Klippe nieder geleget/ ohn alles Stroh oder weiches darbey/also daß es zu verwundern wie sie die Eyer in solcher Kälte außbrüten könten. Da sie nun wieder vom Lande abfuhren bekamen sie recht den Wind zugegen/und das Wasser auch so voll Eiß/ daß sie nach lange lavieren und vieler vergeblichen Mühe/wieder in das Eiß geriethen. Der Schiffer/ welcher mit seiner Schüte noch besser in der See war/und sahe/daß sie in dem Eise waren/ und noch darinnen segelten/muhtmassete daß sie noch offen Wasser sahen/ (wie sie auch thäten) da sie nach zu segelten/wendete sie auch nach ihnen zu/ und kamen zusammen an das Land/ woselbst sie einen guten Haven ans

antraffen / darinn sie meisten theils vor allen Winden sicher lagen.
Althier giengen sie an das Land / und lasen Holtz auff / dabey sie ihre
gefangene Vögel kochten. Den 23. dito war es dunckel und nebliche
Wetter / also daß sie in dem selbigen Haven musten liegen bleiben /
indessen giengen etliche weiter Landwerts ein / und funden ein theil
Gold Steinlein.   Den 24. nahmen sie die Höhe von der Son=
nen / und befunden daß sie alda auff 73. Gr. und 10. Minuten la=
gen. Sie musten noch immer an dem Lande bleiben / und giengen
wieder hin Gold=Steinlein auffzulesen / so die besten waren / die sie
noch jemahls gefunden hatten. Den 26. giengen sie zu Segel ümb
die S. Sonn. und weil der Haven oder der Meer=busen sehr groß
war / war es wol Mitternacht ehe sie heraus kamen.   Den 27. ru=
derten sie durch das gebrochene Eiß / langs an dem Strande hin /
und kamen des Abends ümb die Wester Sonne an einem Ort / alda
ein gewaltiger Strom gieng / daher sie muhtmasseten daß sie in der
Gegend Costinsarch waren / und sahen daselbst einen grossen Meer=
busen / der ihrer Meynung nach durchhin ging in die Tartarische
See. Umb die Norder Sonne fuhren sie den Creutz=Huck
vorbey / und segelten zwischen dem festen Lande und einer Insul
hindurch.

Beschreibung / wie sie endlich nach vieler Mühe zwey Rüssische Lodgien (oder Schiffe) angetroffen / welche die Bootsleute kenneten / weil sie im vergangenem Jahre in Weygats zu ihnen kommen waren.

Den 28. Julii segelten sie langs dem Lande hin / und kamen
S. W. Sonn vor St. Lorentz Bay oder den
Schantzhuck. Alda funden sie bey dem Huck zwey
Russische Lodgien liegen / dadurch sie sehr erfreuet waren / daß
sie einmahl an einen Ort kommen / da sie Menschen funden. Zum
theil waren sie auch besorget / weil diese Leute wol dreissig Mann
starck waren / unwissend / was es für Leute / wilde oder undeutsche

waren.

waren. Die Holländer kamen mit grosser Mühe an das Land.
Als solches die Ruſſen ſahen/ lieſſen ſie ihre Arbeit ſtehen/ und kamen
nach den Holländern zu/ jedoch ohne Gewehr. Wie ſie zuſammen kamen/ erwieſen ſie einander/ jedweder auff ſeine Weiſe/ groſſe Ehrerbietung. Etliche unter ihnen erkandten die unſerigen und
ſahen ſie kläglich an/ darüber die unſerigen ſie gleichfals erkenneten/
und ſahen/ daß es eben dieſelbigen waren/ welche die vorige Reiſe/
da ſie durch Weygats fuhren/ bey ihnen auff dem Schiffe ge-
weſen/ und deßwegen/ wie ſie an ihnen wol mercken kunten/ ſich über
ſie entſetzten und Mitleiden hatten/ als ſie ſahen/ daß ſie nun ſo mager und ungeſtalt/ mit offenen Schüten dahin getrieben kamen/
welche ſie vormahls ſo wolgeſtalt mit ſo einem herrlichen Schiffe
und allem wol verſehen angetroffen hatten.

Unter ihnen waren ihrer zween/ welche den Schiffer und Veer
freundlich auff die Schulter ſchlugen/ als die ſie noch von dem vorigen mahl kenneten/ (denn niemand als dieſe zween waren vorhin mit in Weygats geweſen/) und fragten ſie nach ihr
Crabble oder Schiff. Sie/ weil ſie keinen Dolmetſcher hat-
ten/ gaben ihnen zu verſtehen/ daß ſie ihr Schiff in dem Eiſe ver-
lohren/ darauff die Ruſſen antworten: Crabble propal. Dieſes
meinten die unſern/ daß es ſo viel bedeutete: habt ihr das Schiff
verlohren? und antworteten: Crabble propal. Ja wir haben es
verlohren. Da gaben ſie zu verſtehen/ daß ſie damahls Wein in
den Schiff getruncken hätten/ deßwegen einer von den Boofsgeſel-
len in die Schüte hin lieff/ und zapffete etwas Waſſer/ und ließ es
ſie koſten. Aber ſie ſchüttelten den Kopff/ und ſagten: no dobre,
das iſt/ das iſt nicht gut. Darnach iſt der Schiffer näher zu ihnen
getreten/ und ſie laſſen in den Mund ſehen/ ihnen dadurch zu verſtehen zu geben/ daß er und die Seinigen mit dem Scharbock geplaget
wären/ ob ſie dazu nicht raht wuſten. Sie verſtunden/ daß die
unſern hunger hätten/ und einer von ihnen lieff alsbald in ihre
Loodgie/ und holete ein rund Rocken Brod/ ohngefehr acht Pfund
                                                              ſchwer

schwer/ und etliche geräucherte Vögel. Der Schiffer danckte ih-
nen/ und gab hingegen ein halb dußend Zwieback/ führete zwo von
den Fürnehmsten unter ihnen in seine Schüte/ und schenckte ihnen
noch einmahl von dem Wein/ denn er hatte. die andern Bootsgesellen gingen hin/ da sie lagen/ und kochten bey ihrem Feuer etwas
Zwieback in Wasser/ damit sie etwas warmes in den Leib bekämen/
un waren höchlich erfreuet und danckte Gott/ daß sie erst nach dreyzehen Monaten nun einmahl wieder Menschen sahen. Des Mor-
gens/ als den 29. dieses/ haben sich die Russen fertig gemachet/ weg
zu segeln/ und gruben aus dem Zingel etliche Tonnen Thran/ die sie
darunter vergraben hatten/ und brachten sie in ihr Schiff. Die un-
serige nicht wissend/ wo sie hin wolten/ sahen/ daß sie nach Weygats lieffen. darüber sie gleichfals die Segel auffgezogen/ und ihnen nachgefolget. Es war aber so neblicht und dampfficht Wetter/
daß sie ein ander aus dem Gesichte verlohren. Gleichwol sind die
unserigen zwischen zweyen Insuln durch/ fort gesegelt/ biß sie abermahl hart mit Eiß besetzet worden/ und keine Oeffnung sahen.
Daher sie vermuhteten/ in der Gegend Weygats zu seyn/ und
daß der Nordwesten-Wind das Eiß alda in dem Meerbusen zusamen getrieben. Sind derowegen mit grosser Mühe wieder zu rücke gefahren/ biß an die vorgedachte zwo Insulen/ und haben an
der einen ihre Schüten fest gemacht.

Den 31. ruderten sie von dieser Insul nach einer andern/ auff
welcher zwey Creuße stunden/ schlossen daraus/ daß einige Leute
alda ihret Nahrung halber müsten gelegen haben/ funden aber
niemand.

Alhier giengen sie zu ihrem grossen Glück an das Land/ denn
sie funden daselbst Löffel-Kraut/ welches ihnen wunderwol zu statten kam/ in Betrachtung daß sie viel Krancken hatten/ ja fast alle: in
dem sie von dem Schirbock dermassen geplaget waren/ daß sie
schwerlich weiter fort kommen kunten. Sie assen diese Blätter
mit Handen voll auff/ weil sie in Holland viel von diesem Krauts

Q iij   Krafft

Krafft hören sagen / sie befunden aber weit mehr als sie gehört oder
gemeinet hatten / denn sie empfunden davon so merckliche und geschwinde Hülffe / daß sie sich selber höchlich darüber verwunderten.
ja/ etliche assen alsobald wieder Zweyback/ welches sie furtz zuvor
nicht thun können.

Den 3. Augusti 1597. wurden sie schlüssig/ von Nova Zembla nach Rußland über zu fahren. Segelten derhalben Süd Süd
West an biß zu der Ost-Sonne zu / und kamen da wieder in das
Eiß / welches sie so hefftig erschreckte / das sie alles verlohren
gaben.

Wie sie also in dem Eise bey stillem Wetter sassen/ ruderten sie
mit grosser verdrießlicher Arbeit dadurch/ und kamen ümb S. W.
Sonne wieder in die offene See/ da sie kein Eiß mehr vernahmen.
Da sie nun fort segelten/ vermeineten sie die Russische Küste zu erreichen / gerieheten aber ümb die N. W. Sonn wieder ins Eiß/
darüber sie gantz verzagt waren/ aus beysorge/ daß es ihnen allezeit
anhangen/ und sie nimmermehr wieder darauß kommen würden. Und
weil sie mit dem Boot nicht wol fort kommen/ noch über die Ecke
des Eises hin segeln kunten/ wurden sie gezwungen sich darin zu begeben. Wie sie darein kamen/ hatten sie es etwas besser und kamen
mit grosser Arbeit wieder ins offen Wasser. Der Schiffer/ der in
der andern Schüte/ und besser besegelt war/ fuhr über den Eißhuck
hin/ und kamen also wieder zusammen. Den 4. dieses ümb die
Süder-Sonne auff dem Mittag/ sahen sie die Rußlandische
Ruste vor aus liegen/ darüber sie sehr froh wurden/ und da sie derselbigen etwas näher kamen, ruderten sie an das Land/ alda sie biß
S. W. Sonne zu lagen. Von dannen sind sie langs der Russischen Küste mit zimlichem Fortgange fortgesegelt, und sahen sie gege
Norder Sonne abermahls eine Russische Jolle (Schiff/) welcher
sie zu rieffen / Candenoes / Candenoes/ aber die Russen
rieffen wieder/ Pitzora/Pitzora/ und gaben damit zu verstehen / daß die unserigen nicht bey Candinoes sondern erst bey
Pit-

Pitzora wåren/ denn sie/ durch den Compas/ welcher auff einem
Kasten mit eisern Banden stund/ so verleitet gewesen/ daß es ihnen
wol zwo Streiche fehlete. Wie sie sahen daß sie also verirret wa-
ren/ blieben sie alda liegen/ underwarteten des Tages. Den 5.
dieses ist einer von den Bootsgesellen an das Land gegangen / und
da er befand / daß es alda grün war/ und etliche kleine Båumlein
verhanden waren / rieff er die andern/ daß sie mit Röhren an das
Land kommen solten/ denn alda wåre Wild zu schiessen/ darüber sie
sehr froh wurden/ denn ihr Essen war nun fast alles auffgezehret/
uñ war nichts übrig als noch ein wenig verschimelt Brodt/ also daß
etliche riethen / man solte die Schüten verlassen/ und Landwerts ein
lauffen/ oder sie müsten alle Hungers sterben. Den 6. Augusti
ermahneten sie einander fort zu rudern / (weil es recht gegen den
Wind war) aus diesem Meerbusen heraus zu kommen. Wie sie
aber bey drey Meilen fortgerudert/ kunten sie nicht weiter kommen
wegen des contrariirenden Windes/ als auch weil sie ermüdet und
Krafftlos waren / auch das Land höher nach dem Nord-Osten sich
erstreckte / als sie wol gemeinet hatten. Den 7. segelten sie aus dem
Meerbusen und kamen in den Huck des Landes/ da sie erst gewesen
waren. Alhier musten sie abermahl wegen contrari Wind an-
legen/ darüber ihnen das Hertze sehr entfiel/ weil sie keinen Außgang
sahen/ wie sie von dannen kommen solten. Die Kranckheit und der
Hunger verzehrten schier ihr Fleisch und Blut. Hätte erbärmlich außsehen etwas helffen mögen / so solte es bald besser worden
seyn. Den 8. und 9. war noch keine Besserung da. Derhalben sind
etliche von den Bootsleuten an das Land gangen / und sahen endlich
eine Schüte zwischen Candenoes und dem festen Lande von
Rußland stehen / woraus sie vermuhteten/ daß es der Cours war/
dahin die Russen kamen. In dem zurück gehen funden sie unterwegens ein todtes Sce-Caninichen/ das sehr stunck. sie schlepten
es mit biß an die Schüte/ und vermeineten ein gut Wilprat daran
zu haben/ weil sie grossen Hunger litten/ aber die andern wieder-
riethen.

riethen es noch/ und sprachen / daß ehe sie daran den Todt freſſen
wolten/ wolten ſie noch lieber Hunger leiden/ wenn es ja Gott der
HErr vielleicht ſo verſehen hätte. Denn ſie ruderten ſie gegen die
Süder Sonne zu/ und bekamen dazumahl einen ſchönen ſanfften
Wind ausdem Süden / alſo daß ſie der Segel mit einem guten
Fortgange ſich gebrauchten. Auff den Abend aber fieng es ſehr ſtarck
an zu wehen/ alſo daß ſie an das Land ruderten. Sie ſtiegen aus
friſch Waſſer zu ſuchen/ kunten aber keines bekommen. Alda ſchluge
ſie ihre Zelten auf/ ſich darunter zu verbergen/ denn es begunte gewaltig zu regnen / auch ümb Mitternacht ſtarck zu donnern / über
welchem allen die Bootsgeſellen ſehr unwillig waren/ weil ſie ſahen/
daß noch kein Beſſerung verhanden/ ja etliche wünſcheten ihnen gar
den Todt.

Den 12. dieſes ümb die Oſter Sonne/ ſahen ſie eine Ruſſiſche
Lodgie mit vollen Segeln ankommen / worüber ſie nicht wenig ſich
erfreueten/ und eileten was ſie kunten die Schüten auff die Tieffe zu
bringen/ und darnach zu zuſegeln. Wie ſie zu ihnen kamen / gieng
der Schiffer in die Lodgie/ und fragte/ wie weit ſie noch von Candenoes wären/ ſie kunte es aber wegen unbekanter Sprache von ihnen
nicht verſtehen. Sie reckten fünff Finger in die Höhe / welches die
unſern deuchtete ſo viel zu bedeuten / daß fünff Creutzen auff dem
Lande ſtunden/ ſie brachten auch ihren Compaß herfür / und wieſen
darmit daß das Land N. W. von ihnen lag/ welches die unſerigen
auff ihren Compas auch alſo befunden. Wie ſie nun keine beſſere
Nachricht von den Ruſſen vernehmen kunten / trat der Schiffer
etwas näher zu ſie/ und wieſe ihnen eine Tonne mit Fiſchen/ die ſie
hatten/ und fragte ob ſie dieſelbigen verkauffen wolten/ und zeigete
ihnen dafür einen Real von achten / oder einen Reichsthaler zu geben. Wie ſie ſolches vernahmen/ gaben ſie ihm hundert und zween
Fiſche/ und etliche Kuchen die ſie im kochen mit ihrem Fiſch geſotten hatten. Umb die Süder Sonne ſchieden die unſerigen von
ihnẽ ſehr froh/ daß ſie etwas von Lebensmitteln bekomen hatte. Deſ-
                                                                            ſie

sie hatten lange Zeit nicht mehr als vier Untzen Brodt des Tages
gehabt/und nur Wasser/ und sonsten nicht das geringste mehr darzu. Die Fische theileten sie unter einander üm/jedem gleiche viel/
dem geringsten so wol als dem fürnehmsten/ohne unterscheid. Den
13. giengen zween von den Bootsgesellen an das Land zu verneh-
men/ob der Huck von Candenoes alda sich in die See erstreckte-
te. Und da sie wieder kamen sagten sie/daß sie nichts anders spüren
könten/als daß das der Huck wäre/ den sie meineten. Darüber sie
alle gutes muhts waren/ giengen wieder in die Schüten/und ruderten also an dem Lande hin. Des Nachmittags ümb die S. W.
Sonne/wurden sie gewahr/ daß der Huck/ den sie gesehen hatten/
nach Süden hinfiel/daburch sie nunmehr für gewiß hielten/ daß es
der Huck oder die Ecke von Candenoes wäre/ von dannen sie ü-
ber den Mund der weissen See zu segeln vermeineten. hierüber führeten sie einander an den Bordt/ und stiessen endlich von dem Lande
ab/ ihrer Meinung nach/ nach Rußland zu. Wie sie also mit gutem Fortgange fortsegelten/ist ümb Mitternacht ein grosses Ungewitter aus dem Norden entstanden, wodurch die zwey Schüten von
einander verirret sind. Den 14. ward es wieder helle Wetter/also/
daß die in Veers Schüte waren/ihre andere Gesellen gleich ersahe/
und wendeten allen müglichen Fleiß an/zu ihnen zu kommen/sie kunten aber nicht/weil es wieder neblicht ward. Als sie den 15. mit einem schönen kühlen Winde fort segelten/ sahen sie ümb die Süder
Sonne das Land/ und meineten/daß sie nun an der Westseite der
weissen See/ Candenoes vorbey wären / wie sie nun nahe an
Land kommen / sahen sie alda sechs Russische Lodgien liegen/ nach
welchen sie hinzu segelten/ und die Russen fragten/ wie weit sie noch
von Kilduyn wären. Die gaben ihnen zu verstehen/daß sie noch
weit davon wären / weil sie noch an der Ostseite von Candenoes wären. Sie schlugen ihre Hände von einander/ und deuteten damit an/ daß die unserigen noch über die weisse See müsten/
und daß es sehr gefährlich seyn würde mit so kleinen Schüten dar-

R   über

über zu fahren. Sie gaben den unserigen/ als sie gefragt wurden/
auch ein Brodt/ welches sie so trocken bey dem rudern auff assen/
kunten aber nicht glauben/ daß sie erst alda seyn solten/ sondern liessen sich bedüncken/ daß sie albereit über die weisse See hinüber waren. Den 16. sezeten sie ihren Lauff fort nach einer Russischen Lod-
gie/ die sie an dem Steuerboord gesehen hatten / zu welcher sie mit
grosser Mühe kamen/ und fragten sie umb Zembla de Cool oder
Kildwyn, aber sie schüttelten die Köpffe und gaben zu verstehen/ daß
es Zembla de Candenoes wäre. Dieses glaubeten die unserigen nicht/ und begehrten von ihnen einige Speise. Sie gaben ihnen
ein stück Schollen/ welche der Schiffer ihnen mit einem stücke Geldes-
bezahlete. Darauff segelten die unsern ab durch das Loch/
zu kommen/ davor sie lagen / weil es sich biß in die See erstreckte.
Weil aber die Russen sahen/ daß sie auff einem Irrwege waren/ und
daß die Fluf meistentheils verlauffen war/ sandten sie zween Männer mit einem grossen Brodt in einem kleinen Jolletgen (oder
Bootgen) zu den unsern/ und gaben ihnen zu verstehen/ daß sie wieder an ihr Schiff kommen solten / einander besser zu unterrichten.
Die unsern gaben ihnen ein stück Geld samt einem stück Leinwandt/
sie aber blieben immer bey ihnen. Und die voh der grossen Lodgie
steckten Speck und Butter in die höhe/ die unserigen zu ihnen zu lo-
cken/ dahin sie auch fuhren. Wie die unserigen zu ihnen kommen/
zogen sie ihre Karte herfür/ daraus sie sie unterrichteten/ daß sie noch
an der Ostseite der weissen See und Candenoes wären. Wie
solches die unsern vernahmen/ waren sie sehr bekümmert / daß sie
noch so eine weite Reise über die weisse See zu thun hatten/ am allermeisten aber wegen ihrer Mitgesellen/ die indem Boot waren. Der
Schiffer kauffte von den Russen drey Säcke Mehl/ drittehalbe seiten Speck / einen Topff Russische Butter/ und eine Tonne Honig
zur vorsorge für sein Volck und die andern Bootsleute / so sie wieder zusammen kämen. Mitlerzeit war die Fluth verlauffen/ und
sie segelten mit der vor-Ebbe wieder durch das Loch hinaus/ da das
kleine

kleine Jollегgen zu ihnen kam/ und fuhren fort biß sie eines hervor
steigenden Hucks oder Ecken gewahr worden/den sie vor Candenoes hielten. Alda blieben sie auf den Abend liegen/und kochten einen Topff voll Wasser und Mehl/welches ihnen sehr wol schmeck-
te/ weil etwas Speck und Honig darinn war/ also daß sie damahls
lustige Kirchmesse hielten. Sie waren aber unterdessen sehr umb ihre andern Mitgesellen bekümmert/die sie nicht wusten/ wo sie möchten geblieben seyn.

Beschreibung/ einer Russischen Lodgie/ die sie in der See antraffen/ welche ihnen von ihrer fahrt unter-richt gab: und daß sie die weisse See noch nicht überschiffet hätten.

WJe sie den 17. vor Ancker legen/ sahen sie des Morgens bey
anbrechender Morgenröhte eine Russische Lodgie aus der
weissen See kommen / dahin sie alsobald ruderten/
und bekamen alsobald/ da sie zu ihnen kamen/ ungebeten von ihnen ein Brodt. Die Russen bedeuteten ihnen auffs beste sie kun-
ten/ daß sie mit ihren andern Gesellen geredet/und daß 7. Männer
darauff gewesen. Als nun die unserigen dieses nicht wol verstehen
kunten / reckten sie sieben Finger in die höhe/und wiesen zugleich mit
auff die Schüte/und zeigeten damit an / daß es eben eine so offene
Schüte wäre/und daß sie ihnen Brodt/ Fleisch/ Fisch/ und anders
mehr verkauffe hätten. Indem die unserigen hierüber sich erfreuetё/
wurden sie bey ihnen eines kleinen Compasses gewahr/welche sie ken-
neten/als der von ihrem Oberbootsmann herkommen war: fragten
sie derhalben / wie lange es sey daß sie ihre Bootsgesellen gesehen/
und in welcher Gegend? Sie deuteten an: des Tages zuvor/und
erwiesen den unserigen alle Ehre und Freundschafft/ welche ihnen
höchlich danckten/und gutes Muhts waren/daß sie von ihren Mitgesellen Zeitung empfingen/ umb so viel mehr/ weil dieselbigen so
wol gespeiset worden/ darumb sie ihrent halben am meisten beküm-

R ij   mert

merck geweſen waren. Ruderten derhalben mit allem Fleiß nach ihnen zu/ ob ſie dieſelbigen wieder erreichen möchten/ und nach dem ſie
den gantzen Tag langs dem Lande hin gerudert hatten / traffen ſie
ümb Mitternacht einen Waſſerlauff mit friſchen Waſſer an/ dar-
ümb ſie zu Lande ſtiegen/ holeten Waſſer/ und bekamen zugleich et-
twas Löffelkraut.

Den 18. des Morgens ümb die Oſt-Sonne zogen ſie den
Stein daran ſie lagen/ anſtat ihres Werfft-Anckers auff / und ruderten immer an dem Lande hin/ biß zur Süder-Sonne zu/ da ſie
denn einen hervorgehenden Huck mit etlichen ſchimmernden Creutzen erſahen/ und ümb die Weſt-Sonne merckten ſie/ an dem Zeichen eigentlich/ daß es der Huck von Candenoes war/ und der
Eingang in die weiſſe See / darnach ſie lange Zeit verlanget hatte..
Dieſer Huck iſt ein kentlicher Huck mit fünff darauf ſtehenden Creu-
tzen/ und man kan es vollkommentlich ſehen/ wie er an beyden Seiten
ſich theilet: an der einen gegen S.O. und der andern S.W. Wie ſie
nun des vorhabens waren darüber nach der Weſtſeiten der weiſſen
See an die Lapländiſche Küſte ſich zu begeben/ befunden ſie/ daß eines von ihren Fäßgen mit friſchem Waſſer gefüllet / meiſtentheils
außgelauffen war: und weil ſie wol 40. Meilweges zu fahren hat-
ten/ ehe ſie wieder friſch Waſſer bekommen kunten / trachteten ſie
noch vorher an das Land zu rudern/ friſch Waſſer zu holen: Weil
es aber rundherum ſo ſehr brauſete/ dürfften ſie es nicht wagen/ giengen derhalben auff Gottes Gnade zu Segel / und fuhren ümb die
N.W. Sonne ab/ und ſegelten die gantze Nacht/ wie auch den
nechſt folgenden Tag mit ſo gutem Fortgange/ daß ſie den 20.
dito des Morgens ünib die O. N. O. Sonne/ das Land an der
Weſtſeiten der weiſſen See erſahen/ darüm ſie Gott hertzlich danck-
ten/ daß er ſie ohngefehr in 30. Stunden Zeit/ über die weiſſe
See geholffen hatte/ bey 49. Meilwegs.

Be-

Beschreibung/wie sie nach vielem Fahren/ an die
Westseite der weissen See gekommen und alda ein Russische
Lodgie mit 13. Man gefunden: die ihnen grosse Freundschafft
thäten/sie in ihre Hütten nahmen und speiseten/worbey
zween Lappländer mit ihren Frauen waren.

Je sie alda an dem Lande waren/und sahen/ daß sie nicht
viel vortheil mit fahren haben könten/sind sie daselbst zwischen etliche Klippen auff einen guten Haven eingelauffen/
und wie sie etwas hinein kamen/ sahen sie alda eine grosse Russische
Lodgie liegen/nebenst etlichen Häusern/darinnen Leute waren: ruderten derhalben nach der Lodgie zu/machten ihre Schüte daran fe-
ste/und giengen zu Lande zu den Häusern / woselbst ihnen grosse
Freundschafft geschahe. Denn sie wurden in ihre Stuben geführet/
da sie ihre nasse Kleider trockneten / und alsofort auff einen süssen
Fisch sehr hertzlich genöhtiget: In diesen Häusern / waren 13.
Männer / die alle Morgen mit zwey Schützen zu Fischen auß-
fuhren/ darüber ihrer zween die Verwaltung hatten. Sie be-
halffen sich sehr sparsam / und assen meistentheils Fisch zu Fisch.
Ausser diesen 13. Männern waren noch zween Lappländer mit drey
Weibern und einem Kinde zugegen/ die gar armselig/ von dem ü-
brigen was ihnen die Russen gaben lebten/ welches war ein stück
Fisch/und die Köpffe/die sie weg wurffen/welche die Lappländer mit
grosser danckbarkeit auffnahmen/ also daß sie mit ihrer Armuht die
unserigen/wie armselig sie auch waren / dennoch zu Mitleiden be-
wegeten/und gantz bestürtzt machten.

Den 21. kochte der Schiffer ein gut theil vom frischen Fisch/und
sie assen nun/welches in langer Zeit nicht geschehen war/sich darinn
recht satt/ und kochten darneben Brey von Mehl und Wasser/ an
stat des Brodts/also daß sie nun recht gutes Muthes waren. Des
Nachmittags giengen sie etwas besser hinein in das Land / Löffelkraut zu suchen/und sahen immittelst zween Männer auff dem Ge-

R. iij.   birge//

birge/deßhalben sie zu einander sagtē: hier/muß mehr Volcks woh=
nen. Kehrten aber/ohne weiter darauf zugedencken/ wieder nach ih=
rer Schüte zu. Die zwo Männer/ welches zween Bootsgesel=
len aus ihrer andern Schüte waren/kamen den Berg herunter nach
der Russischen Lodgie zu / etwas Speise von ihnen zu erlangen.
Deñ weil sie alda unversehens ankamen und kein Geld bey sich hat=
ten/ so hatten sie ihnen vorgenommen ein paar Hosen/ derer sie wol
zwey oder drey paar über einander hatten/zu vertauschen/die Rus=
sen damit zu bezahlen. Wie sie aber begunten näher zu kommen/
sahen sie die andere Schüte unten bey der Lodgie liegen/und erkenne=
ten einander: darüber sie beyderseits sehr erfreuet wurden/ und wie
sie etwas mit einander gegessen hatten / truncken sie von dem klaren/
wie er in dem Rhein bey Cöln vorbey leuft. Diese Bootsgesellen wa=
rē mit ihrer Schüte in noch grösser Gefahr gewesen/als die andern/
deren wir jetzund gedacht haben / danckten derhalben sämtlich dem
gütigen Gott/ daß er sie so gnädiglich erhalten hatte. Den 22.
kamen die andern Bootsleute mit ihrem Boot auch zu der Schüte/
darüber sie allerseits sich höchlich erfreueten / und ersuchten den
Russischen Koch so viel/daß er ihnen aus einem Sack Mehl Brodt
backen wolte/welches er auch thät. Als nun inzwischen die Fischer
aus der See kamen/kauffte der Schiffer vier Kabliauen von ihnen/
die sie zum Feuer brachten. Als sie nun über der Mahlzeit wahren/
kam der Oberste von den Russen zu ihnen / und da er sahe/ daß sie
nicht viel Brodt hatten/gab er ihnen ein Brodt. Sie nöhtigten ihn
mit ihnen zu essen/ er wolte sich aber darzu nicht verstehen / weil
es ihr Fast=Tag war / und die unserigen etwas Butter oder Fett
über dem Fisch geschmoltzen hatten. Ja man kunte nicht so viel von
ihnen erlangen/daß sie einmahl mit uns getruncken hatten/ weil der
Nap oder das Trinckgefäß etwas Fett wordē war. sie wolten auch
den unserigen ihre Nappe nicht leihen daraus zu trincken / so gar
Abreglaublich halten sie ihre Fast=Tage. Den 23. hat der Schiffer
dem Obersten von den Russen einen guten Trinck=Pfennig gegeben/
und

und den Koch für seine Mühe des Backens halben bezahlet/ wofür
sie ihm beyde sehr grossen Danck sagten / und sein/darauff die zwo
Schüten den Abend ümb die Wester Sonne von dannen/als das
höchste Wasser war/ zu Segel abgangen. Den 24. ům die O.S.
sind sie bey den sieben Insuln ankommen/ woselbst sie viel Fischer an-
traffen/ die sie wegen Kool oder Kilduyn fragten/ welche sie den gegen W. wiesen/ welches sie auch recht verstunden/und warffen über
dieses ihnen auch noch einen Kabliau zu / den die unserigen wegen
des guten Fortgans den sie hatten / ihnen nicht bezahlen kunten;
danckten ihnen aber und verwunderten sich sehr über ihre Freundligkeit. Umb die Wester Sonne funden sie wieder etliche Fischer/
die zu ihnen kamen / und fragten sie wo ihr **Crabble** oder Schiff
wäre/ sie antworteten: **Crabble propal**/auff Russisch/ so gut
als sie es gelernet hatten : **Crabble propal**/das Schiff ist geblieben. worauff die Fischer wiederumb rieffen: **Cool Braban-
te Crabble** : daraus sie verstunden/ daß zu Cola einige Niederländische Schiffe wären.

Den 25. dito haben sie Kilduyn ümb die Süder Sonn in das
Gesichte bekommen/ und sind ümb die S.S.W. Sonne an der
Westseiten derselbigen Insul angelanget. Der Schiffer ging alsobald Landwerts ein/und fand fünff oder sechs kleine Häuser/darinn
Lapländer wohneten/die er fragte/ ob dieses Land Kilduyn wäre/ sie
gaben zu verstehen/ ja : und daß zu Cola drey **Brabandische
Crabblen** legen/ zwey derselben würden aber noch diesen Tag
abfahren. Als die Bootsgesellen diese Nachricht erhalten/sind sie
von dannen ümb die W.S.W. Sonne abgefahren/in Meynung
nach **Wardhuys** zu segeln. wie sie aber im segeln waren / ent-
stund so ein gewaltiger Wind/ daß sie über Nacht nicht in der See
bleiben durfften / und nahmen ihren Lauff zwischen zwo Klippen
nach dem Lande zu. Alda funden sie abermahl ein kleines Hüttlein
und darinn drey Männer/ die sie freundlich empfingen / und auff
beschehene Befragung/ob kein Schiff nach Holland damit zu fahren.

ren zu bekommen/ antworteten sie/ wie die ander Lapländer gesagt
hatten/ daß drey Schiffe alda legen/ davon zween noch diesen Tag
abzufahren gedächten. Und da weiter gefragt worden/ ob sie nicht
gegen ehrliche Belohnung mit einem von den unserigen über Land
nach Cola gehen wolten/ entschuldigten sie sich/ daß sie von dannen
nicht weg gehen dürfften: führeten aber gleichwol den Schiffer und
einen Bootsmann über den Berg/ woselbst sie etliche Lapländer an-
traffen/ davon sie einen vermochten/ daß er mit einem von den unsern
nach Cola gehen solte/ und versprachen ihn dafür zwey Reichsthaler
zu geben. Der Lapländer war zu frieden/ nahm ein Rohr mit/ unser Bootsgesell einen Bootshacken/ und machten sich noch gegen die
Nacht auff den weg.

Beschreibung von Kilduyn/ wie sie bey drey Russen kamen/ und verstunden von ihnen daß sie nicht weit von
Cola wären/ woselbst Jan Cornelis Ryp mit seinem Schiffe
lag/ der uns speisete/ und mit seinem Schiffe wieder nach Holland führete.

DEn 26. haben sie ihre beide Schüten an das Land ge-
schleppet/ und das Guht daraus geladen/ dieselbigen etwas
zu erleichtern/ giengen darnach hin zu den Russen/ bey denen sie sich wärmeten/ die Speise/ so sie hatten kochten/ und wiederumb zweymahl des Tages assen/ weil sie sahen/ daß sie nun bey mehr
Leute kommen würden. Sie truncken auch von der Russen ihrem
Tranck/ den sie Quas nennen/ der von allerley stücken vom ver-
schimeltem Brodt gemacht wird/ und gleichwol den Bootsleuten
wol schmeckete/ weil sie in langer Zeit nichts anders als Wasser getruncken hatten. Wie etliche von ihnen etwas weiter ins Land hinein giengen/ funden sie gewisse blaue Beeren/ wie auch Brombeeren/
die sie assen/ und ihnen wol bekamen/ denn sie spüreten gar eigentlich/
daß sie sie/ von dem Schörbuck gesund machten. Den 29. sahen
sie auff dem Gebirge den Lapländer/ welcher mit einem von ihren
Boots-

Bootsgesellen gegangen war / wieder kam / doch ohne Geser-
ten/worüber sie sich wunderten / und deßhalben besorget waren.
Wie aber der Lapländer zu ihnen kam / überantwortet er dem
Schiffer einen Brieff/den er alsobald öffnete und lase: dessen Inhalt
war: daß der Schreiber desselbigen sich über ihre Ankunfft daselbst
sehr verwunderte/und gäntzlich befürchtet hatte / daß sie alle längst
ümb den Hals kommen wären/ deßwegen er nun ümb so viel mehr
sich erfreuete/und wolte alsofort mit aller Nohtdurfft an Essen und
Trincken zu ihnen kommen. War unterschrieben/ Jan Cornelis Ryp. Auff diese erfreuliche Zeitung haben sie dem Lapländer sein versprochen Geld zugestellet/ und darüber noch etliche Klei-
der/als Hosen / Strümpfe und dergleichen ihm verehret / daß er
gantz auff Holländisch außgekleidet war.   Dieser Lapländer
kunte so starck gehen/ daß es zu verwundern war.   Denn in dem
hingehen/ wie sein Reisegeferte berichtete/ waren sie mit steiffen gehen zween Tage und zween Nacht unterwegens gewesen / und nun
in wieder kommen war er nur einen Tag und Nacht unterwegens/
welches ja die helffte außtrug. Worüber die Bootsgesellen zu einander sprachen/ er müste sonderliche Künste können. Er gab ihnen
auch einen Kramets Vogel / den er auff der Reise geschossen hatte.

Den 30. waren sie bekümmert wer doch der Jan Cornelis
seyn möchte/der an sie geschrieben hätte. Unterandern ward gesagt/
ob es nicht Jan Cornelis seyn solte/der mit ihnen in einer Compagnie gefahren/ liessen aber diese Gedancken wieder fahren/ weil
sie eben so sehr an seinem Leben / als er an ihrem/ zweiffleten : in
Meynung daß es ihm noch übeler ergangen wäre/ als ihnen/und
er/vorlängst untergangen wäre. Endlich fand der Schiffer noch unter seinen Brieffen dieses Jan Cornelis Hand / und befunden sie daß er eben der Mañ wäre/der mit ihnen gefahren/und diesen
Brieff geschrieben hatte/darüber sie ja/so sehr froh wurden/ wegen
seiner Erhaltung/ als er über ihrer seyn möchte. Mitlerweil ist eine
Jolle angerudert kommen/ darinn Jan Cornelis selber mit war/ne-

S   benst

nebenst dem Mann den sie außgesandt hatten. Alba empfingen sie
einander an dem Lande mit so grosser Freude/als wenn jedweder den
andern von den todten wieder lebendig gesehen hätte. Denn sie hatten
einander/vor langer Zeit schö todt gehaltē. Jan Cornelis brachte eine Tonne Rostocker Bier mit / wie auch Wein und Brandt-
wein/Brodt/Fleisch/Speck/Lachs/Zucker / und dergleichen esse-
wahren mehr / welches die Bootsgesellen sehr ergetzete. Den
letzten Augusti machten sie sich fertig von dannen nach Cola zu se-
geln/ und sagten den Russen grossen danck und verehreten ihnen ein
gut stück Geldes für die Herberge: darauff sie des Nachts ūmb die
Norder Sonne mit dem höchsten Wasser von dannen gesegelt.

Den ersten Septembris in der Morgenstunde ūmb die Ost-
Sonne/sind sie an der Westseiten des Flusses bey Cola angelanget/
und segelten und ruderten weiter hinein biß gegen Mitternacht. Den
andern dito ruderten sie weiter die Rivier hinauff/ und sahen alba etliche Bäume an dem Ufer/welches sie dergestalt erfreuete / als wenn
sie in eine neue Welt kämen/ denn sie hatten in aller der Zeit / die sie
aus gewesen/nirgends keine solche Bäume gesehen. Umb die W.N.
W. Sonne kamen sie an Jan Cornelis sein Schiff/alba ward wieder neue Kirchmesse gehalten/ mit den Bootsleuten/ so auff demselbigen sich befunden/und zuvor mit eben dem Schiffer auch auff der
Reise im vorigen Jahre gewesen waren. Mit dem dunckeln Abend
kamen sie in Cola / und brachten des folgenden Tages ihr Guht
zu Lande/ da sie sich dann nach der mühsamen Reisen/außgestande-
nem Quaer und Ungemach wieder erquickten/um also wieder ihre
Gesundheit und Kräffte zu erlangen. Den 11. brachten sie mit Ein-
willigung des Boyaren oder Gouverneurs des Groß-Fürsten ihre
Schüten ins Kaufhaus/und liessen sie alba zum Gedächtnüß des
langen/ fernen und niemahls besegelten Weges stehen / welchen sie
mit den offenen Schüten/bey nahe vier hundert Meilen/durch und
langs der See biß an Cola gefahren hatten: darüber die Inwohner
alda sich nicht gnugsam verwundern kunten.

Die

Von der Gegend von dem Hause ab/da sie überwintert haben / die Nord Seite von Nova Zembla vorbey/ biß an die Weygats/ da sie zu der Russischen Küste/ und über die Einfahrt der weissen See/biß nach Cola übergesegelt: ist anzumercken folgende Charte.

Von den Niedern Lande biß an die Stroombay ist der Cours
    Ost und West   4. Meilen.

Von der Stroombay biß zum Eißhavens Huck ist der Cours O.
    zum N.   3. M.

Von dem Eißhavens Huck zu dem Eylands Huck ist der Cours
    O. N. O.   5. M.

Von dem Eylands Huck biß zu dem Ulissinger Hooft ist der Cours
    N. O. zum O.   3. M.

Von dem Blissinger Hooft biß zu dem Hoofd Huck N. O. 4. M.

Von dem Hoofd Huck biß zu dem Huck des Verlangens Süd
    und Nord   6. M.

Von dem Huck des Verlanges biß zu den Uranien Insulen 8. M.

Von den Uranien Insulen biß zu den Eiß Huck ist der Cours W.
    und West zum S.   5. M.

Von den Eiß Huck biß zum dem Capo des Trostes W. und W.
    zum S.   25. M.

Von dem Capo des Trostes biß zu dem Capo von Nassau W.
    zum N.   10. M.

Von dem Capo von Nassau biß zu dem Ost-Ende der Creutz In-
    sul W. zum N.   8. M.

Von dem Ost-Ende der Creutz Insul zu Wilhelms Eyland W.
    zum S   3. M.

Von Wilhelms Eyland biß zum Schwartzen Huck W. S. W.
                           6. M.

Von den Schwartzen Huck biß zum Ost-Ende der Admiralitäs
    Insul W. S. W.   7. M

Von

Von dem Oſt Ende biß zu dem Weſt Huck der Admiralität
Inſul W. S. W. 5. M.

Von dem Weſt Huck der Admiralität Inſul biß zum Capo de
Plancio S. W. zum W. 10. M.

Von dem Capo de Plancio biß Coms-Bay W. S. W. 8. M.

Von Coms-Bay biß zu dem Staten Huck W. S. W. 10. M.

Von dem Staten Huck biß Langenees S. W. zum S. 14. M.

Von Langenees biß Capo de Cant. S. W. zum S. 6. M.

Von Capo de Cant biß zum Huck mit der Schwartzen Klippe iſt
der Cours S. zum W. 4. M.

Von dem Huck mit der ſchwartzen Klippe biß zu der ſchwartzen Inſul S. S. O. 3. M.

Von der ſchwartzen Inſul biß Coſtintſarck O. und W. 2. M.

Von Coſtintſarck biß zu dem Creutz Huck S. S. O. 5. M.

Von dem Creutz Huck biß St. Lorentz Bay S. O. 6. M.

Von St. Lorentz Bay biß zu den Mehlhaven S. S. O. 6. M.

Von dem Mehlhaven biß zu dem zwo Inſulen S. S. O. 16. M.

Von den zwo Inſulen/ da ſie über ſetzten/nach der Ruſſiſchen Küſte
biß Matflo und Delgoy S. W. 30. M.

Von Matflo und Delgoy biß zu dem Meer Buſem: da ſie den
Compas meiſtentheils rund herumb ſegelten/ und kamen wieder auff dieſelbige Stäte 22. M.

Von dem Meerbuſen biß Colgoy iſt Cours W. N. W. 18. M.

Von Colgoy biß zu den Oſthuck von Candenoes W. N. W.
10. M.

Von Candenoes biſt zu der Weſtſeite der weiſſen See iſt Cours
W. N. W. 40. M.

Von dem Weſthuck der weiſſen See biß zu den 7. Inſulen iſt
Cours N. W. 14 M.

Von den 7. Inſulen biß zu dem Weſt-Ende von Kildupn iſt Cours
N. W. 20. M.

Von Kilduyn biß an den Ort da Jan Cornelis zu ihnen kam ist
Cours N. W. zum W.   7. M.
Von dannen biß Cola ist Cours meistentheils Süden   18. M.

Also daß sie mit den zwo offenen Schüten gesegelt seyn 381. M.

Den 15. Septembris sind sie die Rivier hinabgefahren mit einer Lodgie oder Rußischem Schiff nach Jan Cornelis Schiff/ welches ohngefehr eine halbe Meile von dannen lag / und des Noch-
mittags sind sie mit dem Schiffe die Rivier besser hinunter biß ohngefehr den halben weg und aus der Enge gesegelt. Den 18. ûmb die
Oster-Sonne sind sie aus der Rivier von Cola/ auf Gottes Gnade/
nach Hause zu / zu Segel gangen/ und des folgenden Tages ûmb
die West-Sonne vor **Wardhuys** angelanget/ woselbst sie die
Ancker fallen liessen/ weil **Jan Cornelis** alda noch Guth ein-
nehmen muste/ und blieben daselbst biß den 6. Octobris / an welchem Tage sie ûmb den Abend von **Wardhuys** abfuhren / und
kamen den 29. Octobris in die Mase/ mit einem O.N.O. Wind/
und des folgenden Morgens nach Maeßland-Schluys zu Lande/
reiseten also durch Oelfft/ den Haag und Harlem/ und kamen den
ersten Tag Novembris ûmb dem Mittag nach Amsterdam / mit
denselbigen Kleidern/ die sie auff Nova Zembla getragen/ mit bun-
ten Mützen von weissen Füchsen/ und kehreten ein bey Peter Hasse-
laer/ welcher einer von den Verwaltern der Stadt Amsterdam gewesen war / in Außrüstung dieser zwey Schiffe / nemlich Jan Cornelis und unsers Schiffers. Als sie nun dahin kommen waren/ (darüber sich eine grosse Menge Volcks verwunderte/ deñ man sie schon
lange vor todt gehalten hatte) und das Gerüchte sich nun in der
Stadt außbreitete / so ist die Zeitung von ihrer Ankunfft in des
Printzen Hoff kommen / alda zu der Zeit der Herr Cantzler und
Ambassadeur Ihrer Königlichen Majestät von Dennenmarcken
und Norwegen/ der Gothen und Wenden / über der Taffel saß.
Deßwegen sind sie zur Stund durch den Herrn Schultzen und

S iij   zwo

138

zwo Herren von der Stadt dahin geholet worden/und haben daselbst vor dem jetztgemeldten Ambassadeur und den Herren Bür-
germeistern Relation und Erzehlung gethan/ von ihrer hin und
her Reise/ auch verbleiben daselbst: darauff jedweder hingegangen
da sie zu Hause gehöreten. Welche aber anderswo bürtig waren/
sind etliche Tage in eine Herberge geleget worden / biß daß sie ihr
Geld empfangen hatten/ und darnach ist jedweder seines weges
gereiset.

Die Nahmen der jenigen/ welche von dieser Reise
wieder kommen sind.

Jacob Heems Kerck Commissarius und Schiffer.
Meister Hans Vos Barbier.
Laurents Wilhelms.
Peter Cornelis.
Peter Petersen Vos.
Jacob Jansen Sterrenburgh.
Jan Hillebrands.
Jan von Buysen.
Gerrit de Veer.
Lenaret Dendricksen.
Jacob Jansen Hooghwout.
Jacob Everts.

Das 8. Capitel.

Die vierdte Schiffahrt / A. 1609. verrichtet.

Demnach diese und alle vorhergehende Unter=
suchungen noch nicht glücklich abgelauffen / so haben die Ver=
waltere der Ost Indischen / befreyeten Compagnie im Außgang
des Mertzens Anno 1609. abermahls außgesandte / die Passagie
und Fahrt gegen Nord Ost oder Nord=West nach China zu
suchen / den klugen und berühmten Englischen Piloten Hein=
rich Hutson mit einem Vlie Boot wol versehen / uñ mit 20. Mañ
so wol Englischen als Niederländern besetzt / wie
aus folgenden zu ersehen ist.

Dieser Henry Hutson ist den 6. April 1609. aus Texel
außgefahren. Er erreichte den Cabo von Norwegen den
5. Maii / und hielt seinen Cours oder Lauff nach Nova
Zembla langs den Nordischen Cüsten / fand aber alda die See so
voller Eiß / als er vorhergehendes Jahr es gefundē hatte / also daß sie
allesampt vor diesem Jahr alda den Muht verlohren / weil sie we=
gen der Kälte / die etliche / so in Ost=Indien gewesen waren / nicht wol
vertragen kunten / unter einander uneins geworden / sintemahl
es Engelländer und Niederländer waren. Weßhalben ihnen der
Schiffer Hutson zwey Dinge vor hielt: Erstlich daß sie auff
40. Graden nach der Americanischen Küsten wolten zu gehen / wor=
zu sie meisten theils durch Brieffe und See=Charten bewogen wor=
den / welche ein Capitain namens Schmid / aus Virginia ihm zu=
geschickt hatte / worinn er ihm zeigete eine See ümb und ümb zu fah=
ren / bey der ihnen ins Süden gelegenen Coloni an der Nordseite / uñ
von dannen in eine Westwerts liegende See zu gehen. Welches
weñ es also gewesen wäre (davon doch die Erfahrung biß añoch das
Wiederspiel zu seyn erwiesen) solte es eine sehr förderliche und be=
queme

queme Sache/ und ein kurtzer weg nach Indien zu fahren gewesen
seyn. Der ander Vorschlag war/ den weg durch die Strasse Davis zu suchen/ welches sie ins gemein beschlossen. deßwegen sie den
14. Maii darnach zu segelten/ und kamen mit gutem Winde den
letzten Maii an die Insul Faro/ alda sie nur 24. Stunden sich ver-
weileten/ frisch Wasser ein zu nehmen. Und da sie von dannen rei-
seten/ fuhren sie biß den 18. Julii/ biß auff die Küsten von Nova
Francia auff 44. Grad/ woselbst sie einlauffen musten / eine neue
Vormast zu erlangen / weil sie ihre verlohren hatten / welche sie
auch daselbst funden und auffrichteten. Denselbigen Ort funden sie
auch bequem Kabbeliau zu fangen / auch zur Handlung mit guten Häuten und Peltz oder Rauchwerck / welches alda vor ein geringes zu bekomen. aber das Schiffvolck gieng übel mit dem Land-
volck umb/ und nahmen ihnen ihre Sachen mit Gewalt/ darüber
sie uneins unter einander worden. Die Englischen die sich besorg-
ten daß sie die schwächsten und übermannet wären/ und darum be-
dencken trugen weiter zu suchen / schieden von dannen und
hielten die See biß an den dritten Augusti/ und kamen ans Land
auff 42. Graden. Von dannen fuhren sie weiter biß den 12. Au-
gusti/ und kamen wieder an ein Land auff die breite von 37. drey
viertheil Grad. von dannen fuhren sie an dem Lande hin/ biß daß sie
auff 40. und drey viertel Graden kamen/ alda sie einen guten Eingang zwischen zwey Vorg-birgen antraffen/ und fuhren den 12.
September hinein/ da ein so schöner/ weiter und tieffer Fluß war/
un von gutem Anckergrunde/ so gut als immer zu finden. Endlich
kamen sie auff die breite von 42. Gr. und viertzig Min. mit ihrem
grossen Schiffe. Denn ihr Schiffboot war höher in die Revier hinauff gangen. Vornen in der Revier funden sie behertzt und bewah-
ret Volck/ inwendig aber an dem eusserstentheil des Flusses traffen
sie ein freundlich und höfflich Volck an / welches viel Vorraht
an Nahrung/ Fellen und Peltzereyen/ Mardern / Füchsen und andern Wahren/ Vögeln/ Früchten/ ja weissen und rohte Weintr au-
ben

bẽ hatten/uñ handelten freundlich mit dem Volck/uñ brachten von
allem etwas mit. Da sie nun bey funfftzig Meilen auff der Revier
gewesen waren/kehreten sie den vierdten Octobris wieder ůmb/und
begaben sich wiederumb zur See. Es hätte alda mehr außgerich=
tet werden können/wenn das Schiffvolck willig gewesen/und es der
Mangel einiger Nohtdurfft nicht auch verhindert hätte. In der
See haben sie sich berahtschlaget und waren unterschiedlicher Mei=
nung Der Unter/schiffer so ein Niederländer/ war der Meinung
auff Terra Nova zu gehen/ daselbst zu überwintern / und die
Nordwestliche Passage von Davis zu untersuchen. Dargegen war
der Schiffer Hutson/ welcher sich für seinem auffrührischen
Volck fürchtete/ weil sie ihn bißweilen gröblich bedrohet hatten/
und auch wegen der kälte des Winters sich gäntz und gar hätten
verzehren sollen/und dennoch wieder ůmb kehren müssen. Ob nun
schon ihrer viel unter dem Volck schwach und kranck waren/so sag=
te doch keiner/daß sie wolten wieder nach Holland fahren/als allein
der Schiffer/ welches nachgehens ein Nachdencken gab. jedoch da
er vorschlug nach Irrland zu fahren/ und zu überwintern/gabẽ sie
ihm alle beyfall/ und endlich sind sie in Engeland zu Dertmonth
den 7. Novembris angelangt/ von daraus sie ihren Herren und
Verwalteren in Holland ihre Reise zu wissen gethan/ und vorge=
schlagen/ daß sie wol versuchen wolten Nordwesten zu untersu=
chen/ wenn man ihnen funfftzehen hundert Gülden mehr zu ihrer
Bedürffniß nebenst ihren Lohn/ und was sie im Schiffe albereit
hatten/verordnete. jedoch wolte Hutson sechs oder sieben von seinen
Leuten verändert haben/biß auff 20. an der Zahl/ die er behielte/
und wolten von Dertmonth den ersten Mertz zu Segel gehen/ daß
sie ůmb das ende des Mertzens in der Nordwesten Gegend seyn/
und alda den Monat April und den halben Maii mit Wallfisch
und andern Thieren zu tödten/ bey der Insul Panat zu bringen/
und alßdann nach Nordwesten fahren möchten/ alda die Zeit biß
zu den halben Septembris zu zubringen/und darnach durch Nord.

Z   Osti=

Often von Schottland nach Holland wieder zu kommen.
Ende der viermahl umbsonst versuchten Reisen
nach China.

Das 9. Capitel.

Was für Mitternächtige Länder/ Insul und Völcker/ von denen so den Weg nach China gesucht/ erfunden worden/ sampt einer kurtzen Beschreibung der Insul Nova Zembla.

Bwol die obgemeldte fürtreffliche / dapffere Männer/ so den kurtzē Weg nach China durchs Nordē gesucht/ zu ihrem Intent/ wegen vielfältiger und grosser Verhinderungen/ nicht haben mögen gelangen: so ist doch solches ihr löbliches Vorhaben/ dessen sie sich ihrem Vaterlande zu gute/ und ihnē selbst zum unsterblichem Lobe unterwunden/ nicht gar ohne Frucht und Nutzen abgegangen. Dañ dardurch viel Insuln/ Länder und Völcker entdecket und erfunden worden / von denen man hiebevor entweder gar nichts/ oder ja wenig gewust. Weil dann unser fürnehmen ist in diesem Tractat Mitternächtige Länder und Wässer mit fleiß zu erkündigen/ und kürtzlich zu beschreiben: so können wir an diesem Ort nicht fürüber gehen/ die Meldung gedachter Neuerfundner Insuln und Länder. Wir wollen aber kürtzlich alles berichten. Der außführlichern Bericht von einem jeden Ort wil wissen/ der kan die im Druck außgangne Schiffarten durchlesen.

Es wird aber unter den Neuerfundenen Insuln die fürnembste uñ grösseste Nova Zembla genant/ welche zwar anfänglich/ im Jahr 1556. von dem Engeländer Stephano Borrovao / sampt andern Insuln mehr ist entdeckt und erfunden/ aber viertzig Jahr hernach von den Holländern besser erkündiget/ auch eusserster Noht halber auff zehen Monat lang bewohnet worden.

Es

Es ligt aber die Insul Nova Zembla weit hinter der Moscau/
stracks gegen der Samiuten oder Samoeden Land über / hebet
sich an bey dem 70. Gradu Elevationis poli / und zeucht sich gegen
dem Nord Polo zu biß auff den 77. Grad: daher ihre grösse und
länge leichtlich zu erkennen.

Es ist ein sehr rauch und überauß kaltes Land/ auch wegen unsäglich viel Schnees/ so eben so wol im Sommer alda fält und ver-
schmeltzet gar unwegsam / daß man mit grosser Mühe darinnen
muß fortkommen: und also an etlichen Orten einem Gesümpst oder
Morast zu vergleichen.

Die Inwohner seynd durchaus wilde Leut/ haben weder Gesetz noch Glauben/ sondern seynd Heyden/ beten Sonn und Mond
und die Nordstern mit grosser Andacht an/ geloben denselben Jähr-
lichs Opffer von Gemsen und andern Dingen mehr. Sein den
Moscowitern unterthan / und werden von ihnen gar hart gehalten.

Es wächst in der gantzen Insul Nova Zembla nicht ein einiger Baum. Sehr viel Bären und Füchs gibt es darinnen/ die sind
gantz schneeweiß. Man find auch eine art von Vögeln darinnen/
Lommen genant.

Zwischen Nova Zembla und der Samoeder Land ist ein Enges Meer / mit Nahmen Weygats: das haben die Holländer/
Fretum Nassoviæ, oder Enge von Nassau genennet. Durch
diese Enge haben die Holländer Anno 1596. vermeint durch zu
kommen/ seynd aber vom Eise verhindert geworden. Denn es grosse
Eißschollen da gibt/ viel Klaffter dick/ die ligen in grosser menge
auff einander/ wie kleine Berge.

Es kompt aber diß Eiß nicht aus dem Meer / sondern vom
Lande uñ den Felsen/ auch aus den grossen Flüssen der Mitternächtigen Länder/ als aus der Moscau/ Tartarey/ Samoeden Land/ rc.
welche das Eiß an diesen Orten bey dem engen Meer Nassovia und
Nova Zembla mit grosser Gewalt auff einander stossen/ mit

T ij   sol-

ſolcher Menge/ daß es ſchwärlich ſchmeltzen kan. Weil es nun
alſo über einen Hauffen ligen bleibet/ verurſachet es ein ſolche Käl-
te/ die vermuhtlich gröſſer iſt/ als unter dem Polo ſelber.

Es ſeynd ſonſten viel andere Inſuln in demſelben Septentrio-
naliſchen Oceano/ als/ hinter Nordwegen in Finmarck Wards-
huyß: hinter Lapland/ Kildyn: hinter der Moſcau/ Colgoy/ Matt-
ſie/ Dilgoy/ Hugo Willighes Inſul: In der Enge von Naſ-
ſau/ die Inſul Weygats/ und der Staten Inſul/ Creuß Inſul/
Inſul der Admiralität/ Orange/ Wilhelms Inſul/ S. Clara In-
ſul/ꝛc. Welche Nahmen ihnen mehrerntheils von Holländern
ſeyn gegeben worden.

Die Creuß Inſul haben ſie alſo genant/ wegen zweyer groſſen
Creuß/ ſo darauff geſtanden. dieſe iſt ein halbe Meil lang/ gar
ſteiniecht und unfruchtbar.

Bey der Inſul Orange gibt es ſehr viel Walruſchen/ ſeynd ſtar-
cke Meerwunder/ gröſſer als die Ochſen/ halten ſich aber mehrertheils im Meer. Ihre Haut iſt wie die Haut der Seehunde/ mit gar
kurtzen Haaren/ haben Rachen wie ein Löw/ kleine Ohren und
zween Zäne/ wie Elefanten Zäne/ drey oder vier Spannen lang.
Man braucht ſie auch für Helffenbein/ weil ſie ſchön weiß und glatt
ſeyn: Man kan diß Thier ſchwerlich zu tode ſchlagen/ man treffe
es den am Schlaff. Haben zwey oder drey Jungen auff ein-
mahl/ uñ halten ſich mit denſelben gern auff den Eißſchollen. Waũ
man ſie angreiffen wil/ weiſſen ſie ihre Jungen ins Meer/ und
ſchwimmen mit Gewalt den Leuten zu. Mit dieſen haben die Holländer viel zu kämpffen gehabt.

Der Staten Inſul ligt nahe an den Samoediſchen Grän-
tzen/ iſt ungefehrlich 5. Meilen groß/ da man viel kleiner ſtücklein
von Berg Cryſtall/ ſo eine art von Diamanten ſein/ findet.

In obgedachtem 1596. Jahre/ als die Holländer bey der Inſul
Nova Zembla waren/ iſt ihnen ihr Schiff den 1. Septembris im
Eiſe ſtecken gebliebẽ/ und hinein biß an den Grund wol 3. Klafftieff
tieff

tieff eingefrohren. Derwegen sie ihre Victualien und ander Nohtdurfft daraus genommen : und es über das Eiß an das Land gebracht: alda sie im Schnee ein Hauß auffgebauet/ darinnen sie 10.
Monat geblieben / biß auff den Junium An. 1597. haben grosse
Gefahr/Ungemach und schreckliche Kälte erlitten/ die Sonne bey
3. Monat lang nicht gesehen/und ist ihnen viel Ubertrangs von weissen Bären angethan worden. Inmassen solches alles außführlich
beschriben zu finden in ihrer Schiffahrt. Hernach sind sie auff
zweyen kleinen Schifflein/mit überaus grosser Gefahr/ gē Kilduyn
in Lapland/ und von dannen vollends zu Amsterdam den 1. Nov.
gemeltes Jahrs/ glücklich angekommen.

Das 10. Capittel.

Beschreibung Spitzbergens aus Wilhelm Ba-
rentsen/ im J.C. 1596. gethanen Reise ins
Norden.

Jeses Land / welcher der schreiber des Journals vermeinet
Grönland zu seyn/ ist das aller nördlichste Land unter de-
nen/ die bißher uns bekantgeworden seyn/ und lieget zwischen Grünland/ welches unter Norwegen gehöret/ und Nova
Zembla/ welches dem Großfürsten zukömpt. Nordwerts neben
Finmarcken über/ oder/wie es in gemein genant wird/ Nordland in
Norwegen/sich erstreckend/ so weit es bißher entdecket und in Erfahrung gebracht ist/ vom 76. biß über die 80. Grad. und ist nach der
Rechnung 60. Teutsche Meilen lang. Der streit zwischen Wilhelm Barentsen und Johann Cornelsen / ist eigentlich die Ursache
gewesen/das dieses Land gefunden/welches nach dem es von ihnen
Westwarts entdecket war/hernach An. 1608. von Heinrich Hut-
son/Engeland zum dienst weiter erforschet worden ist: welcher/ wie
Hondius bezeuget/ im Nordwesten/an diesem Lande/ auff 8 und
22. Grad. einen festen Eißgründ und Gegend gefunden hat. Nach

T. iij   der

der Zeit/ haben sie zur Somerzeit/ mehrmahlen einige Schiffe dar-
hin g'sandt/ umb Fischzähne / Späck und Fischbein zu holen/ und
Tran zu brennen: welche Fischerey die Ruffische Londonsche Kauff-
mans-Gesellschafft und zwar allein gehabt / biß das An. 1612. die
Frantzosen und Holländer / und andere angefangen haben / ihre
Schiffe dahin zu senden.

Die Erfahrung die wir bißher von diesem Lande (welches wie
Spitzbergen/ andere Neuland/ die Englische Grönland nennen)
haben bekommen können / haben wir in der Landtaffel vorgestellet/
und darin gefolget die Abzeichnung des Johan Daniels/ wie solche
zu Londen An 1612. vorgestellet ist. Es ist gelegen/ wie gemeldet/
zwischen dem 76. und 80. Grad. N.N.W. vom Bären Eylande/
welches oben Norwegen liegt gerechnet/ in einem strich Landes/ welcher bey den alten grimmiger Kälte halber / nicht ohne Uhrsache für
unbewohnlich und unbewohnt ist gehalten worden / von welcher
Kälte/ dieses Land mehr hat als ein anders. Frigus iners illic habitant , pallorque, remorque: & jejuna fames. Es ist kein
Land bißher in der Welt erfunden/ darin weniger Nacht oder Fin-
sternis im rechten Sommer : auch kein Nördlicher Land/ darin es
kürtzern Sommer und weniger wärme giebet. Den am 13. Junii
An. 1613. lag das Eiß noch so fest am üfer und im Haven / das die
Schiffe nicht hinnein könten / und der Schnee der an vielen örten
zur Sommers und Winters Zeit beliegen bleibet/ war noch so wenig geschmoltzen/ das die Rheenthiere/ keine Futterung daselbst bekommen könten/ und so mager als Stecken waren. Die Uhrsache
dieses ungemein langen Winters/ und so grosser Kälte / ist das die
Sonne daselbst nicht höher / als 33. Grad. 40. Min. zum höchsten
über den Horizont steiget/ und deßhalben ihre Strahlen so ungerde
über die Felder wirfft / das sie die schwerlich recht erwärmen könn:
darumb auch der Nebel und Dampff der aus dem Erdreich kömpt/
von der Sonnen wärme nicht kan weg getrieben werden / sondern
schwebet immer über der See/ und dem Gebirge / das die Schiffleute offtmahlen nicht so weit von sich sehen können als ihr Schiff

lang iſt. Dieſes Land iſt am Meerſtrande meiſt bekant / inwen=
dig hat es wie man am Strande ſiehet / nur grꞔſſe mit Schnee be=
deckte Berge / keine Bäume/ Streuche oder Früchte / auch nichtes
anders grünes / den klein/ kurtz und dickt Moß /etwas geel/ mit klei=
nen blauen Blumen/wiewol einige Schiffleute bezeugen/daß ſie da=
ſelbſt auch grün Graß gefunden haben.   Es bezeuget einer / das er
ſub gradu 79. ſtehend auff einem hohen Berge/bey ziemlich klarem
Wetter / im ende des Julii ſo weit er von ſich ſehen können grüne
mit Graß und Moß lieblich bekleidete Felder geſehen habe von fer=
nen: Die Thiere/welche/daſelbſt zu finden/ ſein weiſſe Bären/ grꞔſ=
ſer als Ochſen / und Hirſche oder Rheen/ welche vom vorgeſagtem
Moß leben/und ſein in 3. oder 4. Wochen Zeit / ſo lange unſere
Schiffe daſelbſt gelegen/ ſo fett geworden / daß wir ſie mit Luſt ge=
geſſen: Sie haben rauche Hꞔrner/ und ſein etwas kleiner / als un=
ſere Hirſche. Sie waren keine Menſchliche Geſelſchaft gewohnet/
und trugen für Menſchen ſo wenig ſcheu / daß es ſich begeben / das
ein ſolches Thier/nach dem Mann/der es mit einer Kugel aus dem
Rohr verwundet/zu gelauffen.   Man hat daſelbſt auch weiſſe/graue
und ſchwartze Füchſe geſehen: Die Engliſchen haben daſelbſt eini=
ge Hꞔrner gefunden/ welche für rechte auffrichtige Einhꞔrner gehal=
ten werden/ davon im vorigen Sommer eins zu uns gebracht iſt/
aber von welchem Thier ſie kommen/kan man ſo eigentlich nicht wiſ=
ſen: Im Eingange der Haven/ findet man groſſe Walfiſche un=
terſchiedener Art/davon einige 80. und mehr Fuß lang/und ſo fett/
das deren Speck geſotten/ meiſt zu Tran wird: Einige haben kei=
ne Finnen/ keine Floßfedern auß dem Rücken/ aber inwendig bin=
nen Mundes/haben ſie groſſe lange Bein/davon die grꞔſſeſten eines
Fadens lang ſeyn/auch einige noch länger / welcher wol 600. aus
einem Maul genommen werden können/und die ihnen wie ein Kam
oben aus dem Maul hangen/wie andern Fiſchen die Zähne / gleich=
wol nur allein oben.   Die vorderſte und hinterſte Beine ſein ſehr
klein/ſo das nur 400. für Kauffmans Guht gezehlet werden. Und
dieſe:

diese Wahren sein zu dieser Zeit/die besten und profietlichsten / die
aus diesen Oertern geholet werden können. Zur seite hinter dem
Haupte / hat der Walfisch grosse Finnen/darhinter er geschossen
wird mit der Harpune/darum/weil er die Verwundung daselbst best
fühlen kan. Wenn nun das Blut ihm in das Haupt läufft / so
blaset er Wasser und Blut zu den Naselöchern aus / die er oben
auff dem Haupte hat. Wenn nun der Walfisch einen gang nach
dem Grunde gethan hat/und sich müde gemachet / so fallen ihn die
Saloupen an/schiessen/ verwunden ihm das Haupt und tödten
ihn. Die Walfische haben eine glatte schwartze Haut / dar etwas
über lieget / so schwartz und glatt als atlas. Sie essen eine Art
von kleinen Fischen/so noch kleiner als garnaet seyn/ die sie mit offe-
ner Kehle schwimmend fangen/ und im inschlucken das Maul zu-
schliessen. Man findet auch daselbst weisse Walfische/ welche
aber nicht für gut gehalten werden. Man findet auch daselbst
Schwertfische und Schelfische/ aber in geringer Anzahl. Wasser-
vögel sind da häuffig/ sonderlich Meven/ die hauffenweise auff die
Walfische sitzen gehn: zweyerley Dückers und Papageyen/Gänse/
Endten/ die sehr grosse Eyer legen und viel Rohrgänse. Aber es
haben Vögel und ihre Eyer/gekocht oder gebraten/einen geschmack
nach Fisch und Traen. Weiter Landwerts ein findet man Wal-
russen/die man wol See elephanten (insonderheit wo das wahr ist/
was einige dafür halten/ daß nach ihrer Art den Thieren der Erden/
gleiche in der See zu finden seyn) nennen möchte / darumb daß/ sie
an der grösse des Leibes/und an Zähnen/ den Elep anten fast gleich
seyn. Ihre Haut ist ungemein dick und starck/so gar/ das man in
Amsterdam eine solche Haut gehabt/die 400. Pfund gewogen hat/
die doch wenig zu gebrauchen gewesen/und wenig wehrt war. Im
brennen bekömpt man sehr viel Speck und Tran von ihnen. Wenn
sie ihrer Art einen ertödtet sehen liegen / klimmen sie auff das todte
Aaß in grosser Zahl/so gar das/sie dasselbe verderben. Man findet
auch daselbst Seehunde/ einer Art mit den unsern. Diese nachricht

haben wir bißher von diesem Lande und deſſen Thieren und gewach-
ſen eingeholet/ ſuchen und erwarten noch immer beſſere / die wir
täglich / ja ſtündlich/ etwas/ in der Natur/ zur ehre des großen
Schöpffers/ und unſers Heylandes zu erlernen begierig ſeyn.

Das 11. Capitel.

Von dem Jüngſt erfundenen Durchgange oder neuen kurtzern Fahrt in die Orientaliſche Jndien durch den Septentrional:ſchen Oceanum auff der Seiten gegen Weſten oder America zu.

Emnach oben die Nahmen der fürnehmſten und
weitberühmteſten Mariniri unnd Schiffpatronen/
woleche den Oceanum Septentrionalem mit Darſe-
ßung Leibs und Guts/ allein dieſes Jntents und Vorhabens/ damit ſie den nechſten Weg nach den Oriental Jndien/ Cathal/ China
und den Molucken möchten erkündigen / haben peruſtrirt und
durchſegelt/ ſind erzehlet: auch folgends der jenigen Verrichtung/die
ſolche: Reiſe durchs Norden nach der Seiten/ gegen Morgen oder Auf-
gang/ wiewol vergeblich geſucht/ etlicher maſſen angezeiget worden:
So iſt es nun an dem/ das gleichfals zum Beſchlus dieſes Tractats
etwas von den jenigen gemeldet werde / ſo dieſem Compendio der
Schiffung zwar ebenmäſſig durch Norden/ aber nach dem Nieder-
gange bey den Weſt Jndien oder America nachgeforſcht haben/
wie es doch denſelben gelungen ſey. Wiewol nun gewiß/ daß weder Cabottus/ Corteſius/ Verazzanus/ Gomez/ Forbiſſer / Da-
vis/ Drack / noch jemand anders dieſen Weg jemahls können in
gründliche Erfahrung bringen: ſo haben wir doch im Febr. des
1612. Jahrs/ dieſe Zeitung aus Liſſabona bekommen/ daß im ſelbigen Port ein Engliſche Nave gewiſſe Relation gebracht / was
maſſen ein Engeländiſcher Schiffmã eine neuen Weg zwey drittetheil
kürßer oder näher/ als die Portugeſen und Holländer gebraucht/ erfunden

funden in China zu kommen: denselben auch offtmahls wegen des
vielen Eises in einem engê Meerort oder Stretto/ dem bey Gibraltar gleich/ 500. Meil von Engeland/ als gemelter Schiffman und
seine Leut ihren Weg gegen das Gebirge genommen/vergebens ver-
sucht: und des Eises halber keine Verhindernüß befunden / wie
sonst geschehen. Dahero sie ihre Schiffahrt glücklich fortgebracht.
Dieser Zeitung sollen die Lyßabonische Kauffleut wenig erfreut seyn
worden/ weil ihnen solche Schiffahrt / wann sie gebraucht und ins
Werck gericht würde/mercklichen Abbruch möchte verursachen.

Es hat sich aber mit dieser Erfindung des Durchgangs / oder
neuen Wegs also zugetragen/wie es die Englischen selber in offnem
Druck referiren/daß der Weg zwar gefunden/der Erfinder aber verlohren ist worden/welches folgender Gestalt geschehen.

Nach der letzten Holländer Schiffahrt / deren so in Nova
Zembla überwintert haben / haben sich viel Engeländer unterstanden / diese Reise nach China zu erforschen : unter denen nicht der geringste ist gewesen / der Hauptmann Georg Winwood / welcher nach dem er bey 500. Englische Meilen in dem engen Meer Davis ungeschaffter Sachen hin und wieder geschweiffet/aber nichts können außrichten/hat ers endlich ver-
sucht/ob er durch den Meerbusen/den die Engeländer Lumles Inlet
nennen/welcher ligt unter dem 61. Gradu / könte durchkommen:
und wiewol er fast 100. Meil darinnen fortkommen / hat er doch
wegen seiner verdroßnen Schiffleut darvon müssen ablassen. Doch
hat er unterdessen noch zween andere Meerschoß oder Durchgäng
zwischen dem Lumlet Inlet und Baccalaos gemercket / da er eine
grosse Flut des Meers hat gesehen heraus gehen. Diese seine Verzeichnüß ist dem Engeländer Heinrich Hudson zu handen kommen.
Der hatte grosse Lust solche reise zu versuchen : wie er deñ Anno
1609 zu Amsterdam von den Oberherrn der Indianischen Schiffahrt hirrzu bestellet ward/ aber er verrichtete in derselbigen Reise
nichts fruchtbarliches.

Jm

Im folgenden 1610. Jahr / ward er von seinen Landsleuten
den Engeländern wiederumb außgeschickt / da folgete er des Haupt-
mans Georg Winwoods Verzeichnüssen / und endlich nach außge-
standner vielfältiger Mühe und Arbeit / kam er oberhalb Nova
Francia / und unterhalb der enge Davis / durch ein enges Meer hindurch / und fuhr hernach biß zu dem 51. Grad herumb / allda er über
Winter blieb. Daselbst kam ein Mann zu ihm / der verehrete ihm
was von Essespeisen / und hatte einen Mexicanischen oder Japonischen Criß oder Dolchen an der Seiten : daher dann Hudson
gänßlich erachtete / er wäre nicht weit mehr vom Mexicaner Lande.
Dieweil aber derselbige Mañ nicht freundlich von den Engeländern
war empfangen worden / hat er sich hernach nicht mehr sehen lassen.
Als nu ermelte Engeländer nirgents Proviant kunten bekommen / fuhren sie auff der Westseiten wieder zu rück aus dem Meerschoß / darin sie gekommen waren gegen Norden zu / biß auff den 62.
und 63. Grad / alda sie ein sehr weites Meer haben gefunden.

Nun hätten Hudson und seine Schiffrähte dieses Meer gern
ferner erkündiget / aber die Schiffleute waren gar unwillig hierzu /
sonderlich weil ihnen die Victualien anfiengen zuzerrinnen: machte
derowegen einen Auffstand wider ihre Herrn / nahmen den Hudson und setzten ihn sampt seinê Rähten in ein klein Schiff / liessen ihn
also in der Gnade der Wellen: und fuhren uff dem grossen Schiffe
wider nach Engeland zu / dahin sie im September Anno 1611. ge-
langeten.

So bald es aber laut ward / wie sie mit ihrem Schiffpatron
oder Steurman waren umbgangen / wurden sie ins Gefängnüß
gelegt / darin zu bleiben biß ihr Schiffherr wider gefunden wordê:
denn des Königs in Engeland Sohn der Durchleutigste Printz zu
Wallis Henr. Friderich / wie nach die Kaufleute / drey Schiffe deßwegen abgefertiget / offt gemelten Hudson auff zu suchen / und sampt
ihme diesen erfundenen neuen Weg recht eigentlich zu erkündigen /
und gar dardurch zu fahren. und ward dem einen Schiffe auferlegt /

so bald dieser Weg gänßlich entdeckt würde seyn/ solte es von stun=
de an wieder zu rück kommen/ und diese fröliche. erwünschte
Bottschaft mit bringen: darauf man nun stündlich in
Engeland wartet.

Fortschreitung zum andern Theil/ darin abson=
derlich/ von dem so genandten Grünlande ge=
handelt wird.

Eingang des andern Theils.

1. Je Nordländer werden uns von Petro Bertio, im
Breviario totius orbis terrar. pag. 3. mit folgen=
den Worten beschrieben. Nordland begreifft/ 1. das
unbekandte Polus Land. 2. Grönland. 3. Spiß=
bergen oder Neuland. 4. Jsland/ dem Könige von Denmarck und
Norrwegen zugehörig. 5. Nova Zembla/ mit dem Hyperborischen
Meer/ und den Meersengten/ Weygats und Davis/ davon Wey=
gats Ostlicher/ Davis westlicher lieget. Durch Weygats
haben die Holländer/ durch Davis die Engellän=
der/ nach der Meersengte Anian und ferner in
Judien zu kommen/ zu unsern Zeiten/ aber umb=
sonst versuchet. Es finden sich die da vermeinen/
das kein Fretum Anian sey / und das Asia mit
America zusammen stosse/ welche / weil wir durch
die Erfahrung nicht wiederlegen können / müssen
wir es dahin gestellet seyn lassen/ und erinnern dabey/
das Grünland / welches sich biß 80. Grad erstrecket/ Graß und
Kraut bringe/ davon es auch Grünland genandt ist/ da hingegen
Nova Zembla welches 4. Gr. weiter vom Polo arctico lieget/ kein
Graß/ Kraut und weide hat/ sondern Fleischfressende Thiere. Die

Dieſer Petrus Bertius ſchreibet. 1. von den Nordländern und
Waſſern ingemein. 2. daß ein Geographus darvon anfangen
müſſe/3. von der Durchfahrt durchs Norden ins Oſten. 4. vom
Grünlande oſonderlich / in Tabulis Geographicis contractis
& ſingularum explicationibus, editione ſecundâ Amſtelo-
damenſi, A. 1602. alſo Orbis partium deſcriptionem alii ali-
unde auſpicantur. Pomponius Mela à provincia Mauritaniæ
Tingitana. Ejus conſilij ſui rationem ſic explicat. *Nunc inquit, exactius oras ſitusque dicturo, inde eſt commodiſſimum incipe-
re, unde terras noſtrum pelagus ingreditur. Et ab iis potiſſimum,
qua influenti dextera ſunt.* Porrò addit, *in noſtrum mare pergen-
tibus, læva Hiſpania ; Mauritania dextera eſt.* Ita enim in Itine-
ratio Antoninus. Nos cum Strabone & Plinio ab Europa
incepimus, cum Ptolemæo etiam Europam ipſam à regioni-
bus maximè Septemtrionalibus orſi, deinceps deſcribemus.
Ille enim teſte Ptolemæo eligendus eſt ordo, ut ubique faci-
litatis cura geratur, hoc eſt, ut Borealia prius quam Auſtralia
deſcribamus, & τὰ δυσμικώτερα τῶν ἀνατολικωτέρων. Idque
propterea, quod in ipſo terum intuitu & conſpectu ſuperio-
ra nobis videntur τὰ βερειότερα , ad dexterram verò τὰ ἀπη-
λιωτικώτερα, tum in ſphæra, tum etiam in pinacibus. Itaque
quum à meridiano ſtabili nobis ſit faciendum initium, pri-
mùm eas regiones percenſebimus, quæ ad illum proximè ac-
cedunt, progredientes à Septemtrione Auſtrum verſus, & ab
occaſu ad ortum. Erit igitur prima Europæ tabula earum
regionum quæ ſub axe Septemtrionali ſitæ ſunt in ſphæra
ſtante ſive μυλοειδῆ. Supra Islandiam igitur Frislandiam,
Norvegiam terrasque à nobis deinceps deſcribendas, Septen-
trionem verſus mare eſt Pigrum, quod & Glaciale & Concretum dicitur, in Oceano Hyperboreo, ob glaciei conglome-
rationes vix navibus pervio. Cronium antiquis appellatum
fuit, à Saturno, quod hic in Inſula quapiam Britannica , ut

V 3

refert

refert Plutarchus, crederent Saturnum in profundo pumicis
aureo antro dormientem teneri: cui pro vinculis gravis som-
nus à Jove missus esset. Hyperborei dicuntur, quod sub polum ita vergant, ut Boreæ flatus non sentiant , quasi suprà
ipsum siti: tametsi Festus Pompeius à vitæ modo velit appellatos , quasi ὑπερβαίνοντας τὸν ὅρον. Utrumque fabulosum
esse rectè ostendit contra Cardanum Cæsar Scaliger, Exercit.
51. De mari illo ita Plinius lib. 4. cap. 13. *Septemtrionalem Ocea-*
Hecatæus Amalchiam vocat , à Paropamiso amne qui Scythiam al-
luit, quod nomen eius gentis lingua significat congelatum. Philemon
Morimarusam à Cimbris vocari ait, hoc est mortuum mare, usque ad
Promontorium Rubeas, ultra deinde Cronium. De populis Septemtrionalibus ita Mela. *In Asiatico littore primi Hyperborei supei*
Aquilonem Rhipheosque montes, sub ipso siderum cardine iacens, ubi
Sol non quotidie ut nobis, sed primum verno aquinoctio exoritur , au-
tumnali demum occidit, & ideò sex mensibus dies, & totidem alius nox
usque continua est. Terra angusta, aprica, per se fertilis: cultores iu-
stissimi, & diutius quam ulli mortalium, & beatius vivunt. Quip-
pe festo semper otio lati, non bella movere, non iurgia : sacris operati
maximè Apollinis , quorum primitias Delon misisse initio per virgi-
nes suas, deinde per populos subinde tradentes ulterioribus? morem-
que eum diu, & donec vitio gentium temperatus est , servasse refe-
runtur. Habitant lucos silvasque, & ubi eos vivendi satietas magis
quam tædium cepit, hilares, redimiti sertis, semetipsos in pelagus ex
certa rupe præcipites dant. Id eis funus eximium est. Sed de his
singularem librum scripsit olim Hecatæus, citatum à Plinio
lib. 4. cap. 17. qui etiam ex Mela pleraque de hac gente descripsit, ut ex Plinio Solinus, quorum uterque probatissimo-
rum autorum fide veritatem sententiæ confirmat. Quod
autem Mela, Plinius, Solinus , de virginibus scribunt, ex his
locis Delum profectis, id etiam ab Herodoto traditum est,
libro 4, qui earum iter descripsit. Porrò ab *Islandia* initium
est

eſt Oceani Hyperborei, quod ſurſum veſus *Pygmæorum regionem* habet, & *Novam Zemblam*, infrà *Biarmiam*, *Petzoram*, *Mare album*: itaque mare noſtrum per fretum quod vocant *Weygats*, miſcet ſe Oceano Scythico. Alluit igitur *Finmarchiam*, *Scricfinniam*, *Lappiam*, & *Biarmiam*, usque *ad ſinum Auriacum*, *Golfo de Meſena*, *aut mare album*, ad quod ſita ſunt, S. Nicolai fanum & *Soleuſki*. Ad fnes *Lappiæ & Biarmiæ* ſunt quædam loca quæ ad mare usque album extenduntur, quarum nomina ſunt, *Surroy*, *Inget*, *Htenſey*, *Warhuys*, *Kildyn*, *Slappen*, & *Ncortcaep* quod idem ſonat atque Promontorium Septemtrionale. Supra hæc eſt Groenlandia, quæ à viriditate nomen habet. Inſula ignota àdiuc maxima ex parte, incolas habet qui volucribus & piſcibus victitant. Hic mons eſt, qui inſtar Ætnæ perpetuò flagrat, & tophum eructat : & fons, quo ad coquenda cibaria, vicini accolæ utuntur. Prætereà ſi Nicolai Zeneto, qui An. M.ccc. LXXX. variis jactationibus in vicino mari agitatus eſt, credimus, in Groenlandia hiems eſt novem menſium, quo toto tempore ibi non pluit. Eſt etiam eadem in inſula menaſterium ordinis Prædicatorii: & non procul ab eo mons Ætnæ inſtar ignivomus ; & aquarum perennium fons: cuius candentibus aquis non ſolùm omnia illius manaſterii habitacula hypocauſti inſtar calefiunt: ſed etiam panis & cibi, nullo alio adhibito igni excoquuntur. Tota hujus monaſterii fabrica ex tophis conſtat, quos idem mons medias inter flammas evibrat. Exterior enim horum ſaxorum cruſta aquis adfuſis molleſcit, quo fit, ut ſaxa ſaxis impoſita tanquam tenaciſſimo bitumine conglutinentur. Iidem fontes hortos vicinos tepefaciuns, ita, ut vario florum herbarumque genere perpetuò rideaut. Proximus etiam maris tractus harum aquarum benignitate nunquam congelatur, ſed piſcibus hominibusque perperò patet. Sita eſt hæc inſula inter circulum Arcticum & Polum. Ejus

pa.

paralleli extremi funt Auftrum verfus grad. LXVI. Boream
verò verfus grad. LXXVII. Itaque pars una Zodiaci femper
fupra Horizontem exftat, altera infra cum deprimitur.
Paulus Iovius in Mofchoviæ defcriptione hæc habet. *In ex-*
tremo eius Oceani littore, ubi Norvegia atque Suecia amplisſima regna
iſthmo quodam continenti adhærent, Lippones exiſtunt, gens ſupra
quam credibile eſt agreſtis, ſuſpicioſa, & ad omnis externi hominis
veſtigium navigiique conſpectum maxime fugax. Ea neque fru-
ges, neque poma, neque ullam omninò vel terræ vel cæli benignita-
tem novit. Sola ſagittandi peritia cibum parat, variiſque ferarum
tergoribus veſtitur. Gentis cubilia avernula ſiccatis repleta foliis,
cavique arborum ſtipites, quos vel inromiſſa flamma, vel ipſa vetu-
ſtas inducta carie frabricarit. Aliqui ad mare, ubi ingens eſt captu-
ra piſcium, ineptis ſed felicibus artificiis piſcantur, duratosque fumo
piſces tanquam fruges recondunt. Lapponibus exigua corporum ſta-
tura, luridi contuſique valtus, pedesverò velociſſimi. Ingenia eorum
ne ipſi quidem proximi Moſchovitanoverunt, quum eos parva manu
aggredi exitialis inſania eſſe dicant, magnis verò copiis inopem re-
rum omnium vitam ducentes laceſiſſe, neque utile, neque omnino
glorioſum unquam exiſtimarint. Ultra Lappones in regione inter
Corum & Aquilonem perpetua oppeſſa caligine, Pygmæos reperiri,
aliqui eximiæ fidei teſtes retulerunt, qui poſtquam ad ſummum ado-
leverint, noſtratis pueri denum annorum menſuram vix excedant,
meticuloſum genus hominum, & garritu ſermonem exprimens, adeò
ut tam ſimiæ propinqui, quam ſtatura ac ſenſibus ab juſta proceritatis
homine remoti videantur. Ab Aquilone verò innumerabiles populi
Moſchovitarum imperio parent, qui ad Oceanum Scythicum itinere
trium ferè menſium extenduntur. Proxima Moſchovia regio eſt
Colmogora, frugibus abundans, quam interluit Duidna fluviorum
totius Septentrionis longe ampliſſimus, qui alteri fluvio in Mare Bal-
ticum irrumpenti nomen dedit. Ultra hos populos, aliæ ſunt nationes,
extrema hominum, nulla certa Moſcovitarum peregrinatione cogni-
ta,

ta, quando nemo ad Oceanum pervenerit , sed fama tantam ac ipsis
plerumq̃, fabulosis mercatorum narrationibus auditæ.   Satis tamen
constat, Duidnam innumerabiles trahentum omnes, ingenti cursu ad
Aquilonem deferri, mareque ibi esse longè vastissimum: ita ut illinc
ad Cathaiam legendo oram: dexteri littoris (nisi terra intersit) navibus perveniri posse, certissima conjectura credendum sit.   Pertinent
enim Cathaini ad extremam Orientis plagam , ad Thraciæ ferme pa-
rallelum, Lusitanis in India cogniti, quum proximè ad coëmenda aro-
mata per regionem Sinarum, Malacham , usque ad auream Cherso-
nesam navigaverint vetesque ex Scbellinis pellibus attulerint , quo
vel uno argumento non longe ab Scythicis littoribus Cathayum urbem
abesse putamus.   Cæterum quum à Demetrio quæreremus: an apud
ipsos ulla de Gothis populis, vel fama per manus à maioribus tradita,
vel ex ipsis litterarum monumentis memoria superesset :   qui ante
mille annos & C. sarum imperium & urbem Romam omnibus injutiis
deformatam evertissent? respondebat & Gothicæ gentis, & Totilæ
regis nomen clarum esse atque illustre, in eamque expeditionem coi-
visse plures populos,& ante alios Moschovitas, crevissicque eum ex-
ercitum excoluvie Livoniorum & Circumuolganorum Tartarorum,
sed propterea omnes Gothos fuisse appellatos, quoniam Gothi autores
eius expeditionis extitissent. Cæterum de Hyperboreorum habi-
tatione, expedit adire Philosophorum accuratissimas dispu-
tationes, quæ sunt apud Conciliatorem septima & sexagesi-
ma differentia.   Expedit etiam audire Iulium Scaligerum
exercitatione XXXVII. de navigatione ex mari Hyperboreo Sinam versus ita scribentem.   An verò per id mare possit
ad Sinas institui navigatio, alia aliis adducta sunt in utramque partem argumenta,varieque adsensum est. Nostra tamen hæc sunt. A
Duuinæ fluvii ostiis,unde cursum auspicantur, legendum esse volunt
totum illum tractum,qui universam ambit Scythiam ad eius Orientalem usque angulum: in cuius flexu, Septemtrionem aut Aquilonem
cum Favoniis commutandum.   Qua de re qui verba faciunt, illius

X   & ma-

& maris & ventorum & oræ naturam minus exploratam habere,
certum est. Adeò namque rari sunt Zephyri & subsolani, ut penè
sint ignoti. Aquilonum frequentia tanta, ut illius imperium cæli
quasi legitimum, à natura commissum esse videatur. Vada infinita,
caca, limosa. Hyeme, qua decem sævit menses, quasi pavimento so-
lidata maris superficies. Æstate perpetua caligo, qua pomeridianâ
horisunà aut altera vix discussa, mox redintegratur. Tum verò ma-
jus à glacie periculum, cuius immensæ crustæ fluitantes, mobilium in-
sularum inter se concursantium speciem præbent. Certè nuperis
Batavorum navigationibus An. M. D. XCIV, & sequenti-
bus duobus in hæc loca institutis, spes facta est, posse per mare Scythicum ad Orientales orbis oras navibus perveniri,
sed difficulter admodum propter glaciem, & hibernam no-
ctem. Constat enim naves nostras ad gradum usque 76..
provectas: ibi glaciei crustis ingentibus ac nocte ingruente
impeditas fuisse, ne ulterius progredi possent. Destituit vecto-
res Sol 4. Novemb. A. M.D XCVI. visus iterum 24. Ianuar.
anno sequenti quo toto tempore fortissimi Argonautæ in
Nova Zembla & tuguriolo à se exstructo latitarunt, usq. ad 14.
Iunii, quo die deserta navi oneraria reditum molientes, dua-
bus scaphis se commiserunt, atque ita quadringenta penè
milliaria confecerunt, *Colam* usque Lappiæ civitatem, sociis
quibusdam intereà amissis. In Oceano Septentrionali sive
hyperboreo, insulæ sunt; Frislandia, Islandia, Schetlandia
& Gronlandia.

2. Philip Cluver lib. 3. cap. 20. §. 4. p. 254. beschreibet uns
Grönland mit folgenden Worten. Grönla oder Grünland ist
ein ungemessenes sich weit erstreckendes Land / davon man nicht
weiß: ob es eine Insul oder festes mit Nord America zusammen-
hangendes Land sey. Imperium in littora hactenus cognita,
sibi vendicarunt Daniæ Reges. Den es ist Nord America näher
als Europa gekegen. Dieses Land/macht der Waifischfang berümt.

3. Die.

3. Grönland (setzt Johann Buno hinzu) wird durch das
fretum Davis von Estotilandiã in America geschieden. Da seind
die Berge/ Spitzbergen genandt/ bey den Schiffern berühmt des
Walfischfangs halber. Man hat vor wenig Jahren einige Grünländer nach Hamburg gebracht/ und so fort nach Denmarck.

4. Ich habe unterschiedene noch vorhandene Land-und See-
carten/von verständigen Schiffern und Steurleuten/ dem Gro-
graphischen Unterricht gemäß verfertiget: auch tabulas itinera-
rias,ruditer gemacht/ und auff Pargament auch auff Papier gezeichnet und geschrieben gesehen/ welchen ich / weil sie aus eigener
und anderer Erfahrung gemacht waren/und also bloß aus der Reise
journalen gestellet/ billig glauben zustelle.

5. Simon Paulli in seinem orbe terraqueo, oder Register der
außgefertigten Landcarten gibt pag.2 n.2. diesen Bericht von den
Grünländischen Charten. Arctica, Regiones sub polo Boreo.
Poli arctici & circumiacentium terrarum descriptio novissi-
ma, apud Heinricum Hondium. Regiones sub polo arctio
Guilielmi Blaeu.

Nova & accurata poli arctici & terrarum circumiacentium descriptio, apud Johannem Jansonium.

Grönlandia. Typus maritimus Gröenlandiæ, Freti
Davidis, Islandiæ & aliorum littorum Septemtrionalium.
Spitzbergæ, novæ Zemlæ, Janmajanæ, Freti Nassovici, Island-
diæ, in tabulis (Sansoni) Hondii, Jansonii, Blaeu & aliorum
obvius est.

6. Sebastian Münster in seiner Cosmographey/ (die billiger
Grographey/ Hydrographey und Topographey heissen möchte)
schreibet vom Grünlande im 6. B. und 37. C. am 1358. Bl. der
zu Basel im 1614. Jahre in fol. geschehenen Außfertigung/
wie folget. Grünland wird also genandt / weil es trefflich gute
Weide hat/auch Käse und Butter/ so mit grossem Hauffen / daraus geführet wird. Es sein zwo Bißschöffliche sitze darin / die

X ij   dem

dem Ertzbißschoff von Druntheim in Nordwegen gelegen unterworffen seyn. Das Volck in diesem Lande ist wanckelmühtig/und
gehet fast mit Zauberey ümb. Man meinet/ das diß Land sich von
den Lappen ziehe/biß zu den neuen Insuln/ die sich gegen Mitnacht
strecken. Weiter weiß man von diesem Lande nichts zu sagen.

7. Abrahami Ortelii Bericht von den Nordländern/ und
insonderheit vom Grünlande/ aus der Beschreibung der 8. Taffel
seines Theatri orbis terrarum, ist dieser.

Jßland ist von den Alten Thule genandt / und ist wun-
derberühmt. Grünland ist wenigen bekandt. Von Frießland haben die Alten nichts gewust. Es ist auch keiner/ unter den
neuen Erd oder Wasserbeschreibern / der Frießlands Meldung
thut/ohne allein Nicolaus Zenus von Venedig/ der im Jahr nach
Christi Geburt 1380. lange und viel / durch die Winde und Wel-
len/in diesem Meer / hin und her geworffen worden/ und endlich/
nach erlittenem Schiffbruch an diese Insel gekommen. Er sagt :
diese Insel sey dem Könige von Norwegen unterworffen : sie sey
grösser als Jrland/und ihre vornehmste Stadt / heisse auch Frieß-
land/wie die Insel. Die Jnwohner dieser Insel/ setzet er / nehren
sich den mehrentheil mit fischen/weil man in ihren Hafen allerley
Fische fängt / in solcher Menge das man viel Schiffe damit bela-
den/und in die umbliegende Inseln führen kan. Das Meer schreibet er / so an der Seite des Niedergangs der Sonnen/ an diese Jn-
sel stosset/ sey voller Furten und Steinklippen / und werde von den
Einwohnern Jcarium/unn die Insel so darinnen liegt/Jcaria genant.
Von Grünland/welches gleichfals eine Insel ist/ spricht er : das
der Winter daselbst 9. Monath währe / es regne auch in solcher
Zeit nicht / dazu verschmeltze der Schnee nicht/ der im Anfange des
Winters gefallen / ehe der Winter sein Ende habe. Das ist aber
zu verwundern/was er von einem Prediger-Münch Kloster so in
dieser Insel in des Apostels Thomæ Nahmen erbauet sein sol/hin-
zu thut : das nemlich ein Berg nicht weit davon liege / welcher Feur
aus-

außwerffe/ wie der Berg Ætna, es stehe auch ein heisser Brun da-
bey/ mit dessen Wasser/ nicht allein alle Gemach des Closters und
Wohnungen der Münche/ wie Stuben eingehitzet/ sondern auch
Speisen gesotten/und Brodt gebacken werden könne/ ob schon kein
Feur dazu komme. Der gantze Bau dieses Klosters/ sey von lauter Reibsteinen oder Sandsteinen auffgeführet / welche gemeldter
Berg zugleich mit den Feurflammen außwerffe. Den/weil diese brennende Sandsteine von Natur und Art/ etwas feist und hart
seyn / werden sie durch Auffgiessung dieses Wassers gelöschet und
außgedorret / bekommen viel Löcher und werden leichter. Das
Wasser aber/ welches darauff gegossen ist/ werde wie ein schweffe-
licht Leit oder Leim/und wenn damit diese Steine eingemauret oder
verbunden worden/ befästigen sie das Werck also / daß es außhalten und alles Ungewitter außstehen könne. Sie haben auch Gärten beym Kloster/ welche mit diesem Wasser gewässert/begossen und
angefeuchtet seyn/und fast durchs gantze Jahr/ mit allerhand Blumen und Getreide grünen und lustig anzusehen seyn. Dieses Kloster liege am Ufer des hohen Meers/und habe einen ziemlich weiten
Schifffhafen/ in welchen dieser Brunn sein Wasser außgiesse/ und
ihn dadurch also erwärme/das er/wiewohl es eine sehr kalte Gegend
ist/ nimmer zufriere. Daher den auch/ mehr als sonsten / Fische
und andere Thiere dahin kommen/davon die Münche und ihre Be-
nachbahrte zur Nohti und Lust leben können. Dieses sagt Zenus
unter andern von diesen Inseln/ welcher diese Mitternächtige örter
wol besichtiget hat. Es ist dieser Zenus zum Commendeur/ über
einige Schiffe Zichmni gemacht worden. Dieser Zichmni war ein
Fürst über etzliche Inseln in dieser Gegend. Die Insul Frießland ist zu dieser unser Zeit wieder bekandt geworden / insonderheit
durch die Engeländer / welche sie West Engeland genandt haben.
In den alten Scribenten geschicht selten und an wenig örtern Meldung von diesen Landschafften. Bey den neuen findet man mehr
davon. Es haben diese Landschafften einige von den neuen Erd-

X iij   Wasser

Waſſer und Geſchlcht beſchrieben/in etwas beſchreiben / als da
ſein: Olaus Magnus aus Gothen Biſſchoff von Upſal/ Albrecht
Krantz/ Saxo Grammaticus , Jacobus Zieglerus und Sigis-
mund von Herberſtein/ in ſeinen Commentarien von der Muſco-
witter Lande. Es hat auch Nicolaus Wimmannus eine Schifffahrt über das Mitternächtige Meer laſſen außgehen. Beſiehe
auch das Memorial der beyden Brüder Antonii Zeni und
Nicolai Zeni, über die Inſeln/ ſo unter dem polo arctico liegen/
dazu die Beſchreibung des Schiffbruchs Petri Quiriai , ſo durch
ihn/ſampt Chriſtophoro Fioravante und Nicolao Michaelis,
in Italiäniſcher Sprach verfaſſet werden.

8. Michael Coignetus Mathematicus Antverpienſis im
epitme Theatri orbis terrarum Abrahami Ortelii Antover-
piæ , An. 1601. editâ ſchreibet von den Nordländern/ und ab-
ſonderlich Grünlande alſo.

Ins Norden liegen: Schweden/ Norwegen/ Bothnia/ Fin-
land/ Lapland und ſo weiter. Das wort Norwegen bedeutet einen
weg ins Norden. Daraus bekommen wir Stockfiſch/ der in der
Kälte gedorret iſt/ und hart wie ein Stock geworden. Der beſte
wird im Jenner gefangen/und in der Kälte getrecknet. Die in weichen Monathen gefangen werden / werden weich und ſein ſo gut
nicht. Norwegen hat gute Lufft/das Meer freurt nicht/ und der
Schnee wehret nicht lange. Schweden iſt reich an Silber/ Ertz/
Bley/Eiſen/Früchten und Vieh. Reich an Fiſchen/ ſo im groſſen und kleinen flieſſenden Meer/ Ströhmen und ſtehenden Waſſern gefangen werden. Reich von Jagten und Wildwerck. Stockholm eine feſte Stadt/ lieget auff Pfahlen wie Venedig/ daher ſie
den Nahmen hat/ nemlich vom Stock und Holm. Gothland bedeutet ſo viel als ein gutes Land/ darin liegt Calmer-Stadt/ Kauf-
ort/ Hafen und Schloß. Das Schloß iſt dem Meylandiſchen
an gröſſe nicht ungleich. Bey Tingulla wird das beſte Eiſen ge-
graben. Jsland iſt bey den Alten Thule oder Thyle genandt. Von
die-

dieſer Jnſul werden viel wunderliche Dinge erzehlet. Grünland
iſt wenig bekandt: Frießland iſt bey den alten und neuen Geographis unbekandt/ ohne dehm was Nicolaus Zenus ein Benetianer
davon geſchrieben. Dieſer/ nachdehm er An. 1380. im Norden
lang und vielfältig mit ſeinem Schiffe herthumb geworffen worden/
iſt endlich /ſnach erlittenem Schiffbruch an dieſe Jnſul gekommen.
Das weſt-Meer an dieſer Jnſul gelegen/iſt ein gefährlich Meer/voll
von Klippen und Sandbäncken/ (Sturm/Nebel und Eiſe.) Die
Einwohner nennen dieſes Meer Mare Icarium, und eine Jnſul
darin/Icariam inſulam, wie er ſchreibet. Jm Grünlande ſchrei-
ber er/ wehre der Winter 9. Monats lang/ die Zeit über regne es
nicht / und ſchmeltze auch der im Anfange des Winters gefallene
Snee nicht eher. Von dem Kloſter/ vom Apoſtel Thoma genant/
darin Prediger-Ordens München ſeyn / ſchreibet er wunderliche
Dinge: nemlich / es ſey nicht weit davon der Feurſpeyende Berg
Ætna, und daſelbſt ein Brunne heißſiedendes Waſſers/ dadurch
ſi /ohne Feur/ihre Stuben wärmen/ Brodtbacken uñ Speiſen bereiten. Tota hujus monaſterii fabrica, ſchreibet er/ex tophis
conſtat, quos idem mons, inter ebullientes flammas eructat.
Hi ardentes tophi, cum naturâ aliquid pingue habeant , &
ſolidi ſint, aquâ ſuperinfuſâ extincti , aridi & foraminibus
rari atque leves relinquuntur. Aqua verò in bitumen te-
naciſſimum mutatur, quo poſteâ , cum hi tophi in ſtructu-
ram conijcuntur, conglutinantur , ſolidiſſimumqúe opus,
contra omnem temporis injuriam conſtituunt. Hortos
etiam ſuos, hac aquâ irrigatos , vario frugum florumque genere, ridentes, ſemper habent. Situm eſt hoc monaſterium
in Oceani littore, & portum habet ſatis capacem, quem hic
fons, ſuas aquas evomens, adeo tepidum efficit, ut nunquam,
etſi, plaga ſit frigidiſſima, congeletur. Inde, ad hunc locum,
tantus aquatilium ex frigidioribus locis concurſus, ut non

ſos

solum hi monachi, sed circumvicini etiam accolæ, svavi-
ter, unde vivant, habeant

9. Der von Jodoco Hondio in Teutscher Sprache außgefertigter Atlas Minor Gerhardi Mercatoris: der zu Amsterdam
Anno 1631. durch Johan Jansen gedruckt ist / gibt pag. 20. und
in folgends/ diesen Bericht / von den Nordländern in gemein/ und
vom Grunlande und andern nördlicher Ländern absonderlich.
Nach dem wir die Beschreibung der vier Haupttheile der Welt bißhero vollendet/ habe wir für gut angesehe/ nach der weise Ptolemæi,
als des allerfürtrefflichsten Cosmographi zu dem Polo und denen
Landschafften/ so unter dem selbigen gelegen/ zuschreiten/ damit wir
von dem obersten zu dem untersten-und von der lincken zur rechten
eilendt/ den Theil gegen Mitternacht mit dem Mittag/ und den gegen Untergang mit dem andern gegen Auffgang zusammen fassen
möchten: darzu denn der Allmächtige sein Gedeyen verleihen wolle/
das es zu Nutz und Wolfahrt gemeiner Christenheit gereiche.
ist demnach der Polus anders nichts / als das eusserste Theil oder
Ende der Linien/ welche mitten durch das Centrum des Globi / hindurch gehet/ und bey den Latinis Vertex genennet wird.   Es werden aber deren zween gezehlet/ als der Septemdrionalis und Meri-
dinoalis. der Septemdrionalis wird allezeit gegen Mitternacht ge-
sehen/ und derowegen auch Borealis und Arcticus genandt: der Meridionalis aber erscheint allein denen gegen Mittag / dannen hero
er Australis Meridionalis / Notus und Antarcticus heist.   Die
Landschafften aber/ so unter den Polo Arctico liegen / sind fürnemlich: Grönland/ Frießland/ Nova Zembla und etliche andere mehr/
von welchen/ so viel davon bewust/ kurtze Meldung geschehen sol.

Grönlandia hat seinen Nahmen von der schönen grünen Farbe/
ist ein Insel mehres theils noch unbekandt / unter dem Circulo
Arctio und dem Polo gelegen/ dessen Paralleli gegen Mittag sind
65. Grad/ und gegen Mitternacht 77. In dieser Insel/ wofern anders dem Nicolao Zeneto/ (als welcher im Jahr nach Christi Geburt

burt 1308. eine gute Zeit auff dem nächsten Meer dabey in der Jr-
herumb gefahren) Glauben zuzustellen ist / wehret der Winter 9.
gantzer Monat / In welcher Zeit es im geringsten kein Regen gibt/
gleich wie denn auch der Schnee / welcher im Anfang des Winters
fält / biß zu desselben Ende nicht vergehet / bleibt jedoch das
Graß darunter unverdorben : denn es hat in solcher Insel eine gewaltige Weide / und derowegen auch einen grossen überfluß von
Rindern/Schaffen und andern dergleichen Viehe / daraus die Jnwohner dermassen viel Käß und Butter zu wegen bringe/daß sie sie
den jenigen/ so etwan mit Schiffen dahin gelangen/in grosser mä-
ge verkauffen. Es sind uns aber mehr niche / als zwo Wonungen
in solcher Insel bekandt/deren die eine Alba/die andere aber das Kloster zu S. Thoma genennet wird / von denen hernach Meldung
geschehen sol. An diese Insel stößt das Meer/welches man das stille oder das Eiß Meer zu nennen pflegt. Ferner ist in dieser Insel
auch ein Kloster voll Prediger Münche / unfern von demselbigen
der brennende Berg Ætna: und unten bey des Bergs Anfang eine
immerwehrende Quelle heisses Wassers/welches nicht allein alle Gemach gemeltes Klosters erwärmt/ sondern auch zu dem Brodt und
andern Speisen von den Jnwohnern/an statt des Fewers wird gebrauchet. Dieses gantze Kloster ist aus den Tofffsteinen/die der Berg
mitten aus den Flammen von sich außwürfft/ erbawet. Eben solche gemelte heisse Quelle erwärmt auch die nächste Gärte dermassen/
das durch das gantze Jahr allerley schöne Kräuter und Blumen
darinn wachsen / gleich wie denn auch das Meer / so nächst dabey nimmer zufrieret und gestehet / sondern so wol den Fischen/als
auch den Menschen allezeit offen bleibt |/ derowegen sich den von
Fischen und Wasservögeln eine solche mänge von den kalten Orten
dahin begibt/ das nicht allein die Münche/ sondern auch andere be-
nachbahrte Völcker nächst darherum/ein gantzes Jahr davon haben zu leben.

Y   Die

Die Insel Frießland war den Alten unbekandt / ist grösser
den Irland / hat eine fast unbequeme und sehr kalte Lufft / derowegen:
auch durchaus kein Getreide noch Früchte / sondern allein eine über=
fluß von Fischen / von welchen die Inwohner mehrers Theils lebē.
Die fürnemste Stadt wird auch Frislandia genant / und die gan=
tze Insel von dem Könige in Norwegen beherrschet. Die Inwoh=
ner sind fast allesampt Fischer / welche in dem Portu oder Hafen dess
selbigen Meers Jährlich eine solche mänge von allerley Fischen zu
wegen bringen / das viel Stiffe damit werden gefült / und in die
nächst gelegene Inseln verführet. Das nächste Meer / so gegen Nie=
dergang an diese Insel stöst / und der spitzigen herausragenden
Schrofen und Felsen allenthalben voll ist / sagt Zieglerus, wird
Icarium, und die Insel desselbigen Icaria von den Inwohnern ge=
nandt. Es hat diese Insel zu diesen unsern Zeiten wieder=
umb angefangen bekandt zu werden / und dasselbige fürnemlich
durch die Engelländer.

Die Insel Nova Zembla liegt unter dem 76. Grad / hat eine
überaus unbequeme Lufft und unerleidliche Kälte / und ist derowe=
gen auch fast öde / rauh wüst und unbewohnt / trägt weder Laub /
noch Graß / wie gleichfals auch keinen Vorraht von Vieche / ohn al=
lein die jenige Thier / so Fleisch zu fressen pflegen / als Füchs und
Bären / deren nicht allein in dieser Insel / sondern auch fast in allen
denen Ländern / so gegen Mitternacht liegen / eine grosse mänge zu
finden. Ja es wird auch eine besondere Art von Meer Thieren dar=
innen gesehen / welche grösser / denn ein Ochß / bey den Inwohnern
Walruschen heist / sich an dem Maul einem Ochsen vergleicht / eine
lockichte Haut / vier Füsse / und zween breitscharfe und weisse Zäne hat /
die aus dem ober theil des Mauls heraus gehen / und in gleichem
wehrt mit den Elephanten Zänen werden gehalten. Seine Meer
sind: das Fretum Weygats / Forbisseri, und Davis. Das Meer
Weygats erstreckt sich gegen Auffgang biß zu dem Angulo Cru=
cis, oder Ecken des Creutzes / nachmals gegen dem Arctapellöre
biß

biß zu der Ecken Diſidii, welche ſich ein wenig nach dem Auffgange
lencket. An dem Uffer oder Lande dieſes Meers gegen Mittag/ſagt
Wilhelmus Bernardi, wohnen Leute/ ſo etwas rauch/und Sa-
miutz genandt/ deren Kleider eine ſolche Form haben/ dergleichen
unſere Mahler den wilden Leuten zueignen / wiewol ſie nicht faſt
Wild/ſondern eines guten Verſtands ſind / Kleiden ſich von dem
Haupt biß hinab zu den Füſſen mit den Fellen der Rangiferorum:
ſind mehrers Theils einer kurtzen Statur / haben breite und flache
Angeſichter/ kleine Augen/kurtze Schenckel/gehen mit denſelbigen
etwas weit von einander/und ſind zum lauffen und tantzen ſehr hurtig und geſchwind. In ihre beſondere Wägen oder Kutſchen/ſpañen
ſie einen oder zween Rangiferos/ ſetzen ſich eintzig oder auch ſelb ander in die Schlitte uñ Kutſchẽ hinein/uñ fahren dermaſſen geſchwind
darvon/das ſie kein Pferdt es ſey ſo hurtig als es immers wölle/kan
erjagen.   Das Meer Forbiſſeri / hat ſeinen Nahmen von Mar-
tino Forbiſſero / einem Engelländer / welcher im Jahr 1577. die
durchfahrt durch Mitternacht nach Cathay ſuchend / an ein beſon-
der Meer kommen / und in demſelbigen viel Inſeln und Völcker
gefunden/von welchen wir allhie etwas melden wollen.   Die Inwohner ſolcher Inſeln führen ein faſt Viehiſch Leben / brauchen das
rohe Fleiſch von wilden Thieren und Fiſchen zu ihrer Speiß / bekleiden ſich mit den Fellen der wilden geyſſen / die ſie in der Jagt er-
haſchen/ freſſen auch gleich den unvernünfftigen Thieren das rohe
Kraut auff dem Felde/ bedecken ihre Gezelte mit den Häuten der
groſſen Walfiſche/und haben das gantze Jahr groſſe Kälte/ Nebel/
und eine ſtätwehrende wölckichte Luft. Ihre Hunde/ als welche ſich
unſern Wölffen faſt vergleichen/ſpannen ſie anſtatt der Pferde oder
Ochſen/in die Joch oder Wägen/und führen allerley Nohtwendig-
keit über das Eiß damit zu. Brauchen an ſtatt der Waffen anders
nichts/als Pfeil/ Bogen. und Schläuder / haben durchaus kein
Holtz/und an Hirſchen ein groſſe mänge: bawen gar keine Felder/
ſondern behelffen ſich mit dem/ ſo von ſich ſelbſten wächſt / nehren
ſich

sich mehrers Theils vom Jagen/erwehlen das warme Blut des ge-
fangenen Wilds/oder das Eißwasser zu ihrem täglichen Tranck/
dieweil ihnen wegen grosser Kälte / als welche die Erde allerdings verschleust/ alle fliessende Wasser und Brunnquellen mangeln. Sind arbeitsame Leute/ erfahrne Jäger/und sonderlich zum
Vogelfangen sehr verschlagen und geschwinde / machen besondere
Schifflein aus Leder / in deren jedem mehr nicht/ als ein eintziger
Mensch sitzen und fahren kan/brauchen darzu auch nur ein Ruder/
und halten in der rechten Hand das Instrument/mit welchem sie die
Vogel mit einem Pfeil erlegen. Das Meer Davis hat seinen Nahmen gleichfals von einem Engelländer Johann Davis genandt/wel-
cher im Jahr 1585. und den beyden nachfolgenden das Ufer Ame-
ricæ/oder viel mehr Grönlandiæ/gegen dem Circlo vom 53. Grad.
biß zu dem 75. und die durchfahrt von dannen biß in Chinam erforschet hat.   Was aber von den vier Euripis in
den Mappen vorgestellet wird / ist aus dem Itinerario Jacobi
Cnoxen Buscoducensis genommen / als welcher meldet/es hab
ein Engelländischer Münch minoriten Ordens ein fürtrefflicher
Mathematicus von Ochsenfurt die Landschafften nächst umb den
Polum herumb beschrieben und durch das Astrolabium auff folgende weise gemessen/wie unser Mercator aus ihme / dem gemeldten
Jacob/colligiert und geschlossen/ daß nemlich die vier Euripi mit einer solchen Ungestüme zu dem inwendigen grundlosen Schlunde
werden gerissen/daß kein Wind so starck sey/ der die Schiff/ so einmahl dahin gelangt/wiederumb von dannen könne zurück treiben/
gleich wie dann auch kein so starcker Wind jemahls daselbst wird
gespüret / der irgent eine Windmül könne herumb treiben und bewegen. Aber dieses scheinet des Luciani warhafftiger Erzehlung
nicht fast ungleich/in dem die jenige /so diese Europios gesucht derse-
bigen keine gefunden/ nemlich die Holländer/als welche das Meer
biß auff den 81. Gradum offen gefunden. Von der Wohnung deren Völcker/ welche Hpperborei genandt werden/ schreibt Julius
                                                            Scaliger

Scaliger also/ ob man auff diesem Meer biß nach Sinas schiffen
könne/ wird von vielen gezweiffelt: meine Meinung aber ist diese:
Von dem Hafen des Flusses Divinæ/als an welchem sie die Schiffahrt anfangen/wollen sie verstehen den gantzen Tractum/ welcher
gantz Scythiam biß zu der Ecken gegen Orient umbgiebt/ in welcher Ecken krümme/ der Nortwind mit dem Westwind zu verwech-
seln/von welchem alle die jenige/ so Meldung davon thun/ weder
desselbigen Meers/noch auch des Windes/und des Meeres Enge einige Wissenschafft haben: sintemahl der West-und Ostwinde sich
dermassen selten spühren lassen/ daß man fast gar nichts von ihnen
weiß:hergegen sind die Nortwinde so gemein/daß es scheint/als haben sie das Regiment allein/die Fuhrten aber sind vielfältig/fast ungewiß und sümpfficht. zu dem bleibt das Meer den gantzen Winter
über/als welcher zehen gantzer Monat wehrt/ oben aller Dings zu/
und sind die zween übrige Monat des Sommers/des dunckelen Nebels nimer ohne. sintemahl so bald einer in den Nachmittags Stunden verschwindet / sich ein anderer an dessen statt erhebt. Wenn
aber der Winter zum Ende kommen und das Eiß bricht/ist die Gefahr noch grösser/ dieweil nemlich die gewaltige grosse Eißschülpen
hin und her fahren/und wie gantze Inseln an einander flossen. Im
Jahr 1594. und den beyden nachfolgenden/ ward den Holländern
als die in ihrer Schiffahrt dahin begehrten/Hoffnung gemacht/als
könte man aus dem Hyperborischen Meer biß zu den Enden gegen
Orient gelangē/wiewol von wegen des Eises uñ der langen Nächte/
des Winters sehr schwärlich. Wilhelmus Bernhardi ist der Mei-
nung/als könne man durch das Nassouische Meer biß ad Sinas
durchaus keine Schiffahrt anstellen/und dasselbige nicht allein von
wegen des Eises/sondern fürnemlich / dieweil durch die Erfahrung
befunden/daß es kein Meer/sondern allein ein Sinus oder Schoß
sey / der da weder ab, noch zu zufliessen pflege. Durch den Theil
aber Novæ Zemblæ, welcher am allermeisten gegen Mitternacht
gelegen/ist er guter Hofnung/dz man solche Schiffart könne anstel-

Y iij   len

len und vollenden. Dieweil aber täglich neue Schiffahrten nach Sinas werden vorgenommen / wird es die Erfahrung endlich geben/ob man solche Schiffahrten vollenden könne/oder nicht. Dieses aber ist gewiß/das unsere Schiffe biß zu dem 8). Grad gelanget und das Meer noch offen gefunden/nachmahls aber unter 76. Gr. durch die grosse Eißschülpen und einfallende Nächte von fernerem fortschiffen seyn abgehalten und verhindert worden. den es hat sie die Sonne den 4. Tag Wintermonats deß Jahrs 1596. anfangen zu verlassen/un ist allererst den 24. Jenner des darauff folgenden wiederumb erschienen/ welche gantze Zeit über sie sich in Nova Zembla in kleinen Hüttlin/ die sie selbst erbawet/haben müssen verschliessen und behelffen. Derowgen ob wol die Schiffahrt der Argonautarum von den Alten sehr ist erhaben und gerühmt worden / so ist sie doch gegen dieser für nichts zu rechnen. Denn wer hat jemahls vor den Holländern/dreyzehen gantze Monat/ohn aller Gemeinschafft der Leute/in höchstem Mangel aller nohtwendigen Dinge/ solche grosse unerleidliche Kälte können außstehen? Unter des Poli Arctici 76. Grad in der eitelen Einöde ein wüstes Hüttlin gebawet/und sich in demselbigen fast zehen gantzer Monat in dem tieffen un hohen Schnee gleichsam vergraben beholffen? zugeschweigen/daß sie auch im wiederkehren ihr Schiff haben müssen verlassen / und in ungedeckten liederlichen Nächen allerley Ungemach außstehen/und sich der grimmigen Bären und ungeheuren Meerwunder täglich erwehren/welches alles sie doch mit hülff des Allmächtigen in grosser Gedult/ und unterschrockenem Muht überwunden/ und glücklich wiederumb nach Hause gelanget seyn.

10. Johannis Boteri/auß der Italiänischen in die Teutsche Sprach übersetzte Erdbeschreibung (die er Weltbeschreibung nennet) welche zu Cöln An. 1596. gedruckt ist/ gibt diese Nachricht. .4.c.3. p.257. und 258.

Von

Von der Septentrionalischen Halb-Insul.

Je Septentrionalische Halb-Insul der newen Welt erstrecket sich von Auffgang gegen Niedergang. Ihre gräntzen gegen Mitnacht/ sind noch nicht bekant. Jacob Cartier hat sie entdeckt / biß auff funfftzig Gradus/ im Jahr 1535. Caspar Corterial/ist biß auff sechtzig Gradus kommen: da er überaus grosse Kälte befunden/ und den Fluß Neuato gefunden. Sebastian Gabotto/auff Verlegung Heinrich des Siebenden/ Königs in Engelland/hat sieben und sechtzig Gradus erreichet: ist wegen der zu gar grossen Kälte nicht weiter kommen. Zu letzt hat Martinus Foruiciere/ein Engelländer/es in mancherley wege versuchet/uñ vielfältige Reisen für sich genommen/ob er doch auf dem selbigen Meer könte zu den Insuln Molucca uñd in Indien durch zu dringen wege finden: aber es läßt sich ansehen / als ob die Natur selber sich ihnen entgegen gestelt habe. Donn zu dem/ daß die Kälte so streng daselbsten und unleidentlich/ fällt auch ein sonderbahrer Reiffen/ wie Quecksilber anzusehen/ der alles/ was er nur berührt/ verderbt und als ein Fewer verzehret: ohne zweifel wegen der Kälte und deren schärffe. Darumb der gemeldte Foruiciero/ sampt seiner Gesellschafft/ solcher Reisen noch kein Ende finden können: und je mehr sie fort rucken / je minder erlangen sie das Ziel ihres Vorhabens. Dann das Meer breitet sich nicht aus gegen Auffgang/ sonder allzeit gegen dem Polo zu.

Auff der andern Seiten/ ist diese Insul terminiert / theils durch das Meer del Norte/ theils durch das Meer del Sur genant. Der umbkreiß/ so viel man bißher erfahren/ist sechßzehen / und die durchgehende Lini vier Tausent kleine Meilen. Das theil/ so gegen Orient siehet/ wird abgetheilt in drey überaus grosse Landschafften: Estotilant/ Lauoratore/ und Norumbega.

Esto-

Eſtotlant wird genennet/das Land/welches mehr gegen Mit-
tnacht gelegen/ als alle andre die man weiß: iſt eben die gegne/ da die
Engellánder vorüber geſchiffet/ als ſie in Cathay fahren wollen/ in
der Schiffahrt darvon obſtehet: ein überaus kaltes Land. Es iſt
erſtlich durch etliche Schiffleute auff Frisland / nachmaln durch
Antonium Zeno einen Venetianer/ aus anſtifften und fürschub des
Königs in Frisland/im Jahr 1390. gefunden und entdecket worden.
Die Landwohner bekleiden und bedecken ſich / mit wilder Thiere
und Meerkálber Háuten: aus welchen ſie auch ihre Schiffe machen/
als deren eins in vergangnē Jahren gen Lunden gebracht wordē. Die
gräntzen dieſer Landschafft gegen Mitnach/ ſind noch unbekant: gegen Mittag ſtrecken ſie ſich biß an den Fluß Neuato/ welcher im
ſechtzigſten Grad gelegen.

Daſelbſten fanget an die Landschafft/ Lavoratore: die ſich
erſtrecket/ biß auff den Fluß S. Lorentz: welchen etliche/ die Enge De itre Fratelli / andre den Fluß Canada nennen. Die nam-
hafftelgſte Plátze/ ſo darinnen gelegen / ſind: S. Maria/ Capo
Marzo/ Caſtell/ und Breſt. Von dannen gegen Auffgang/ ligt
die Inſul Dei Demonii: der Teuffel. Das Landt/ iſt zimlicher
maſſen bewohnet. Die Leute/ ſind groß / und wolgeſtalt: tragen
Armbánde von Silber und von Kupffer: bekleiden ſich mit Thier-
háuten: machen ihre Gebáwe von Holtz: leben von Fiſchen/ voraus Salmen.

Der Flue S. Lorentz iſt durſchiffet worden/ über die acht-
hundert kleine Meil gegen das Waſſer: hat in ſeinem Außfluß in
der breite fünff und dreiſſig geringe Meiln / in der tieffe in die zwey
hundert Ellen. Er möchte/ wann man eigentlich davon reden wöl-
te/ viel mehr ein Arm des Meeres / als ein Fluß genennet werden:
hat viel kleine Inſuln/ unter andern die Inſul Aſcenſionis. Die
Geſtade ſind beſetzt und bewohnt mit Völckern/ die den Teuffel verehren und anbeten / und ihm zu Zeiten ihr ſelbſt eigen Blut auff-
opffern. In etlichen Orten freſſen ſie auch Menſchen Fleiſch. Die

jeni-

senigen/ so daselbsten gewesen / zeigen an/ sie haben Korn und Ge-
müse da gefunden.

Die Frantzosen nennen diese gegne/ neu Franckreich: deren
namhafftigste Wohnungen sind/ Canada / Ochelaga und San-
guine/ alles von Holtz gebawet. Franciscus der Erste/ König in
Franckreich/ hat sichs unterstanden einen Fuß dahin zu setzen/ durch
Jacob Bertone: und König Heinrich der Ander/ hat den Ritter
Villagagnonem dahin abgefertiget: aber alles ümbsonst und vergebens. Die grösste Reichthumer die sie heraus gebracht/ sind gewesen etliche Diamante/ so sie von Canada her nennen: die doch ge-
ring geschätzet werdē/ dieweil sie weich und brüchig seyn. Deßgleichē
Demantē werden auch anderswo gefunden: in Engeland/ bey Bri-
stoja: in Hispanien/ im Fluß Tago: in der Marggraffschafft Sa-
lutz/ gegen Rauel: in Franckreich selbst / bey Vandosme und in
Böhmen in vielen Orten,

Und l, o, c. 48. 49. 50. und 51. p. 339. 340. 341. und 342.

Inseln in neu Franckreich.

NUr Florida hinaus/ ligt Emperedada: von dannen gegen
Auffgang/ Bermada (so von einem Schiffe also genandt)
und folgends S. Anna/ da nichts sonderbahres zu mercken:
als daß die Flotten/ so aus Indien in Hispanien gehen / und von
Auana außfahren/ daselbsten gegen Mitnacht abweichen/ Winde
zu fangen: wenden sich aber nachmahln umb / und fahren auff
Bermuda zu/ wiewol sie nicht alle mahl dahin gereichen. Gegen
dem festen Lande hinüber/ liegen die Inseln/ Claudia/ Aredonda/
Dobrestan/: sind unbewohnet. Von dannen kompt man in ein
übel bekandtes Meer/ darinnen gelegen sind diese Inseln/ Papua/
Brione/ S. Peter/ Granozze/ Oribelanda: dahin die Britanier
alle Jahr kommen/ und unglaublich viel Fische/ die sie fangen/ in
Franckreich und anders wohin weg führen. Im Busen Canada/

Z
liegt

 li gt Bellisola und Assumptionis : und besser hinaus/ der Teufel Insel / deren auch droben gedacht worden.

Von allen diesen Landen/ weiß man wenig zu sagen / dieweil sie anders nicht gebraucht noch gesucht werden/ als von wegen der Fische. Es bringen auch die vielfältige Nahmen diß Orts grosse Irrung/ und vertunckeln der gemelten Inseln Erkanotnüß sehr: in dem sie anders und anders genennet werden/ von den Engelländern Portugalesern und Spaniern.

Von den Inseln des Hyperboreischen oder Mitnächtigen Meeres.

WAnn man Estotilant auff der lincken Hand läßt liegen/ so findet man die Insul Grünland: von welcher Orontius und Bopelius gehalten/ daß sie ein festes Land seye/ an Lappenland und der newen Welt hangend. Aber der mehrertheils haltens für ein Insel/ von der newen Welt zweyhundert/ und von den Lappen/ hundert und sechtzig geringe Meilen gelegen. Der erste so darvon geschrieben/ ist gewesen Nicolaus Zeno/ im Jahr 1380. Das Land ist schier durchaus mit dicken Wälden überzogen. Die längste Nacht daselbsten/ währet acht gantzer Monat: überaus kalt/ ohne Winde. Doch werden darumb die Händel und Gewerbe nicht unterlassen: dann die Sonne von ihrem Gesichtkreiß wenig abweichet. Im Sommer/ ist es bey ihnen auch warm.

Das vornehmste so da zu sehen / ist S. Thomæ Closter/ Dominicaner Ordens: das hat einen Berg nahe darbey/ der Feur außspeiet: hat einen Brunnen von heissem siedendem Wasser / mit welchem die München und Bätter kochen/ und ihre Wohnungen wärmen. Eben dieses Wasser wird in ein Bitumen oder Pech verwandelt: welches nachmahln an statt des Kalches zu Gebäwen/ die man aus Steinen / so, der gemelte Feurberg außwirsset/ auffe

auffführet/gebrauchet. Nahe bey dem Closter ist ein Meerhafen/
in welchen das gemelte Wasser sich außgiesset/ und selbigen also er-
wärmet/daß er nimmermehr gefreuret: darumb dann unzahlbahr-
lichviel Fische dahin kommen.

Besser gegen Niedergang / liegt die Landschafft Alba : aus
welcher Jährlich viel Butter und Fische in Denmarck und Nordwegen verführt werden.

Die gebohrne Einwohner sind gemeinlich hoher statur und
läng / weisser Farb : kriegen mit Pfeilen: schiffen in Weydlingen
oder Barcken von Leder gemacht : leben von Fischen/ aus welchen
sie Meel machen/ und selbiges unter Käse vermischen. Die auff dem
Meere wohnen/ wissen etwas von dem H. Evangelio: aber denen
auff dem Mittellande/ ist die Warheit unbekandt. Den Zauber-
künsten sind sie allezumahl ergeben.

Umb Grünland herumb/ liegen viel unbekandte Inseln: unter denselbigen ist zu sehen/ Witsarco/ ein mercklicher Berg/ mitten
im Wasser gelegen. Daselbsten haben vortreffliche Schiffleute einen künstlichen/ gantz wunderbahrlichen Quadranten auffgerichtet: aus welchem die vorüber schiffende können alle Meer-
porten/ wohin sie kommen/was auch für ein Winde gehet/erlernen.

Für Grünland hinaus/ liegt Grogland: in derselben wohnen die Scrikslnger/ welche von Leibe klein/aber alle massen listig und verschmitzt sind. Sie leben in Hölen/ ohne Gesetzen und
Ordnungen / haben mit andern Völckern keine Gemeinschafft:
vergleichen sich viel mehr den Affen/als den Menschen.

Von den Insulen des Deucalionischen Meers.

Egen Mittag / sind die Insuln etwas besser besuchet und bewohnet. Die erste/ist Eißland/ im 73. Grad gelegen: hat
500. klei-

Z ij

500. kleine Meilen im umbkreiß / und die Tage zween Monat
lang. Die Einwohner wohnen in den hohen Bergen/ Leute und
Viehe unter einem Dach: schätzen die junge Hunde eben so hoch/als
ihre Kinder: wissen von keiner andern Lust und Ergetzligkeit / als
was die Nordweger und Engelländer/ wann sie dürre Fische holen/
zu ihnen bringen. Es ist diese Insul dem Könige in Denmarck unterworffen: hat zwey Bistumb/ Scaluolt und Hola : bringe wenig andre Gewächse/ als Reckholder stauden.

Unter andern wunderbahren Dingen dises Landes/sind da zu
sehen drey Berge: welche unten am Fusse Feuer außspeyen/auff den
Gipffeln aber niemermehr ohne Schnee sind. Der nahmhafftigste
unter diesen / heisset Heckla: (Heckelberg) dessen Feuer verbrennet
kein Hanff oder Flachs/ brennet aber auff dem Wasser / und ver-
zehrt dasselbige. Etliche Bächlin lauffen daraus/aus welchen viel
Schwefel gemachet wird. Man sagt : daselbsten herumb höre
man unterm Eise vielmahln grosses Heulen und jämerliches Geschrey: und die Einwohner haltens dafür/ daß es der Abgestorbnen
Seelen seyn/ die daselbsten ihr Fegfeuer haben. Zwen Brunnen
sind daselbsten: der eine/gibt eine Feuchtigkeit von sich/ gleich einem
zerschmolzenem Wachs: der ander/hat siedendes heisses Wasser/uñ
verwandelt in Stein alles/was drein geworffen wird.Die Bären/
Füchse/ Falcken/ auch die Raben/sind alle zumahl weiß. Die Einwohner ernehren sich gemeiniglich des Viehes (dann es gute Vieh-
weldt hat) und Milchwercks : voraus der Butter. Nicht weniger Nahrung haben sie von Fischen. In ihrem Meere werden
sehr grosse scheusliche Walfische gefunden.

Die Kauffleute von Bremen/ Hamburg und Lübeck/schiffen
alle Jahr dahin/führen ihre Wahren hinein/und bringen dargegen
grobe Thücher/dürre Fische/Butter/Käse/Fleisch/Beltzwerck/und
weisse Falcken/heraus. Von dannen gegen Niedergang / liegt
Icaria/ dar von dasselbige Meere den Nahmen trägt. Um dieselbige
Insel sind noch viel andre schlechte Insuln gelegen. Unter andern
Meer-

Meerwundern / werden da gefunden /Meer-Roſſe/ und Meer-
Kühe. Der Natal hat in der länge 40. der Roider 130. der
Burnaluc 60. Ellen.

Frießland.

Rießlands/ ſo den Alten unbekandt/ hat Niclas Zeno/ein
Ventianiſcher Edelmann/welcher im Jahr 1380. da Schiffbruch gelitten/erſtlich Meldung gethan: ſagt/ſie ſey gröſſer
als Hibernia/dem König in Nordwegen unterworffen/ trage den
Nahmen von der Haupteſtadt/da es einen guten Meerport habe/der
ſo Fiſchreich/ daß viel Schiffe von dannen mit Fiſchen geladen verführt werden: umb welches willen die Schottländer und andere
ſich viel da finden. Die Einwohner ſind gütig / gegen die Außländer freundlich.

   Von dannen gegen Niedergang / liegt Drogeo: deren Ein-
wohnere meiſtlich von Fiſchen leben. Dargegen über/ liegen auch
etliche unnahmhafftige kleine Inſuln. Zwiſchen Mittag und
Niedergang/liegt Podalida: beſſer hinaus gegen Auffgang/die Inſul Farre. Dahin legen die Coſmagraphen gemeinlich die Inſul
Thule/ (welche Vergilius die letzte oder euſſerſte nennet) darvon
wir anderswo geredet haben.

Der andere Theil.
Das 1. Capitel.
Herꝛn Niclaus Zeni/des Antonii Zeni Bruders eines Venediſchen Edelmanns/ umbs Jahr Chriſti
1390. beſchriebenes Grünland.

Als der Früling herzu kam / nahm ihm Herr Niclas/ ſo zu
Bres in der Veſtung war geblieben/für/außzufahren/und
neue Länder zu ſuchen. Rüſtete derowegen 3. nicht ſonders
groſſe Schiff mit Waffen und anderer Nohtdurfft aus / ſegelte
                 Z iij   im

im Monat Julio aus Nordwerts/und kam in Grünland an: allda fand er ein Münchs Closter Prediger Ordens / und eine Ki.ch S. Thomæ geweihet bey einem Berge/welcher Feuer außwirfft/nicht anders als der Berg Vesuvius/oder Monte Soma bey Neaples in Italien oder Ætna (sonst genandt Mongibello) in Sicilia. Daselbst ist ein Brun von siedig heissem Wasser/ mit welchem man in der Kirchen des Closters/ und in der Münche Cellen oder Kammern die Wohnungen wärmet. So ists in der Küchen. also heiß/ daß man keines andern Feuers darinnen bedarff / zum kochen oder zum Brodt backen/sondern man thut den Teig in küpfferne Töpffe/ so backt er so wol als in einem heissen Backosfen. Es seynd auch Gärten da/ im Winter zugedeckt/ die wässert man auch mit diesem heissen Wasser/ und erhält sie also von der Kälte und dem Schnee. Dann daselbsten ein unsäglicher grosser Frost ist/weil es sehr nahend unter dem Polo ligt: jedoch wachsen in diesen Gärten/ weil sie also erwärmet werden/ allerley Blumen/ Früchte und Kräuter zu seiner Zeit/ nicht anders als in denen Ländern/ da temperirte Lufft ist. Weil nun die groben und wilden Leute in derselben Insul solche übernatürliche Sachen (wie sie bedünckt) sehen/ als halten sie die Münch für Götter/ und bringen ihnen Hüner/ Fleisch und andere Sachen/ und erzeigen ihnen grossere Ehrerbietung als ihren Herrn. Auff solche weise nun wärmen diese Münch auch ihre Cellen und Wohnungen/ wann das Eiß und Schnee am grösten ist/ daß sie geschwind warm und wieder kalt werden/ nach dem sie viel oder wenig heiß Wasser hinein lassen/ oder die Fenster auffthun/ die kalte Lufft zu empfahen.

Zu dem Gebäu des Closter brauchen sie keine andere Materi/ als was ihnen ihr Feuer bringt. Dann sie nehmen die brennende Stein/die der Berg heraus wirffet/und schütten Wasser darauff/ so thun sie sich auff / und machen ein gar weissen und zähen Kalck/ welcher wann man ihn auffhebet/ nimmermehr verdirbt. Eben diese Steine/so sie für sich selber erkalten/sein sie gut Mauern darmit auff

zu

zubau'n/ und Gewölber : dann sie so hart werden / daß man sie
nicht anders kan zerbrechen als mit Eisen : und die Gewölber / die
man darmit macht/sein dermassen leicht/daß sie keiner andern Unter-
stützung bedörffen/ und bleiben allezeit schön. Wegen so vieler guten Gelegenheit/ haben gedachte Münche so viel schöner Wohnungen und Mauern gebauet/daß es ein Wunder ist zusehen. Des
Regens dörffen sie sich in selben Landen nicht viel besorgen / dann
von wegen der Polus kälte/ist es darinn so kalt/ das so bald der erste Schnee fält/so verschmiltzt oder vergeht er nicht ehr als über neun
Monat/ dann so lang wehret ihr Winter. Sie leben von Wild-
prät und von Fischen: dann da das heisse Wasser ins Meer rinnet/
ist ein zimlicher grosser und weiter Haven/ der gefreuret im Winter
niemahls : darum daß eine sehr grosse mänge Meervögel und Fische
jederzeit allda seyn/deren unsäglich viel gefangen werden/darmit sie
das grosse Volck speisen / daß im Closter stets arbeitet / im Gebäu
und andern Sachen. Der Gronländer Häuser uimb den Berg
her sein alle rund/und 25. Schuch weit/oben werden sie zugemacht/
allein in der Mitten lassen sie ein klein Loch offen/ da die Lufft hinein gehet/und das Liecht : und ist die Erd daselbsten auff dem Boden so warm / daß man keine Kälte jemahls darinnen empfin-
det. Im Somer kommen sehr viel Schiffe hieher aus den benachbahrten Insuln/und aus dem Lande oberhalb Norwegen/ und von
Drontem/ die bringen den München alles was sie mögt begehren/
und vertauschens mit ihnen gegen Fischen/so an der Lufft und in der
Kälte gedörret seyn/wie auch gegen Gefüllwerck uñ Häuten mancherley Thiere. Dahero bekommen sie Brennho'ts und Bau-
holtz/ Getreid und Tücher zu Kleidern : dann fast alle die benach-
bahrte Völcker ihre Wahren gern gegen Fische und Thierhäute
vertauschen. In dieses Closter kommen Münche aus Norwegen/
aus Schottland und andern Landen/ aber der mehrertheil sein aus
den Jßlandern. Es sein auch allezeit viel Schiffe in demselb Hafen

oder

oder Port/ so allda des Sommers erwarten/uñ biß das gefrorne
Meer wieder auffbricht.

Die Fischer Nachen sein geformirt/wie die Weberschifflein/
so man im weben braucht. Sie werden aus Fischbeinen gemacht/
und zusammen genäht/ und ist so gut und sicher darinnen zu fahren/
daß es zu verwundern. Wann Ungewitter auff dem Meer ist/so
schliessen sie sich selber hinein/ und lassen sich das Meer und Wind
hin und wieder werffen/ ohne alle Sorg oder Forcht/daß sie möchtē
brechen oder sie ertrincken: und ob schon diese Schifflein ans Land
geschlagen werden/ schadet es ihnen doch nicht. Gehet dann Wasser in diese Schifflein/so wissen sie gar artlich solches außzuschöpff.
Was nun betrifft das obgemelte heisse Wasser in S. Thomas
Closter/so von den nahenden Bergen kompt/ist solches gar schwefe-
licht: darmit es nun kein bösen Geruch möge verursachen / füh-
rens die Münch in ihrer öbristen oder fürnehmsten Vätter Kam-
mern/durch küpffern und zinnerne Teuchel oder Rinnen also warm/
daß die Wohnung/wie Stuben darvon erwärmet werden/uñ kein
Gestanck darbey ist. Zu dem führen sie ein ander frisches Brunnen-
wasser unter der Erden biß mitten in dē Hoff des Closters/ daselbst
rinnet es heraus i n ein groß künffern Gefäß/welches mitten in dem
heissen Wasser stehet/wird also das Wasser temperirt/daß es gut ist
zu trincken/und die Gärten zu wässern/ daß sie also durch Mittel
des Bergs alle gute Gelegenheit haben/ die sie ihnen selbst wünschen
möchten. Haben also diese gute Patres keine andere Sorge/dann
daß sie ihre Gärten und Gebäu zu richten / darzu ihnen dann an
künstlichen Leuten gar nicht mangelt / weil sie es wol bezahlen und
freygebig seyn: wie sie dann auch gegen denen Kostfrey und Gut-
thätig sich erzeigen/welche ihnen Früchte und Samen mittheilen.
Sie gebrauchen den mehrerntheil die Lateinische Sprach/sonderlich
aber die obersten und fürnehmsten im Closter. So viel weiß man
von Grunland/und hat Herr Niclas diese Sachen alle beschrieben.
Er ist aber nicht lang darinnen geblieben/ dann weil er so grausamer

mer Kälten ungewohnt war/ ist er erkrancket/und bald hernach/als
er wieder in Frießland ankommen war/gestorben. Er verließ hinter ihm zu Venedig zween Söhne/ Herrn Johann und Herrn
Thomas. von denen die Zeni/ so heutiges Tags leben/ ihren Ursprung daselbst haben.

Das 2. Capitel.

Dietmer Bleffens/ umbs Jahr Christi 1563. beschriebenes Grünland.

Jsland ist von Natur etwas länglich/ hat gegen O. und
Morgen Norwegen/ gegen Mittag die Orcadische Insuln
und Schottland: gegen Abend und Westen hat es Grünland/
und gegen Mitternacht/das Hyperborische oder Eiß-Meer. Ich
hatte mir zwar fürgenommen/der Insul Grönland auff diß mahl
nicht zu erwehnen: doch weil ich auch darin bin kommen / und
etwas weniges darin gesehen habe / muß ich ihrer auch gedencken.
Es war in Jßland/in einem Kloster mit Nahmen Helgasiel/
ein blinder Münch gelassen worden (weil der Landvogt die
Einkommen des Klosters ins Königs Nutzen verwendet hatte) der
lebete gar elendiglich. Dieser war bürtig aus Grönland ein
schwartzlechter Mensch mit einem breiten Gesichte. Diesen ließ der
Landvogt zu sich führe/ darmit er etwas gewisses von ihm könte er-
fahren/wie es mit Grünland beschaffen wäre. Er sagte/ es wäre
in Grünland ein Kloster zu S. Thomas/ darin er jung von seinen Eltern sey verstossen worden: hernach aber als er 30. Jahr alt
worden/hab ihn der Bißchoff in Grönland heraus genommen / damit er mit ihm in Norwegen gen Nidrosia zu dem Ertzbischoff daselbst (dem auch die Bischöffe in Jsland unterworffen waren) solte schiffen. Wie sie nun wieder kommen/habe ihn der Bischoff in
diesem Kloster gelassen. Diß/sagt er/wäre geschehen/Anno 1546.

Aa   Aus

Aus seinen Reden war so viel zu vernehmen/daß diese Insul in wie-
derwärtigem Verstande wäre Grünland genennet worden / darumb weil sie selten oder gar niemahls grün werde / es sey auch daselbsten das gantze Jahr durch/ außgenommen die 3. Monat/ Junium / Julium und Augustum/ einer solcher grausamer Frost und
Kälte/daß auch die so mit Beltzen bekleidet und bedeckt seyn / sich
kaum mögen erwärmen. sie haben daheim runde Höltzer / die sie
stäts aneinander mit ihren Füssen bewegen / damit sie die Füsse erwärmen. Er sagt / sie hätten vollauff Fisch/ wie die in Jsland/ so
hätten sie auch weisse Bären/ und weisse Füchse: auch Erdmännlein
und Einhörner. Es wird darinn nicht Tag/ biß die Sonne aus den
Fischen gehet. Es erzehlte uns dieser Münch sehr wunderbahrli-
che Ding. Im Closter zu S. Thomas / darinnen er gewesen war/
sey ein Brun / der quelle mit brennheissen und feurigem Wasser.
Diesen Brun führe man durch steinerne Teuchel oder Rinnen in alle und jede Münchs Cellen/ die werden darvon erwärmet / wie die
Stuben bey uns. Ja man könne alle Speisen bey diesem Brunen
und feurheissen Wasser/ nicht anders kochen als wann es ein war-
hafftes Feur wäre. Die Mauren am Closter wären gemacht aus
lauter Bymsteinen/ so herkommen von einem Berg/der nahend bey
dem Closter liege und dem Heckelberg nicht ungleich sey. Dann
sagt er/ so man diese brennende Wasser auff die Bymstein gösse/so
folge sättichte Materi hernach / die brauchen sie an statt eines
Kalcks / für ein Mörtel. Als nun der Landvogt mit dem Mönch
außgeredet hatte/ gieng ich absonderlich zu ihm / daß ich ihn von
mehr Sachen fragete/ sonderlich von Pygmæis oder Erdmännlein.
Er konte nicht viel Latein/doch verstund er mich / er gab aber Antwort durch einen Dollmetscher. Er sagte/ die Pygmæi oder Erd-
männlin haben gar vollkommentlich Menschen Gestalt/ sein durchaus haricht/ biß auff die vordere gleich/ und hätten die Männlein
Bärte biß auff die Knie. Wiewol sie aber den Menschen gleich
sehen/ so hätten sie doch keinen Verstandt/ könten auch nicht reden/
son-

sondern snatterten wie die Gänse. Sein Abt hab ein paar/ nemlich ein Männlein und ein Weiblein im Closter gehalten/ aber sie haben nicht lange gelebt/ und sie wären unvernünfftige Thier/ lebten auch in immerwärender Finsternus. Das aber etliche fürgebē/ sie führten Krieg mit den Kränichen/ darvon wüste er nichts.

Ihre Nahrung haben die Grünländer von Fischen / wie die Isländer. Aber nicht vom Vieh/ dann sie haben gar kein Vieh / so sey auch das Land nicht Volckreich. Gleich bey Island fange der Oceanus Hyperboreus/ oder das Eiß-Meer an / daß sey auch bey Grünland und der Pigmeer Land/ so heutigs Tags Nova Zembla genennet wird/ darbey das Eiß-Meer einē Schoß oder Golfo hab/ den man das weisse Meer nennet: so hab es auch Eingänge/ durch welche man (da es anders vor Eiß mag seyn) in den Scythischen Oceanum schiffe.

Es hatte der Landvogt damahls bey sich ein Königlich Schiff/ so über Winter in Island war geblieben/ daß war mit aller Nohtdurfft wol versehen. Dieweil denn der Landvogt diese Sachen von dem Münch vernommen hatte/ von denen Eingängen/ und daß man leichtlich dardurch in das Königreich China würde mögen überschiffen/ also begehrte er das Lob zu erlangen/ daß er seinem Könige/ den Weg oder Strich/ durch diese Eingänge und Eiß/ zu dem Königreich China/ durch das Tartarische Meer/ welches zwar von andern umbsonst war versuchet worden/ möchte eröffnen.

Derowegen befahl er den letzten Tag Martii/ Anno 1564. daß man mit diesem Schiff an die angedeutete örter solte fahrē/ und weil ich von mir selber Lust darzu hatte mit zu fahren/ hieß er mich die Gelegenheit der Oerter/ und was sonsten seh-oder hörwürdiges würde für kommen/ fleissig auffzeichnen. Es waren unser im Schiff 64. Männer/ theils Dennenmärcker und eins theil Isländer. Den 20. Aprilis landeten wir an bey einem Vorgebirge in Grönland/ und als wir keinen sichern Port kunten antreffen/ dem wir uns möchten vertrauen / erforscheten wir die Tieffe des Meers

Aa ij

mit

mit einem Bleywurff / aber wir befanden so tieff / daß wir auff den
Anckern nicht konten bleiben : so war auch ein solcher hauffe Eises /
daß es nicht sicher noch müglich war / näher zu den Felsen hin zu
schiffen. Sein derwegen unser 24. gewaffnete Männer mit grosser Mühe und Gefahr in einem Weidling oder kleinem Schifflein
nach dem Lande gefahren umb zu versuchen / ob wir einen Port könten finden / und zu sehen / was für Leute in Grönland wären : unter
dessen schwam das grosse Schiff im Meer und Eise / bey guter
Windstille : der halbe Theil von uns blieb am Gestade den Weidling zu verwahren / wir überigen stiegen ans Land solches zu besichtigen.

Die so am Gestade waren / blieben beym Weidling / spatzier-
ten ein wenig / und funden ein kleines Männlein mit einem langen
Bart / das war todt / und ein Schifflein darbey / sampt einem krum-
men Angel aus Fischbein / und einem ledern Seil. An dem Schifflein waren vier Fischblasen angebunden / damit es nicht könte untergehen / deren waren die drey eingefallen / und nicht mehr auffgeblasen. Dieses Schifflein / weil es den unsern sehr ungleich war /
hat hernach der Landvogt dem Könige zu geschickt. Olaus Magnus
schreibt im 1. Buch / es sey ein grosser Fels mitten zwischen Jsland
und Gröland / genandt Hvitsarck / da wir auch sein fürüber ge-
schifft / und daselbst hab man lederne Schiffe / und meldet / Er habe
solche selber gesehen. Aber also war diß Schifflein nicht / sondern
auff die Art / wie Petrus Bembus lib. 7. seiner Venedischen Histori ein Schiff beschreibet / dem war diß Schifflein gleich : da er also
schreibt. Als nun das Frantzösiche Schiff auff dem
Oceano nicht weit von Brittanien segelte / hat es
ein klein Schifflein gefangen / daß war gemacht
aus lauter Bast und innern Baumrinden / mit zähen flechtbanden : darin waren sieben Menschen
mittelmässiger länge / tunckeler Farbe mit breiten Gesichten / welches mit einer seltzamen Viol-
braunen

braunen Narben gezeichnet war: diese hatten
Kleider von Fischheuten mit vielen flecken/ sie trugen eine Krantz von Halmen/ eingeflochten/ gleichsam mit sieben Ohrläplein/ sie assen rohes Fleisch/ und truncken das Blut/ wie wir den Wein: Ihre Rede konte niemand verstehen. Die 6. sturben bald/ der so uberbliebe/ war ein junger Geselle/ den schickte man lebendig nach Orleans/ allda der König damahls war. Es ist gar unglaublich/ daß solches Schifflein mit sieben Personen aus Grünland in den Britonischen Oceanum von den Winden sey geworffen worden: dieweil des Bembi Schiffbeschreibung sich gar wol vergleichet mit dem jenigen/ so im Grünländischen Gestad gefunden ward. Hiezwischen sein wir hin und wieder auff dem unbekandten Lande/ so mit Schnee und Eiß bedeckt war/umbgeschweiffet/ haben aber kein einiges Wahrzeichen eines Menschen/ oder eine Wohnung können spüren; so funden wir auch keine taugliche Port/ sondern das Meer war an allen Orte mit gähen hohen schrofächtige Felsen beschlossen und verwahret. Doch ist uns ein grosser weisser Bär begegnet/ der sich vor uns nicht gescheuet / noch sich durch unser Geschrei wolt abtreiben lassen: sondern lieff stracks gegen uns/als zu einem gewissen Raub. aber als er näher kam/ ward er zwey mahl mit Büchsen geschossen/ da richtet er sich auff / und stund auff den hindern Füssen wie ein Mensch/biß er zum dritten mahl mit einer Kugel getroffen ward/da fiel er nider / und verreckte. Die Haut ist auch dem Könige in Dennemarck geschickt worden. Wir hatten in unserm Schiffe mit einander abgeredet/ehe wir ans Land stiegen/so wir einen guten Port würden antreffen/ oder aber/ wann wir sonst ihrer Hülff würden bedörffen: so wolten wir die Fahne / die wir deßwegen mit uns nahmen / in die höhe schwingen: sie aber/ sosie uns wolten zurück beruffen / solten sie uns das mit den Geschütz anzeigen.

Da

Da nun ein Ungewitter entstund/ hat uns der Schiffherr mit
schlessen ein Zeichen gegeben/ daß wir solten wieder kommen. Deros-
wegen wir dann sämptlich mit grosser Arbeit nach 3. Tagen wieder
ins Schiff angelangt/ und haben die Bärnhaut mit uns gebracht.
Sein darauff zu der andern Seite der Insul Nordwerts ge-
schifft/ biß zu der Pigmeer Land/ oder Nova Zembla/ darmit wir
durch die Eingänge des weissen Meers in den Scythischen oder Tartarischen Oceanum möchten kommen: von dannen eine Uberfahrt in
das Königreich China oder Cathat seyn soll. Aber das Eiß hat
uns daran verhindert/ daß wir durch den Eingang dessen Meers
nicht haben kommen mögen: sind also unverrichteter Sache den
16. Junii wieder in Island angekommen.

Das 3. Capittel.

Erzehlung/ wie der Fürst Zichmni in Grün-
land angekommen/ und was er daselst
verrichtet.

ZIchmni ist ein mächtiger Fürst in Frießland gewesen/ ein Herr
über Sorandl/ und die Inseln Porlanda genandt/ (welches
in der Insel Frießland/ nach der Schottländischen Seite lieget)
mächtig an Land und Leuten/ ein guter Kriegsmann und erfahrner
Seemann/welcher den König Haquinum in Norwegen An. 1379.
in einer Schlacht überwunden/ und ihm einen grossen theil der Insel Frießland/welche grösser ist als Irzland/abgenommen. Nicolaus Zenus ein Venetianischer Edelman/wie er An. 1380. bey dieser
Insel Schiffbruch gelitten/ist bey ihm durch diese Gelegenheit/ in
Diensten gekommen/ und von ihm gegen seine Barbarische Unterthanen vertzädiget/ Lateinisch angeredet/ und wohl tractiret worden. Nicolaus Zenus nunmehr sein Vice Admiral/hat ihm mit
13 Schiffen deren 2, mit Rud, 11, mit Seg, Städte und Inseln ein-
genom-

genommen / dieweil der Fürste Zichmini zu Lande gestritten und
victorisiret.   Ja des Fürsten Zichmni Leute / haben von den Ve-
netianern die Kunst der Schiffahrt damahls erst recht gelernet und
gefasset.   Nach erhaltenem grossem Siege zu Lande ist er der gantzen Insel Frießland Herr geworden.   Antonius Zenus Nicolai
Bruder / ist bey diesem Herren in grossen Gnaden gewesen / sampt
seinem Bruder / dem er dahin gefolget: hat 14. Jahr in Frießland
gewohnet / der auch sein Vice Admiral geworden / und ihm Schet-
land eingenommen.   Die Insel Jsland hat er erobern wollen / a-
ber umbsonst / hat aber 7. kleine dabey gelegene Inseln eingenommen / und ist wieder nach seiner Insel Frießland / und deren Haupt-
stadt / die auch so heisset / gekehret.   Hat sie alle außgeplündert / in
einer eine Festung gebauet / und darin Nicolaum Zenum gelossen.

Dieser Fürst Zichmni / hat (ohne Zweiffel auff zurathen der beyden Zenonum) eine Schiffahrt / nach Estotiland vorgenommen / um zu
sehen / ob er durch kommen köndte und Nord Americam umbsegeln.
Der Schiffer / Fischer oder Lootsman der ihr Führer sein solte / ist 3.
Tage vor ihrer Abreise / mit ihrem grossen Leidwesen gestorben.
Zichmni mit Antonio Zeni / kam nach grossem Sturm und eusserster
Gefahr an die Insel Icariam / deren Einwohner sie mit gewalt ab-
halten wollen. weil sie ihnen aber ein friedens Zeichen gegeben / haben
sie ihnen 10. Männer / so 10. unterschiedene dialectus oder Sprachen redeten / zugesandt / davon sie doch keinen / ausser einen Jsländer /
verstehen können.   Dieser habe ihnen Bericht gethan / daß die Insel Jcaria hiesse / und alle Könige der Insel Jcari / so genandt nach
ihrem ersten Könige Jcaro / des Dædali eines Königes in Schot-
land Sohne / der die Insel eingenommen / und ihnen seinen Sohn
zum Könige / und dazu gute Gesetze gegeben.   Es hatte auch dieser ihr erster König Jcarus weiter fortfahren wollen / andere Länder
zu erkündigen / wäre aber im Sturm untergangen / und das Meer
darin solches geschehen / das Jcarische Meer daher genandt.   Sie
suchten nun nichtes weiter / liessen aber auch keine Außländer oder
                                                                              Fremb-

Frembde zu sich kommen/ dabey wolten sie bleiben. Sie baten ihn
das er abziehen möchte/ sonsten würde es viel Bluts kosten/ weil sie
eher das Leben verlieren als ihr Gesetz brechen wolten. Sie waren nicht gantz dagegen: frembde zu leiden/ hätten 10. frembde ihnen
zugesandt/ wolten auch noch wol einen zu sich nehmen/ und ihm ein
Ampt geben/ ihre Sitten zu erforschen/ aber uns nicht landen lassen.
Der Fürst Zichmni wie er mit gewalt anländen wolte/ ist von ihnen
und den benachbahrten Inseln/ mit gewalt zu rück getrieben und
so lange verfolget worden/ als er von ihnen können gesehen werden/
und sie also verlassen müssen.

Als Zichmni sahe/ daß er nichts kundte außrichten und daß
es ihm an Proviant möchte fehlen/ so er lange vergebens sich
wolte auffhalten andere örter zu gewinnen/ fuhr er mit gutem
Winde fort/ etwan sechs Tage gegen West zu. Aber es stund ein
starcker Wind auf zwischen Süden Weste/ und darumb das Meer
etwas ungestüm ward/ doch fuhr die Armada starck fort/ und hatte vier Tage lang den Wind hinter sich her/ biß sie endlich Land sahen. Weil nun das Meer fast auffgeblasen und ungestüm/ und
das Land unbekandt/ war uns lang bange/ als wir hinzu naheten:
doch halff uns Gott/ daß der Wind nach ließ/ und eine Windstille
folgete. Derwegen fuhren etlich von der Armada mit Ruders-
Schiffen ans Land/ kamen bald wieder zu uns/ und zeigten
uns an/ daß sie ein gar gut Land/ und einen sichern Port gefunden:
dessen wir uns sonderlich erfreuen/ zogen die Naven und andere
grosse Schiffe in den Port/ und stiegen ans Land. Da sahen wir von
weitem eine grossen Berg/ der rauchte sehr: darum hoffeten wir/ daß
wir Volck in dieser Insul würden finden. Und ob es wol fern von
dannen war/ so schickte doch Zichmni 100. guter Soldaten/ daß
sie das Land erkündigen und sehen solten/ was für Volck darinnen
wohnete. Unter dessen versahe sich die Armada mit frisch Wasser
und Holtz/ und fieng viel Fisch und Meerwögel: sie funden auch so
                                                                viel

viel Eyer von Vögeln/ daß sich das Volck so halb erhungert war/
wol darmit konte ersättigen. Weil wir allda verharreten/ war
es gleich mitten im Sommer/ zu welcher Zeit dann die Lufft in der
Insul gar temperirt/ und über die massen lustig und lieblich war.
wir sahen aber nicht einen einigen Menschen/ darumb wir denn in
den Gedancken kamen/ dieser schöne Ort wäre gar unbewohnet.
Wir nenneten auch diesen Port Trin/ und das Vorgebirge so darbey ins Meer hinaus gieng Capo di Trin. Die 100. Soldaten
so außgeschickt waren/ kamen nach acht Tagen wieder/ und
zeigten an/ daß sie weit in der Insul und auch bey dem Berge gewesen/
und der Rauch käme daher/ weil es ein Ansehen hätte/ als wann ein
grosses Feur im Berge inwendig brennete/ es sey auch ein Brunne
da/ darinnen eine Materie wachse/ die sehe wie Pech/ dieselbige rinne
ins Meer: und es wohne viel Volcks daherumb halb wild. Die
hausen in Hölen/ wären kleiner Statur und sehr forchtsam. Sie
waren auch von stund an in ihre Hölen geflohen/ so bald sie unsere
Leute hatten ersehen. Es sey auch ein grosser Wasserstrom allda/
und ein guter sicherer Port.

Nach dem nun Zichmul diß alles vernommen/ und sahe/ daß
an diesem Orte eine gute subtile und gesunde Lufft war/ auch ein
guter Bodem/ Flüsse und sichere Haven/ nahm er ihm für/ diß
Land mit Leuten zu besetzen/ damit es bewohnet würde/ und eine
Stadt dahin zu bauen.

Als nu sein Volck/ welches nunmehr matt war worden von
dieser Reise/ auff deren sie so groß Ungemach und Gefahr hatten
außgestanden/ anfieng schwürig zu werden/ und wieder nach Hause
begehrte/ weil der Winter vor der Thür war/ und so sie desselben
allda wolten erwarten/ müsten sie biß wieder übers Jahr da bleiben:
behielt der Fürst allein die Ruderschiffe bey sich/ und die jenigen so
selber wolten bleiben/ die andern schickte er alle wieder zu rück/ und
must ich auch wieder meinen Willen ihr Hauptmann seyn. Also
schieden wir von einander/ und muste ich 20. Tage an ein ander auff

O b

dem

dem hohen Meer fortschiffen/ daß ich kein Land sahe/ alles nach Ost
oder Auffgangwerts. als ich mich nachmahls gegen Süde gewen-
det/ haben wir nach fünff Tagen wieder Land angetroffen/ t ann ich
befand/ daß ich bey der Insul Neome angelanget war/ und als ich das
Land wieder kante/ merckte ich/ daß ich für Island über geschiffet
war. Nam also Erfrischung von den Insulanern/ welche des
Zichmni Unterthanen waren/ und schiffte mit gutem Winde in
dreyen Tagen wieder in Frießland; allda das Volck/ welches da
vermeint hat/ sie hätten ihren Fürsten verlohren/ weil wir so lange
außgewesen/ uns mit grossen Freuden empfieng. Nach diesem
Sendschreiben finde ich nichts weiters/ dann daß ich mutmasse und
für gewiß halte/ so viel ich abnehmi kan aus dem Anfange eines andern Schreibens/ Herrn Antonii/ an seinen Bruder Herrn Carl/
daß ich hernach wil setzen/ das Zichmni eine Stadt gebauet habe in
dem Port der von ihm neulich erfundnen Insul/ und daß er weiter
ins Land hinein gereiset/ solches gäntzlich erkündiget sampt den Revieren des einen und andern theils der grossen Insul Grönland: wie
ich dann solche in seiner Schiffcarten fleissig auffgezeichnet gesehen:
jedoch ist sein Beschreibung verlohren. Der anfang gemeltes seines Schreibes ist dieser.

Belangend die Sachen/ so ihr von mir zu wissen begehret/ nemlich von den Sitten/ Art und Gelegenheit der Menschen/ Thiere:
und der benächbahrten Länder: hab ich von diesem allen ein eigen
Buch gemacht welches ich/ geliebt es GOtt/ wil mit mir bringen:
darinn ich außführlich beschrieben habe/ das Land/ die wunderbarliche Fische/ Gebräuche und Gesetze der Insuln Frießland/ Island/
Schettland/ des Königreichs Norwegen/ des Estotilands/ Dregio/
und endlich das Leben unsers Brudern Niclasen des Ritters/ sampt
Erfindung der Länder/ so durch ihn geschehen: und die Sachen von
Grönland. Ich habe gleichfals beschrieben das Leben und die Thaten des Fürsten Zichmni/ welcher in warheit so wol würdig ist einer
unsterblichen Gedächtnüß/ als je ein Potentat so in der Welt gelebt/

we-

wegen seiner Tapfferkeit und allerhand löblichen Tugenden : darin
zu finden ist / welcher gestalt er Grönland an beyden Enden er-
funden/und eine Stadt darinnen gebauet habe. Mehrers nicht auff
dißmahl/weil ich verhoffe in kurtzen bey euch zu seyn/und Münd-
lich von vielen andern Sachen mit euch zu conferiren. Alle diese
Brieffe hat Herr Ant. Zeno/ an seinen Brudern Herrn Carln ge-
schrieben/ und ist mir treulich leid/ daß solches Buch und viele andere Schrifften / eben diese Reise belangend / sein untergangen.
Den als ich noch ein junger Mensch war / mir solche Dinge unter
die Hände komen/und ich nicht gewust was es war/ hab ich gethan/
wie die Kinder pflegen / und es alles zerrissen und verderbet : und
thut mir jetzt sehr weh/ wann ich daran gedencke. Jedoch/ darmit die Gedächtniß dieser Sachen nicht gar verlohren würde/ habe
ich alles das jenige/ so ich in dieser Materi habe finden oder zu wegen
bringen können / ordentlich hiemit zusammen gesetzt/ dieses verse-
hens/ der gutwillige Leser werde hiemit freundlich für lieb nehmen.

Das 4. Capitel.

Des Churfürstl. Sächsischen Geschichtschreibers Hieronymi Megisers/ umbs Jahr Christi 1613 beschriebenes Grünland. Fabel vom Kriege der Gronländischen Zwerche mit den Kranichen.

Zu dem Norden / Arctica / Arctoa / Borealis / gehören die
Mitternächtige Länder und Inseln / die vom 63. Gradu
latitudinis an / biß unter den Polum Arcticum gelegen
seyn. Diese Nord Welt ist nach und nach / zu unterschiedlichen Zeiten/ an etlichen vielen Orten erkündiget worden/ doch weiter nicht als biß auff den 81. Gradum. Denn die andern Länder
und Wasser/ so weiter hindan und gar unter dem Polo Arctico lie-
gen/ seyn noch zur Zeit/ so wol als die unter dem Polo Antarctico

gäntz-

gäntzlich und durchaus unbekandt. Aus des gantzen Erd=
kreisses gründlicher Abtheilung erscheinet / daß man wol recht und
mit Warheit möge sprechen / die Welt habe sechs theil / Europam, Asiam, Africam, Americam, Australem und Arctoam;

Wir wollen aber nicht alle Länder / so unters Norden gehö-
ren/ und den alten Geographis und Hydrographis unbekandt ge=
wesen / vor uns nehmen/ absonderlich zu beschreiben.   Denn sol=
ches gar zu weitläufftig würde seyn.   Demnach zu dieser neuen
Nordwelt billich auch referiret mögen werden: Norwegen/ Schwe=
den/ Finmarck/ Lapland/ Schrickfinnia / Biarmia / Bothnia/
Reussen/ Condora/ Permia/ und viel andere Länder mehr.   Weil
aber dieselbige Landschafften mehrerstheils längst bekandt/ und von
einigen Scribenten / als Olao Magno, Saxone Gramma-
tico, Cranzio, Jacobo Zieglero, Siegmunden von Herberstein
Freyherrn/ weitläuffig und nach Nohtdurfft beschrieben worden/
lassen wirs darbey bewenden.   Wollen allein der andern geden=
cken/ von denen entweder wenig Gedächtniß oder Gewißheit ver=
handen / oder die neulicher seyn erfunden worden: als/ Grön=
land/ Island/ Frißland/ Schettland/ Farre/ Neome/ Ilose / Lede=
ve/ Icaria, Drogeo, Huitsarck/ Grocland/ Margaster/ Santi, Ru-
stene, Nova Zemla, Colgoy, Matsle, Delgoy, Orange. Wel=
chen wir der Nachbarschafft halber / und weil sie auch versus
Septemtrionem, oder Nordwerts gegen dem Polo zu/ liegen/ das
feste Land Estotiland und Virginiam/ sonst Apalche genandt / der
Engelländer Coloniam / und letzlich die Teuffels Jnsul oder Jnsu-
lam Dæmonum, (wiewol diese drey sonsten von Rechtswegen zu
America oder West-Jndien gerechnet werden) sampt andern zuge=
hörigen Sachen / wollen adjungiren und beyfügen. Und weil uns
jüngst eine neue Beschreibung der Jnsuln Jsland und Gronland/
von einem Autore/ welcher αὐτόπης gewesen/ und alles selber gese=
hen und gehöret/ zu Handen kommen / wollen wir uns derselben
insonderheit bedienen.

Wei

Wegen der grossen Insul Grönland und ihres Nahmens/ sein die Autores unterschiedlicher Meinung. Denn Olaus M. lib.2.cap.10. nennet sie Grundland / und spricht/ sie habe ihren Nahmen vom hohen Grunde oder Sande. Andere aber / als Munsterus Cosmogr. lib.4.c.37.p.1207. Belloforestus pag. 1719. Jodocus Hondius p.22. schreiben/ sie heisse Grünland/ weil so trefflich gute Weide darinnen wächset/ wie dañ die Käse und Butter/ so hauffen weise daraus geführt werden/ dessen eine gute Anzeigung geben. Wiederumb etliche andere / als Dithmarus Blefkenius wollen/ sie habe den Nahmen Grünland per Antiphrasin, als die gar nicht grün sey / wie er denn solches selber erfahren.

Ich halte aber/ das beydes/ doch an unterschiedlichen Orten von Gronland mit Warheit mag gesagt / und also die Autores mit einander concilliirt werden/ das nemlich diese Insul grün und nicht grün sey. Dann weil sie über die massen groß/ ist wol müglich/ daß sie schön nnd fruchtbahr bey dem Capo de Trin/ da der Fürst Zichminus angelandet: hergegen aber gar unbewohnt an dem andern Orte/ da Diethmarus ans Land gefahren/ sonderlich weil kein Port daselbst gewesen. In diesem aber stimmen die Geographi überein/ daß es gefährlich sey bey Grünland anzulanden/ so wol wegen deß Eises/ als daß es fast nirgends keinen guten Port hat. Dann wie mehr gedachter Olaus Magnus bezeuget/ ist das Gestade allda fast sandig/ und voller tieffer Sumpen: jetzt hoch / denn niedrig/ wie man zwischen tieffen Thalern und hohen Bergen reisen muß. In diesem sandichten Orte findet man Bäume/ so vom Ungewitter außgerissen / und dahin verflossen seyn / die endlich wiederum im Wasser so hart und steiff geworden sind/ daß sie leichtlich die Schiffe/ so daran fahren / durchlöchern. Es können auch die Schiffleute dieser Gefahr nicht entrinnen / wegen des ungeheuren scharfen Windes Cercii / welcher hefftig auff demselben Meer wütet.

Bb iij　　　　　　　　　　　　Arngri.

Arngrimus Jonas der Jsländer/hat einen eignen Tractat von dieser Jnsul geschrieben/ den er Grönlandiam nennet. Dieser meldet/daß sie Anno 982. von Erico Ruffo/ Thorwaldi Sohn/ erstlich sey erfunden und bewohnet worden. Chytræus schreibt in seiner Saxonia p. 108. wañ man aus Jsland gegen Westen fehrt/ und den Port Snevelsjockel aus dem Gesichte verleuret/siehet man über drey Tagreise den gar hohen Berg in Grönland/ welchen die Schiffleute Wiserke nennen. Orontius Fineus und Vopellius haben vermeint und fürgegeben/Grönland sey ein festes Land/und hange an den neuen West-Jndien/aber die Erfahrung bezeugts/daß es eine Jnsul sey.

Es sollen in Grönland zween Bischöffliche Sitze seyn/welche beyde dem Ertzbischoff von Druntheim in Norwegen unterworffen. Doch wohnen die Christen mehrerstheils am Meer/ die Völcker aber so weiter im Lande wohnen/sein noch blinde Heyden/ und gibt es grosse Zauberer unter ihnen.

Aus der Stadt Alba/so bey zwo Tagreisen/von dem Dominicaner Münchs Closter S. Thomæ gelegen/ haben vor Zeiten die Dennenmarcker und Norweger/ sehr viel Butter und Fisch geführet. Aber hernach numehr vor 100. Jahren haben sie den Strich oder Weg dahin verlohren. Darum dann zu unsern Zeiten Olivier Brunel ein wolerfahrner Steurman/drey Jahr nach einander vom Könige in Dennenmarck gegen Mitternacht gesandt worden/ diese Jnsul Grönland zu suchen.

Sonsten ists lauter Fabelwerck und erdichtetes Ding/was etliche von den Pygmæis fürgeben dörffen/daß solche in Grünland wohnen/und stetigs mit den Kranichen Krieg führen. Dann/ sprechen sie/es sind in Grünland kleine wilde Zwerglein/ nur dreyer Spannen lang/ die wohnen mehrerstheils in den Hölen unter der Erden. Diese führen stätig Krieg mit den Kranichen/ wider welche sie offt Hauffen weise außziehen/ reiten auff Böcken und Geyssen/und scharmützeln mit den Kranchen/die sie mit Pfeylen erschiessen.

sen. Im Früling begeben sie sich in grosser Menge an das Meer
Gestade allda sie der Kranchen Eyer/ ehe sie außgebrütet werden/
zerbrechen/ verzehren und verderben/ darmit solche nicht überhand
nehmen/und sie für ihnen im Lande mögen bleiben. Es ist aber diesem Gedichte gar kein Glaube zugeben/weil mans aus keiner Reise
oder Erfahrung kan beweisen.   Sondern diese Fabel hat ihren Ursprung von dem Uhralten Poeten Homero/welcher im 3. Buche vom
Trojanische Kriege dieses Kranichkrieges mit den Pygmeern gedencket.   Aus dem es hernach andere alte Autores genommen/ das sie
von den Pygmeern Meldung gethan/welche sie in Asia und Africa
an unterschiedlichen Orten wohnhafft zu seyn vermeinet haben: als
Aristoteles in Hist. animalium, lib. 8. cap. 12. Pomp. Mela
lib. 3. cap. 4. Plinius lib. 1. cap. 2. und an mehr Orten.   Solinus
cap. 15. & 53. Augustinus de civitate Dei lib. 16. cap. 8.
Agellius lib. 4. cap. 9. Isidorus lib. 11. cap. 3. Olaus lib. 1. cap.
10. Albertus Magnus de animal. lib. 7. tract. 1. c. 6. Aelianus
lib. 15. cap. 29. und andere mehr.   Mehrers mag man von Grönland lesen in Scandia Jac. Ziegleri, Anania pag. 153. Magino
pag 100. Theveto pag. 868. lib. 19. cap. 15, und bey andern.

Die nechsten Insuln bey Grönland seyn: Grocland / von
dannen sehr viel schneeweisser Bären auff dem Eise in Grönland
kommen.   In dieser Insul sollen die Screlinger in den Hölen
wohnen / gar klein von Leibe aber sehr listig.   Es sollen auch sehr
viel Bären in der öden Insul Margaster sein / welche Ostwerts
bey Grönland ligt.

Zwischen Grönland und Island/fast auff den halben Weg/ ligt
im Meer ein hoher Berg Huitsarck genandt / da sich offtmahls die
Meer-Rauber auffhalten/und den Kauffleuten auffsätzig seyn.

Von der Insul Icaria / Drogeo/ Grislandia und Neome/
findet man bey Geographis mehrers nicht/als was in der Vene-
diger Relation ist gemeldet worden.

Wer

Wer von Jßland/theils auch Grünland/und weiter/mehr begehrt zu lesen/der besehe Jac. Zieglerum in Scandia, Majolum colloquio.13. Bertium pag.54.55.56. Vellejum in auctario Orteliano: Ananiam pag 154. Thomam Porcaccium in Insulario pag.1.Olaum lib.2.cap.2.Munsterum, p.)205.)Belloforestum p.)715. und des mehrgedachten Arngrimi Crymogæam. Die Jnsul Farre (Insulas Farenses) wie auch Scherland (welche Arngrimus Hiatlandiam nennet) hat Olaus Tryggo, König in Norwegen/Anno Christi 1000. mit dem Schwerte unter seine Gewalt gebracht. Die liegen zwischen Jßland und Norwegen/und nicht ferne darvon die Jnsul Podalida.

Anzumercken. 1. Es muß Grøeland mit Grönland nicht vermenget werden. Sein beyde im Norden. Vide tabulam Europæ Mercatoris.

2. In Grünland sein Einhörner. Es haben die Lübecker/ Hamburger und Brëmer im Brauch gehabt / mit ihrem grossen Nutzen/viel,und öffters in Jßland zu komen/ und ihre Diener über Winter darinnen zu lassen : aber itzunder hat der König verbotten/ das forthin kein Teutscher mehr / es sey gleich wegen Kauffmannschafft / oder Jßlandische Sprache zu lernen/ seine Diener allda über Winter solle lassen. Die Ursach dieses Verbots kömpt daher. Es war Anno 156). ein Bürger von Hamburg/mit Nahmen Conrad Blum/über Winter in Jßland / allda er von einem andern ward gelassen worden bey dem Bischoff zu Scalholden/ daß er da den Handel treiben / und die Sprache solte lernen. Nu trug sichs zu / daß des Bischoffs Fischer ein gantzes Einhorn auff dem Eise (darauff es/wie man meint/sol aus Gronland seyn kommen/ allda noch Einhörner seyn sollen) funden/ und ihrem Herrn brachten/anders nicht vermeinend/denn es wäre ein Walfisch Zahn/ darfür es auch der Bischoff gehalten / welcher solches dem Conrabo/ so ihn darumb angesprochen/ verehret. Aber derselbe/ als viel abgeführter und verschlagener/hat solches hernach zu Antdorff umb etliche

liche Taufent Gůlden verkauft hat. Als dieſer Handel dem Könige
in Dennemarck fůrkommen/hat er verbotten / daß hinfůro kein
Teutſcher mehr/es wär fůr eine urſache welche da wolte/ůber winter
ſolte in Jsland bleiben. Bleſkenius in Jslandia.

3. Zu Haquini Königes in Norwegen und des 4. Königes in Jsland zeiten!/ Anno 1306. iſt das Grönlandiſche Eiß
ungewöhnlich groß geweſen/und hat gantz Jsland geſperret. Arngrimus Jonas in Jslandia.

Das 5. Capittel.

Georg Niclaus Schurtzen bericht/von der Natur und Eigenſchafft / auch Nachſtellung und Fang des Walfiſches / im Jahr nach C. G. 1672. außgefertiget.

Er Walfiſch hat ſeine Geburts-Glieder innerhalb im
Leibe/wie der Delphin/uñ ſo er begierig zur Unkeuſchheit/
ſtenckt ers aus. denn der Walfiſch hat viel Saamen/ alſo
daß er denſelben zu Zeiten von ſich läſſt / oder in den Lächen auß-
gieſſet/das ſchwimmet auff dem Waſſer/und das nennet man Ambra. ſolche Materia wird auffgeſamblet/ und iſt bey den Materia-
liſten und Apotheckern zu befinden. Solche wird auch geſotten und
mit ſondern Fleis zugericht/ ſo heiſt ſie hernach Spermaceti oder
Sperma Ceti. Die Apotheker können auch das Spermaceti aus
dem Walfiſch Hirn machen. Die Urſache warumb das Gemächte
iñerhalb im Leibe von der Natur verordnet/ſoll ſeyn/ damit es ihm
nicht hinderlich/und von dem Waſſer nicht erkältet noch Unfrucht-
bahr darnach werde. Das gilbe Spermaceti iſt das geringſte.
Anno 1640. als ich noch bey der Handlung gedienet/hat das Pfund
30. in 36. Groſchen zu Leipzig gekoſtet. Anno 1660. iſts auff 30.
in 36. Reichsthl. kommen. Das Pfund jetziger Zeit gilt 30.

Ee   Reichs-

Reichsthl. mehr und weniger. Albertus Magnus setzet im dritten
Buche võ den Fischen/von den Walfische/daß sie lange Zähne habẽ/
mit sie sich an den Felsen anhencken wann sie schlaffen wollen/ dann
nähern sich die Fischer hinzu/ und so ihnen müglich/ ledigen oder
schneiden sie ihm die Haut ab vom Speck am Schwantze. in solche
abgeledigte Haut ziehen sie starcke kräfftige Seil/und an die Steinklippen hart angefässelt/ auch mit eingeschlagenen Pfählen wohl
befästiget. denn haben sie ihre sondere Schlencken darmit sie ihm
grosse Steine gegen das Haupt treiben/darmit sie ihn erwecken/so er
dann erwachet und hinweg wil/ so ziehet er ihm selber ein groß stück
Haut von dem Leib hinweg/ kan aber von solchem Ort nicht weit
kommen/ weil er zu ohnmächtig ist/wird davon gantz schwach und
krafftlos/und also gefangen, Fabulosum. Die Riemen so man von
der Haut schneidet/seynd starck und zehe/darum werden sie gebrauchet umb schwere Lasten damit auffzuwinden. Zu Cölln am Rhein
sollen solche Riemen gnug zu kauff seyn/ und setzet der Author
daß dieses warhafftig sey. Colin ist der allergröste Wallfisch unter
allen Meerwundern/ das Weiblein von diesem Geschlecht wird
Balæna genandt. Uber Jßland und über Norwegen/auch weiter
hinein biß zu Spiß-Bergen/ werden die Walfische gefan-
gen/ und von denen kommet viel Oel/ Talck und Fischtraan
so zu uns gebracht wird. So groß nun der Walfisch ist/ so hat
er doch seinen Feind nehmlich den Schwertfisch. das Schwert davon der Fisch seinen Nahmen hat/ ist so lang als ein Mann/ist darbey einer Hand breit/ und hat an beyden Seiten Zacken wie
Schweinszähne. Dieses Schwert stehet dem Fisch vorne an dem
Kopffe. so ihn der Walfisch vermerckt/begibt er sich auf die Höhe den
Schwertfisch zu fangen/dieser aber weichet auch nicht/ sondern begiebt sich etwas tieffer/ damit er unter ihm durchschwimmen/ und
mit besagtem zäckigten Schwerte ihm den Bauch durchschneidē könne: da er sich verblutet und endlich sterben muß. Die Materialisten
haben gemeiniglich ein solches Schwert von einem Schwertfisch

Stella

Stella oder Meerstern-Fisch / welcher im Occidentalischen Meer gefangen wird / Humor / oder grossem Meer-Krebs / oben in den Gewölben hangen.

Die Indianer in Florida fangen ihren Walfisch auff eine sondere Art/wie Mærian meldet in seiner Beschreibung/nehmlich/daß ein einiger Indianer einen Walfisch bezwingt und fänge / und geschiehet es auf solche weise. Der Indianer rudert mit seinem Schifflein oder Nachen/auf des Walfisches Rucke/hernach springt er ihm geschwinde auff den Nacken/und schlägt ihm alsofort einen spitzigen Pflock in der Nasen-Löcher einem / scheust also mit dem Fisch zu Grunde/ welcher sich greulich stellet/und gleichsam Unsinnig ist/der Indianer aber sitzet vest auff seinem Pferd / und schlägt ihm in das andere Nasenloch dergleichen Pfahl / dadurch wird dem Fisch der Athem genommen/springt hernach wieder in seinen Nachen / und läst das Seil weit genug schiessen biß der Walfisch vertobet und müde wird/ zeucht ihn also sanffte ans Land / alda er wegen seiner Ungeschicklichkeit bald liegen bleibt/ und todt geschlagen wird/ hernach theilen sie ihn in Stücken. Solch Fleisch wann es trocken wird/gibt schön Mehl/und wird Brodt daraus gebacken/welches sich lange Zeit halten kan. Historia Antipodum Mærians. pag. 12. 13. & seqq.

Die Holländer haben eine gantz andere Art/die Walfische in Jsland/uñ selbiger Gegend zu fangé/davõ ich folgende Nachricht habe.

Es finden sich sonderlich in der Nord-See zwischen Nova Zembla und dem Freto Davis wol 7. Arté Walfische deré wir doch mehr nicht/als einen suchen/und nachstellen/als welcher uns wegen seiner Fettigkeit und Grösse am meisten Speck gibt/und wegen seiner Ungeschicklichkeit und Tummigkeit am besten zu fangen ist. deñ diß Thier ist so ungeschickt als groß und starck es ist.der halbe Leib ist fast das Haupt/hat kleine Augen, in der grösse wie ein Pferd hat/der Apffel ist nicht grösser als eine Erbs.die stehen ihme mitten im Leibe. die Ohren haben auch außwendig nur 2. kleine Löcher/ so klein/daß

Ee ij   man

man sie kaum finden/und mit einem Strohalm darin kommen kan.
inwendig sind sie weiter / und wie sonst Ohren formirt. Hö=
ret gleichwol damit sehr scharff und wol. oben auff dem Leibe hat
er eine Röhre etwan eines Schuhes lang/ mit 2. Löchern / welche
wie Menschen Naaßlöcher sich auff und zu thun können / die man
seine Nase oder Lufferöhre nennen möchte/ wiewol man nicht spü=
ren kan/daß er Odem dadurch holet. Sein Rachē oder Maul ist der
grösse halben erschrecklich. Er kan denselben 4.in 5. Klaffter weit
auffsperren. seine Lippen wägen ungefehr 6000. Pfund. hat sonst
keine Zähne/man weiß auch nicht wovon er lebt / oder so fett wird.
die Balainen oder Walfisch Beine sind seine Kiessen oder Haupt=
federn/ die aber an ihme nicht/ wie an unsern Fischen außwendig des
Leibs sich erzeigen können / sondern seyn ihme inwendig des Ra=
chens an der Zahl 800. klein und groß von 16. biß in 3. Schuh
lang/auff jeder Seiten die helffte. oben kommen die breite En ē/ un=
ten aber die Schmalē zusammen. die dicken Endē stehen außwarts
zu/und die scharffen Endē einwärts/uñ darin ligt seine Zunge wie in
einem weichen Bette/von Haaren / wie an einem Pferds schwantz/
damit der scharffe Ende / dieser Baleinen versehen ist/ und die der
Zungen/ ein weiches Bette bereiten/damit sie nicht/ als auff schar=
fen Schwetern sich verletze. Diese Zunge ist ungefähr 18. Schuh
lang/ und 10. breit / an Gewicht in 6000. Pfund schwer/ wann
sie auff dem Lande ligt/kan kein man darüber hinsehen. Sein Ge=
wehr damit er sich schützet/ seynd seine Finnen oder Floßfedern/und
sein Schwantz. auff jeder Seite / hat er eine Floßfeder 1. Klaffter
lang und einen halbē breit. sein Schwantz stehet ihm nicht wie unsern
Fischen in die Lufft perpendiculariter, sondern über zwerg/wie an
den Krebsen. Im Schwimmen thut er denselben auf und zu/und
bewegt sich damit als einem Pfeil. deñ er ist voller Nervē und Span-
Adern/daß er damit grosse Krafft thun kan/und ist 27. Schuh breit
oder lang/ und in drittehalb Schuh dick / am Gewicht in 4000.
Pfund schwer. Der gantze Fisch ist gestalt wie unsere Küleköpff/

forn

forn dick/ und hinden dünne / also daß sein Schwantz auff bepden
Seiten des Leibs weit überreichet/ weil der Leib hinden so schmal ist.
Das Weiblein ist ordinarie viel grösser/ als das Männlein/ gantz
zu wider andern Thieren. auch sind bepdé Geschlechter / nicht wie
die andern Fisch / an Rögen und Millch unterschieden/ sondern haben ihre Membra genitalia wie die animalia terrestria.
Membrum virile, ist an der gestalt wie ein Ochsen Pesel/ 13. in 14.
Schuh lang/ und so dick als 2. Spannen umbgreiffen können. Das
Weiblein trägt seine Jungen im Leibe/ wie lange/ ist niemand be-
wust/ bringt nur eins auff einmahl/ hat 2. Memmen/ wie eine Kuh
oder Pferd/ davó der junge Walfisch sauget wan er geworffen ist/ un
folgt seiner Mutter überall im Wasser. Die grösse nun des gantzen
Fisches/ sonderlich des Weiblein/ ist 80. Schuh lang / und über
8. Klaffter dick in der Runde. wann nun diß Wunderthier mit Verstand und Geschicklligkeit des Leibs / bep seiner Stärcke begabt wä-
re/ so würden wirs wol unangefochten lassen/ und nur froh sein/ daß
es uns passiren und mit friden liesse. Ja/ wir würden ihm eben so
wenig anhaben können/ als dem Finsisch/ welcher länger als er/ aber
nicht so dick ist: oder als dem Schwertfisch / welcher kaum 6. in 8.
Schuß lang ist. denn so viel den ersten belangt/ dörffen wir uns an
denselben gar nicht machen/ und müssen uns für denselben/ auch auff
den grossen Schiffen fürchten/ wann er unser innen werden solte.
und wird beständig dafür gehalten / daß er ein gantzes Schiff mit
sich in den Grund ziehen/ und alles was er antrifft / zertrennen würde. Und so viel den kleinen Schwertfisch belangt/ ob man wol 5. in
6. Stundé aus 3. und mehr Chaloupen mit ihme gefochten/ der
Hoffnung/ daß man mit grosser Mühe und Lebensgefahr / endlich
ihn überwinden und tödten würde/ so hat man doch biß auff diesen
Tag noch nie keines mächtig werden können/ sondern alle Säile abhauen und von ihm ablassen müssen. Ist demnach kein kleines
Wunder / der Menschen so kühn gemacht / daß er an ein so un-
geheures Thier sich wagen dürffen / wann man sonderlich den Ort
Ec iij   und

und auch die Art und Weise betrachtet / wo / und wie man seiner mächtig wird. der Ort seines Auffenthalts ist mehrentheils in Norden von 79. biß in 80. Grad / in einem grundlosen Meer / da man auff 1400. Klaffter keinen Grund findet / und also keinen Ancker werffen kan. da man wegen des immerwärenden Eises nicht weiter kommen kan / und da man allenthalben mit Eiß umbgeben / oder desselben mit grossen Schollen immerzu gewärtig ist / da hält er sich am meisten auff / und da wird er am meisten gefangen. Er hat aber sonderlich 2. Feinde zu fürchten / die ihn beyde übermeistern und fällen können. der eine ist der Schwertfisch / dessen ich hieoben erwehnt habe / derselbe umbgibt ihn wie die Fliegen im Sommer ein Kuh oder Pferd / und wo er mit der Flucht sich nicht salviret / und von ihm reisset / so ists umb ihn geschehen. denn sie bekriegen ihn allein an seinem Schwantz / zwacken ihn denselben mit Stücken ab / unangesehen wie sehr er sich damit wehret und umb sich schlägt / biß sie ihme denselben gantz abgezwackt / seiner Stärcke dadurch beraubet / und so gar getödtet haben. denn kriechen sie ihm in den Mund / und fressen ihm die Zunge aus dem Halse / welche wie es scheinet / ihre Speise und Wiltpret ist / damit ziehen sie davon / und lassen ihn todt liegen / dadurch er dann uns bißweilen ohne Mühe in die Hände kombt / und noch einmahl herhalten muß. denn was jene nicht möchten / nemlich seinen Speck / das ist das jenige / was wir fürnehmlich suchen. bißwellen finden wir ihn streitend mit diesen seinen Feinden / dann geben diese die Flucht / und wir tretten an ihre statt den Streit zu continuiren und außzuführen. kommen wir aber in der See an einen Ort da die Schwertfische herum schweben / da ist unser bleibens nicht / wol versichert / daß da kein Walfisch anzutreffen ist / sonsten würden sie ihn bald auffgespürt / und sich umb ihn versamlet haben. Ist aber gleich der Walfisch diesen seinen Feinden entrunnen / oder gar nicht in die Hände gekommen / so ist er doch für den Menschen nirgends sicher / welche alle Früling ungefähr umb den Anfang oder Mittel Monats Maii / von allen Orten / als aus

Franck-

Franckreich/Engeland/Dennemarck / wie auch aus Holland/
Seeland/Frießland/Grüningen/etc. mit gantzen Schiffs Arma-
den gegen ihn zu Felde ziehen. Diese durchcreutzen die See an allen Orten/wie ein hauffen Spührhunde/einjedweder Schiff für sich
selbst auff gerahtwol/biß sich einer herfür thut/und sehen läst/dann
man hat hie sonst keiner Spur zu folgen. Folgt nun die Art und
weise / wie diß grausame Thier von den Menschen angefallen/te-
krieget und tractiret wird. so bald man in einem grossen Schiffe eines
Walfisches gewahr wird / so fallen etliche vom Volck in Chalou-
pen/ (sein kleine Nachen/deren jedweder Schiff 3. biß 6. bey sich hat
zu jedweder Chaloupe gehören 6. Menschen/ 1. Stierman/ 1. Har-
poenier/ 1. Leinenschiesser / und 3. die keine Bedienung haben / als
daß sie rudern helffen) damit rudern sie auff den Walfisch mit 10.
Rudern und unterschiedlichen Waffen. der Harpoenier aber ist der
einige der mit dem Fische sich in den Kampff begiebt. dann wann derselbe ihm so nahe kombt/ daß er getrauet zu treffen / so wirfft er
ihm ein eisern Wurffpfeil in seinen Leib/den man eine Harpoen nennet. ist ein Pfeil mit 2. Widerhacken / sonst 2. in 3. Schuhe lang/
daran ist ein Seil fest gemacht welches wir eine Lyne nennen, dicker
als ein Daum. der andere Ende dieses Seiles ligt in Chaloupen.
das übrige Seil aber welches in die 200. Klaffter lang ist / ligt in
einer fast ordentlichen Runde / umb die Wände. Ferner in der
Harpoen stecket ein langer Stiel von Holtz / umb des bessern
Schwangs willen / damit man weiter und gerahter auff ihn zu
werffen könne. Dieser Stecken steckt nur bloß in der Harpoen/
und hat am andern Ende auch eine Schnur/die an der Chaloupen
fest ist. so bald nun der Walfisch mit der Harpoen getreffen ist / so
begibt er sich in die Tieffe/und gehet der Stiel aus der Harpoene / sie
aber die Harpoen bleibt in ihm stecken. der Lynenschiesser / und die
übrigen Gesellen lassen die Lyne/die an der Harpoene fest ist/ auff
solche weisse folgen/wie man die Weinfässer in den Keller läst. g. het
doch

doch mit solcher Schnelligkeit zu/ daß ein dicker Rauch davon auff-
gehet / und in eine Flamme außbricht/ wann man nicht stetig mit
Wasser leschet. wann er/ der Fisch nun tieffer gehen will/ als die
Lyne lang ist/ so kommen die übrigen 2. Chaloupen mit ihren Lynen
zu Hülffe. darumb dann das eine Ende allezeit im Nachen fertig-
ligt/ daß mans geschwinde an einander fest mache kan. auch muß der
Lynenschiesser allzeit ein Messer bey sich liegen haben/ damit er/ im
Fall der Noht / wann es irgend hafften oder unrichtig werden
wolte/ das Seil augenblicklich abhauen köne/ damit der Fisch Menschen und alles nicht versencke.

Ich hab zuvor in Beschreibung des Orts berichtet / daß die
See allda so tieff sey/ daß man auch auff 1400. Klafter keinen
Grund finden kö sie. dann so weit hat mans versuche/ und wer weiß
wo der Grund noch zu finden wäre / wo man noch tieffer forschen
solte. Wann nun der Fisch/ so tieff als er will/ und es der Ort lei-
det/ sich hinab lassen köntem/ so würde schwerlich einer gefangen werden können. dann entweder würde der Fisch den Grund erreichen
und sich loß würcken/ oder man würde so viel Lynen nicht nachführen
können/ als man von nöhten hätte. Nun aber hats GOtt also
versehen/ daß er nach empfangener Wunde/ wie es scheinet / nicht
lange im Wasser bleiben kan/ sondern wann er etwan 2. in 300.
Klaffter hinunter gefahren/ so kombt er wieder herauff / und gibt
durch die Lufftröhre/ eine solche Stimm von sich / daß mans auff
eine halbe oder gantze Meilwegs hören kan. doch der eine gibt ein
grösser Geläut als der ander. Wann er nun wieder oben ist/
so fahren alle 3. Chaloupen wieder auff ihn zu/ und die Lyne daran
der Walfisch fest ist/ weiset ihnen nun den Weg/ wo sie ihn suchen
müssen. der nun am ersten zu ihnen kommen kan/ der scheust ihm
noch eine Harpoen in den Leib. und diß gehet allerdings wieder zu/
wie vor. wann er nun wieder herauff / und sie das drittemahl an
ihn kommen / geben sie ihm keine Harpoen mehr/ sondern haben

ben alßdann andere Instrumenta die man Lensen nennet/ und seynd
in gestalt wie Schweinspieße/deren haben sie zweyerley: Wurfflen-
sen/ und Stoßlensen. die Wurfflensen seynd etwas länger/ als die
Harpoenen/ werden aber auff einerley weise/ wie die Harpoenen
gebraucht/ohne allein daß diese nicht im Leibe stecken bleibe/sondern
jedesmahl wieder heraus kommen/weil sie keinen Widerhacken ha-
ben/ und werden nur gebraucht den Fisch durch viel Wunden und
Arbeit müde zu machen/ biß man mit der Stoßlensen an ihn kommen kan. dann so lange er noch starck ist/ darff mans so wol nicht
wagen/dieweil er jedesmahl/ wann er getroffen/ und verletzt wird/
mit seinem Schwantz und Finnen gewaltig umb sich schlägt / wie
ich bald melden werde/und was er in solcher furi antriff/ das muß
alles zu Trümmern und zu Stücken gehen. Wann er aber so müde
und stille worden ist / daß sie mit der Stoßlensen an ihn kommen
dürffen / so fahren sie damit in den Leib hinein/nicht allein in seinen
Speck/ wie mit den vorigen Instrumenten / sondern gar durchs
Fleisch und die Rippen / biß sie nobilium partium u-
nam verletzen. Und diß ist das Zeichen daran sie es mercken/
wann nemlich aus seinen Lufftröhren das Blut heraus kömpt / wie
ein Strom / in grossen Stücken geronnen / wie ein Sitzküssen/
alßdann lassen sie von ihm abe. Und dann fängt der Fisch erst an
zu wüten und zu toben/daß die See wie ein Seiffwasser und lauter
Schaum davon wird/biß er sich verwütet/vertobet/und zu tode ge-
blutet hat.

Ich habe zuvor erwehnet / wann der Fisch seinen Fang hat/
daß er dann mit seinem Schwantz und Finnen gewaltig von sich
schlage. diß von sich schlagen aber/ ist ein viel grösser Werck als jemand aus so blosser Erzehlung ihm selbst einbilden kan. dann wann
er mit den Finnen/ wieder seinē Leib schlägt/ das gibt einen solchen
Schall daß mans auff eine halbe Meilwegs hören kan. wann er
aber mit dem Schwantz ins Wasser schlägt/ das ist anderst nicht/
als wann man ein groß Stück Geschützes loß brennete. das Wüte

Dd   und

und Toben des Walfisches/wie auch das Fechten der Menschen/
gibt so ein anmuhtiges Spectaculum/ daß mans nicht satt wird am
zuschauen. Ich habs von einem alten Manne welcher 25. Jahr nach-
einander / als ein Commendeur und General über eine gantze Flot-
ta/ diese Reise gethan/ und selber aus seinem Munde gehört / ob ers
gleich in dieser geraume Zeit/ offt und mannigmahl gesehen /so habe er doch seine Lust nicht genugsam büssen noch Ersättigung deß-
fals erlangen können. Er habe auch niemahls so wol und ruhig ge-
schlaffen/ und so warm und weich gelegen / daß er nicht darumb
auffgestanden/auff das Schiff gestiegen und diese Jagt / vom Anfang biß zum End zu gesehen habe. wanner sich nun von ihm selbsten außgewütet hat und todt ist/so machen sie alle 3. Chaloupen an
ihm fäst/und rudern damit nach dem grossen Schiff zu/und machen
ihn da fest an/ mit grossen Cabeln/ eines Arms dick 1100. Klaffter
lang/biß sie ihn mit Gelegenheit bey stätem Wetter entweiden können. auch lassen sie ihn darumb desto lieber etliche Tage liegen/ auff
daß sie so viel gemächlicher mit ihm umbgehen können. dann der
todte Fisch kombt alle Tag höher ans Licht/ und am dritten Tage ist
er so hoch als das Schiff/ daß man gleiches Tritts aus dem Schiffe/
auf ihn steigen kan. nehmen darnach ein groß lang Schneidmesser/
damit schneiden sie einen Riemen aus seinem Leibe/so lang der Fisch
ist/ und ziehen denselben in das Schiff / und so einen nach dem andern. Wañ er auff der einen Seite seinen Speck hergegeben hat /, so
kehren sie ihn umb und lassen die andere auch empor kommen. Wañ
sie ihn nun alles seines Specks/ Zungen/ Balanien und Schwan-
tzes beraubet / so haben sie das ihrige davon / das Fleisch und ü-
brige / lassen sie treiben zu einer Speise / entweder den Vögeln/
oder den Bären/ welche an denen Orten schneeweiß seynd/ und ver-
mittels der Eißschrollen biß in 50. und 60.Meil von dem Lande
sich in die See begeben dürffen. ein jeder Rieme Specks wiegt ohngefehr in 2000. Pf. daer am dicksten. Ist er anderthalb in 2. Schuhe
dick/denselben hackt man in viereckichte Stücke. das Hackbrett bringt

der

der Fisch auch mit sich / den sein Schwantz / wie vorgedacht / voller
Span Adern ist / die halten wol wider / und verderben die Hackmesser
nicht. Wann nun der Speck also gehackt ist / so kochet man ihn in
Spitz-Bergen / oder in Mayen-Eyland / weil er noch frisch ist zu
Tran. die Fischer aber die am Lande nicht kochen dürffen / thun diesen
gehackten Speck in Fässer / und kochen denselben hie zu Lande. es gibt
aber nicht so lieblichen Tran / als der von frischem Speck kombt. daß
der frische Speck ist so lieblich und süß / wie von einem Schwein / und
können aus einem Fisch wol / wann er groß ist / 150. Quartelen
Speck / und aus so viel Speck 100. Quartel Traen gemacht werden. Als diese Fischerey anfänglichen gesucht und erfunden ward /
hat man sich alsobald umb Land bemühet / und Spitz-Bergen entdecket / welches nunmehr biß auff 80. gradus latitudinis befahren /
aber noch nicht bekandt worden / obs ein Insula oder terra con-
tinens sey / damahls hat man allein denen Fischen nachgetrachtet /
die man vom Lande entdecken und sehen können / aber nicht gemeinet
daß man den Walfisch auch in der weiten See mächtig werden und
geniessen könne. Und weil der Walfischfang damahls in einer
Hand war / sie auch zimliche Nohtdurfft fingen / und was sie
fingen / ihren Gefallen nach beneficiren könten / hat man nicht Ursach gehabt / dem Werck weiter und besser nachzudencken. Demnach
aber die gute Nahrung Männiglich in die Augen gestecket und zwischen Nova Zembla und Freto Davis niemand am Lande kochen /
noch auff 10. Meilen beym Lande fischen dörffte / nicht aber das jemand in der See nicht fische möchte / so habens etliche gewagt und
den Fischfang in der weiten wilden See tentiret / der nunmehr so
wol angegangen / als der Fischfang bey dem Lande / welches gleichwol zu verwundern ist / weil man da keine Ancker werffen kan / sondern
die gantze Zeit in 4. Monat lang für und für dem Winde un Wellen folgen muß : weil auch das Meer und Gewitter daselbst ex-
traordinari ungestüm ist. aber am meisten / weil man für dem er-

Dd ij schröckli-

schröcklichen Eise sich ohne unterlaß zu befahren hat / welches im
Norden und Westen mitten im Sommer (der dan nicht viel wärmer ist/ als hie zu Lande unser Winter) nimmermehr weg kompt/
ohne das bißweilen eine Eißscholle etliche Meil wegs groß von dem
gefrornen Meer ledig wird/und in die See treibet: würde auch kaum
fehlen können/daß nicht mit Wind und Wellen entweder eine solche Eißscholle wider das Schiff: oder das Schiff wider das Eiß
getrieben werden solte/ mit ungezweiffeltem Untergange des gantzen
Schiffes/ und des was darinnen ist/ wan es alda/ wie bey uns al-
hie Tag und Nacht gebe. aber diß ists/daß die See-Fischerey nechst
GOtt erhält/daß es daselbst in 4. oder 5. Monate keine Nacht gibt/
noch die Sonne bey hellem Wetter aus den Augen sich verlieret/ also daß man durch continuirliche Schildwache/den Steurmann für
den ankommendem oder bevorstehendem Eise allezeit warnen/ und also dieser Gefahr mit GOtt entgehen kan.   Umb den halben
September beginnet die Sonne sich zu verlieren / und alßdann ist
unser bleibens da nicht länger/ sondern da müssen die Schiffe ex
Occeano glaciali sich hinweg machen.   Spitz-Bergen ist gantz
unbewohnet/ wegen deß langwärigen Eises und Schnees / dann
wann wir im Junio dahin kommen/ seynd die hinterlassene Hütten
noch gantz mit Schnee bedeckt/ daß man keine sehen kan/ sondern
darüber her gehet/ also daß man durch den Schnee darzu grabe und
reumen muß/ biß man hinein kommen kan. so bald nun der Schnee
gantz hinweg schmeltzet/ da offenbahret sich eine grosse mänge Re-
hen/ welche nichts anderst als nur Haut und Bein sind. ehe aber 2.
oder 3. Wochen verflossen / haben sie mehr als drey Finger dick
Speck/ unangesehen in dem gantzen Lande/so viel man weiß/ weder
Laub oder Graß wächset / ohne daß an den Seelanden/ auff den
Klippen und auff den Eißbergen hie und da Löffelkraut wächset/
welches bey uns die Cochlearia ist/ also/ daß diß sonderliche delicate
Rehfleisch den unsern gleich eine angenehme Erfrischung und Hülffe
wider den Scorbot oder Scharbock ist / und seynd diese Rehe gar
zahm

zahm und scheuen dem Menschen nicht / wann sie nicht gejaget
werden/ sondern kommen zu den Menschen/ und wann man unter
sie geschossen/ lauffen sie zwar ein wenig weg/ kehren aber bald wieder umb/ und wollen sehen/ wo ihre Gesellen blieben seynd/ dahero
man derselben wol 40. biß 50. in einer Stunde fällen kan. In den
Revieren und Bayen gibts unterschiedene Sorten Filch/ wie auch
eine grosse Quantität von Enten und Gänsen/ alles dem Menschen
zur Erquickung. Wiewol alles Gevögel / weil es von Fischen
sein Aliment und Nahrung hat/ nach Fische/ oder etwas Tra-
nig smecket. Einsmals hat man es gewaget und sieben Männer auff Spiß-Bergen bleiben und überwintern lassen/ eins theils
zu erforschen/ ob man daselbst außbauren/ anderstheils ob man durch
den Fischfang / oder sonsten erhaltene Possession/ der Compagni
besondern Dienst leisten könte. Diese nun sind gar fleissig auff die
Jagt außgangen/ haben Bären/ Fische und was sie gekunt gefangē/
und seynd also alesampt leben blieben. Daß darauff folgende Jahr
hat man wieder sieben daselbst überwintern lassen/ aber diese sind alle an dem Scorbut gestorben/ vermuhtlich allein darumb/ daß sie
sich nicht/ wie jene tapffer genug geübt und beweget / sondern das
Geblüte haben erstarren lassen/ welches ihnen daū/ wie gemeldt/ allen ingesampt den Todt gebracht hat.

Wie Albertus Magnus in seinem Thier-Buch und Mün-
sterus in seiner Cosmographia die Walfische beschreiben: werden
solche von ihnen viel grösser und ungeheurer dargestellt / wiewol sie
auch wol ungläubliche jedoch warhafftige Dinge bezeugen. ich lasse
es aber bey diesem bewenden/ was zuvor in Holländischer/ anjetzo
aber von mir in Teutscher Sprache zu finden ist.

Aus Island kommen Stockfisch/ Plateisen/ und Hering/ ingleichen auch aus Norwegen kommen die Stockfisch. Diese nun
muß man fangen im Jenner/ wann es noch kalt ist. dann man dör-
ret sie mit Kälte an der Lufft/ und nicht mit Hitze/ dañ wann sie nicht

mit

mit groſſer Kälte gedörret werden / bleiben ſie weich und zerfallen /
daß man ſie nicht heraus bringen kan.

Kürtzlich / aus unterſchiedenen Autoren zuſammen ge-
zogener Bericht / von den Grönländiſchen und Jßländiſchen
Meerwundern / inſonderheit den Walfiſchen.

Im Jßländiſchen und Gronländiſchen Meere gibt es viel
Meerwunder darunter ſeyn / 1. Nahual 2. Roider. 3. Burchva-
lur. 4. das Meerſwein 5. Ziphius. 6. Ein groſſer Britanniſcher
Fiſch. 7. das Walroß / Hroßwalur genandt. 8. Skautuhvalur
oder Meerroche. 9. Seenaut / oder Meerochſe. 10. Staukul
Springwahl auff Teutſch. 11. Roßtünger / Roſmarus / Ruſor /
Agors / auff Teutſch ein Meerkalb. 12. Es findet ſich noch eine
Art der Walfiſche daſelbſt / die ſehr groß / ſelten zu geſichte kömpt /
einer treibenden Jnſel gleich / der wegen ſeiner groſſe / den kleinen
Fiſchen nicht nachjagen kan / ſie aber doch / mit einer beſondern Liſt
zu fangen weiß. 13. Steipereidär / iſt der aller unſchädlichſte unter
den Walfiſchen / der für die Fiſcher / wieder die andere Walfiſche
kämpffet. Er iſt 100. Ellen lang. Es iſt in Jßländiſchen Geſe-
tzen verboten / das ihm niemand Leid thun müſſe. Sperma Ceti
heiſt auff Jßländiſch Hüalambür / auff Teutſch Walroth / Wallfiſch Läich / auch wol Ambra. Zur Zeit des ſechſten Königs in
Norwegen und Jßland / (welche Jnſul von A. C. 874. bey 400.
Jahren ohne König geweſen / und von ihren eigenen Leuten regie-
ret worden / biß ſie A. C. 1263. ſich Haquino dem Jüngern Könige
n Norwegen untergeben / der deßhalben billig der erſte König in
Jßland genandt wird /) Haquini III. Jm ſiebenden Jahre ſeiner
Regierung / A. C. 1373. ſein bey 1700. kleine Walfiſche / ſo die Jßländer Huydingla heiſſen / auff ein mahl / an das Geſtade beym Heckel-
berge gekomen. Die Samojeden fangen die Walfiſche folgender
geſtalt. Es ſetzen ſich ihrer 20. oder 24. in eine Nache / haben
ein langes Seil / von zwey oder drey hundert Klafftern / daran ein

Da-

Hake. den werffen sie mit sonderbahrer Geschicklickeit/wañ sie ihm
nahe genug kommen seyn/in den Leib des Wallfisches/und rudern
darnach geschwinde zu dem Lande. Wann nun der Wallfisch füh-
let/ daß er verletzt ist/lässet er sich führen/folget dem Seil/ welches
die Leute/wann sie auffs Land kommen/ mit Gewalt zu sich ziehen/
und folget der Walfisch also gutwillig / biß er gar auffs truckene
Land kompt. Wenn darnach die Flut des Meers abgelauffen/
schlagen und schiessen sie ihn vollends zu tode und zerhacken ihn zu
stücken. Wann aber,die Flut wieder anleufft/hefften sie das übrige
theil mit Seilern an/daß es mit der Flut des Meers nicht kan hinweg fliessen: machen also viel Fisch Schmaltz/welches sie in Häutē
uud Fellen von andern Thieren füllen/und verhandeln dasselbe mit
den Moscowitern.

Wer mehr Nachricht von obängeregten Meerwundern/und
wie sie gefangen werden/begehret/kan beschen und lesen Bleffens
Island p. 65. Megisers Septemtrionem novantiquum p.114.
Andræ Vellij Isländische Taffel. Olaum M. lib.2).
Albertum M. von Thieren (dessen Thierbuch oben angezogen/)
Münsterum Cosmogr. l.4. c.39. Gesnerum in Aquatilibus,
Aldrovandum,und andere mehr. Blessenii kurtzen aber nach-
drucklichen Bericht/ von den Isländischen (theils,Grönlandi-
schen) Meerwundern/ wollen wir aus angezogenem Orte hieher
setzen. Er schreibet also. Fast allenthalben durch die gantze Insul
seynd gar lustige Flüß/daraus die Inwohner sehr viel Fische bekom-
men/als Salmen/Trutten und Stürl. In der gantzen Insul ist
nur eine Brücke/ welche aus Wallfisch Beinen gebauet ist. Welche aus einem theil der Insul in den andern theil über Land reisen/die
haben keinen Weg/ der Einöde halber/ dem sie könten nachfolgen:
sondern sie müssen nach dem Magnet ihre Reisen anstellen/ gleich
wie die Schiffleute auff dem Meer. Das Meer ist bey Island un-
säg-

fäglich tieff/und sind in demselben bodenlosen Abgründen überaus
grosse Wallfisch und andere ungeheure Meerwunder / die kein
Mensch jemahls weder fangen/ noch umbbringen können: allein
das Eiß zerknitschet und zerschmettert sie dermassen an den Felsen/
durch Gewalt der Winde/ daß sie müssen umkommen.

Ich habe ein Meerwunder gesehen / welches todt auff das
Gestade außgeworffen worden / dessen länge war 30. Ellen/ die
höhe übertraff einen langen Reisespieß. So nun ein Wallfisch stir-
bet/ oder umbgebracht worden / so bauen ihnen die Isländer auß seinen Beinen mit grosser Geschicklichkeit/ Häuser und Wohnungen:
deßgleichen machen sie drauß/ Sässel/ Stüle und Bäncke/ Tische uñ
andern Haußraht/ und glättens also schön/ daß es dem Helffenbein
gleichet. Wer nun in solchen Häusern schläffet/ dem solle fast jederzeit nur von Schiffbrüchen träumen/ wie die gemeine Sage ist.

Ob wol der Wallfisch ein überaus grosses und schreckli-
ches Monstrum ist/ und mächtige stärcke hat / so wird er doch
von seinem Todfeinde/ der nicht sonders groß ist / und Orca oder
Springwahl genennet wird/ bestritten und überwunden. Es hat
aber dieser Fisch eine gestalt/ wie ein umbgekehrtes Schiff/ und auff
dem Rücken gar lange und spitzige Floßfeddern oder Stacheln/ mit
denen er den weichen Bauch des Wallfisches verwundet/ und ihn
also umbbringet. Derwegen dann der Wallfisch diesen Orca also
fürchtet/ und so sehr vor ihn fleucht/ daß er sich offt selber in der
Flucht am Gestade verstosset. Besiehe ihn ferner/
p. 67. 68. 69. 70. und 71.

Kur-

Ein kurtzer Discours

von

Der Schiff-Fahrt

bey dem Nord-Pol

Nach

Japan/China/

und so weiter.

Durch drey Erfahrunge dargethan und erwiesen/ nebenst Beantwortungen aller Einwürffe/ welche wieder die Fahrt auff diesen Weg können eingewendet worden.

Als
1. durch eine Schiffahrt von Amsterdam in den Nord-Pol.
2. durch eine Schiffahrt von Japan/ nach den Nord-Pol.
3. durch einen Versuch den der Großfürst in der Moskau thun lassen/ wordurch erscheinet/ daß gegen Norden von Nova Zembla eine frey und offene See ist biß nach Japan China und so weiter.

Sampt einer Land-Charte so alle Länder nechst dem Polo anweiset.

Aus dem Englischen ins Hochdeutsche übersetzet.

Hamburg/
In Verlegung Johan Naumans und Georg Wolffs/
Buchhändlere für S. Johans Kirchen.
Im Jahr Christi 1676.

Ein kurtzer Discours von der Farth bey dem Nord Pol nach Japan/ China und so weiter.

Unter den vielen Versuchen / so man einen nähern Weg nach Japan/China/ und so weiter zu finden / gethan hat/ ist meines erachtens der aller glaublichste und der Warheit ehnliechste biß anhero noch nicht erkandt/ oder zum wenigsten nicht versuchet worden. Und aus dieser Ursachen wil ich meine Gedancken darüber hiermit dem offendlichen gut achten und Urtheil übergeben. Es ist allerdinges glaublich/ daß eine Farth bey dem Nord Pol sey. Die Ursachen/ so mich solches zu gedencken beweget/ ist/ daß wir noch keine gewißheit von allen Entdeckungen der). innerhalb dem 8. Grad des Poli liegenden Länder haben/ sondern in gegentheil/ daß ich glaubwürdig von einem Steuermann / eines Holländischen nach Grönland fahrenden Schiffs berichtet bin/ daß recht unter dem Polo und etwas jenseit selbigen eine frey und offene See sey. Und ich gebe meines theils dieser seiner Erzehlung glauben/ und bin der Meynung/ daß ein jedweder vernünfftiger Mann dergleichen thun werde. Wenn er vernehmen wird/ auf was ehrliche weise/ und gantz zufälliger ungesuchter gelegenheit solches anzuhören sich zu getragen hat. Nun dieses geschahe also: Als ich vor 22. Jahren ohngefehr in Amsterdam war/ gieng ich in ein Trinckhauß/ einen Krußbier meinen Durst zu leschen zu trincken/ und als ich bey dem gemeinen Feuer unter aller Völcklein saß/ trug sichs zu daß ein See- oder Schiffmann hinein kam/ welcher als er einem seiner Freunde/ den er wuste daß er nach Grönland gangen alda schon sahe / wunderte er sich ihn zu sehen/ weil es noch nicht Zeit war/ daß die Grönlandische Flotte nach Hause kommen solte/ fragte ihm derowegen/ was für ein zufall ihn so bald wieder nach Hause gebracht hätte. Sein Freund/ welcher der Steuermann von den vorgedachten Schiffe/ das denselben Sommer nach Grönland gangen/ war/ erzehlte ihm/ daß ihr Schiff diesen Sommer
nicht

nicht auff die Fischerey außgangen / sondern nur die Ladung der gantzen Flotte ein zu nehmen / solche frühzeitig zu marckte zu bringen und so weiter / ehe aber sagte er / die Flotte Fisch genug uns zu beladen gefangen / segelten wir auff Befehl der Grönlandischen Compagnie gegen den Nord Pol / und kamen wieder zurücke. Worauff / weil diese Erzehlung mir neu war / ich mich mit ihm weiter besprach / und stellete mich als wenn ich an der Warheit dessen / was er sagte / zweiffelte. Er aber versicherte mich / daß es sich also in Warheit verhielte / und daß das Schiff in Amsterdam wäre / und viel Schiffleute könten beßwegen die Warheit bezeugen. Zu dem sagte er mir / daß sie zween Grad ümb den Pol gesegelt. Ich fragte ihn / ob sie kein Land noch Insulen ümb den Pol gefunden? Er sagte nein / auch hätten sie kein Eiß alda gesehen. Ich fragte ihn / was für Wetter alda gewesen / er sagte: fein warm Wetter / so warm / als es zu Sommerszeit in Amsterdam wäre. Ich hätte ihn gerne mehr Fragen fürlegen wollen / weil er aber sich mit seinem Freund in ein Gespräch eingelassen / könte ich ihm mit Bescheidenheit nicht länger daran hindern. Ich glaube aber daß dieser Steuermann / die That und die Warheit geredet / denn er kam mir vor als ein gantz ehrlicher und unverdächtiger Mann / und der kein absonderlich Absehen auff mich haben könte.

Ob aber schon ich dieser Geschicht Glauben beymesse / so deuchtet mich doch / daß ich mancherley Eintwürffe oder Wiederreden darwieder höre / und sind fürnehmlich drey scheinbahre Ursachen füglich zu urgiren / so dieses / oder zum wenigsten etliche sonderbahre Stücken / in dieser Erzehlung falsch zu seyn erweisen. Und erstlich / daß es unter dem Polo nicht warm seyn kan / zumahlen ümb Grönland und vielen andern Orten / die weniger gegen Norden liegen / die See so voller grossen stücken Eiß ist / daß die Schiffe schwerlich vor denselben segeln können. zum andern / So es warm ist / so ist es doch so warm nicht / als zu Amsterdam zur Sommerszeit / denn je weiter nach Norden / je kälter Wetter. Zum dritten / so sie unter dem Pol gewesen / daß sie nicht sagen können / wie sie wären zurücke kommen / sondern daß sie so leicht hätten weiter fort / als wieder näher nach Hause gehen können / weil die Compas-Nadel

)(ij   alle-

allerwege nach Norden sich gerichtet / so würden sie sich nehtwendig in dem
Nord Pol verlohren oder verirret haben/da dieselbe ohn unterscheid gleich alle Puncte des Horizonts berührete.

Eine Antwort mag auff den ersten und andern Eintwurff dienen: daß
es neinlich unter dem Nord Pol nicht warm seyn könne/ etc. Wenn wir die
Erfahrung der Reisenden und Seefahrenden Leute zu rahte ziehen / so wird
uns erzehlet daß zwischen den beyden Tropicis, oder wende Zirckeln nahe unter der æquinoctial Linie insgemein so ein gemässiges Wetter ist/als hier bey
uns in Engeland zur Sommerszeit. Wie solte es dann unter dem Polo nicht
so warm seyn/als hier (in Engeland) oder zu Amsterdam im Sommer? Die
kleine höhe/ so die Sonne alda hat/kan daran nicht hinderlich seyn/denn wenn
wir die Sonne in ihrer Sonnenwende im Sommer (wenn der Tag am läng-
sten ist) in weniger höhe haben/ als zwischen den wende-Zirckeln / so müste es
nohtwendig alhier viel kälter seyn/ daran sich aber ganz das Wiederspiel be-
findet/ sondern es ist bey einer Ursache/ daß es alhier so warm ist als zwischen
den wende-Zirckeln dieweil zwischen den wende-Zirckeln die Sonne kaum über
12. Stunden von 24. über den Horizont (den Scheid-oder Endungs-Zirckel)
bleibet denselben zu erwärmen / da sie alhier meistentheils 17. Stunden von
24. über den Horizont bleibet und deßwegen eine grössere warme auff denselben eingedruckt lässet: und je weiter wir gegen Norden oder Mitternacht ge-
hen/je länger sie über den Horizont / und weniger unter dem Horizont alle 24.
Stunden bleibet/ biß wir in den Mitternächtigen Wirbel-Punct/ (polum
Arcticum) kommen/da die Sonn ein ganz halb Jahr nach einander bleibet/
neinlich den ganzen Sommer über den Horizont / und niemahls untergehet.
Und dahero/ob ihre Strahlen schon nicht so schnur gerade herab fallend (per-
pendicular) sind / müste sie doch nohtwendig einen grössern Grad der Hitze
auff den Horizont verursachen.

Und ob man schon schliessen wolte/daß es so kalt ist ümb Grönland/und
so weiter/und die See so voller Eiß / daß darfür die Schiffe schwerlich segeln
können/so kan doch dieser Schluß nicht probiren/ daß es auch also ümb den
Polum sey beschaffen. Dieweil das Eiß bey den Ufern des Landes / nicht
aber auff der offenbahren See gemacht wird / und nur dahin durch starcke
Ströme oder durch hohe Winde kömbt / welche in Warheit dasselbe zuweilen gar ein wenig weit vom Land abführen. Wie dieser Erzehler aber saget/
so ist unter dem Polo eine freye und offene See / und dahero ohne Eiß zum wenigsten

tigsten zur Sommerzeit.   Zu dem/ sagt uns die Erfahrung/ daß alle Land-
winde kalter seyn als die/ so von der See her kommen/ und deßwegen mag es
ümb Grönland wol kalt seyn/ wegen des Landes/ und doch warm unter dem
Polo/ da die See offen ist.

Der dritte Einwurff ist/ daß wenn sie unter dem Polo gewesen/ sie nicht
sagen können/ wie sie wieder zu rück kommen/ weil die Compas-Nadel sie zu
einen jedweden Punct des Horizonts würde gebracht haben.

Ich befragte meinen Erzehler nicht ümb diese Schlußrede/ wiewol/ als
ich von ihm weg gangen/ es mir leid war/ daß ich es nicht gethan hatte. Es
ist aber leicht zu fassen/ wie ein Schiff entweder vor- oder rückwarts zu führen/
durch eine Anmerckung der Sonnen ein wenig zuvor/ ehe man in den Polum
hinein kombt. Denn wenn man findet in oder nahe welcher Mittags-Linie es
ist/ oder auff welchen Theil des Schiffs/ ob auff das vorder oder hintertheil
desselben/ oder dieser oder jener Seite/ sie fället / so kommet ihr nahe genugsam die Zeit mit einem Grundenglaß abmessen/ jedweden Tag zu wissen/ nach/
in oder bey was für Mittags-Linie die Sonne ist/ zu jeder bekandten und vermeinten Zeit/ und dahero wissen/ wie ihr mit dem Schiffe vorwarts oder wieder zu rücke kommen möget. Oder so der Mond die Nordbreite hat können ihr
eben das bey dem Mond thun. So aber der Polus sich verrücket/ so würde
doch in kurtzer Zeit solches durch die Veränderung der Nadel zu finden seyn/
denn da ist ohne zweiffel einige Veränderung in derselben/ und in allen Meri-
dional-Linien/ bey dem selben allerley Veränderungen anzutreffen.

So weit erscheinet/ daß eine freye und offene See im Sommer/ zum
wenigsten ümb den Nord-Pol sey. Ich wil aber noch eine andere Erzehlung
hierbey fügen von **Johann Ben**/ dessen Vater noch vor fünff Jahren in
dem Kronen-Hoff in der **Russel Strassen** in dem **Kloster Garten** ge-
lebet/ und er selbst nun in **Wapping** noch lebet. Dieser **Ben** segelte nach
Japan mit einem Holländer als ein Schiffs-Zimmermann/ und sagte zu mir
daß er neulich im Jahr 1668. wieder aus Japan heim kommen.   Ich fragte
ihm wie lange er von bannen unter wegens gewesen? Er antwortete / daß er
solches nicht wol sagen könte/ denn als sie von Japan abgefahren/ hätte der
Capitain dem Steuermann befohlen recht nach Norden zu segeln/ und sie
wären von bannen bey 400. deutscher Mellen gesegelt/ welches meist 27. Gr.
gegen Norden ist. Ich fragte ihn/ ob sie weder Land noch Insulen angetroffen/
wie ich zuvor den Holländischen nach Grönland fahrenden Steuerman auch

gefra-

gefraget. Er sagte/ nein/ sie hätten kein Land gesehen/ sondern daß eine freye
und offene See/ so weit sie gesegelt/ und keine Anzeigung des Landes zu spüren
gewesen. Ich fragte ihn warumb sie so weit nach Norden gesegelt: Er gab
zur antwort/ daß er solches nicht sagen könte/ allein der Capitain hätte es befohlen: Ich vermuhte aber daß die Ost-Indische Compagnie dem Capitain anbefohlen/ mehr Land zu entdecken/ die Handelung dadurch zu vergröf-
fern/ oder daß er selbest ob alda eine offene See verhanden/ zu seiner eigenen
Vernügung erfahren möchte/ daß wenn er es rahtsam befinde/ sie zwischen
Holland und diesen Orten/ ihre Reise des wegs füglicher fort setzen könten.
Ich unterredete mich also mit ihm gar genau/ weil ich allezeit/ seit ich die vorige
Erzehlung von dem Grönländischen Steuermann gehöret/ von dem Weg
durch oder bey dem Nordpol nach Japan/ China/ und so weiter/ meine Gedancken gehabt/ und es scheinet aus diesen beyden Erzehlungen/ daß es glaub-
lich/ daß es also sey/ und man zu Sommerszeit wol dahin fahren könne.

Ich schreite zu einer dritten Erzehlung / daß es nicht allein glaublich
sondern auch gantz gewiß daß ein Weg dahin von den **Rußen** im vergangen
Jahr gefunden worden/ wie solches dem Secretario der **Königliche Gesellschafft** (in Engeland) von Amsterdam durch einen seiner Correspon-
denten zu Handen kommen/ welche in der Transaction Nnm. 101. folgender
gestalt/ lautet.

Ein Schreiben und Charte / so vor weniger Zeit dem herausgeber
durch eine erfahrne zu Amsterdam sich aufhaltende Person zugesandt wor-
den/ die da die wahre Beschreibung von Nova Zembla / nebenst einer Anzeigung
der Nutzbarkeit derselben Gestalt und Lager/ in sich begreiffet.

Herr/

Hiermit übersende ich euch/ was ich aus der Muskau empfangen habe/
nemlich eine neue Charte von **Nova Zembla** und der **Wengats**/ wie solche auff des Groß-Fürsten außdrücklichen Befehl / entdecket worden : und
von einem Mahler / Namens Panela Poetski abgezeichnet ist/ der es mir
aus der Moskau zu einer Verehrung zugeschicket hat. Woraus zu sehen/
daß **Nova Zembal** keine Insul ist/ wie biß anhero geglaubet worden/ und
daß das Eiß-Meer keine See/ sondern nur ein Meerbusen oder Bag sey/ dessen Wasser süsse sind/ welches eben das ist/ was die **Tartarn** uns für gewiß
berichtet/ die diese Wasser recht mitten in diesem Meerbusen gekostet haben.

Die

Die Samojeden thun so wol als die Tartarn einmuhtig bejahen / daß
wenn man an den hintertheil von Nova Zembla eine mercliche weite
von dem Lande reisete / die Schiffer wol biß nach Japan durchkommen könten. Und ist ein grosser Fehler bey den Engelländern und Holländern / daß
wenn sie suchen an der Süd-oder Mittags Seiten von Nova Zembla
nach Japan zu gelangen / sie meisten theils allezeit durch die Weygats
gangen sind. Der Buchstaben O. in dem grossen Fluß Oby bezeichnet den
Ort eines Wasser-Falls. Der Buchstabe K. zeiget an / wo Nova Zembla am
festen Lande anlieget. Der Fluß / so mit dem Buchstaben L. bezeichnet ist /
fliesset gegen China / und heisset Kitaie / welcher nicht allezeit wol zu schiffen ist
wegen der Felsen und andern Ungelegenheiten / so die durchfahrt der Schiffe
verhindern. Durch die Weygats ist auch sehr schwer zu kommen / wegen
der grossen Menge des Eises / so ohn unterlaß von dem grossen Fluß Oby darein fället / wodurch der enge Durchgang verstopffet wird. Die Samojeden
gehen alle Jahre auff gemelte süsse See fischen / und solches thun sie an der
Seiten von Nova Zembla hierbey eine Charte von allen
zu nechst ümb den Nord-Pol gelegnen Ländern
vorgestellet zu finden.

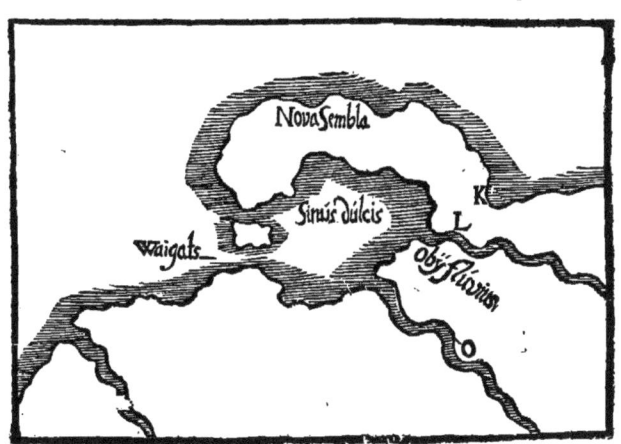

Kurtze Erzehlung

Von dem

Anfange und Fortgange

Der Schiffahrt/

biß auff diese unsere Zeit.

Aus der Holländischen in die hochdeutsche Sprache gebracht.

Hamburg/

In Verlegung Johan Naumans und Georg Wolffs/
Buchhändlere für S. Johans Kirchen.
Im Jahr Christi 1676,

I.

Jeweil es dem Allmächtigen und allein weisen GOtt gefallen hat/dieses gantze/welches von keiner Menschlichen Vernunfft gnugsam kan begriffen werden/zu einen klumpen zuschaffen/so hat Er/nach dem Er die lichten Materien davon geschieden / die Erde und das Meer in einen klumpen zusammen gesamlet/und doch dermassen vermenget/ daß an etlichen Orten die Erde von der See bedecket / und an andern Orten die Erde wieder hoch über das Wasser herfür kömpt/ auff daß die Geschöpffe/ sowol die im Wasser leben / als die / so auff dem Lande/oder auff beyden/mittel zu ihrem Unterhalt haben möchte. Der Mensch aber/ob er schon das edleste unter alle sichtbahrē Geschöpffen/so durch Gottes Hand erschaffen/ist gleichwol im Anfange sehr unkündig gewesen / dieses grosse Gebäu und desselben Wunder gebührlich wahr zu nehmen/und fürnehmlich zu den gebrauch des Meers oder der See / worzu Er lange Erfahrung bedurfft / zu solcher Erkäntnüß/ als Er nun darvon hat/ zu gelangen.

2. Was die Schiffahrt der Alten / die gar mangelhafft gewesen/ betrifft/so kan man nicht sagen/wer der erste Erfinder derselben gewesen/wegen ungewißheit der alten Scribenten/ und fürnemlich der Poeten. Man lieset aber in der heiligen Schrifft/ daß Noah auff Gottes Befehl einen Kasten/ (was wär dieser anders als ein Schiff?) gebauet/ und sich mit allen den Seinigen und allerhand Thieren darin begeben habe/ damit er nicht durch die Sündfluth/ nebenst den andern Menschen / verschlungen würde: also daß er vor den jenigen / der sich zu erst auff ein Schiff begeben/ muß gerechnet werden/weil man von keinen ältern weiß zu reden. viele schreiben dem Glaucus die Erfindung der Schiffe / und die Kunst der Seefahrt zu/ und sagen / daß er das Schiff Argo in dem Schiffstreit zwischen Jason und den Tyrrhenern regiret habe. Man hat auch viel Dinges von dem Proteus gedichtet und gesagt/ daß er

in

in der Kunst der Seefahrt sehr erfahren gewesen / und wegen seiner
sonderbahren Wissenschafft von der Natur des Meers / und vom
Wetter und Winde/ seine Wohnung unter den Meer-Kälbern
gehabt / und sich in allerhand gestalten habe verwandeln können.
Diese Leute aber sind vielleicht wegen ihrer Wissenschafft berühmt
gewesen / und deßhalben von den Poeten unter ihre Mährlein
gesetzet worden/ also daß man nichts gewisses hiervon herbey bringen kan. Jedoch scheinet das/ was ich itzo erzehlen wil/ der Warheit etlicher Massen ehnlich zu seyn. Die Einwohner in Creta
hatten vorzeiten einen König Jupiter genandt / welcher die See-
rauber bezwungen/ dessen Sohn Minos/ die Athenienser in
einen Schifstreit überwunden / und sie zu einer Jährlichen Scha-
tzung gezwungen hat. Die Phönicier waren die ersten / die
mit ihrer Kauffmanschafft in Griechenland kamen / und dahin die Geldsucht / den Brun alles übels brachten. The-
seus hat den Taurus/ der von dem Könige Minos zum Admiral über seine Flotte gesetzet war / auff dem Meer überwunden/
und ihn in die schaumenden Meers-Wellen geworffen / davon die
Fabel von den Mino Taurus ihren Ursprung hat. Umb dieselbe
Zeit lebete auch Dædalus / der von dem König Minos in Creta
entflohen ist / welches also zu verstehen ist / daß er ihm mit seinem
Schiffe/ vermittelst der Segel entrunnen / sintemahl sie durch die
Flügel die Segel verstanden. Prometheus/ schreibet ihm/ bey dem
Eschyppus selber die Erfindung der Segel-Kunst zu/ ob schon die
Rhodier ihm diese Ehre nicht geben wollen/ sondern diese Kunst ih-
nen selber zu eignē. Die Rhodier sind wegen ihrer Gesetze/ die sie von
der Schiffahrt gemacht haben / sehr berühmt/ inmassen die Ge-
schichtschreiber und Rechtsgelehrten bezeugen/ daß sothane Gesetze
von ihnē ihren Ursprung genommen haben. Die Phönicier hingegen
sagen/ daß diese Ehre ihnen gebühre/ und sie die Jonier/ davon das
Jonische Meer seinen Namen hat / aus Griechenlande nach
Egypten übergeführet / und die zween Polos oder Wirbel-

a ij   Puncte

Puncte zu erst unterschieden haben. Die **Carier** die ehemahls
Meister zur See genennet worden/ die **Corinthier**/ die **Egi-
neten**/die **Tyrier** und **Egypter** wollen jedweder unter ihnen
diesen Ruhm haben/und schreiben ihnen viel Erfindungen zu.

3. Ihr habt nun verstanden was die Schiffahrt der Alten betrifft:
lasset uns aber nun auch izu dem baw und der gestalt ihrer Schiffe
schreiten. Die Beotier machten ihre Schifflein aus dicken Klotzen
von den Bäumen/die sie mit Ochsen-Häuten überzogen / und mit
Rudern fort trieben. In dem rohten Meer fuhr man anfangs
mit Flössen/die von dem Könige Erythro/ (vo dem das Erythreische
Meer seinen Namen hat) erfunden worden. Man meynet daß
die Plateer die Erfinder der kleinen Schiffe gewesen. Andere schrei-
ben/daß die **Mysier** und **Trojaner** mit Flössern über den Hel-
lespont gefahren. Die **Britannier** überzogen ihre Schifflein / die
von zähen Reisern zusammen geflochten waren/mit Leder. Ferner/
findet man in den alten Geschichten/daß der **Corinthier Ami-
nodes**/ der vom **Polydorus Virgilius Amodes** genennet wird/
die Galeen mit drey Ruderbäncken / die **Athener** mit vier/ der
Salaminische Nesicton mit fünffe/Zenazoras mit sechs/Mnesige-
ton mit achte und zehen Ruderbäncken gemacht haben/worzu A-
lexander Magnus noch vier Bäncke gethan hat. **Ptolemæus**
Soter hat Galeen von 15. Ruderbäncken verfertigen lassen : und
diese Anzahl ist hernach von Demetrius des Antigonus Sohn ver-
doppelt worden. **Ptolemæus Philadelphus** hat sie auff viertzig/
und **Philopator** auff funfftzig gebracht. **Danaus** ist zu erst aus
Egypten in Griechenland kommen/und von der Zeit sind die
Grichen von ihm Danai genennet worden. **Nilus** mochte seine
Schiffe von Egyptischem Schilff/ Biesen und Rohr/ die er zusammen fügete. Was die grösse dieser Schiffe und Fahrzeuges anlan-
get/ so findet man davon merckliche Exempel / vors erste von ietztge-
meldtem Ptolemæus Philopator dem Könige in Egypten/ der ein
Schiff machen lassen/ welches 840.Fußlang/114. Fuß weit/und
wenn

wenn es im Waſſer lag 850. Fuß hoch war. Er ließ noch ein ander Schiff bauen/ 300. Fuß lang/ welches auff dem Nilus fahren
ſolte. Jedoch iſt dieſes alles noch geringe gegen dem jenigen Schiffe
zu rechnen/ welches Hiero/ der König von Syracuſa/ bauen ließ/
darüber Archimedes der berühmte Mathematicus/ Baumeiſter
war/und daran 300.Zimmerleute arbeiteten/und dazu die Materie
zum bauen von 60. Galeen mit drey Ruderbäncken angeführet
wurde. Dieſes Schiff war inwendig wunderwohl angerichtet/
und alles an ſeinem Orte ordentlich geſtellet. Die Kajüten hatten
ihre gewiſſe ſtäte/ wie auch die Bootsgeſellen/ und die jenigen denen
die Ruder befohlen waren. Die Soldaten hatten ihre beſondere
Orter wie auch die Officirer/ die Reiſenden/ und die Oberſten. In
dieſem Schiffe waren unterſchiedliche Gemächer/ Schlaffkamern
mit Betten/ bedeckte Gänge/ Garten/ örter darin Schlachtviehe
war/nebſt Fiſchen aus flieſſenden Waſſern/und Stallunge für die
Pferde: wie auch Fecht und Tantz-Schulen/ ein Tempel ſo der
Göttin Venus geheiliget war/Badſtuben/Küchen/und Mühlen.
Zu dem war dieſes Schiff mit einem eiſern Wall ümbgeben/ und
mit Bollwercken verſehen. Auff jedem Ende/ vornen und hin-
ten/ſtunden zween Thürne. über dem gantzen Schiffe ſtunden unterſchiedliche Gebäue/ an ſtat unſers Geſchützes/und unter andern
eins/daß durch krafft des Gegengewichts einen Stein 300.Pfund
ſchwer heraus werffen könte/ und noch ein anders/ das Pfeile von
36.Fuß lang/ wol 600.Fuß weit/ werffen könte/nebenſt noch viele
andern Dingen/ welche von dem Athenæus mit groſſer Verwunderung beſchrieben worden.

4. Wiewol die Alten nicht ſo Vernünfftig und Erfahren
in der Seefahrt geweſen/ als die Leute nunmehro ſeyn/ und nicht ſo
groſſe Erkäntnüß als wir/die Schiffe zu regiren hatten/ſo haben ſie
ſich gleichwol auff das Meer begeben/ und ihre Reiſen zu Waſſer
verrichtet. Denn man lieſet in den alten Geſchichten/ von unterſchiedlichen trefflichen See-zügen/die aber nichts gewiſſes in ſich ha-
a iij ben/

ben / inmaſſen ſie mit den Fabeln der Poeten vermenget ſind. als
da ſein dieSeezüge desBacchus/Jaſons und Hercules/die Raubereyen / der Europa/ der Medea und Helena. Bacchus / welcher ſeinen Sitz zu Nyſa / einer Stadt in dem glückſeligen Arabia hatte/ herzſchete über die Einwohner der Perſiſchen und Arabi
ſchen Meerbuſen/wie auch über gantz Syrien. Nachdem er aber
die Ariadne aus der Inſul Dia oder Naxa geraubet / ward er von
den Tyrrheniſchen Seeraubern überfallen und gefangen. Weil er
ſie aber mit Wein truncken gemacht / iſt er geſchwind entrunnen/
und wie er wieder nach Hauſe kommen / hat er die Araber und
Phoenicier die Schiffahrt / Sternkunſt und den Kauffhandel gelehret. Darnach fuhren die Phoenicker mit ihren Schiffen ſo mit
Kauffmanſchafften beladen waren / nach Grichenland / und raus
beten die Jones des Inachus Tochter. Die Creter/ihres Schadens
ſich zu erholen / raubeten nach der Zeit die Europa des Agenoris aus
Phoenicien Tochter. Jupiter König in Creta/ als er die Betrieglegkeit/ſo diePhoenicier in Entführung desInachi Tochter begangen/vernommen / fuhr mit ſeinem Schiffe / deſſen vordertheil
einem Ochſen gleichete/ nach Phenicien/ und bekam / gedachter
maſſen/die Europa in ſeine Gewalt. Und daher hat die Fabel ihren Urſprung / daß Jupiter ſich in einen Ochſen oder Stier verwandelt/und die Europa auff ſeinem Rücken über das Meer geführet habe. Die Argonauten/welche Grichiſche Fürſten/derer Ober
ſter Jaſon war/lieſſen bey dem BergePelius ein ungewöhnlich groſ
ſes Schiff bauen / das ſie Argo hieſſen / von dem Grichiſchen
Wort Argos / welches ſchnell bedeutet. Mit dieſem Schiffe
fuhren ſie aus Theſſalien nach der Landſchafft Colchis/wegen
des güldenen Fleſſes/daß ſie mit ſich zu rücke brachten/und zugleich
die Tochter des Königes Etas/ Medea genandt/die ſich in den Ja
ſon verliebte. Auff dieſe Reiſe dieſer Argonauten folgete der Seezug der Grichen von Troja/welche Stadt ſie/nachdem ſie mit
einer Flotte von weit über Tauſend Schiffen alda ankommen/nach

einer

einer zehen jährigen Belägerung zerstöret haben: und daraus sind
die langwierigen Reisen des Æncas und Ulysses entstanden. Damit wir aber in Erzehlung der alten Schiffzüge nicht zu langwei-
ligkfallen mögen/ so weisen wir den Leser/ so alte Sachen zu wissen
begierig/zu den alten Geschichten/ die weitläufftig darvon han-
deln/worinnen er/ unser Meynung nach/ seine Begierde zur gnüge
wird ersättigen können.

5. Was ihre Schiffregirung auff der See anlanget/so ist dieselbe sehr mangelhafft gewesen. Denn man befindet/daß die jenigen/
so zerstlich sich auff das Meer begeben/ sehr verzagt und furchtsam
darauff gewesen sind/ dieweil sie sich schwerlich so weit von dem
Ufer abwagen dürfften/daß sie das Land aus dem Gesichte verloh-
ren/ja vor Nachts wieder nach dem Ufer kehreten/und sich/ ausser
Gefahr zu seyn/an das Land begaben. Nach dem aber die Menschen allgemach gewohneten die Gefahr außzustehen/ so sind sie
des Nachts in ihren Schiffen blieben/ und haben dazu der vor die
Schiffahrt bequemesten Jahrszeit wahr genommen. In der
Apostel Geschichten 27.9. wird gemeldet/daß die Fastenzeit die ge-
fährlichste Zeit zu schiffen gewesen.Deñ von dem 4. November biß
den siebenden Martii kamen keine Schiffe in die See. Und Plinius schreibet/daß der Frühling das Meer vor die Seefahrende Leute öffne/ wenn die Südwesten Winde die Lufft mildern.

6.Aber seit zwey hundert Jahren her/hat die Seefahrt einen gantz
andern Sprung und Fortgang gewonnen. Denn ein Spanischer
Edelmann/aus Andalusien bürtig/ dessen Nahme annoch biß
auff diese Zeit unbekandt geblieben/ war der erste/ welcher Made-
ra/ eine von den Canarischen Insulen vorbey segelte/und an die
Küste oder dz Land America/so gegen über gelegen kam.und weil er
auff einer so langen und kümmerlichen Reise/ viel der Seinigen
verlohren hatte/wieder nach Madera zu rück kehrete/woselbst er/als
sehr abgemattet/in den Armen des Christophorus Columbus/so ein
Italiäner und von Genua bürtig war/ der damahls auff dieser Insul.

ſul ſeine Zeit mit See-Charten zeichnen zubrachte / ſtarb / dem er
vor ſeinem Tode unterricht gab / wie man nach der Lehre / die er
hinter ließ / dieſes Werck vor die Hand nehmen könte. Columbus
der von Natur ein verſtändiger und unverdroſſer Mann war / ward
durch dieſes unbekandten Mannes unterricht auffgewecket / dieſen Zug vorzunehmen. Er ſuchte Anfangs hier zu Vorſchub bey
ſeinen Landsleuten / den Einwohnern der Stadt Genua / die ihn
aber abwieſen. Er wandte ſich darauff zum König in Engeland
Henricus / den ſiebenden dieſes Nahmens / und folgends zu Alfon-
ſius den fünfften / König in Portugal. und weil er nichts von ihnen erhalten könte / endlich zu Ferdinandus und Iſabella König und Königin von Caſtilien / bey welchen er zu letzt den geſuchten Vorſchub
erlangete / damit er im Jahr unſers Seligmachers 1492.
die Länder / welche ſo lange Zeit unbekandt geweſen / erſtmahls entdeckte / nemlich die Inſulen in America: als Hiſpaniola / Cuba / Ja-
maica / S. Domingo / und ſo weiter. alda er von den Einwohnern die
in dieſen Ländern in Ruhe und Friede lebeten / groſſe Schätze und
Reichthümer bekam und nach Spanien führete. Von dar an /
nemlich fünff Jahr hernach / hat Americus Veſpucius auff befehl
Emanuels Königs in Portugal / in unterſchiedlichen Zügen das
feſte Land America gefunden / und ſolches nach ſeinem Nahmen genennet. Weiter hat er / aus befehl gemelten Emanuels / Königs
in Portugall im Jahr 1501. die Æquinoctial-oder Mittel-Linie
durchgeſegelt / und weiter Südwarts zu ſegeln ſich unterſtanden /
welches vor ihm / ſo viel man weiß / niemand gethã / dergeſtalt / dz als
er den Nord-Stern aus dem Geſichte verlohren / des Poli höhe gegen Süden / er an dem Südſtern genom̃en hat. Er ſahe auch auff
dieſer ſeiner Reiſe / die ſechszehen Monaten währete / daß die Sterne gegen Süden oder Mittag viel heller und klärer / als die gegen
Norden / waren / darneben auch / daß gegen dem Süd-Pol zwo
von kleinen Sternlein zuſammen geſetzte Wolcken weren / von
gleicher geſtalt / als an unſerm Himmelsſtrich / der weiſſe Riemen / ſo
geme-

gemeiniglich die Milchstrasse genennet wird. Nach der Zeit ist Pedro Alvarez Admiral der Portugesischen Flotte/ als er durch harten Sturm und gewaltiges Ungewitter ümbgetrieben worden/ das erste mahl in die Brasilischen Meerhaven gerahten. Zwölff Jahr hernach hat Johann Pontius ein Spanier aus dem Königreich Leon das feste Land Florida gefunden: und weiter nach verlauff anderer acht Jahre hat Ferdinandus Magellanus/ der bey dem König in Portugal Emanuel in Ungnade gerahten/ sich in Dienst Käyser Carls/ der damahls auch König in Spanien war begeben/ ist mit seiner Flotte durch die Mittellini gangen/und hat endlich eine Strasse/die an dem festen Land Chili und Peru zu einen Scheide-Pfahl sich erstrecket/angetroffen. Er/weil er sahe/ daß das gegen übergelegene Land voller Feuer und Rauch war/ nennete es Terra del Fuogo oder das Land des Rauchs. Er aber/ nach dem er durch diese Strasse/die nach seinem Nahmen Magellanica genennet worden/ mit grosser Mühe und Kummer durch zu dringen sich unterstanden/ kam selber darin um/ nebenst seiner gantzen Flotte/ ausser ein einig Schiff/welchs hindurch gebrochen/und in die grosse Süder See kommen/ und endlich im Jahr 1526. zu Sivilien in Spanien angelanget/ und zum ewigen Gedächtnüß Victoria genennet worden/weil es mit seinem Kiel den gantzen Erdkreiß rund herumb umb segelt. Ferner ist im Jahr 1580. Franciscus Drach ein Engelländer auff Befehl der Königin Elisabeth mit fünff Schiffen von Pleimouth im December zu Segel gangen/ und nach dem er siebenzehen Tage gesegelt/ an die Spitze von Africa/ Madera gegen über/ gelandet/ alda er von dem Holtze,/ das er aus Engeland mitgenommen hatte/ noch ein Schiff verfertigte womit er Cabo Blanco/ und so weiter die Insul Jacob vorbey gesegelt/und als er bald gut bald böse Wetter gehabt/an der Brasilischen Küste/ auff vierundreissig Grad Südwerts der Linie kommen/ woselbst er seine durch Sturm verstreuete Flotte wieder versamlet/ und also im September durch die Magellanische

b

Strasse

Straſſe geſegelt iſt. Dieſe Straſſe/ iſt nach der groſſen Süder-
See gantz krum/ und weil die Winde ſich daſelbſt täglich verän-
dern/kan man ſchwerlich hindurch kommen. Auff beyden ſeiten
dieſer Straſſe/ da dieſe Lande an liegen/iſt es mit groſſen und hohen
Klippen beſetzet/ die mit Schnee bedecket ſind/ gleich wie in Europa die Alpes und das Schweitzer-Gebirge. Wie er nun mit
groſſer Gefahr und vieler ſauren Mühe durch die Straſſe kommen/
nahm er ſeinen Weg nach der Küſte von Chili/ alda er an unterſchiedlichen Orten an das Land trat/ und nach dem er ſeinen Weg
Cabo de bone Eſperance vorbey genommen/ iſt er wieder durch
die Linie geſegelt/ und alſo durch das Atlantiſche Meer wiederumb
in ſein Vaterland kommen/ woſelbſter/ weil er ſeine Sachen wohl
außgerichtet/und den Feinden von Engeland groſſen Abbruch ge-
than/ mit groſſer Gnade von der Königin empfangen worden/und
ein unſterblich Lob bey allen Menſchen erlanget/weil er der erſte ge-
weſen/der ſeine Flotte unverſehrt ümb die gantze Erdkugel geführet.
Sechs Jahr hernach/nach dieſes Franciſci Drach glücklicher heim-
kunfft/ iſt auff Befehl der mehr gemelten Königin Eliſabeth
Thomas Candiſch ein Ritter abgeſchicket worden/ welcher
im Jahr 1586. den 31. Julli von Pleimouth zu Segel gangen/
und zehen Tage darnach bey den Canariſchen Jnſulen ankommen:
und als er alſo fort ſegelte/ kam er im außgange Auguſti biß auff 6.
Gr. uñ 30. Minuten an dieſer Seite der Equinoctial oder Mittel-
Linie/ alda er etwan an einer Gold-Küſte ans Land ſich begab/ ſein
Volck zu erquicken. Und da er alſo weiter fort ſegelte/ hat er recht
unter der Mittel-Linie, viel übels im Monat September/ durch
Regen/Wind/Donner und Blitzen müſſen außſtehen. Beſchloß
derowegen wieder gegen Süden zu ſegeln/ und ſchwebete eine Zeitlang zwiſchen der Jnſul S. Sebaſtian und dem feſten Lande/alda er
von dem Holtze/ das er aus Engeland mit genommen hatte/ eine
barque verfertigte/ſo gut als es die Gelegenheit zu ließ. Dergeſtalt
kam er den 4. December an die Americaniſche Küſte/ auff 48. Grad
Süd-

Südwärts / in einen Haven / den die Englischen den gewünschten Haven hiessen/weil er sehr weit und bequem war.
Sie fingen alda auff dem Lande viel fette Vögel / die sie zu ihrer
Nohtdurffe einsaltzten sich derselben zu bedienen.   Da sie etwas
weiter Südwärts an segelten/kamen sie an ein Vorgebirge (oder
Capo) auff 52.Grad und 45.Min. Südwärts der Linie/welches
sich biß an die Magellanische Strasse erstreckte. Alda traffen sie
vier und zwantzig Spanier an von vier hundert/ welche drey Jahr
vor her dahin gesandt waren / diese Meer-Enge zu beschirmen: nebenst einer kleinen viereckichten Reduite darauff vier Stück Geschütz stunden/ die Reduite hieß Philippopolis. Diese Spanier/
als sie die Engelländer ankommen sahen/ ergriffen die Flucht/und
verliessen alles.   Die Strasse des Magellanus hat ihren Anfang
von dem Königreich Chita/ auff 54.Grad Südwärts der Linie/
und erstreckt sich in dergleichen höhe biß in die grosse Süder-See/
welche Strasse er 135. Meylen lang befunden. Alda ward er
auch von vielen harten Stürmen ümbgetrieben / wie denn daselbst
allezeit geschicht/wegen der hohen Länder und dem hohlen Gebirge.
Endlich kam er in die grosse Süder-See / und nahm seinen Lauff
zwischen der Insul St. Maria und dem festen Lande/ nicht weit
von dem Königreich Arecca/ alda er sich vor Verrähterey besorgete.
Da er nun seinen Lauff Nordostwärts an letzte/segelte er die Insul
Conceptionis vorbey.   Er brachte zehen Tage in einem Sandichten Flusse/ so Quintany genandt/ und 32.Grad 50.Minuten von
der Linie gelegen/ zu. Von dannen sie/ nach dem sie den Feinden
von Engeland grossen Schaden zu gefüget hatten/ nach der Insul
Pruma die sie auch außplünderten/fuhren. Da sie hieselbst eilff
Tage stille gelegen/ kamen sie in einen Fluß süsses Wassers / der
recht unter der Linie gelegen/ von dannen sie ihren Lauff gleich nach
Neu-Spanien nahmen. Alda giengen sie abermahls an das Land
Wasser zu holen/und dem Feinde Abbruch zu thun/ und da sie von
dannen gesegelt/ kamen sie vor den Haven Nativitatis/ 29. Grad
b ij   18. Minu-

18. Minuten Nordwärts der Linie. Von dar nahmen sie ihren
Lauff nach den Haven Melakka und nach der Insul Andreas. Im
October sind sie biß unter den Krebs-Zirckel (Tropicus Cancri)
und also nach der Insul St.Lucifer fort / und sein sie die Insul
California rund herumb gesegelt. Wie er sich nun alhier von
dem Lande abbegebē/sahe er in funffzehen Tagen kein Land/ biß daß
er im Januario an die Insulen Ladrones kommen / und weiter im
Februario zu Spiritus Sancto / einem von den Philip-
pinischen Landen/ so ohngefehr dreyzehen Grad Nordwärts der Lini gelegen. Mittlerzeit daß er wieder seinen Weg durch die Lini
nahm/ segelte er zehen Insulen vorbey/ und kam also zu groß Java
an/alwo er sich an das Land begab. Als er eine Zeitlang daselbst
verharret/ zog er wieder von dannen/ und traff/nach dem er funffzehen Tage gesegelt/ein Land an/welches die Matrosen vor Cabo de
bone esperance hielten/ sie waren aber in ihrer Meynung betro-
gen/sintemahl es eine treibente oder schwimmende Insul war. Endlich kam er an die Insul St. Helena/und von dannen/innerhalb vier
Wochen/ als er Florida vorbey gesegelt/mit gutem Winde wieder
in Engeland an/nach dem er iñerhalb drey Jahren den gantzen Erd-
boden umbgesegelt hatte. Also sehet ihr unterschiedliche Reisen der
Engeländer so sie ûmb Süden/ oder durch die Süder-See gethan.
weil aber diese Wege so fern von der Hand lagen) und ein also fast
unendlicher Weg muste gesegelt werden/und doch mit solcher Umb-
segelung der Erdkugel nicht viel zu gewinnnen. So haben zu
unterschiedlichen mahlen versuchet die durchfahrt an der Nordsei-
ten der Linie zu finden/fürnehmlich die Engeländer/ und Niederlän-
der/wie auch Dennemärcker / die die Letzten gewesen so diese lange Reisen/neue Länder zu suchen / angefangen. Denn ob schon
die ersten mit dem Entdecken und Eroberungen des Königes Arthus
im Jahr 517. aller Nordwärts gelegenen Insulen und festen Län-
der/gar biß Rußland zu/vor den Tag kommen so/ kan doch solches
anders nicht / als für ein nichtiges Geschwätz angenommen werden.

ben. Wie auch nicht viel sicherheit daran ist/ daß sie bey bringen/
daß im Jahr 883. einer mit Namen Sighelmus Bischoff von
Sirburne/ durch den König Alfried nach Rom gesandt worden/ der
biß in Indien von St.Thomas durch gedrungen/ und von dannen
Edelgesteine/ Gewürtze Rauchwerck und andere frembde seltzame
Sachen mit gebracht. Sie sagen auch daß im Jahr 1360. einer
von ihrer Nation/ Namens Nicolaus von Linna/ ein grosser Ma-
thematicus/ zu Schiffe nach den eussersten theilen des Nords oder
Mitternacht gereiset/ da er unter dem Nordpol vier grosse drehen
oder Strudel gefunden/ die die Schiffe mit so grosser Gewalt in ihren Abgrund verschlungen/ daß die dargegen streitende Wiederse-
tzung der Winde/ und aller Menschlicher Fleiß sie darfür nicht beschirmen können. Dieses hat vielleicht auch Anlaß zu den fabel-
hafften Erzehlungen gegeben/ daß unter den Polbergen Magneten-
Steine seyn/ welche die Schiffe/ daran Eisen ist/ an sich ziehen/ wie
wol auch Ptolemæus selber etwas dergleichen in den Insulen Ma-
niolen bey den Satyris in der Indischen See zu seyn gedencket. Dieses alles aber ist verdächtig/ ob gleich der grosse Landbeschreiber Mercator solches von einem Namens Jacob Knoyen von Hertzogen-
busch erzehlet/ und Postellus selber und andere es in ihren allgemeinē
Land-Charten angezeiget haben. Man verspüret aber/ daß das-
jenige/ was dieser Knoyen daselbst außgesaget/ aus den Erzehlungē/
die ein Priester ehemahls im Jahr 1364. dem Könige in Norwegen
gethan/ hergenommen sey. Denn die unserigen/ die in diese Gegenden tieff hinein gewesen/ haben nichts dergleichen gefunden/ sondern bloß eine grosse See/ mit etlichen Landen/ Inseln/ Haven und
mit Schnee bedeckten Klippen. Weiter haben die Engeländer ihre
grosse Reisen so wol nach Norden) als nach den Osten und Süden
nicht eher und zeitlicher als ümb das Jahr 1550. angefangen. Es
ist zwar nicht ohne/ daß Sebastian Cabot/ ein Venetianer/ und sehr
erfahrner Seemann und Landkündiger/ vor Heinrich dem VII.
König von Engeland/ im Jahr 1496. die See gegen Norden biß

b iij

auff

auff 67.oder 68.Grad entdecket hat / und darnach biß auff 70.
Grad kommen ist/ aber mit wenigem Glück. Dieser König war
ungedültig / weil des Columbus unternehmen ihm nicht zu theil
worden/ weil des Columbus Bruder/der an den gemeldten König
Henrich abgeschicket war / unter wegens von den Seeraubern genommen worden. Welches so viel Zeit weg nahm/daß unterdessen Columbus sich mit dem Könige in Castilen deßhalben ver-
glich. Er gab unterschiedliche Befehle aus/ zu unterschiedlichen Zei-
ten/unbekandte Länder zu suchen. Unter andern berichtete dieser
Cabot/ der zu Bristol wohnete/ diesen König / daß er mit seinem
Vorschub neue Länder zu finden verhoffte/ die an allem Reichthum
und Mitteln überflüssig versehen wären. Und als er ein mit Volck
und Zurüstung wol versehenes Schiff/ samt drey Jachten/ die den
Kauffleuten zu Londen zu gehörten/erlanget/ begab er sich auff die
Reise/und da er West-Nord-West an segelte/gerieth er in das Nordische theil von Labrador biß auff 67. und einen halbē Gr. und fand
die See aller Orten offen. und als er eine Charte von seiner Reise ge-
macht/ kehrete er wieder nach Hause/nach dem er nichts/ das denck-
würdig/außgerichtet hatte.

7. Im Jahr 1553. hat einer von seinen Kindes-Kindern / auch
Sebastian Cabot genandt/ dem König Eduard dem VI. zu der
Reise nach Norden gerahten / in Hoffnung durch diesen Weg in
kurtzer Zeit in Catthay zu kommen. Er erlangete drey Schiffe zu
dieser Reise/unter dem Befehl des Ritters Hugo Willougby. Es
wurden aber diese Schiffe durch Ungewitter/ oberhalb Norwegen
von einander zerstreuet/ und konten nachgehends nicht wieder zusammen kommen. Eines von diesen Schiffen aus Furcht vor Gefahr kehrete wieder nach Hause. Das andere/darauff Willougby
war/geriehte an eine wüste und unbekandte Insul/ die er nach seinem
Namen Willougsby-Land hieß / auff der höhe von 74. Graden.
und weil er alda zu überwintern gezwungen ward / kam er endlich
daselbst von Kälte umb mit allen den Seinigen ; dergestalt/das
die

diejenigen / so nach der Zeit an diese Insul kamen / alda noch sein
Schiff / und in einem Kuffer oder Lade seine Schrifften und täg-
liche Anmerckungen / nebenst seinem Testament gefunden haben.
Das dritte Schiff / das Richard Cancelier führete / so weit und breit
in der See herumb geschwebet / und grosse Gefahr und Unglück
außgestanden / kam glücklich durch die weisse See / vor den Mund
des Flusses Duina / von dannen es nach der Moßkau gangen / und
von dar endlich wieder nach Engeland zu rücke gekehret. Dieser
Richard Cancelier begab sich nach der Zeit im Jahr 1557. bey Regierung der Königin Maria wieder dahinwarts / und brachte mit
ihm den Osep Napea des Großfürsten in der Moßkau Basilii Ab-
gesandten / Freundschafft und ein ewiges Verbündnüß mit Engeland zu machen. Sie litten aber Schiffbruch auff der Schottlan-
dischen Küste / alda die köstlichen Geschencke und Wahren / die sie
mit brachten / untergiengen / woselbst dieser erfahrne See-Mann
Richard Concelier / der diesen Weg entdecket hat / zugleich mit untergangen ist. Der Ambassadeur / der dem Schiffbruch glücklich entkommen / vollbrachte gleichwol seine Gesandtschafft / und ward
herzlich zu Londen empfangen / auch hernach mit köstlichen Geschen-
cken wieder nach Hause geschicket. Die Engelländer so in ihren
Vorhaben neue Länder zu suchen / immer fort fuhren / schickten nach
der Zeit / nemlich im Jahr 1557. unter der Regierung der Königin
Elisabeth / Martin Forbisher aus / der / nach dem er eine Zeitlang gesegelt hatte / Grönland entdeckte / könte aber dar nicht ankommen /
wegen der Nacht / so durch der Sonnen Untergang verursachet
ward / und wegen des Eises. Also daß / wie er wieder nach Engeland
gekehret / er die Königin dergestalt ein zu nehmen wissen / daß sie / aus
Hoffnung dieses Land unter ihre Besitzung zu bekommen / ihn im
Vor-Jahr abermahl mit dreyen Schiffen dahin schickte / mit welchen er an der Ostseiten dieses Landes ans Land kam. Als die Einwohner des Orts / da er an kam / die Engelländer kommen sahen /
verliessen sie ihre Häuser und flohen hinweg / sich einer hier / der ander
dort

dort hin verbergend. Ja etliche kletterten vor Schrecken auff die
Spitzen der höchsten Klippen / und stürtzten sich von dannen herab
in das Meer. Weil nun die Englischen diese wilde Menschen nicht
zähmen kunten / giengen sie in die Häuser / die sie verlassen hatten.
Dieses waren/eigendlich/ Hütten/von Fellen der Meer Kälber und
Walfische gemacht/die auff vier Gabeln außgespannet / und mit
Seenadern füglich zusammen genehet waren. Sie ver=
spüreten daß alle diese Hütten zwo Thüren hatten / die eine nach
der West/die ander nach der Süderseite / und daß sie sich gegen die
Winde / so ihnen am meisten hinderlich oder beschwerlich waren/
nemlich den Nord und Ostwind/beschirmet und verwahret hatten.
Sie funden in allen diesen Häusern anders niemand / als ein altes
Weib/und eine junge schwangere Frau. Sie riessen diese junge
Frau aus der alten Händen/ die erschrecklich heulete und schrie / und
nahmen sie mit nebenst einem Kinde / das sie an der Hand führete.
Als sie nun von dannen auffgebrochen / segelten sie Nordostwärts
an/und ersahen ein Land/ darnach sie hinzu fuhren / weil es ihnen
sehr angenehm zu seyn schiene. Sie befunden/daß dieses Land/
ob es schon an dem festen Lande des Grönlandes lag / dem Erd=
beben unterworffen war/welches grosse Klippen in das Meer warff/
und daß daselbst sich lange auff zu halten gefährlich wäre. Blieben
gleichwol etliche Zeit alda/weil sie viel Triebsand daselbst antraffen/
aus welchen das Gold überflüssig herfür blinckerte/ damit sie drey=
hundert Fäßlein voll fülleten. Sie thäten alles/was sie kunten/ die=
se Wilde zahm zu machen / und redeten beyderseits durch zeigen.
Die Wilden/gaben den Englischen zu verstehen / daß so sie höher
auffgehen wolten/ sie alles was sie suchten finden würden. Forbi=
sher begab sich hierauff in eine Schlupe / nebenst etlichen Solda=
ten/und befahl seinen dreyen Schiffen / daß sie ihm solten folgen.
Er fuhr den Fluß hinauff/und als er eine grosse Anzahl der Wil=
den auff den Klippen sahe/besorgete er sich/ daß er möchte überfallen
werden. Wie die jenigen/ so ihn führeten/ seine Furcht vermerck=
ten/

ten/lieſſen ſie drey Männer auff dem Damme herfür kommen/die
beſſer geſtalt und gekleidet waren/ als die andern.   Dieſe bathen
ihn mit Zeichen und Bezeugung aller Freundſchafft/ daß er an das
Land kommen ſolte. Als nun Forbiſher nicht mehr/ als die drey
auff dem Lande/ und die andern auff den Klippen ferne von ihm ſa-
he/ gieng er auff guten Glauben hin.   Die andern/ ſo hinter dem
Damme verborgen lagen/ als ſie Forbiſhern kommen ſahen/ könten nicht länger warten/ lieſſen mit gewalt an den Strand/ welches
Forbiſhern wieder zu rücke weichen machte.   Die Wilden thäten
gleichwol ihr euſſerſt beſtes die Engeländer an zu locken/ und wurffen viel rohe Fleiſch auff das Ufer/ gleich als wenn ſie mit Hunden
zu thun hätten gehabt.   Da ſie aber ſahen/ daß ſie hierdurch die
Engeländer nicht anlocken könten/ erdachten ſie ein andere Liſt. Sie
brachten einen Krüppel/ oder der ſich nur alſo ſtellete zu ſeyn/ auf den
Strand/ lieſſen ihn alda/ und erſchienen etliche Zeit nicht mehr/
gleichſam als wenn ſie ferne hinweg ſich begeben hätten.   Sie hatten ihnen aber eingebildet/ daß die Engeländer/ nach Gewohnheit
der frembden kommen würden/ dieſen elenden Menſchen/ der nicht
hinweg gehen könte/ mit zu nehmen/ um ſich deſſen für eine Dolmetſcher zu bedienen. Aber die Engliſchen die den Betrug argwohneten/
ſchoſſen mit einer Muſqueten auff den wilden Krüppel. Der ſehr
geſchwind auffſprang und gar ſchnell nach dem Lande zu lieff.
Worauff die Wilden in einer ungläublichen Anzahl auff den Dam
kamen/ und wurffen mit Schleudern und Bogen eine groſſe menge
Steine und Pfeile nach den Engliſchen/ die ihrer aber nur ſpotte-
ten/ und ihr Geſchütz und Muſqueten auff ſie löſeten/ und in einem
Augenblick raum machten.   Er ſegelte derowegen ohne Nutz von
dannen/ und nach dem er lange herumb geſchwebet hatte/ kehrete er
endlich wieder nach ſein Vaterland. Und begab ſich hernachmahls
noch zum dritten mahl auff die Reiſe/ biß an einen ſehr berühmten
Ort/ den ſie metam incognitam, oder dē unbekandtē Grentz-Ort
nenneten/ von dannen er endlich wegen der Kälte wieder ümbkehren
   c   müſte.

müſte. Nach der Zeit im Jahr 1585. 86. und 87. hat Jan Davis/
drey Reiſen dahinwärts gethan/ da er dann bey dem Mitternächtigen Zirckel ſeine neue Straſſe/ die nach ſeinem Namen/ die Straſſe
Davis genennet wird/ entdecket hat. Hernach im Jahr 1602. begab
ſich George Weymouth auch auff dieſe Reiſe/ und kam durch eine
Enge/ Lumlez Jnlet genandt/ auff die höhe von 61. Graden/ und
wendete ſich von dem Weſten nach Süden. Weil er aber von dem
Lande verhindert ward weiter zu gehen/ ward er gezwungen wieder
ümb zu kehren/ und nahm ſeinen Weg durch andere Meer-Engen/
alda zwiſchen dieſem Lande und dem Lande Bacablaco groſſe Flut
und Ebbe ging/ zu rücke. Heinrich Hudſon/ der dieſe verlangete
Fahrt weiter, unterſuchen wolte/ begab ſich auch dahin im Jahr
1607. 1608. und 1609. und nach dem er die Straſſe Davis auff
61. Grad durchgeſegelt/ und des Weymouths Strich biß auff 63.
Grad nachgefolget/ wendete er ſich von dannen Südwärts auff 54.
Grad/ und hernach Weſtwärts auff 60. Grad/ und fand eine
groſſe See. Welche er nicht weit von Mexico zu ſeyn urtheilte/
alda er/ von dem Winter übereilet/ überwintern müſte. Weil er
alda lag/ traff er einen Mann an/ (ob er ſchon niemahls zuvor keinen Menſchen alda geſehen hatte/). auff die Mexicaniſche weiſe be-
kleidet/ der ihn in der Meynung/ daß er nicht weit von Mexico oder
Florida wäre/ kräfftigte. Dieſer Mann der einigen Vorraht mit
brachte/ ward nicht wol von den Engeländern auffgenommen/ alſo
daß ſie ihn/ nach der Zeit nicht mehr ſahen. Hudſon/ der begierig
war weiter nach zuforſchen ward daran von den ſeinigen verhindert/
denn ſie/ weil ſie nur noch vor acht Monaten Proviant hatten/ ſtieſſen Hudſon! und ſeinen Sohn / nebenſt etlichen andern mit ge-
ringem Vorraht in eine kleine Barque/ verlieſſen ihn alſo/ und kehrten ſelb achte der ihrigen wieder umb/ von denen ſie noch viere auff
einer Jnſul verlohren/ denen ſie alle Schuld und Miſſethat/ die ſie
an dem Hudſon begangen/ zu maſſen. Er fand die Straſſe/ die
nach ſeinen Namen Hudſons Straſſe genennet iſt/ auff 63. Grad

von

von dem Lande/ welches sie hernach neu Engeland geheissen haben.
Sie funden in dieser See grosse Tieffen / und schwere Fluten und
Ebben / also daß etliche vermeineten daß sie in der Strasse Anian
und auff dem Wege nach Japan wären: Sie hatten dem Hudson/
von dem man nicht weiß / wo er mit den Seinen geblieben/ seine
Schrifften und Tagebuch oder Verzeichnüß abgenommen / und
mit in Engeland gebracht / welches den Engeländern wiederumb
neue Hoffnunglgab/diesem Wege weiter nach zu forschen. Wie sie
dann hernach im Jahr 1623. und 24. abermahls angefangen ha-
ben/ die durchfahrt nach Norden unter Thomas Edgey und Wilhelm Basin zu versuchen/und über 80. Grad durchgedrungen / alwo sie etliche neue Insulen gefunden/ jedoch/ohne bessern Außgang/
als die vorigen/ zu erlangen.

8. Nach dem wir nun alhier der Engeländer Bemühungen nach
Süden und Norden neue Länder zu suchen / und also ihre Sachen
zu befördern/ erzehlet haben: so wollen wir auch/ehe wir auff unsere
Niederländer kommen/ noch eine Fahrt/ so durch die Dänen angefangen worden/ hierbey anfügen. Christianus der vierdte/ König in Dännemarck/ der das Auge auff Grönland/das ihm am meisten zu Hertzen ging/ geworffen hatte/ entboth aus Engeland einen
sehr erfahrnen Capitain und See-Mann / welcher berühmt war/
daß er von dieser Fahrt gute Erkentnüß hätte. Er ließ verfertige 3.
Schiffe/ unter dem Befehl Goteke Lindenau/ des Dänischen Ad-
mirals/ der mit dem ersten warmen Wetter 1605. aus den Sund
verreisete. Diese drey Schiffe fuhren eine Zeitlang mit einonder/
als aber der Englische Capitain auff die höhe/die er suchte/ kommen
war/ nahm er aus Furcht vor dem Eise seinen Lauff gegen Südwest
zu/ desto füglicher/ und mit weniger Gefahr an Grönland zu kommen. Aber der Dänische Admiral/ der seinen alten Lauff Nordost
verfolgete/ scheidete sich von dem Engeländer / und kam an seiner
Seite allein in Grönland. So bald er die Ancker fallen lassen/
sprungen eine grosse Menge der Wilden die ihm von ferne kommen
sahen/

sahen/ in ihre Schifflein / und kamen zu ihm in sein Schiff. Er
empfing sie freundlich / und gab ihnen guten Wein zu trincken/aber
die Wilden. denen er nicht schmäckte/ machten ein heißlich Geber-
de darzu / als sie davon truncken. Sie sahen aber Fett von den
Wallfischen / darnach fragten sie / und truncken es mit grossen
Töpffen begierig ein. Diese Wilden hatten Felle von Füchsen/
Bähren/und See-Kälbern mit gebracht / und eine grosse Anzahl
köstlicher Hörner/die sie gegen Nadeln/Messern/ Spiegel/Kleider-
Hacken/ und andern dergleichen Dingen/ so ihnen von den Dänen
vorgeleget worden/vertauschten. Sie verwurffen das gemüntzte
Gold und Silber/ das ihnen angebohten ward/ und liessen grosse
Lust zu den Wercken/die aus Eisen und Stahl gemacht waren/ver-
spüren/und gaben dafür das köstlichste/das sie hatten / ihre Bogen/
Pfeile/ Schifflein und Ruder. Gotske Lindenau blieb drey Tage
auff diesem Haven/ ohne daß man weiß/ daß er an das Land kom-
men/ vielleicht weil die Wilden in alzu grosser Anzahl zugegen und
ihm zu starck waren. Er zog den vierdten Tag von dannen/und
behielte zween von diesen Wilden bey ihm ihn dem Schiff / die so
viel und sehr sich bemüheten aus den Händen der Dänen sich loß zu
machen/ und in die See zu springen/daß man sie binden müste. Die
Wilden/die an dem Strande stunden/ und sahen daß man die ihrigen Band/ sie weg zu führen/machten ein erschrecklich gereusch und
gemurmel/ und warffen viel Steine und Pfeile auff die Dänen zu/
die aber mit dem loßbrennen eines grossen Geschützes raum unter ihnen machten. Darauff der Admiral allein wieder nach Dännemarck ümbkehrete.

9. Der Englische Capitain/ dem das andere Dänische Schiff gefolget / kam an Grönland auff dem eussersten theile des Landes/das
nach Westen lieget / welches nichts anders als das Vorgebirge
Farewell oder Vaerwell kan gewesen seyn. Gewiß ist es/ daß er
auch in die Strasse Davis kommen / und langs dem Lande an der
Ostseite von diesem Strande hingefahren. Er entdeckete alda
viel

viel gute Haven/ treffliche Länder/ und gröffe grüne ebene Felder.
Die Wilden an dieser Gegend handelten mit ihm / gleich wie die
Wilden in der andern Gegend mit Gotske Lindenau gethan hat-
ten/ sie erzeigeten sich aber viel mißtreulicher und furchtsamer. denn
so bald sie mit den Dänen gehandelt/ und ihre Wahren empfangen/
fuhren sie eiligst mit ihren Schifflein davon/ als ob sie etwas gestoh-
len hätten und man ihnen nach lieffe. Die Dänen waren begierig
in einem dieser Haven an das Land zu gehen/ und waffneten sich
deßwegen. Sie befunden das Land/ an dem Ort/ da sie darauff
traten/ Steinicht und Sandlcht/ wie das in Norwegen. Und ur-
theileten aus dem Rauche/ den sie in dem Lande auffgehen sahen/ daß
Schwefel-Gruben alba wären/ funden auch eine gute Anzahl Sil-
ber-Ertz-Steine/ die sie mit in Dännemarck brachten/ darauß man
noch etwas Silber bekam. Dieser Englische Capitain gab den Ha-
ven/ die er antraff/ Dänische Namen/ und machte vor seinem Abzuge
eine Charte von diesem Lande. Er fing auch etliche der Wilden/ und
brachte sie nach einigen Wiederstand der andern/ in sein Schiff/ mit
denen er wieder in Dennemarck umbkehrete. Der König der aus
dieser Reise gute Hoffnung schöpffte/ sandte hernach zu unterschiedlichen mahlen wieder andere Schiffe dahin/ die aber nichts sonderlich
denckwürdiges / außrichteten. Unter andern auch den Capitain
Monck/ von dessen Reise ein außführlicher Bericht vorhanden.

10. Die Holländer und Seeländer/ die nicht weniger tapffere
und wackere Leute/ und zuvor bereits grossen Handel auff Fränck-
reich/ Spanien/ Engeland/ Teutschland und durch die gantze Ost-
See/ ja bißan das Ende der Mittelländischen See getrieben/ haben
sich auch endlich unterstanden / die See nach Indien gegen Süden
und Norden zu öffnen/ und erstlich in dem Jahr 1594. die durchfahrt dahin langs dem Norden zu suchen angefangen. Sie sandten deßhalben gegen Norden ein Schiff von Amsterdam / nebenst
einer Jacht/ unter Wilhelm Barentz/ aus Seeland bürtig/ und ei-

nes von Enckhüsen. Die Amsterdammer nahmen ihren Strich
höher auff biß zum 77. Gr. nach dem Nordpol/ und wie sie nichts
außgerichtet/kehreten sie wieder ümb/weil das Volck unwillig war.
Die zwey andern Schiffe/ die unterschiedliche Insulen angetroffen/
kamen endlich an eine Strasse/die sie bequem funden mit grossen und
kleinen Schiffen darauff zu segeln. Sie segelten durch diese
Strasse/die sie fünff oder sechs Meilen lang funden/und kamen in
eine grössere weitere und wärmere See/da sie das Eiß schmelzen sa-
hen/und kamen also biß an die Küsten der Tartarey/ bey dem Fluß
Oby/woselbst sie Insulen / Volck/und fruchtbar Land funden.
Sie nenneten diese durchfahrt/die Strasse von Nassau/ und weil
sie keinen Befehl hatten weiter fort zu fahren/ kehreten sie wieder
ümb/Ihnen einbildend / daß sie also wohl wurden durchkommen
seyn. Die Staten/ so hieraus einen Muht schöpfften/ sandten im
folgenden Jahre abermahls sieben Schiffe aus/ welche als sie dahin
kamen/so viel Eiß in dem Wege funden/daß sie unverrichteter Sache wieder ümbkehren mösten. Gleichwol haben sie diese Reise zum
dritten mahl wieder vor genommen/mit zweyen Schiffen/ unter Jacob von Heemskerck als Schiffern / und vorgedachten Wilhelm
Barentz/ als Obersteuermann auff dem einem Schiffe/ und dann
auff dem andern. Jan Cornelis Ryp. Sie segelten Nordwärts
biß auff 80.Grad 11.Minuten/da sie ein neu Land funden/welches
sie Grönland zu seyn erachteten/ darauff sie Kräuter und Graß und
Graßfressende Thiere antraffen. Von dannen segelten sie wieder
zu rücke nach der Bähren Insul/ alda diese zwey Schiffe von einander schieden. Und Jan Cornelis segelte wieder biß auff 80. Grad/
weil er alda eine durchfahrt zu finden vermeinete/er muste aber wieder nach Hause kehren/daer anders nichts mehr außgerichtet hatte.
Das andere Schiff aber unter Jacob Heemskercken und Wilhelm
Barentz/ segelte nach Nova Zembla/ da sie Nordwärts langs hin
biß an eine Insul/die sie die Uranien Insul hiessen/und auf 77:Grad
lag/ fuhren. Von dannen segelten sie gegen Süden ümb den Huck/
und

und funden alda so viel Eiß/ daß sie diese Gegend nicht weiter entdecken kunten. Sie fuhren an einem Orte/ der Eißhuck genandt/ an das Land/ alda das Schiff dermassen von dem Eise umbringet und besetzet ward/ daß sie alda überwintern musten. Sie baueten deßhalben alda ein Hauß/ von dem Holtze das sie an dem Seestrand schwimmen funden/ darin sie alles aus ihrem Schiffe brachten/ was sie den Winter über ihnen dienlich zu seyn erachteten. Alda blieben sie den gantzen Winter über/ und hatten mit vielem Ungemach/ so sie überfiel/ zu streiten/ denn die Kälte war alda so groß/ daß die Wände des Hauses/ darinnen diese 13. oder 14. Mann waren/ Daumens dick/ von der feuchtigkeit des Odems befroren waren/ darneben wurden sie auch von vielen grossen Bähren geplaget/ die unterschiedliche von ihren Leuten verschlungen. Sie sahen alda auch weisse Füchse/ die sie fingen/ und ihnen an statt einer leckern Speise dieneten. Sie musten alda biß auff den 22. Junii bleiben/ da sie dann weiter mit zween grossen Bouten die sie verfertiget hatten/ hinweg fuhren/ und kamen/ nach dem sie viel Gefahr in diesen Schüten außgestanden/ den 2. Octobris nach Cola/ da sie ihr ander Schiff des Jan Cornelis antraffen/ welches damahls schon eine Reise in Holland gethan hatte/ mit dem sie wieder in ihr Vaterland kamen/ nach dem sie Wilhelm Barentz auff dieser Reise verlohren hatten. Wie solches alles l. 1. c. 5. 6. 7. in diesem Buche mit mehren zu lesen ist.

11. Ihre Reisen aber gegen Osten nach Indien waren nicht so unglücklich. denn nach dem sie im Jahr 1594. zum ersten mahl vier Schiffe außgerüstet. sandten sie selbige durch die grosse Nord-See/ Guinea und Capo de bone Esperance vorbey/ nach Ost-Indien/ von dannen sie/ als sie mit den Einwohnern gehandelt/ wol beladen wieder nach Hause kehreten/ und also den Grund legten eine feste Compagnie auffzurichten/ die noch biß auff heutigen Tag in dieser Fahrt verharret/ und sehr mächtig worden ist. Sebaldus de Waert ist im Jahr 1598. mit fünff Schiffen aus Holland gesegelt/ gegen Westen durch die Strasse des Magellanus nach Indien/ und also die gantze Erdkugel umb zu segeln. Nach dem er aber lange Zeit in der jetztgemeldten Strasse mühselich

juge-

zugebracht/ und von seinen andern Schiffen abkommen und verirret/ ist er endlich ohne Nutz wieder umb zu kehr angezwungen worden. Ihm folgete Olivier von Noort/ welcher/ nach dem er mit vier Schiffen der Spur des Ma-
gellanus/ Drach/ und Candisch nachgefolget/ allein wieder nach Hause kam/
da er wol 32. Schiffe und zween Galioten vertilget/ auch selber in grosser Gefahr gewesen. Etliche Jahre hernach/ nemlich im Jahr 1614. hat Joris von
Spilbergen/ dieselbige Reise durch die Magellanische Strasse vorgenom-
men/ und nach dem er in der Süder-See an den Americanischen Küsten viel
tapffere Thaten verrichtet/ diese grosse See durchfahren/ und also von hinten
zu in die Ost-Indischen Insulen kommen. Zur selbigen Zeit sind Wilhelm
Schouten und Jacob le Maire auch mit zwey Schiffen aus Tessel auß-
gelauffen/ und haben/ da sie die Magellanische Strasse vorbey gegen Süden
gesegelt/ biß auff 56. Grad eine neue Strasse gefunden/ die sehr kurtz/ und gegen die andere zu rechnen sehr bequem durch zu segeln war. Sie nenneten
das Land an der Nord-Seiten Mauritz von Nassau/ und das an der Süder-
Seiten des Staten Land/ und diese neue durchfahrt die Strasse le Maire/ und
als sie eine weile langs der Küsten von Chili hingesegelt/ fuhren sie endlich
durch die Süder-See/ alwo sie viel neue Insulen entdeckten/ nach Ost-In-
dien/ alda sie von den Obersten der Niederlandischen Compagnie angehalten
wurden. Wie die Staten vernommen/ baß nach Süden diese neue Strasse
gefunden worden/ sandten sie im Jahr 1623 dahin Jaques le Heremite/ als
Admiral/ und Geen Huigen Schapenham als vice-Admiral mit 11. Schiffen/
den Spaniern in Peru Abbruch zu thun/ und alda etliche Festungen zu erobern. Als sie nun durch die Strasse le Maire kommen/ setzeten sie langs den
Küsten von Chili Peru/ und Lima hin/ alda le Heremite von Kranckheit
starb. Schapenham der an dessen stelle kam/ verharrete in seinem Lauff nach
neu Spanien und Accapulca/ und weil er seinen Zweck nicht erreichen kunte/
nam er seinen Lauff Ostwarts durch die Süder-See/ nach den Ost Indischen
Insulen/ und da er von dannen nach dem Vaterland heim fuhr/ starb er unter
wegens. Aber der Admiral Brauwer/ der etliche Jahr hernach aus Brasilien nach der Küst von Chili segelte/ fand eine gantz offene See/ ohne einige
Verhinderung/ und fuhr also nach Chili/ auff welcher Reise er auch starb.

　　Also sehet ihr kürtzlich das jenige/ was die Entdeckung der Länder/ so wol von den
alten als neuen betrifft/ die aber mehrere Umbstände darvon zu wissen begehren/ können
sich zu den Reisen/ die davon beschrieben sind/ wenden/ so werden sie wenn sie zu gleich den
Staatlaß oder die Wasserwelt mit Begierde nach sehen/ wie ich der Zuversicht
lebe/ darinnen ihr Vergnügen finden.

Alphabetisch Register der merckwürdigsten Dinge / welche in diesem Buch enthalten seyn.

)(.(

)(ij Durch

)(iij Fremb.

Norb.

Von

)2.(iij

I. Einhalt

I.

Einhalt und Verbesserung der Erzehlung

vom Anfange und Fortgange der Schifffahrt: die von
der 213. Seite biß auff die 236. dieses Buchs zu finden/und ferner biß zum Ende dieses Buchs.

)3(1. Von

)3(2   Oli-

Olivier van Noort,
Peter Both,
Jacob van Neck,
Van Hagen,
Petebfen,
Senecal,
Heemskerck,
Harmensen,
Bower,
Van Veen,
Jöris van Spielbergen
In der Ersten Reise.
De Weerd,
Steffen van der Hagen,
Cornelius Matelief,
Von Caerden,
Ver Hoofen,
Peter van Brock,
Jöris van Spielbergen
In der Andern Reise.
Jacob le Maire,
VVilh. Cornel. Schout,
Jaques l'Heremite,
Gheen Huygen Scapenham,
VVibrand Schram,
Zeygert van Rechtern,
Jacob Specks,
Hennink Hagenaer,
Cornelius Simonsen, und viel andere mehr.

Aber zu mercken 1. Daß die Seefahrende von Anfang her/gleich andern vor ihnen/ihre Gedancken auff 5. Wege umb in die Ost-Indische und auch West-Indische (doch nicht mit gerechnet den richtigsten/ negsten kürtzesten West-Indischen Weg/ den 40. Tage von Spanien nach die wässigelegene Oerter in West-Indien oder von Cadiz nach la vera Crus ist/) feste Länder und Eyländer zu kommen gerichtet haben. Von diesen Wegen seyn 2. durch Erfahrung/ 3. nur allein durch Gissen und Vermuthung bekandt.

Der erste bekandte Weg ist nach Calecut, Moluc-ques, Cabo de bona sperance, S. Laurentii.

Der andere durch das Fretum Magellanicum, und Mar del Zur, vorbey Terra dé fugo oder Rauchland/ welches vermuthlich Sweffelgruben hat/ vom Himmel oder unter der Erden angezündet / dergleichen Sweffelgruben auch im kalten Norden seyn/davon der Rauch kömpt.

Bißher von 2. gewissen Wegen/ einem ins Süd-Osten/ dem andern ins Süd-Westen:

Folgen die 3. ungewisse Wege unter fünffen.

Der dritte unter allen und erste unter den ungewissen/ zum wenigsten/ ein noch bisher unbekandter Weg/ ist der Weg ins Nordwesten/von Metâ incognitâ an/und so weiter/ welchen Forbisher und viel andere vornehme Engelländer und andere/ so fleissig gesuchet haben. Forbishers Historia navigationis, in Lateinischer Sprach ist zu

)(iij   Ham-

Hamburg Annō 1675. in 4to. auß meiner Bibliothec zum Druck befordert/und gibt davon gute Nachricht.

Der vierte unter allen / und andere unter den ungewissesten/zum wenigsten bißher unbekandten Wegen / ist der Weg nach Nord-Osten/welchen Barentsen und viel andere berühmte Holländische See-Männer/durch Nova Zembla/ Weygats und weiter so fleißig gesucht haben.

Was den fünfften Weg unter allen/ den dritten aber unter den ungewissen / zum wenigsten bißher unbekandten betrifft/ neimlich gerade ins Norden/ dem Nord-Poel zu/ in eine Saltz-See / die weit und breit/darin wenig Frost und Eiß sey / auch die Lufft von ziemlicher Wärme/ dessen einige/ auch der Englische Bericht/ der hiebey gefüget ist/ gedacht / halte ich unnötig / dessen weitere Meldung zu thun/weil ich ihn simpliciter vor unmöglich halte/gewiß dafür haltend/ daß kein lebendiger Mensch zum Polo gekommen sey oder komen werde/ oder demselben auff 30. Meil genahet/ ihn erreichet/ oder ihn ungesiegelt habe/ wil deßhalben mich dabey nicht auffhalten.

Es ist noch ein Weg nach Ost-Indien theils zu Lande/theils zu Wasser/durch einen Theil Europæ, durch die Mittelländische See/durch Asiam, Persiam, über Ormus (davon Ormusseiden oder Armesien den Nahmen hat;) auch andere Oerter Asiæ.

Endlich auch durch Africam/durch das Rothe Meer/ Egypten und Mohrenland/ durch das Land Arabia/ oder das an Arabia stossende Wasser/ theils zu Wasser/theils zu Lande/ davon zur andern Zeit.

III.

III.

Einhalt des auß der Englischen Sprache übergesetzten Discourses.

Die Schifffahrt beym Nordpoel/nach Japan/ China und Ost-Indien betreffend.

1. Döppelte Charte dieser Fahrt nachricht betreffend: deren eine in Kupffer/die andere in Holtz geschnitten.

2. Der rechte Weg dahin ist noch nicht versuchet.

3. Man kan dem Nordpoel näher (ja gar biß auff 2. Grad oder etwa 30. Deutsche Meilen zum Nordpoel) kommen/als bißher geschehen/und daselbst ist eine offene See/solches wird auß der Erfahrung bewiesen.

4. Die Einwürffe : daß es beym Polo nicht warm seyn könne: wie auch/daß sie sich daselbst der Compaß-Nadel nicht gebrauchen können / und ungewiß segeln müssen: werden beantwortet.

5. Fernere Beweisung/ daß im Norden eine offene See sey/auß der Erfahrung einer Seefahrt von Japan ins Norden/auff etwa 400. Deutsche Meilen/oder ohngefehr 27. Grad angestellet.

6. Schluß: daß es glaublich sey/zur Sommerszeit/von Grünland/oder auch Japan auß/durch zu fahren.

7. Die Russen haben es auch erfahren/daß ein Weg dahin sey. | Doch nicht durch ein grosses weites Meer / sondern durch kleine Inseln und Ströh-

Ströhme/ theils zu Lande / theils zu Wasser/
sollen einige in Sechß ... ... oder erst in
20. Jahren mit Tartarischen Kauff-Leuten / wie
sie die jährliche Marckte gefolget / endlich
mühlich und weißlich durch Nord-Asien in Chi-
na/ und dessen Haupt-Stadt gekommen/ und
durchgedrungen seyn / wie mich ein vornehmer
Minister und accurater Mann/ der in Muscow
lange gewesen/ berichtet hat. | Worauß erhellet:

1. Daß Nova Zemla keine Insel sey.
2. Daß das Eißmeer keine saltzige See sey/ sondern eine
   Bay/ dessen Wasser süß seyn.
3. Die Samojeden bezeugen solches auch.
4. Aber durch Weygats gehet der Weg nicht/ sondern
   hoch ins Norden.

Zum 5. und letzten thu diese Anmerckung hinzu: daß
es einiger Meynung nach/ fast das Ansehen habe / daß wir dem Polo etwas näher als Gr. 81.
worunter Spitzbergen liegen soll / schon gekommen seyn.

ENDE.

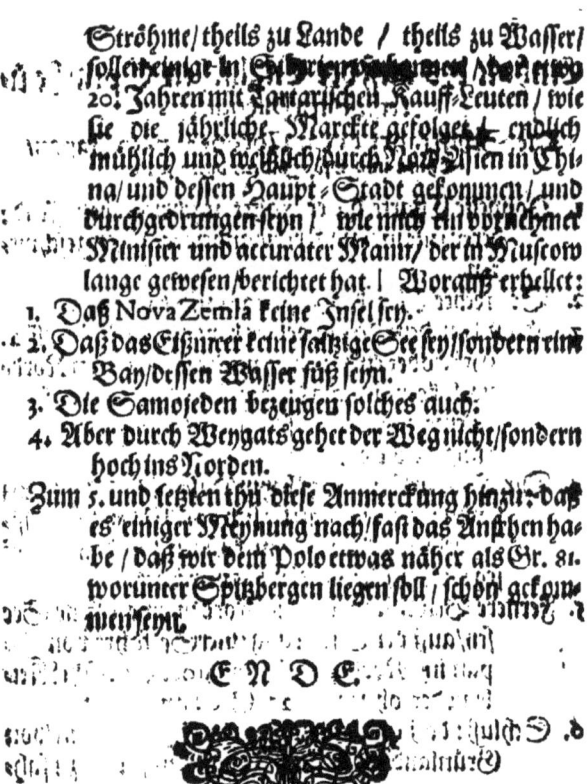